本书系 2012 年国家社会科学基金项目（项目编号：12BTQ021）的研究成果

社会弱势群体公共信息服务权益保障中的法律问题研究

赵媛　王远均 / 著

中国社会科学出版社

图书在版编目(CIP)数据

社会弱势群体公共信息服务权益保障中的法律问题研究/赵媛，王远均著.
—北京：中国社会科学出版社，2017.6

ISBN 978 - 7 - 5203 - 0054 - 4

Ⅰ.①社…　Ⅱ.①赵…②王…　Ⅲ.①弱势群体—信息服务—权益保护—
法律保护—研究—中国　Ⅳ.①D923.8

中国版本图书馆 CIP 数据核字(2017)第 054334 号

出 版 人	赵剑英	
责任编辑	王　茵　李溪鹏	
责任校对	周　昊	
责任印制	王　超	

出　　版	中国社会科学出版社	
社　　址	北京鼓楼西大街甲 158 号	
邮　　编	100720	
网　　址	http://www.csspw.cn	
发 行 部	010 - 84083685	
门 市 部	010 - 84029450	
经　　销	新华书店及其他书店	

印　　刷	北京明恒达印务有限公司	
装　　订	廊坊市广阳区广增装订厂	
版　　次	2017 年 6 月第 1 版	
印　　次	2017 年 6 月第 1 次印刷	

开　　本	710 × 1000　1/16	
印　　张	28.5	
插　　页	2	
字　　数	404 千字	
定　　价	98.00 元	

前　言

　　中国自改革开放以来，社会政治与经济体制的改革、市场经济的发展，在促使生产力得到极大释放、人民生活水平不断提高的同时，也引发社会分层、利益关系等方面的结构性变化，社会强势群体与弱势群体之间的利益失衡不断加大，社会弱势群体问题日益凸显。这一状况引起了党和政府乃至整个社会的高度关注。2002 年以来，各界政府工作报告以及党的十六大、十七大报告中都阐述了保护弱势群体的思想和内容；而党的十八大，十八届三中全会、四中全会更是就保障和改善民生、维护社会的公平正义制定了新思想和新举措，从而使对弱势群体的保护又有了更明确的方向、更有力的制度和措施。

　　在大力建设和谐社会、法治社会，全力实现中华民族伟大复兴这一伟大梦想的今天，充分保障弱势群体的各种合法权益已经成为当前中国社会生活中的一个重大课题。而本书对弱势群体公共信息服务权益的研究，正是要从一个容易被忽略但又不可忽略，而且需要特别重视的视角来探讨对弱势群体的权利保护问题。因为宪法所规定的法律面前人人平等，其赋予弱势群体的只是制度层面的平等，是一种应有权利，如果缺乏实现平等的条件，就不能将弱势群体所享有的这一制度上的应有权利转变为实际上的实有权利，就难以实现真正的平等。而在当今信息时代、大数据时代，弱势群体实现平等权这一基本人权的重要条件之一，就是要掌握充分的信息资源，而这又主要取决于其所享有的公共信息服务权益是否得到有效保障。因此，可以说弱势群体的公共信息服务权益能否得到有效实现，是一个对弱势群体的经济权益、政治权益乃至文化权益、生态权益等其他相关权益实现都会产生影响的关键问题。而又因为该权益不是直接作用于弱势群体经济条件、政治地位、社会地位的改善，因而最容易受到各种保障主体甚至弱势群体自身的忽视，因此对弱势群体公共信息服务权益保障问题进行研究就显得更加迫切和重要。

综观已有研究，专门针对弱势群体公共信息服务权益保障中的法律问题的研究还未见报道，而国内外的相关研究呈现以下特点：第一，对公共信息服务的研究，主要探讨政府向社会公众提供信息服务，专门涉及弱势群体的研究较少。第二，对弱势群体信息服务的研究，较少涉及弱势群体所享有的合法权益问题，更未见从法律视角进行的全面系统探讨。第三，对政府信息公开的研究，少有专门针对保障弱势群体获取政府信息的研究。第四，对知情权和信息获取权的研究，主要针对整个社会公众而非其中的弱势群体，并且只是以这两项权益的法理基础为主要研究内容。第五，对信息无障碍获取的研究，多为从服务、技术角度进行，少有从法律角度进行的专门研究。

本书则就是针对弱势群体公共信息服务权益保障问题进行的系统深入研究。力图从法律上找出解决弱势群体公共信息服务权益的保障途径和方法，以最大限度地消除信息鸿沟，使弱势群体不再成为信息穷人是本书的最终目标。因此，本书试图在信息学、图书馆学、法学、行政事业管理学和社会学等学科领域已有相关研究的基础上，基于弱势群体的信息意识现状、信息需求现状、信息获取现状，以及政府主体、公共信息服务主体等相关保障主体的保障现状，明确弱势群体的公共信息服务权益体系构成，剖析各权益之间的相互关系，阐述弱势群体公共信息服务权益存在的理论与实践基础，分析弱势群体公共信息服务权益的内容、要求及缺失，探寻弱势群体公共信息服务权益保障中的权利冲突与平衡机制，研究弱势群体公共信息服务权益保障的法律原则和保障模式，明确弱势群体公共信息服务权益的保障主体及其法律义务，最后提出弱势群公共信息服务权益保障的法律措施和法律责任。在研究方法上，本书综合采用理论研究与实践研究、中外对比研究、多学科知识融合研究相结合的手法，将社会调查、统计分析、逻辑思维、演绎推理、社会价值、案例分析等具体研究方法有机结合于课题研究中，较好地实现了定量研究与定性研究的有机结合。

　　总之，力图使研究方法科学有效、研究数据真实可靠、研究结论有理有据并具有其理论与实践价值，能为弱势群体公共信息服务权益保障与实现做出应有贡献是本书的指导方针与目标所在。

目　　录

第一章　弱势群体及其公共信息服务权益的基本理论问题

第一节　弱势群体的概念、类型、特点及其成因

一　弱势群体的概念

2002 年 3 月，时任总理朱镕基在《政府工作报告》中指出"对弱势群体给予特殊的就业援助"。就是这短短 14 个字，使得"弱势群体"逐渐走进大众的视野，引起了社会各界的广泛关注。

那么，究竟何谓弱势群体呢？目前国内外学者们对此的界定莫衷一是。

1987 年，Health Affairs 杂志策划了一篇以"健康与贫穷"为主题的五周年特别文章，将目光聚焦于那些"生理脆弱，易于受到外界伤害的人群"，形成了最早的"vulnerable group"即"弱势群体"的概念。随着医学水平的进步、社会福利的发展，人们越来越意识到，有许多比生理健康更重要的因素在影响并决定着"弱势地位"，其中"公共政策"就是其中之一。于是，相应地，媒体又将聚焦范围扩大到那些贫困、缺乏社会保障、无家可归者、老年人、慢性病患者以及少数特殊人群，如美国的土著人、退伍军人等，这就将"弱势群体"的研究外延从"生理性脆弱"群体逐渐扩展为"生理性脆弱及社会性脆弱"[①]群体。伴随着这一群体的往往是经

[①] Mechanic, D. and Tanner, J., *Vulnerable People, Groups, And Populations. Soeietal View.* Health Affairs, 2007（9）, pp. 1220 – 1230.

济上的贫困和政治权利上的缺失。

在中国理论界，关于弱势群体概念的界定有以下几种代表观点。

第一，脆弱群体论。郑杭生认为："社会脆弱群体是指凭借自身力量难以维持一般社会生活标准的生活有困难者群体。"① 朱力认为："脆弱群体不仅仅是经济上的低收入者，还具有一些综合特征：1. 经济收入低于社会人均收入水平，甚至徘徊于贫困线左右，处于社会底层；2. 消费结构中绝大部分或全部的收入用于食品，即恩格尔系数高达80%—100%，入不敷出；3. 生活质量较低，用廉价商品、穿破旧衣服，没有文化、娱乐消费，并有失学等后果；4. 除经济生活压力大之外，心理压力也比一般人大，没有职业安全感，经济收入不稳定或过低，常有衣食之忧，对前途悲观；5. 能改变目前状况的机遇较少，致富较为困难；6. 这种经济上的贫困和社会中的劣势地位，将持续一段时间甚至永久。"② 李强认为："脆弱群体是指明显受到劳动市场力排斥、事业风险大、就业或再就业相对困难、经济和心理承受能力脆弱的群体。"③

第二，贫困群体论。张晓玲认为："弱势群体是在社会上处于不利地位、竞争能力弱、生活上贫困、社会地位低下的人群。"④ 陈成文使用"社会弱者"一词来表述相关概念，他认为："经济利益上的贫困性是社会弱者的根本属性，决定着社会弱者在生活质量和承受力上的共同特征。"⑤

第三，边缘性群体论。杨团和葛顺道认为，"由于经济转轨和

---

① 郑杭生：《中国人民大学中国社会发展研究报告2002》，中国人民大学出版社2003年版，第7页。

② 朱力：《脆弱群体与社会支持》，《江苏社会科学》1995年第6期。

③ 李强：《市场排斥与政府扶持——我国脆弱群体就业的困境与对策》，《人口与经济》2004年第10期。

④ 张晓玲：《社会弱势群体权利的法律保障研究》，中共中央党校出版社2009年版，第70页。

⑤ 陈成文：《论社会弱者的社会学意义》，《电子科技大学学报（社会科学版）》2000年第2期。

社会转型导致的结构型失业和转型性整体失业群体（包括下岗人员、城镇登记失业人员、城镇企业中停产半停产或破产企业的待岗员工、进城农民工中尚无工作人员等）"，具有诸如年龄偏大、技能单一、文化水平不高等的群体特征。和同龄人群相比，他们的社会心态、消费习惯和社会地位都趋于弱势低微的状态，形成了明显不同的群体边缘特征。①

第四，相对弱势论。齐延平认为："社会弱势群体是一个相对性的概念，它指的是在一个特定的社会中，一部分人比另一部分人在智能、体能以及权能方面处于相对不利地位的人群；社会弱势群体又是一个动态性的概念，它指的已不仅是传统意义上的老弱病残群体，还指称在日趋激烈的社会竞争和全球化浪潮中随时陷于失业、贫困、孤立、边缘化状态中的人群。"② 李学林认为："弱势群体是相对于强势群体而言的，是由于能力或机会都处于劣势地位而只能较少地占有社会资源的人群共同体。"③

笔者认为，要科学合理地对弱势群体的概念进行界定，必须综合考虑以下因素：首先，弱势群体概念的相对性。所谓弱势，是相对于强势而言的。正如成思危所言，"在全国，农民便是弱势群体；在城市里，进城务工的农民和下岗失业工人是弱势群体；在股改中，中小投资者是弱势群体"④。再如，成年女性与少年儿童相比是强势的一方，但与成年男性相比，则是弱势的一方。同时，弱势或强势地位并非一成不变。随着社会的发展变化和相关主体自身状况的变化，弱势的一方有可能转变为强势，而强势的一方也同样可能转变为弱势。其次，弱势群体成因的复杂性。弱势群体之所以处于弱势地位，其原因可能是多方面的，如生理方面、自然方面或者

---

① 杨团、葛道顺：《社区公共服务社：消除边缘性的社会政策》，《江苏社会科学》2002 年第 3 期。

② 齐延平：《社会弱势群体的权利保护》，山东人民出版社 2006 年版，第 2 页。

③ 李学林：《社会转型与中国社会弱势群体》，西南交通大学出版社 2005 年版，第 2 页。

④ 成思危：《我一直关注弱势群体》，2014 年 6 月（http://www.xdkk.l.com.cn）。

社会方面。此外，有些弱势群体的成因可能不止一个方面，而是上述多种因素综合的结果。最后，弱势群体构成的广泛性。由于影响因素的复杂性，弱势群体的构成也就相对广泛，包括残疾人、老人、儿童、城镇失业下岗人员、农民工、失地农民等群体。

据此，笔者认为，弱势群体是指在特定经济社会条件下，那些由于生理、自然、社会等多种原因而在经济收入、文化水平、社会生活、竞争能力、社会地位等方面处于弱势地位，对外部冲击没有承受能力，容易受到伤害且依靠自身能力难以改变自身状况的社会边缘化人群。

二　弱势群体的类型

对弱势群体类型的划分是研究弱势群体问题的基础。目前学术界对弱势群体类型的划分有以下主要观点：一是层级说。比如，陈岗按照自身能力及处境将弱势群体划分为上层、中层和下层三个层次。其中，"上层是指与社会其他群体联系机会较多、可能向上流动的一个层级，如无就业人员中和农民/农民工中的能力较强者就属此类型。中层主要包括无就业人员中相对贫困者和体能较强的农民工。下层弱势群体则指农村中的绝对贫困人口、无就业人员中的生活极端贫困者和农民/农民工中一批居无定所、无职业者。下岗失业职工中，存在一批生活特困户，收入极低"①。又如，郑杭生等人将社会脆弱群体分为初级脆弱群体和次级脆弱群体。其中，"初级脆弱群体指的是那些由于成员基本生活需求未能得到满足而形成的社会生活有困难者，次级脆弱群体是指在其基本物质需要得到满足的前提下，由于自身生理和心理上的病障或社会失调的影响造成其心理上的受挫感和剥夺感，从而难以适应社会甚至形成越轨行为的社会成员的集合"②。二是类型说。比如，张敏杰按照对弱

① 陈岗：《转型期弱势群体的特征、来源及类型初探》，《四川行政学院学报》2002年第3期。
② 郑杭生：《全面建设小康社会与弱势群体的社会救助》，《中国人民大学学报》2003年第1期。

势群体的定义，将其划分为传统型弱势群体和新生型弱势群体。其中，"传统型指老弱病残者和无劳动能力的依赖性人群。新生型是指在劳动力市场和生活机会分配中竞争力比较弱、综合能力比较低而受到不平等对待的群体，如女性、非城市人口、农村贫困人口和失业、下岗人员等"①。又如，李航按照弱势群体的成因，将其划分为自然性弱势群体、生理性弱势群体和社会性弱势群体，"其中，自然性弱势群体主要包括生态脆弱地区的人口和发生自然灾害地区的灾民。生理性弱势群体则指那些由于生理性的原因而丧失或无劳动能力或劳动能力相对较弱，在社会竞争中处于弱势和易被伤害人群。社会性弱势群体是指那些因不能适应社会变化而被边缘化，在社会利益新的分配格局中被弱势化的人群，这部分弱势群体的产生大多与经济转轨和社会结构转型的特殊历史背景相联系"②。

上述几种分类都具有一定的依据和可取之处，但由于没有严格的分类标准，类与类之间的界限不够清晰，在实际操作中可能会出现模棱两可的情况。比如，依据陈岗的划分，城镇下岗失业人员中活动能力较强者应属于上层弱势群体，但"能力较强"本身就是一个模糊的标准，因此，不同的人可能会给出不同的划分结果。再比如，按照郑杭生的划分，由于心理障碍造成的次级弱势群体的外延就很大，在实际操作中，并不易区分。再如，按照李航的划分，生态脆弱地区的人口都是弱势群体，这种划分显然太过绝对，而对生态脆弱地区的界定本身就是一个复杂的、仁者见仁智者见智的问题。

笔者认为，对弱势群体进行划分，必须考虑划分标准的严谨性和可操作性，还应充分考虑社会发展对弱势群体的形成可能造成的影响。据此，笔者根据弱势群体的成因，将其划分为社会性弱势群体和自然性弱势群体两类。

---

① 张敏杰：《中国弱势群体研究》，长春出版社 2003 年版，第 11—21 页。
② 李航：《我国转型期弱势群体社会风险管理探析》，西南财经大学出版社 2007 年版，第 49—56 页。

（一）社会性弱势群体

所谓社会性弱势群体，是指由于社会政治、经济、文化、教育等社会因素影响而形成的弱势群体。在社会变革与发展过程中，总会有部分不能适应社会变化的成员被边缘化，被弱势化，进而转变为社会弱势群体。"他们或受到市场竞争、或受到国有企业改革、或受到产业结构调整、或受到城乡二元结构等因素的冲击和影响，加之自然条件和社会条件的限制，不知不觉地沦为收入水平低下的社会弱势群体。"[①] 这类群体包括城镇无就业人员、农民、农民工群体等。

（二）自然性弱势群体

自然性弱势群体是指那些自然灾害中的灾民和由于生理原因丧失劳动能力或者劳动能力相对较弱，在社会竞争中处于弱势、容易被伤害的人群，如残疾人、老年人、儿童等。

需要说明的是，在上述弱势群体中，残疾人群体是非常特殊的群体，可能有一部分有着双重身份。比如，无就业人员、农民、农民工等社会性弱势群体中必然有残疾人，而老年人、儿童中也会有残疾人。也就是说，属于无就业人员、农民、农民工、老年人和儿童的这部分残疾人，既要受到自身生理原因所带来的不利影响，又要承受社会政治经济条件的变化给其造成的冲击，因此，他们既属于自然性弱势群体，也是社会性弱势群体，是弱势中的弱势，需要得到社会的加倍关爱和帮助。但总的来看，他们在生理上的弱势特征要强于其社会性弱势特征，生理上的弱势既可能是造成其社会性弱势的原因，还可能加剧其社会性弱势状态，据此，也为了研究的统一性，在本书中，主要将他们视为自然性弱势群体。

三 弱势群体的特点

（一）数量庞大，成因复杂

由于弱势群体的相对性和类型的复杂性，目前还没有对弱势群

---

① 李航：《我国转型期弱势群体社会风险管理探析》，西南财经大学出版社 2007 年版，第 51、57 页。

体整体的数量统计数据。但根据中国人民大学 2002—2003 年发布的社会研究报告《走向更加公正的社会》计算，当时"我国弱势群体的规模就已经有 1.4 亿—1.8 亿人，占全国人口总数的 11%—14%"[1]。而随着经济的发展以及城市化水平的提高，中国失地农民及进城务工人员的数量也在逐年增加，空巢老人、留守儿童和城镇失业人员的数量也呈现递增趋势，加之同样处于弱势地位的残疾人，弱势群体的数目将会更加庞大。根据国家统计局发布的《2012 年全国农民工监测调查报告》数据显示，"2012 年，全国农民工总量达到 26261 万人"[2]。另据中国第一部老龄事业发展蓝皮书——《中国老龄事业发展报告（2013）》指出，"截至 2012 年底，我国老年人人口数量达到 1.94 亿，占全国人口总数的 14.3%"[3]。此外，据中国残联最新统计的数据，"截止到 2010 年末，我国各类残疾人总数已达 8502 万"[4]。

在这庞大的数字背后，弱势群体的具体成因也十分复杂。除了生理方面的缺陷或弱势原因外，复杂的社会因素也是主要成因之一，如社会转型、经济结构变动等原因形成的结构性下岗失业人员；二元结构体制造成城市与农村经济发展水平存在巨大差距，使农村出现的大量剩余劳动力向城市流动所形成的农民工等。事实上，许多弱势群体的形成并不只有一个原因，可能是两种甚至更多因素共同作用的结果。

（二）经济贫困，社会地位低下

经济贫困、社会地位低下是中国绝大多数弱势群体目前所面临的共同困境。受到许多因素制约，他们当中有些人暂时或者永久地失去了工作机会；有些人在工作中遭受不公正待遇，付出和

---

① 郑航生：《中国人民大学社会发展研究报告》，人民大学出版社 2003 年版。

② 中华人民共和国国家统计局：《2012 全国农民工监测调查报告》，2014 年 5 月（http：//www.stats.gov.cn/tjfx/jdfx/t20130527_402899251.htm）。

③ 网易财经：《我国老年人口数量达到 1.94 亿》，2014 年 5 月（http：//money.163.com/13/0227/15/8ONSNH3400253B0H.html）。

④ 中国残联网：《2010 年末全国残疾人总数及各类、不同残疾等级人数》，2014 年 5 月（http：//www.cdpf.org.cn/sytj/content/2012-06/26/content_30399867.htm）。

回报不成正比；有些人应得的报酬被一再拖延甚至不了了之……总之，各种原因造成了弱势群体收入低、不稳定甚至无收入的局面。以农民工为例，他们为城市的发展做出了重要的贡献，但是，由于种种原因，他们收入低、社会地位也不高。国家统计局2012年全国农民工监测调查报告显示，2012年，全国东、中、西部农民工的平均月收入分别为2286元、2257元、2226元，扣除生活成本后，外出农民工每人月均收入结余仅1557元。又有数据显示，在8502万残疾人中，仍有1500万以上的残疾人生活在国家贫困线以下，占贫困人口总数的12%以上。① 而残疾人在2012年的人均可支配收入（9364.3元）仅达到非残疾人人均可支配收入的1/2。② 相关数据还指出，"按照年人均纯收入1196元人民币的贫困线标准"③，中国仍有3597万农民生活在贫困线以下，而城市也有2340万人属于低保户，他们当中的绝大部分人都属于弱势群体。

（三）受教育程度不高，文化水平较低

弱势群体中，大多数人的受教育程度不高，文化水平较低。以农民工为例，他们来自农村地区，那里的经济发展水平、学校教育硬件设施、教育水平以及教学质量都落后于城镇地区，加之农民接受教育的意识弱，接受的教育也少，这就影响了农民工群体的文化素养水平。2012年农民工监测调查报告显示，60.5%的农民工所受教育程度为初中水平。即使是30岁以下的青年农民工当中，也仍有0.3%的人不识字或识字很少，5.5%的人只读过小学，57.8%的人为初中学历。而截止到2012年底，全国残疾人的文盲

---

① 中国新闻网：《中国举行助残日大型主题活动　呼吁社会关注贫困残疾人》，2014年5月（http://www.chinanews.com/gn/2013/05 - 18/4832213.shtml）。

② 赖德胜等：《2013中国劳动力市场报告——全面建成小康社会进程中的残疾人就业》，北京师范大学出版社2013年版，第11页。

③ 中国科学社会论坛学术综合组：《后危机时代的社会保障与人类发展》，《经济学动态》2010年第11期。

率为 18.5%①，有未入学适龄残疾儿童少年 9.1 万人②。在 2012 年的残疾人保障实施情况报告会上，全国人大常委会副委员长兼秘书长李建国指出，目前中国残疾儿童接受义务教育的比例为 71.4%，远低于全国义务教育入学率 99% 以上的水平。③

（四）自身竞争力较弱，易受外部伤害

由于文化水平低、经济收入不高、自身生理缺陷等因素的影响和制约，相比社会其他群体，弱势群体自身的竞争力更弱，因而也更容易受到外部刺激的伤害。比如，在就业方面，下岗工人、年长者、农民工、残疾人等更容易受到诸多门槛的限制和不公正的待遇。安徽一名高中教师因缺少一条右臂数年难获资格证④；南京审计学校某学生因腿部残疾而被当众取消面试资格，原因是"公司很注重形象问题"⑤。又如，在医疗、教育和住房方面，农民工、早年买断工龄的下岗工人及其他失业者等都没有良好的保障，农民工子女很难真正融入城市的学校并被周围的同龄人所接受⑥，弱势群体同样没有得到很好的住房保障⑦。再比如，在精神生活层面，空巢老人和留守儿童长年和亲人分离，缺少精神寄托，生活上也相对困难。而在政治文化生活中，弱势群体的声音也因为太过微弱而难以引起关注甚至没有话语权，等等。总之，他们在许多方面都处于

① 赖德胜等：《2013 中国劳动力市场报告——全面建成小康社会进程中的残疾人就业》，北京师范大学出版社 2013 年版，第 11 页。

② 中国残联网：《2012 年中国残疾人事业发展统计公报［残联发（2013）3 号］》，2014 年 5 月（http：//www. cdpf. org. cn/sytj/content/2013 – 03/26/content_ 30440284. htm）。

③ 中国新闻网：《中国残疾人教育稳步发展整体受教育水平仍较低》，2014 年 5 月（http：//www. chinanews. com/edu/2012/08 – 27/4137219. shtml）。

④ 腾讯网：《安徽省残联炮轰：教师体检标准歧视残疾人》，2014 年 5 月（http：//edu. qq. com/a/20100114/000155. htm）。

⑤ 新华网：《歧视残疾人，到底谁之过？》，2014 年 5 月（http：//news. xinhuanet. com/comments/2005 – 05/14/content_ 2953506. htm）。

⑥ 明庆华：《论教育中弱势群体子女受歧视问题》，《中国教育学刊》2003 年第 5 期。

⑦ 常华堂、张大勇：《社会政策视角下的城市弱势群体住房保障问题探析——关于经济适用房政策争议的思考》，《中国农业大学学报》2006 年第 2 期。

社会的最底层，甚至游离于社会的边缘，处境往往比较艰难，无论在物质上还是精神上，承受能力都极其有限，任何一点微弱的外部刺激对于他们而言都可能是无法承受的，甚至是致命的打击。例如物价上涨、政策变化、医疗费用增加、遭遇意外等，对于一般人来说也会不同程度地影响其生活质量，而对于弱势群体而言，这就是无法承受的打击，甚至是压死骆驼的最后一根稻草。

四　弱势群体的成因及其相互关系

弱势群体成因复杂，涉及多种因素。总的来看，这些因素可分为内部因素和外部因素两大类型。内部因素是指弱势群体自身的因素，包括生理及自身综合素质等方面；外部因素则是指弱势群体所生存的社会与自然环境因素，包括自然、历史、政治、经济、文化和教育等多种因素。

（一）内部因素

1. 生理因素

生理因素是自然性（生理性）弱势群体形成的一个主要原因。老年人、儿童、残疾人等都属于这一因素所造成的弱势群体。对于老年人和绝大多数残疾人而言，这种因素难以克服和改变，这使得他们在工作、学习、生活和发展问题上始终处于弱势地位[1]，使其弱势状态具有不可逆转性。对于少年儿童而言，这种因素将会随着其年龄的增长而逐渐减弱并最终消退，所以其弱势状态具有可变性。

2. 个人综合素质因素

个人综合素质涉及个人的观念意识、文化水平、专业技能、信息素养、身体素质、家庭赡养系数、家庭收入等方面。这些因素之间是相辅相成的关系，要么处于良性循环状态，要么处于恶性循环状态。而综合来看，绝大多数弱势群体个人综合素质所涉及的方方

---

[1]　马洪、李志忠：《残疾人就业影响因素的调查研究》，《中国残疾人》2006 年第 11 期。

面面主要处于恶性循环状态，形成马太效应，这是导致其成为弱势群体的重要原因。

哲学家尼采说过，让一个人站起来的不是身体而是观念。观念意识是决定人的行为的关键因素。就拿占中国人口 80% 的中国农民来说，虽然他们自古就有着勤劳、勇敢、吃苦耐劳的美德和百折不挠的自强精神，但不可否认的是，"消极认命的人生观、小农本位的生产观、安贫乐道的幸福观、安土重迁的乡土观、多子多福的生育观等传统的小农意识还在束缚着他们中的相当一部分人，阻碍着他们寻找摆脱弱势处境的尝试和探求"①。在笔者的调查中，有多地农村的村镇干部就谈到，对于政府为农民、农民工举办的免费就业培训，即使是上门动员，报名参加的农民、农民工也经常是寥寥无几。西部某一地区的某扶贫干部曾在接受笔者采访时说过一件事：其所扶贫的某一农村地区的一户人家，全家资产合计不足千元，为帮助其解决生计，扶贫办专门为其发放了几只种羊，让其通过养羊来脱贫，但结果却是不到一个月时间内，所发放种羊全部被其宰杀果腹和换了酒喝。这种情况或许只是个案，但却从一个侧面反映出其观念意识的落后，而这又源于其所受教育的不足、文化水平的低下；而所受教育程度低又与其家庭贫困、家庭负担重等不无关系。

（二）外部因素

1. 自然灾害因素

自然灾害类型多样，来势凶猛，破坏力大。特殊的地理环境使中国成为一个地质、气候灾害频发的国家。以 2008 年 5 月 12 日发生的四川省汶川大地震为例，8 级强震使 50 万平方公里的国土受到重创，累计受灾人数 4550.9241 万，其中直接受灾人数达 1000万。② 又以 2010 年 4 月 14 日青海玉树 7.1 级地震为例，地震波及

① 李洪琴、赵志勇、高荣政：《我国农民弱势处境的现状与成因分析》，《前沿》2006 年第 3 期。

② 郭剑平、邵国栋：《完善我国自然灾害救助体系的对策研究——兼论日本自然灾害救助体系对我国的启示》，《科技管理研究》2009 年第 9 期。

青海省及四川省的多个县、乡镇，受灾面积达 35862 平方公里，受灾人口 246842 人。① 另据《人民日报》报道，几年来，中国平均每年救助受灾群众 9000 万人次。② 上述的这些受灾群众就成为临时、长期或永久性弱势群体（如残疾人），急需得到社会的帮助和扶持以渡过难关。

2. 经济社会制度因素

从历史的发展视角看，社会基本制度的每一次安排、重构和重大变迁，都会引起社会利益的重新配置，引发社会分层体制的巨大变化，"而社会性弱势群体，也往往是在这一过程中被造就"③。

从计划经济向社会主义市场经济的转轨是中国经济社会体制发展的重大变革。"市场经济体制的确立就必然为追求效率而产生优胜劣汰，必然在分配上拉开档次和差距；必然将由于产业结构调整而被淘汰、萎缩或没有前途产业中的工人排挤出来。"④ 就拿中国城镇失业人员来说，在计划经济时期，国有企业和集体企业都超量吸收了相当数量的劳动力，于是造成一部分劳动力实际处于隐形失业状态的事实。而当社会从计划经济向市场经济转型时，企业为了减少成本、提高竞争力而开始大批裁员，这些转型时期的下岗工人就成为制度变迁下的社会性弱势群体。据悉，在 1998—2001 年国企改革向纵深发展时期，每年下岗工人人数都在 600 万左右。从地域上看，"下岗工人主要集中在老工业基地和经济欠发达地区；从行业分布看，下岗工人主要集中在煤炭、纺织、机械、军工等行业"⑤。此外，随着市场竞争的激烈，一些盲目建设起来的中小乡

---

① 中华人民共和国中央人民政府：《国务院关于印发玉树地震灾后恢复重建总体规划的通知》，2014 年 4 月（http://www.gov.cn/zwgk/2010 - 06/13/content_ 16268 53. htm）。

② 人民网：《每年救助受灾群众九千万人次》，2014 年 4 月（http://paper. people. com. cn/rmrb/html/2011 - 05/06/nw. D110000renmrb_ 20110506_ 9 - 02. htm? div = - 1）。

③ 齐延平：《社会弱势群体的权利保护》，山东人民出版社 2006 年版，第 4 页。

④ 郑杭生：《中国人民大学中国社会发展研究报告 2002》，中国人民大学出版社 2003 年版，第 78 页。

⑤ 谢桂华：《市场转型与下岗工人》，《社会学研究》2006 年第 1 期。

镇企业也由于基础设施薄弱、技术落后而相继倒闭，由此造成的城镇失业者也成为社会性弱势群体。

再从社会结构方面看，中国过去长期实行的城乡分割二元体制结构，使广大农民在一些主要社会资源（包括教育资源、社会保障、社会福利资源等）的分配与使用上处于弱势。"这种社会结构是造成农村弱势群体长期不能摆脱贫困的重要社会原因"①，就拿农民工问题来说，农民工虽然为城市的建设和发展做出了巨大贡献，但由于户籍身份原因，其在城市中的劳动就业、教育、医疗和养老保险等方面受到诸多限制，使其始终游离于自己所创造的"城市财富"的分配之外②，成为城市中的新型弱势群体。

3. 信息鸿沟因素

当今社会科技的发展使信息资源的价值得到充分肯定。人们对信息的利用和依赖达到了前所未有的程度。而在信息资源的分配和获取中的差异，使得弱势群体和强势群体之间的鸿沟越来越深。"以报纸杂志为例，近20年来，面向市民的报纸杂志发展迅猛，而占人口绝大多数的农村受众拥有的媒体资源却极为有限。占全国人口总量80%的农民所需要的农业期刊仅占邮发期刊总数的3.23%。"③再以新兴的网络传播为例，其实在入口处就已经设置了多重障碍，没有计算机设备、不懂得计算机操作或没有网络检索能力的人就无法利用网络信息资源，而那些拥有设备又能熟练操作的人则可以掌握大量的信息。"一项研究认为，在信息化和网络化的发展浪潮中，世界正演化出两种截然不同的文明：一种是电子网络之外的文明，另一种是网络世界的文明。生活在网络之外的阶层因为不能享受网络之便，信息获取可能更加贫乏，生活在网络之中

---

① 冯暄、杨鲜：《弱势群体的成因及在传媒中的表现》，《新闻前哨》2007年第11期。

② 姚小林：《农民工的二元化地位及其制度化解决》，《生产力研究》2006年第5期。

③ 刘俊：《论对弱势群体的信息歧视》，《图书馆》2005年第2期。

的阶层则因为能够获得更加广阔的发展空间而变得更加富裕。"① 可见，在信息就是资源、信息就是财富的今天，信息鸿沟最大限度地放大和加剧了弱势群体的弱势地位。

（三）内外成因之间的关系

从上面的分析可看出，内外因素之间事实上是难以分割的，它们相互影响、相互融合、相互渗透。

首先，内部因素会加速和放大外部因素对弱势群体的影响。比如，生理上的残疾放大和加剧了由于外部环境因素所导致的就业困难，从而使残疾人的就业率与非残疾人相比存在很大差距。北京师范大学发布的《2013 中国劳动力市场发展报告——全面建成小康社会进程中的残疾人就业》显示，2007—2012 年，中国残疾人就业率维持在 45% 左右。② 据世界银行 2011 年 6 月发布的《世界残疾报告》显示，在经合组织国家中，残疾人就业率为 44%，而非残疾人就业率为 75%。③ 在其他领域这种影响也依然存在。

其次，外部因素同样会加剧内部因素对弱势群体的弱势影响。比如，民政部门 2005—2012 年发布的民政事业发展统计公报数据显示，中国社会福利企业从 2005 年的 31211 个下降到 2012 年的 20232 个，而福利企业解决就业的残疾人数量也从 2005 年的 63.7 万人下降到 2012 年的 59.7 万人。④ 福利企业是解决残疾人就业的主要渠道之一，其数量的减少无疑会从整体上影响残疾人的就业形势。再比如，对残疾人的就业歧视不仅加剧了残疾人的弱势地位，而且使其从单纯的自然性弱势群体发展成由于歧视和不公正待遇而形成的社会性弱势群体。

再次，外部因素还可能是造就一些内部因素的主要原因。比

---

① 沈金志、童铁山：《弱势群体略论》，《广西社会科学》2003 年第 4 期。

② 赖德胜、李长安、孟大虎：《2013 中国劳动力市场发展报告——全面建成小康社会进程中的残疾人就业》，北京师范大学出版社 2013 年版，第 132 页。

③ 世行：《全球残疾人数达十亿入学率和就业率偏低》，2011 年 6 月（http://www.chinanews.com/jk/2011/06－10/3104108.shtml）。

④ 中华人民共和国政府：《民政部发布 2012 年社会服务发展统计公报》，2011 年 5 月（http://www.gov.cn/gzdt/2013－06/19/content_ 2428923.htm）。

如，经济社会制度的变迁、社会结构不合理、社会保障制度不健全等外部因素完全可能是引起弱势群体的个人综合素质普遍不高、竞争力弱的主要原因。

此外，在内外因素中，生理因素和自然因素都属于非可控因素，其所形成的弱势群体是任何一个国家任何一个社会都无法避免的。对于这类人群，我们应该从人性的角度关怀他们、尊重他们、帮助他们。而其他外部因素却是人为因素，应是可避免的。如因城乡二元结构形成的农民工群体的问题，是可以通过改变城乡二元结构加以解决的；地区间经济发展的差异是可以通过政策的倾斜加以改变的；行业间收入的差距也是可以通过税收等机制加以控制的。

第二节　公共信息服务的概念、特点、类型、意义及模式

一　公共信息服务的概念

关于"公共信息服务"的概念，中国理论界迄今尚无统一界定。学者们从不同的角度对"公共信息服务"作出了一定的阐释。张建彬从系统功能的角度出发，将公共信息服务定义为："由政府提供的，用以满足社会公众公共信息需求的各种硬件和软件的集合，它包括各种信息基础设施和公共信息。"[①] 周毅、谢欢从公共信息服务的目的出发，提出"公共信息服务就是以公众信息需求为中心，强调公众可以公平获取和享受公共信息及增值产品，从而满足公民生存、安全与发展的要求"[②]。胡昌平等从广义角度，认为"公共信息服务是一种开放性的信息服务，即以包括各行业用户在内的公众为对象，以提供信息发布、交流和利用服务为内容，以服务于社会为目标的社会化服务"[③]。冯慧玲、周毅从"公共"一词

[①] 张建彬：《面向用户的公共信息服务集成研究》，《图书与情报》2012 年第 1 期。

[②] 周毅、谢欢：《论服务型政府的公共信息服务目标及其实现路径》，《信息资源管理学报》2011 年第 3 期。

[③] 胡昌平等：《信息服务与用户》，武汉大学出版社 2008 年版，第 388 页。

着眼，认为"公共信息服务是指对与公共利益、公共政策制定、公共管理制度安排与执行和公共事务管理活动等相关信息实施开放与开发服务的过程，包括公共信息开放服务和开发服务两个层次"①。可见，由于看问题的视角不同，对公共服务所做出的界定是有一定差异的。

笔者认为，要厘清"公共信息服务"的概念，需要明确如下几点。

一是公共信息服务的性质。从性质上说，"公共信息服务是公共服务的重要组成部分，属于公共服务中的基本公共服务（所谓基本公共服务，是指一定经济社会条件下，为了保障全体公民最基本的人权，全体公民都应公平、平等、普遍享有的公共服务，是诸多公共服务中具有保障性质和平等色彩的服务类型）"②，其本质上属于服务而不是管理。也就是说，强调信息提供者根据用户的信息需求，将其开发好的信息产品提供给用户的信息传递活动。

二是公共信息服务的提供主体。在现代信息社会，提供公共信息服务的主体不能只包括政府，还应包括更广泛的主体。具体来说，除了包括政府及其职能部门等最重要的主体外，还应包括图书馆、档案馆等公益性组织，以及企事业单位、公司和社会组织等主体。

三是公共信息服务对象。公共信息服务应面向广大社会公众，以社会公众为对象。

四是公共信息服务的内容或客体。公共信息服务应以公共信息为服务内容或客体。所谓公共信息③，应具有公共属性，是与社会

---

① 冯惠玲、周毅：《论公共信息服务体系的构建》，《情报理论与实践》2010 年第 7 期。

② 陈海威：《中国基本公共服务体系研究》，《科学社会主义》2007 年第 3 期。

③ 对于公共信息，人们也有不同看法。美国的《田纳西州公共信息法案》中指出，公共信息是在法律或法令以及与官方事务相联系下所收集、组织和保管的信息，包括：（1）政府部门产生的信息；（2）为政府部门所生产以及政府部门所拥有的信息或有权获取的信息。此外，中国学者周伟、莫力科、王沛民、夏义堃、周毅等也从不同角度提出了不同看法。

公共利益、社会公共事务、社会公众等因素相关的信息，涵盖科技、文化、教育、就业、医疗、社会保障、社会福利等领域。它包括政府信息、社会公共信息和其他公共信息，并以政府信息为主体。

综上所述，本书认为，公共信息服务是公共服务的重要组成部分，是指政府及其职能部门、第三方部门及其他企事业单位为满足社会公众的公共信息需求而进行的公共信息开发、采集、加工、处理、公开、提供等一系列活动。

二　公共信息服务的特点

公共信息服务作为公共服务的重要组成部分，其特征与公共服务的特征密切相关。

首先，公平公正性与保障性。这源于公共服务的目的及价值取向。作为政府利用公共资源向所有社会成员提供的产品及服务，公共服务的供给目的及价值取向就是公平公正地、最大化地解决社会成员的基本生存及基础发展问题，在平等的基础上保障所有社会成员的基本生存权及基础发展权的实现。因而，它必然要以公平正义、保护人权为指导①，并带有浓厚的保障性特色。公共信息服务作为公共服务的组成部分，也必然具备公平公正及保障性特征。具体表现为所有社会成员在公共信息服务的获取上、获取机会上、获取待遇上的公平公正。同时，它通过被相关主体的获取及利用来作用于相关主体的生活、生存与发展，确保相关主体生存权与发展权的实现，体现其保障性特征。

其次，公共性与广泛性。公共服务是面向所有社会成员的服务，虽属公共事宜却与所有社会成员的基本生存与发展相关。公共信息反映的就是公共事宜，同样与每个社会成员都有直接或间接的联系，因而无论从公共信息服务与公共服务的关系上看，还是从公共信息所反映的对象的性质上看，它都具有公共性与广泛性特征。

---

① 郭厚禄：《我国基本公共服务均等化研究》，中共中央党校 2009 年版，第 17 页。

最后，弱竞争性及非排他性。1954 年萨缪尔森（Samuelson）提出了公共产品两大特性，即非竞争性及非排他性。① 而按照 1965 年詹姆斯·布坎南对萨缪尔森的公共产品理论进行的完善与补充，在非竞争性及非排他性中只具其中之一的只能算作准公共产品。也就是说，萨缪尔森所提出的公共产品是纯的公共产品或服务。因此，根据公共产品理论和准公共产品理论，准确地说，公共信息服务属于准公共产品或服务范畴。与对国防、法律等的消费不同，对公共信息服务产品的消费具有弱竞争性和非排他性。一方面，公共信息服务体现为个体的消费行为，消费人群的增加必然会导致所消费公共信息服务产品总量的变化，相应的总生产成本也会发生一定的变化，因而会导致其边际成本的变化。然而，由于公共信息及其服务的公共性特点，又决定了这种竞争性的有限性，不能与其他商品或服务的纯竞争性等同，这表明公共信息服务具有弱竞争性。另一方面，就非排他性来看，鉴于信息资源本身所具有的共享性特征，以及公共信息所具有的公开性、公共性、公益性等特点，对公共信息服务的消费必然具有非排他性。需要说明的是，这种非排他性与公共信息服务中的个性化服务并不矛盾。个性化服务本身就是一种定制性服务、针对性服务，故对非针对性主体是没有需求价值的。

三　公共信息服务的类型

按照不同的划分标准，公共信息服务可分为不同的类型。

首先，按照服务提供主体划分，可以分为政府及其职能部门提供的服务、公益性信息服务机构（如公共图书馆、档案馆、博物馆）提供的服务、非政府组织（如残联、工会、老年协会等）提供的服务、各种公司和企业组织提供的服务，等等。由于公共信息服务主体所承担职责的差异性，故其提供的服务也各有特色。比

---

① Samuelson，P. The Pure Theory of Expenditure. *Review of Economics*，1954（11），p. 36.

如，政府主体提供的服务就包括公共信息服务相关政策法规的制定、公共信息服务的组织和监管、政府信息的公开服务①、查询服务、咨询服务②和指引服务③等；而公共图书馆的服务就包括完善信息资源建设、创建无障碍环境、制定并落实各种开放服务和特色服务、培养社会公众的信息素养等。

其次，按照是否收取费用，可以分为有偿公共信息服务和无偿公共信息服务两种类型。如前所述，由于提供主体的性质不同，因而其在提供公共信息服务时可能出现有偿或无偿的情况。一般而言，作为政府部门、公共图书馆等公益性主体，其提供的往往是无偿的公共信息服务；而作为企业、公司等营利性主体，从营利目的上讲，其提供的往往是有偿的公共信息服务，但也可能出于公益考虑而不收取任何费用。

最后，按照公共信息服务的内容和范围，可将公共信息服务划分为广义和狭义两种类型。广义公共信息服务不仅包括狭义上的各种服务，还包括为实现各种直接面对社会公众的服务所进行的各种工作，如政府对相关政策法律的制定、对服务的组织和监管，公共图书馆对公众信息素养的培养、对相关公共信息资源的建设等。狭义公共信息服务主要指直接面对社会公众的一切相关服务，比如政府主体提供的公共信息公开服务，公益信息服务机构提供的公共信息开发服务、公共信息查询服务等。本书所说的公共信息服务主要是指狭义上的公共信息服务。

---

①　政府信息公开机构将行政机关在履行职责过程中制作或者获取的，以一定形式记录、保存的信息，及时、准确地向公众公开。

②　杨兵于 2006 年在《成都市城乡一体化电子政务国内公共信息服务研究》一文中指出，公共信息咨询服务是指政府管理人员利用其所拥有的信息及相关知识储备，就公众提出的有关问题进行口头与书面解答，提高他们对有关政策、法规、事务管理等问题的认识和运用水平，它可以分为一般业务咨询、政策咨询、管理咨询等多种类型。

③　公共信息指引服务是政府为了帮助公众跨越政府机关的多层组织障碍，面对大量且分散的信息资源做出更进一步的描述，提供获取信息的检索机制，以提高公众搜寻、判断和获取信息能力的过程。

四　公共信息服务的意义

第一，开展公共信息服务是现代社会发展的必然要求。

当前，中国正处于发展转型的关键临界点，比以往任何时期都更加需要创造稳定、有序的社会环境，同时，社会的发展使得人们对于公平、公正的追求也更加强烈。通过公共信息服务，政府信息得以透明和公开，在很大程度上保障了公民的权益，维护了社会的公平正义。反之，如果没有公共信息服务对政府信息的公开、传播，那么公民的知情权便无法得到保障，社会的公平、公正也就无从彰显，长此以往，便可能形成不稳定的因素，从而对社会改革和发展构成威胁。因此，公共信息服务的有与无、服务质量的高与低不仅关系到民生问题，更关系到国家社会的长治久安，是现代社会发展的必然要求。

第二，开展公共信息服务是服务型政府建设的应有之义。

服务型政府是中国政府转型的目标，"它强调政府的理念与文化的重塑、职能和结构的优化、管理与服务方式的创新、运行机制法制化和公共财政体制建构等"①。其中，在职能方面，服务型政府更加重视制度"供给服务、公共政策服务、公共产品提供、公共服务等方面"②。公共信息服务作为公共服务的重要组成部分，是服务型政府职能的一种体现，因此，它是服务型政府建设的应有之义。

第三，开展公共信息服务有助于增强政府的权威性。

政府的权威性体现的是政府作为行政组织的影响力，突出的是政府组织的领导力、强制力以及社会成员对这种领导力和强制力的认可和服从。③ 根据弗兰克·帕金的理论，人们对于政府权威的认

---

① 沈荣华、王扩建：《我国服务型政府研究览析》，《行政论坛》2010 年第 4 期。

② 吴玉宗：《服务型政府：概念、内涵与特点》，《西南民族大学学报（人文社科版）》2004 年第 2 期。

③ 卜冰华：《政府公共信息服务的利益协调研究》，华中师范大学，2011 年。

可和服从皆来自信任。① 在信任的基础上，才有合法性。又据彼得·什托姆普卡所言，"信任的理由有一种知识论的性质：它们归结为信任者获得的关于被信任者的一定的知识和信息"，"正确地给予信任的可能性随着关于被信任者的信息的数量和种类的增加而提高"。② 也就是说，政府要拥有社会成员对其领导力和强制力的认可和服从，就必须获得社会成员的信任。而要获得社会成员的信任，就必须通过某种方式向其提供大量可靠的信息，而这种方式，就是公共信息服务。据此推论出，政府通过公共信息服务向社会公众提供可靠的公共信息，有助于提高公众对政府的信任度，从而增强政府的权威性。

第四，开展公共信息服务有助于提高政府效率。

政府效率，即政府进行公共管理的绩效，指政府从事公共管理过程中投入的成本与产出的比率。政府运作依赖于其拥有的权力及政府管理人员对权力的正当使用，同时这种权力还需要公众的认同和信任。公共信息服务通过明确公开的方式，增加了公众对政府权力的了解、认同直至信任，从而减少了政府公共管理中所耗费的人力和物力成本，提高了政府效率。此外，公共信息服务还能够将各级政府之间的行为联系起来，使得政府在做决策的过程中受到不同利益集团的相互影响和制约，从而更好地权衡方方面面的利益，以便最终的决策更容易被接受和执行，提高政府效率。

第五，开展公共信息服务有助于保障公民权利。

公民权利是指作为一个国家的公民所享有的公民资格和与公民资格相关的一系列政治、经济和文化权利。作为公民权利中的一项基本权利，知情权是指公民知悉、获取信息的自由和权利。公民要行使知情权，就要求政府必须相应地进行公共信息服务，因此，公共信息服务也是对公民权利的一种保障。

第六，开展公共信息服务有助于维护社会稳定。

---

① ［英］弗兰克·帕金：《马克斯·韦伯》，四川人民出版社1987年版，第113页。

② ［英］彼得·什托姆普卡：《信任——一种社会学理论》，中华书局2005年版，第94页。

在系统论的观点中，当一个系统充满不确定因素时，就会认为这个系统中的熵很高，系统趋于不稳定。同样的，在人类社会这个大的系统中，信息熵越高，系统就越不稳定；反之，信息熵越低，系统则越有序。那么公共信息服务就是要将公共信息如实地向社会公众公开，从而消除系统中的不确定性，形成稳定有序的社会系统。特别是在应对社会突发公共事件时，公共信息服务能够将真实的信息及时传播出去，引导舆论，减少各种不良信息及错误信息的蛊惑，达到稳定民心、维护社会安定的目的。

五　公共信息服务的模式

公共信息服务的模式，实际上就是指公共信息服务过程中各服务要素，即服务主体、服务客体、服务内容之间相互联系、相互作用的外在表现形式。按照不同的划分标准，公共信息服务可划分为不同的服务模式。本书依据服务主客体的主被动关系，将公共信息服务分为主动服务模式和被动服务模式。

第一，被动型公共信息服务模式。

被动型服务模式，顾名思义就是用户主动提出信息需求，服务主体根据用户的需求被动地生产或加工信息，并提供给用户的信息服务模式。这种信息服务模式产生于用户的需要，而非服务主体主动提供的。

第二，主动型公共信息服务模式。

主动型服务模式，即服务主体从用户的需求出发，主动生产并将信息提供给用户的信息服务模式。这种服务模式是以用户需求为中心的，深层次的服务方式，也是公共信息服务模式的一种必然趋势。

第三节　弱势群体公共信息服务权益的
内涵、性质及类型

一　弱势群体公共信息服务权益的内涵界定

要对弱势群体公共信息服务权益进行准确界定，应首先明确下列因素。

一是权益。权益指什么呢？从理论上说，权益既包括权利，又包括利益，是权利和利益的统一。权利强调的是相关主体可以为（或不为）一定行为的可能性，而利益强调的是相关主体为（或不为）一定行为所带来的后果。权利带来一定的利益，利益因一定的权利而生，本书所说的权益是权利和利益的统一，主要是指权利。

二是公共信息服务权益。信息权益是以信息为客体的一切与信息有关的权益①，而公共信息服务权益是社会公众依法在政府等相关公共信息服务主体提供的公共信息服务过程中应享有的权益。其权利主体是一般社会公众，其义务主体是提供公共信息服务的主体（如政府部门、公共图书馆等），其客体是与个人信息相对的公共信息以及相关义务主体为权利主体提供的各种服务（或服务表现出的行为）。因此，与公共信息及其服务无关的权益，就不是公共信息服务权益。

三是弱势群体所享有的公共信息服务权益。弱势群体是社会公众的重要组成部分，因而也如同一般社会公众一样平等享有公共信息服务权益。同时，受经济社会条件、文化教育水平等因素的制约，弱势群体在公共信息服务过程中所享有的权益不完全等同于一般社会公众。从这个意义上说，弱势群体所享有的公共信息服务权益既具有一般性，又具有特殊性，是一般性和特殊性的统一。这里的一般性即指弱势群体作为普通社会公民在公共信息服务过程中与其他普通民众享有同样的权利（如平等、自由获取和利用公共信息权，免费接受公共信息服务权等）；这里的特殊性是指弱势群体作为需要得到社会特别帮助和关爱的群体、作为为实现其合法权利而存在特别障碍的群体，在公共信息服务过程中所享有的特殊权益

---

① 刘珺：《包容视角下的新生代农民工信息权益保护》，《情报资料工作》2011 年第 4 期。

（即"类人权"①），其价值是要消除弱势群体在实现如同普通人同样权利过程中所遇到的障碍。

据此，我们认为弱势群体公共信息服务权益是弱势群体依法在政府、公共图书馆等相关公共信息服务主体提供的公共信息服务过程中享有的，无障碍知悉、获取、利用公共信息及其服务的权利和利益，是一般公共信息服务权益和特殊公共信息服务权益的统一，具体体现为信息安全权、信息平等权、信息自由权（含无障碍知情权、无障碍信息获取权、无障碍信息利用权）、信息特殊保护权（含无障碍信息援助权和无障碍救济保护权）等。

二 弱势群体公共信息服务权益的性质

从性质上说，弱势群体公共信息服务权益是弱势群体所享有的特殊人权。

首先，它属于人权范畴。人权是人因其作为人所具有的自然属性和社会属性而享有的权利，属于一种应有权利，即作为人应享有的权利。随着社会的发展变化，人权也在不断发展之中，由最初的因自然属性而生的基本人权（如自由权），到作为社会的人应享有的社会权（如就业权、休息权、健康权、教育权等），再到现在的国际化视野中的发展权（如和平权、环境权、发展权、人道主义援助权等）（详见"弱势群体公共信息服务权益存在的理论论据"部分）。而弱势群体公共信息服务权益实质上是作为人而理所当然享有的一种权益，因而属于人权的范畴。

其次，它是弱势群体享有的人权。其权利主体是弱势群体，而非其他一般社会公众。不可否认，弱势群体与其他普通社会公众平等享有和行使公共信息服务权益，二者在本质上是一样的，都是一种应有权利，都处于法律权利状态，然而，与其他社会公众相比，

---

① "类人权"就是具有某种共同特质的特定类型人群所享有的人权。主要针对存在权利实现障碍的人群设置，其根本目的是实现实质上的法律面前人人平等。具体内容详见本书第四章第一节"弱势群体公共信息服务权益存在的理论依据"中的"人权理论"部分。

弱势群体由于其弱势状况，导致自身这种公共信息服务权益在从应有权利向实有权利转化过程中出现极大困境，因而需要给予他们一些特殊的保护，从而使其应有权利达到实有权利状态。

最后，它是需要相关义务主体积极作为的人权。对于同样的权利，弱势群体在实现上存在普通社会公众所没有的障碍。要消除这些障碍，最有效的办法就是相关义务主体的积极作为，即有效履行其相应的法律职责和义务。从这个意义上说，弱势群体公共信息服务权益的价值指归就是要通过让政府等相关义务主体履行相应的信息保障义务，从而使社会弱势群体能够无障碍知悉、获取、利用公共信息及其服务，实现在信息知悉、获取、利用等方面与普通人（非弱势群体）实质上的平等，从而将"法律面前人人平等"由形式上的平等变为实质上真正的平等。因此，弱势群体信息服务权益是弱势群体所享有的特殊人权，其特殊性就体现为其以相关义务主体的积极作为为权利实现的条件，体现为弱势群体无障碍的权利实现。

三　弱势群体公共信息服务权益的类型

按照不同的划分标准，弱势群体公共信息服务权益具有不同的类型。

按照权利内容划分，可以分为信息安全权、信息平等权、信息自由权、信息特殊保护权等。信息安全权是确保弱势群体在信息内容、获取方式途径等方面安全的权利。信息平等权强调作为信息权利主体的弱势群体之间、弱势群体与非弱势群体之间、非弱势群体之间在知悉、获取、利用等方面享有平等的地位、机会、待遇。信息自由权是指作为信息权利主体的弱势群体可以依法自由地知悉、获取、利用信息的权利。信息特殊保护权是指为改变弱势群体弱势状况而由弱势群体享有的在信息获取、利用等方面获得特殊保护的权利。

此外，还可以按照其他标准进行划分。比如，按照权利主体划分，可以分为残疾人、老人、未成年人、农民或农民工等主体所享有的权利；按照权利客体划分，可以分为政府信息、准政府信息和其他公共信息等方面的权利；按照权利所产生的依据划分，可以分为宪法、法律、行政法规、地方性法规、规章等规定或赋予的权利；按照法律事实划分，可以分为公法行为引起的权利（如政府信息公开行为引起的信息知悉、获取等方面的权利）和私法行为引起的权利（如合同行为、侵权行为等引起的信息安全等方面的权利）。

本书主要按照权利内容标准，将弱势群体公共信息服务权益划分为信息安全权、信息平等权、信息自由权、信息特殊保护权等。

第二章 弱势群体公共信息需求及信息获取现状

要全面、正确了解和认识中国弱势群体公共信息服务权益的保障现状，必须对弱势群体信息需求及其获取状况进行全面了解。因此，本调查从两个方面进行，一是对弱势群体公共信息需求及其获取状况的调查与分析，二是对弱势群体的公共信息服务权益保障状况的调查与分析。

第一节 弱势群体公共信息需求及信息获取现状调查的设计与实施

一 调查的设计

（一）调查目的、调查内容及调查方法

本调查的目的主要是全面掌握不同类型弱势群体的信息需求及信息获取状况，为全面了解和正确把握弱势群体公共信息服务保障现状收集相关数据。调查内容包括六个部分，即弱势群体的个人情况、弱势群体的信息意识状况、弱势群体对相关信息的了解及需求状况、弱势群体对信息获取渠道的了解及利用情况、弱势群体对信息保障主体的了解，以及弱势群体的信息获取困难或障碍等。为确保调查数据的可获取性和可靠性，调查主要采取随机问卷调查和访谈相结合的方法。

（二）调查范围与样本

本书调查对象包括残疾人、空巢老人、少年儿童、农民、农民工和无就业人员。这主要基于以下考虑：残疾人、空巢老人和儿童是自然性弱势群体的构成主体和典型代表，因此必须对其信息获取现状进行调查。就社会性弱势群体来看，农民是中国数量最多的社会性弱势群体，而农民工作为临时、短期或长期在城市打工的农民，他们既具有农民的本质属性，又兼有一定的工人属性，与纯粹的农民相比，有其特殊性，二者并不能完全画等号，因此，有必要同时调查农民和农民工群体的信息获取状况。同样，无就业人员、下岗工人作为中国从计划经济向市场经济转型时期，由于制度变迁及在市场经济条件下因激烈的市场竞争所造成的弱势群体，也是最主要、最有代表性的弱势群体，对其信息获取现状进行调查能较全面地揭示城市弱势群体的信息获取状况。

此次调查的地域范围遍及中国东、中、西部地区，共计 21 个省、直辖市和自治区（包括北京、重庆、四川、贵州、云南、陕西、河南、江苏、内蒙古、山东、山西、湖北和湖南等的部分城市及农村地区），并以西南地区为主（重庆、四川、贵州、云南四地约占 56.2%）。这主要基于两点考虑：一是根据课题研究的目的和课题研究的有效性要求，调查范围应尽可能覆盖中国不同地区，这样才能较好地反映中国弱势群体整体的信息获取现状。二是基于课题研究的侧重性和调查的可行性考虑。从侧重性上看，西南地区是西部地区的重要组成部分，经济社会发展程度相对落后，有国家级贫困县 173 个，占比 29.2%。① 这个地区的弱势群体相对于中东部地区的弱势群体而言其弱势程度更深、更严重，因此以其作为主要调查区域更具代表性，更能深入反映弱势群体的弱势状况。此外，由于受调查对象自身文化水平、信息素养和生理条件的限制，他们往往不具备通过网络接受调查的能力和条件，在理解和填写问卷内容上存在困难或障碍，加之其工作或生活地域比较分散，流动性也较大，有些甚至居无定所，这给调查工作带来诸多不便和很大困

---

① 国务院扶贫开发领导小组办公室：《国家扶贫开发工作重点县名单发布》，2014 年 5 月（http://www.cpad.gov.cn/publicfiles/business/htmlfiles/FPB/gggs/201203/1754 45. html）。

难，因此，不可能对所有的调查地区施予完全同等的调查力度，必然有所侧重。

二 调查的实施

本次调查分别在 2012 年 7—9 月和 2013 年 1—2 月进行。对于残疾人，主要通过相关地区的残联和残疾人集中就业的公司、企业进行。残联是残疾人最主要的服务主体，与残疾人的联系最多，最了解残疾人。残联还常举行各种残疾人培训班，我们的部分调查就是利用残疾人参加培训的时间进行的。对于空巢老人的调查主要通过社区的老年活动中心、上门走访等方式进行。对少年儿童的调查主要是到所选定调查地区的部分中小学进行。对于农民工的调查主要是到农民工较为集中的一些工地、企业进行，同时还利用农民工回家过年的机会开展调查。对农民的调查主要是深入所选择调查地区的部分乡镇、村组进行。对无就业人员的调查则主要通过相关市、县等的工会、社区进行，由于无就业人员的相对性、易变性和分散性，调查进行得非常艰难。

此次调查共发放问卷 5199 份，回收 4923 份，有效问卷 4632份。具体分布如下：

针对残疾人发放问卷 500 份，回收 460 份，有效问卷 417 份。

针对空巢老人发放问卷 400 份，回收 381 份，有效问卷 346 份。

针对少年儿童发放问卷 2250 份，回收 2189 份，有效问卷 2063份。

针对农民和农民工发放问卷 1744 份，回收 1600 份，有效问卷1529 份。

针对无就业人员发放问卷 305 份，回收 293 份，有效问卷277 份。

问卷回收后，数据通过 SPSS17.0 进行编码和分析。研究采用两类方法分析数据：一是描述统计，如频率分析、标准差、百分比、平均数等；二是通过参数估计进行推断统计，如 t 检验、F 检验等。

第二节　弱势群体的基本情况

本节主要从性别、年龄、婚姻状况、文化程度、职业及经济收入水平、所拥有的通信设备等方面来反映受访弱势群体的基本情况。

一　农民、农民工的基本情况

第一，在性别、年龄、婚姻和近两年常住地（见书末附录1）方面，1529个样本数据中，男性农民、农民工占比60.30%，比女性高出20.6个百分点。男性农民、农民工平均年龄为37.82岁，略高于女性农民、农民工的35.59岁。同时，24.1%的农民、农民工年龄在26岁及以下，51.1%的在38岁以下，74.9%的年龄小于45岁，故受访农民、农民工年龄段主要集中于26—45岁。就婚姻状况看，77.4%的农民、农民工已婚。此外，男性已婚比例为80.6%，略高于女性的73.9%。已婚农民、农民工的平均年龄为40.48岁，而未婚农民、农民工平均年龄为23.43岁。此外，62.4%的农民、农民工的常住地为乡镇和村组（其中，32.1%为乡镇，30.3%为村组），另有37.5%的常住地为城市。

第二，在受教育程度上（见书末附录2），调查数据显示，农民、农民工受教育程度普遍偏低，仅有初中及其以下文化水平的占比高达74.6%。调查数据还显示，年龄与文化程度呈反比关系，仅有小学学历的农民和农民工平均年龄为42.16岁，有初中文化程度的平均年龄为37.10岁，而有高中文化程度的平均年龄为33.5岁。

第三，在所从事职业及收入来源上（见书末附录2），农民、农民工所从事的前三种职业分别为打零工、务农和在企业当合同工，占比分别为33.1%、23.7%和17.9%。其中，打零工又分为在政府部门打零工、在事业单位打零工、在社会团体部门和在企业打零工等。农民、农民工的职业特点在很大程度上决定其收入来源。61.9%的农民工认为其主要收入来源为务农和打零工，仅17.1%的农民工认为其收入和工作相对稳定。

第四，在经济收入水平上（见书末附录3），本书主要从农民、农民工个人收入水平和其家庭人均收入水平两个方面进行考察。一方面，从整体上看，农民、农民工个人水平较低，仅有6.83%的农民工个人收入高于3000元/月，约62%的农民工个人收入低于1500元/月。虽然有一些媒体曾报道建筑工人月薪过万①，但这仅是特例，完全不具有代表性和普遍性。如前所述，由于农民、农民工的主要职业是打零工、务农和在企业当合同工（占比74.7%），这些职业的特点决定了该群体不可能会有较高的经济收入。另一方面，从整体上看，农民、农民工家庭人均月收入水平亦偏低。附录3显示，约64%的农民、农民工家庭人均月收入在1500元以下。此外，总体上农民工家庭平均月收入比其个人平均月收入水平低，尤其是在1000—2500元/月的收入范围。这个数据可推导出一个重要结论：农民、农民工（尤其是农民工）绝大部分都是家庭的顶梁柱，是家庭经济收入的主要来源。这并不难理解，如前所述，由于受访农民、农民工平均年龄在37岁左右，从人的生命周期看，这个年龄段正是承担子女教育和老人赡养责任的主要时期，这也说明这类群体背负着较重的家庭负担。

第五，在通信设备的拥有情况上，如书末附录3所示，农民、农民工的通信设备以手机和电视为主，占比分别为83.5%和

---

① 这种现象可从三个方面理解：（1）月收入上万仅是极少部分，且不具有持续性。比如，《海南日报》对从事指挥挖掘机的张鸣采访：每个月能拿到7000元左右的工资。张鸣说，工地上的建筑工人日工资从50元至150元不等，工种不同薪水不同。说起来工资挺高的，但接一个项目也只能干上几个月，歇下来的时间就没有收入，因此高收入是表面的，一年也存不了多少钱。（2）某一个月收入上万需要其成倍的付出。比如，新华网报道"工地万元户"是累出来的。比如来自中建三局一施工工地的川籍农民工说：每天早上5点钟，天蒙蒙亮，他带着工人上工，无论严寒酷暑，每天的工作都是在空中搭架子，一分一毫的差错都不能出。这些生活场景和情况的描述与我们问卷收集时和农民工的交流内容是可相互印证的。（3）月入上万仅指小部分工种和小部分农民工。建筑工地的农民工收入相对较高，但这只占农民工群体的一部分。

63.5%，其他设备（固定电话、电脑和收音机）的拥有量相对较低。虽然电脑的拥有量仅为32.3%，但半数受访者表示有上网的习惯。

出现这种现象并不难理解。首先，就手机而言，从整个时代背景看，随着中国信息化建设的飞速发展和信息化生活质量的不断提升，如同电视一样，手机已成为人们日常生活中必不可少的重要工具，对农民和农民工群体亦不例外。再就农民和农民工群体自身而言，对城市建设和生活的不断融入使其感受到了移动通信的重要性，认识到了手机在提高其生活质量方面的作用和价值。再从手机的可获取性上看，现在无论是价格还是使用技能上，手机都已不再是富人的奢侈品。对农民和农民工群体而言，找到一款符合自己经济收入和基本通信需求的手机已是易事。其次，就电视来看，为解决广大农村和边远山区（主要是西部地区）群众难以看电视听广播问题而实施的"村村通"工程，已经广泛惠及广大弱势群体。再次，就电脑来看，相比较而言，电脑的使用需要懂得一定的计算机操作技能，加之其价格和使用便捷性上的限制，所以其在农民和农民工中的拥有量自然受限。但是拥有量有限与上网量达半数并不矛盾，到网吧、公共图书馆、社区等去上网也同样能培养起上网的习惯。

二 无就业人员的基本情况

第一，性别、年龄、婚姻和近两年常住地（见书末附录1）。调查结果显示，277个样本数据中，男性占比56.30%，比女性高出12.6个百分点。男性平均年龄为39.38岁，略高于女性的38.93岁。同时，受访者年龄段主要集中于28—49岁。78.3%的无就业人员已婚。女性已婚比例为85.60%，略高于男性的73.0%。已婚者的平均年龄为41.32岁，而未婚者的平均年龄为31.48岁。此外，48%的受访者常住地为乡镇和村组（23.1%为乡镇，24.9%为村组），另有52%的常住地为城市。

第二，在受教育程度上（见书末附录2），调查数据显示，无就业人员受教育程度普遍较低，初中及其以下文化水平的占比约50%。调查数据还显示，年龄与文化程度成反比关系。仅有小学学历的无就业人员平均年龄为 36.36 岁，有初中文化程度的平均年龄为 32.85 岁，而有高中及以上文化程度的平均年龄为 24.01 岁。

第三，在通信设备的拥有情况上，如书末附录 3 所示，无就业人员的通信设备以手机和电视为主，占比分别为 87.4% 和 76.9%，其他设备（固定电话、电脑和收音机）的拥有量相对较低。虽然电脑的拥有量为 47.7%，但半数以上受访者表示有上网的习惯。

三 残疾人的基本情况

第一，性别、年龄、婚姻和近两年常住地（见书末附录 1）。调查结果显示，417 个样本数据中，男性占比 53.7%，比女性高出 7.4 个百分点。男性平均年龄为 36.51 岁，略高于女性的 35.01 岁。同时，受访者年龄段主要集中于 26—45 岁。70.5% 的残疾人已婚。男性已婚比例为 68.44%，略低于女性的 72.91%。已婚者的平均年龄为 36.47 岁，而未婚者的平均年龄为 30.34 岁。此外，80.6% 的受访者常住地为城市，其中 12.9% 的常住地为省会城市，67.7% 的常住地为市县区级等省会以下城市。另有 19.40% 的常住地为乡镇农村。

第二，残疾类型。如表 2—1 所示，所调查的残疾人类型中，肢体残疾人最多，占到了一半以上。言语和视力次之。前三种残疾类型占到所有被调查者的 80% 以上。这个分布规律也与中国第二次人口普查的结果基本一致。

第三，在受教育程度上（见书末附录 2），调查数据显示，残疾人受教育程度普遍偏低。其中，最高学历为初中的占 47.5%，最高学历为高中（包括中专、职高）的占 27.1%。大专、本科、硕士及以上学历更是以逐渐递减的比例分布，四类学历人数总和所占比仅为 7.7%。调查数据还显示，年龄与文化程度成反比关系。拥有硕士及以上学历的残疾人的年龄平均值比拥有小学学历的残疾人的年龄平均值小近 10 岁。

第四，所从事职业及收入来源。如书末附录2所示，残疾人所从事的职业可分为务工、务农和个体经营三种类型，并以第一种为主。其中企业务工人员最多，政府部门务工人员最少。

表 2—1 　　　　　　　　　　　　残疾类型分布

残疾人类型	百分比（%）
肢体	51.8
智力	3.1
言语	14.1
听力	9.8
视力	16.1
精神	1.0
多重	4.0

第五，经济收入水平（见书末附录3）。数据分析显示，首先，残疾人个人收入水平整体上较低。仅有1.7%的残疾人个人收入高于3000元/月，近90%的残疾人个人收入低于1500元/月。其次，残疾人家庭人均月收入水平整体上亦偏低。77.7%家庭人均月收入在1500元以下。最后，总体上残疾人家庭平均月收入比其个人平均月收入水平高。在月均收入500元及以下到1000元这个区间范围内，家庭所占比例少于个人。而在1000—3000元这个区间内，家庭所占比例多于个人。这一现象表明，大部分残疾人在家庭中不是最主要的收入来源。值得注意的是，在3000元及以上这个区间内，家庭月均收入的所占比例低于个人月均收入，说明在这个薪资范围内的残疾人在家庭中承担的经济负担高于其他范围。分析这个区间残疾人的特点，主要表现为年龄45岁左右，已婚，男性，城市居住，高中或大专学历，肢体或言语残疾，以个体经营为主。

第六，在通信设备的拥有情况上，如书末附录3所示，残疾人的通信设备以手机和电视为主，占比分别为83.21%和69.06%，其他设备（固定电话、电脑和收音机）的拥有量相对较低，电脑的拥有量为 32.3%。

四 老年人的基本情况

第一，性别、年龄、婚姻和近两年常住地（见书末附录 1）。调查结果显示 346 个样本中，男性比例为 61.8%，比女性样本数高出 23.6 个百分点。男性平均年龄为 67.9 岁，女性平均年龄为 69 岁，女性平均年龄略高于男性 1.1 岁。此外，受访者年龄段主要集中在 67—72 岁。就婚姻而言，由于受访对象是老年人，绝大多数受访对象都是已婚状态，仅有 2.9% 是未婚。受访者中，近两年居住在省会城市的比例为 6.5%，居住在市县区级等省会以下城市的比例为 24.7%，居住在乡镇和村组的比例分别为 18.8% 和 48.2%。

第二，在受教育程度上，书末附录 2 中数据显示，老年人的受教育程度普遍偏低，仅小学文化水平的人数已超过受访者的半数，文化水平为初中及其以下的比例高达 78.2%，大专及其以上文化水平的比例仅有 10.3%。

第三，所从事职业及主要收入来源。由于调查的老年人绝大多数已到退休年龄，因此，该处职业为过去所从事的职业。如书末附录 2 所示，老年人过去所从事的职业主要可分为三类，即务工、务农和待业。其中，务农的老年人比重最大，占比达 49.0%；其次为务工，比例为 38.1%。从家庭主要收入来源而言，务农是大多数受访者家庭的主要经济收入来源，有稳定工作及工资收入的仅有 22.0%。

第四，经济收入水平。书末附录 3 数据显示，首先，老年人的个人月经济收入普遍较低。个人月经济收入在 3000 元及其以上的比例仅为 9.54%，76.01% 的老年人月经济收入在 1500 元以下。其次，老年人家庭人均月收入水平亦偏低。书末附录 3 显示约有 72.54% 的家庭月经济收入在 1500 元以下。

第五，在通信设备的拥有情况上，老年人对电视、手机及电话的拥有率较高，占比分别为 81.8%、52.3% 及 48.3%（见书末附录 3），对收音机和电脑的拥有率相对较低。

五 少年儿童的基本情况

第一，性别与年龄。受访男性少儿有936人，占样本总量45.4%；女性1127人，占样本总量54.6%。最小受访者年龄为6岁，最大为18岁，样本年龄多集中在15—18岁，该年龄段样本占总样本量的69.8%。6—14岁的儿童占样本总量的30.2%（如表2—2所示）。相应地，受访少年儿童目前就读学校多集中在高中，占样本总量的67.20%。

表2—2 少年儿童年龄分布

年龄	百分比（%）
6—12岁	14.37
13—15岁	17.35
16—18岁	68.28
总计	100.00

第二，在居住地上，受访少年儿童主要来自乡镇、省会城市以下的非一线城市、农村，所占比例分别为38.04%、27.85%、26.54%（如图2—1所示）。

第三，少年儿童普遍与父母、祖父母等直系亲人生活，约占总量的91.79%。但是我们还应看到，7.63%的少年儿童是独自生活或者在外求学，0.58%的孩子是生活在福利院的（如图2—2所示）。

第四，对于是否在外求学，绝大多数少年儿童上学地方并未与家庭居住地脱离，仅有7.23%的少儿选择了外出求学，这主要是因为少儿所就读的小学（或者中学）属于基础教育居住地周边。①

第五，身边亲人最高文化学历方面，57%的少年儿童家长文化程度不超过初中，其中，甚至有6.0%的家长从未读过书。有

① 钱源伟：《基础教育改革研究》，上海科技教育出版社2001年版，第1—2页。

31.6%的少年儿童表示身边亲人最高学历为高中或者中专，大专及以上的有11.4%（如表2—3所示）。受访少儿身边亲人受教育程度偏低，这与之前调查的少年儿童居住地多集中在乡镇、农村是相符合的。生活在乡镇农村的少年儿童，其长辈大多数也一直生活在乡镇农村。由于城乡教育资源差距持续扩大，生活在农村的人们接受高等教育的机会比城市人小很多。

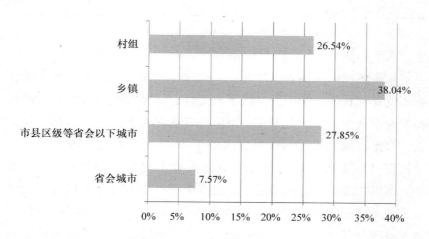

图2—1 少年儿童目前居住地

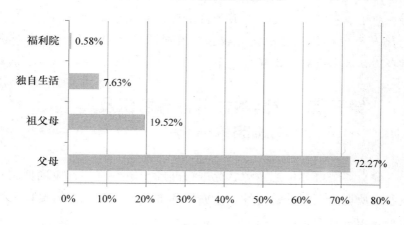

图2—2 与少年儿童一起生活的亲人或人群

表 2—3　　　　　　　少年儿童身边亲人最高文化水平　　　　　（％）

项目	百分比	累计百分比
大专及以上	11.4	11.4
高中或中专	31.6	43.0
初中	35.9	78.9
小学	15.1	94.0
未读过书	6.0	100.0

六　小结

从弱势群体（不含少年儿童）的基本情况可知，弱势群体受教育程度普遍较低，初中及其以下占比达五成至七成。由于其所从事的职业主要为务农、打零工、个体经营或在企业务工，因此大部分收入水平较低，超过八成月收入低于 2500 元，而且这种收入普遍不稳定（除残疾人外，超过八成的其他群体收入都不稳定）。此外，值得注意的一个现象是，不仅弱势群体本人月收入偏低，其所在的整个家庭的其他成员收入水平也不高。近八成到九成的弱势群体家庭人均月收入小于 2500 元。此外，除超过七成残疾人居住在城市外，五成到六成农民、农民工、无就业人员和残疾人居住在乡村。对于少年儿童，超过六成来自乡村，七成与父母一起生活，但仍有 25% 少年儿童与祖父母或独自在外求学生活。近六成少年儿童身边亲人最高学历不超过初中。

第三节　弱势群体的信息意识及其相关
影响因素分析

要对弱势群体信息意识状况进行准确测定，首先就应确保调查问卷中所调查问题的针对性、全面性和准确性。为此，需要首先对信息意识进行界定。

对于信息意识，不同学者有不同看法。有学者认为，"信息意识，就是人们对信息做出的能动反映，具体表现为了解信息的重要性，对信息敏感，在遇到问题时知道并善于依靠信息进行判断、分析和决策"①。也有学者认为，"信息意识是指人们从信息的价值与作用的角度来认识、分析、判断自然界和人类社会产生的各种信息，以及获取、选择、利用、传播信息等行为倾向"②。还有学者认为，"信息意识是信息在人脑中的集中反映，即社会成员在信息活动中产生的认识、观点和理论的总和，是人们凭借对信息与信息价值所特有的敏感性和亲和力，主动利用现代信息技术捕捉、判断、整理、利用信息的意识"③。

从上述定义看，虽然其表述不同，但却有三个共性：一是信息意识与对信息价值或信息重要性的认识相关；二是信息意识与对信息的敏感程度相关；三是信息意识与利用信息的主动性或倾向性相关。

这三个共性可以说构成了弱势群体信息意识的主体内容。因为相关研究及本书对弱势群体信息获取能力的调查都显示出，弱势群体亦是信息穷人，信息素养很低，因此，其与信息的关联度主要体现在发现、获取和利用信息而非整理和传播信息上。而能否获取和利用信息又首先取决于其对信息重要性的认识和对信息的敏感程度，据此，我们从以下三个方面来调查和测定弱势群体的信息意识。

（1）有无信息获取习惯。其由描述"我有通过广播、电视、电脑等各种媒体收听、收看、查找信息的习惯"测量。主要反映受访者对信息重要性的认识程度。

（2）对信息的认知和敏感程度。其由描述"在碰到问题时，我基本清楚自己需要哪些信息解决该问题"测量。

（3）利用信息解决问题的主动性。其由描述"在碰到问题后，我会通过各种途径主动寻找信息（上网、亲友打听等）解决问题"测量。主要反映受访者对信息的利用意识。

对于上述三方面的描述，受访者需要根据自己的实际情况从6个备选项做出判断。这6个选项是：1 = 非常同意；2 = 同意；3 = 基

---

① 涂仕敏：《试论农民的信息意识》，《情报杂志》2001 年第 7 期。
② 曾德良、张玉辉：《论现代信息意识》，《高校图书馆工作》2008 年第 6 期。
③ 张素芳：《信息意识定义分析》，《情报学报》1999 年第 S1 期。

本同意；4＝基本不同意；5＝不同意；6＝非常不同意。选项1—6分别代表数值1—6，表示对该描述的同意程度，而该同意程度则反映受访者在此方面意识的有无或强弱状况。比如，如果受访者在这三个描述中都选择数值1，则分别反映出受访者完全具备信息获取习惯、对信息的认知和敏感程度很高及利用信息的主动性很强这样一种状况；而选择数值6则表示缺乏信息获取习惯、对信息的认知和敏感程度非常低且不具备利用信息的主动性。

由于受访者的信息意识状况是通过其就上述三个方面的描述做出判断来测定，而上述三个方面分别代表了信息意识的一个侧面，应具有同等的权值，故对受访者信息意识最终状况的测定应是通过测算其在这三个方面得分的平均值来决定。

此外，为全面反映弱势群体的信息意识状况，本书拟从弱势群体信息意识的总体情况、信息意识的结构状况及信息意识的影响因素三个维度进行总结分析。

一　弱势群体（不含少年儿童）信息意识及其相关影响因素

（一）信息意识总体情况分析

如书末附录4所示，在信息获取习惯上，80.1%的农民或农民工选择"同意"、"非常同意"或者"基本同意"，其余29.9%的选择"基本不同意"、"不同意"或"完全不同意"；在对信息的认知和敏感程度上，37.6%的受访者选择"同意"或"非常同意"，31.4%的选择"基本同意"，有31%的选择"基本不同意"、"不同意"或"完全不同意"；在利用信息解决问题的主动性上，41%的受访者选择"同意"或"非常同意"，30.9%的选择"基本同意"，28.1%的认为自己没有这样的主动性。其他三类弱势群体的信息意识也存在类似情况。对于信息获取习惯，83.2%的无就业人员、87.1%的残疾人和54.9%的老年人"同意"、"非常同意"或者"基本同意"有收听、收看、查找信息的习惯；80.5%的无就业人员、78.7%的残疾人和43.1%的老年人"同意"、"非常同意"或者"基本同意"有一定信息的认知和敏感程度；76.5%的无就业人员、83.8%的残疾人和

52.5%的老年人有利用信息解决问题的主动性。

如前所述，对受访者信息意识最终状况的测定是通过测算其在这三个方面得分的平均值来决定的。此外，受访者做出不同选择的人数占比情况亦可从一个侧面反映其信息意识状况，下面就据此从三个方面来分析四类弱势群体的信息意识状况。

第一，受访四类弱势群体做出不同选择的人数占比情况。从书末附录4可看出，就所设定的三个问题描述，选择数值1—3，即"完全同意"、"同意"和"基本同意"的农民、农民工占比的平均值达70.3%，无就业人员为80.1%，残疾人为83.3%，老年人为50.17%。这从一个侧面说明农民、农民工、无就业人员和残疾人绝大部分具有信息意识；老年人约半数具有信息意识。

第二，受访四类弱势群体各选项得分的平均值状况。上述调查显示：对于农民、农民工，"我有通过广播、电视、电脑等各种媒体收听、收看、查找信息的习惯"的均值为2.93（标准差为1.36），"我基本清楚自己需要哪些信息解决该问题"的均值为3.05（标准差为1.24），"在碰到问题后，我会通过各种途径主动寻找信息解决问题"的均值为2.94（标准差为1.31）；无就业人员在以上三项的均值依次为2.49（标准差为1.13）、2.77（标准差为1.08）和2.71（标准差为1.16）；残疾人在以上三项的均值依次为2.55（标准差为1.17）、2.78（标准差为1.00）和2.68（标准差为1.06）；老年人在以上三项的均值依次为3.33（标准差为1.45）、3.64（标准差为1.37）和3.51（标准差为1.52）（详见书末附录4）。可见，这三项选择的均值都在数值"3"（"基本同意"）一项附近，这说明大部分受访的四类弱势群体自认有基本的信息获取习惯、有基本的信息认知和敏感度、有基本的利用信息的意识。需要说明的是，相比于其他三类，老年人信息意识较弱。

第三，受访四类弱势群体选项得分的总体均值状况。通过对调查数据的计算发现，受访农民、农民工对上述三项描述做出判断后的总体均值为2.97，无就业人员为2.66，残疾人为2.67，老年人为3.49（详见书末附录4）。因此，从总体均值看，除老年人外，其他三个群体整体上基本具备信息意识。

通过上述三个维度的分析,可以得出这样一个结论:中国弱势群体(农民、农民工、无就业人员、残疾人和老年人)整体上具备基本的信息意识;其中,老年人的信息意识相对弱于其他三类群体。

需要注意的是错误独特效应(False Uniqueness Effect)对弱势群体自我评价的影响。错误独特效应指人们在与他人比较时会高估自己正面、积极的一面,同时低估自己负面、消极的一面。[①] 受这种自我高估倾向的作用,受访者的实际信息意识有可能比统计数据低,即实际情况是并没有较强的信息意识。比如,由于问卷填写过程是面对面,受访者或许会因个人"面子"而做出拔高个人能力的判断,以给我们一个较好的印象。因此,这种效应有可能导致数据在一定程度上偏离实际,即受访者实际信息意识水平会低于数据反映的水平。

(二)信息意识结构状况分析

数据分析显示,不同性别、年龄和婚姻的四类弱势群体,其信息意识呈现结构性差异。

第一,基于性别角度分析。数据显示,不同性别的农民和农民工信息意识存在差异。男性农民或农民工的信息意识比女性显著性高,男性农民或农民工信息获取习惯、对信息的认知和敏感度及利用信息解决问题的主动性的均值分别为 2.85、2.96 和 2.90,分别比女性高 0.21、0.21 和 0.10 个单位;女性无就业人员的信息获取习惯、对信息的认知和敏感度及利用信息解决问题的主动性的均值分别为 2.54、2.93 和 2.74,分别比男性高 0.08、0.29 和 0.06 个单位;男性残疾人以上三项的均值分别为 2.51、2.78 和 2.62,而女性分别为 2.60、2.78 和 2.75;男性老年人在以上三方面的均值分别为 3.28、3.62 和 3.56,而女性分别为 3.42、3.67 和 3.44。由于数字越小则表明信息意识越好,所以,农民、农民工、无就业人员、残疾人和老年人弱势群体中男性信息意识均略好于女性。

---

① 郑丽玉、陈秀蓉、危芷芬、留佳莉:《心理学》,(台湾)五南出版社 2006 年版,第 78 页;Baumeister, R. F. and Vohs, K. D. *Encyclopedia of Social Psychology*,2014 年 4 月(http://knowledge.sagepub.com/view/socialpsychology/n213.xml)。

第二，基于年龄角度分析。Pearson 相关分析发现，年龄与农民、农民工信息意识呈一定相关性。具体讲，年龄因素与农民、农民工信息获取习惯的相关系数为 0.196（P = 0.000 < 0.05），与其对信息的认知和敏感度的相关系数为 0.193（P = 0.000 < 0.05），与其利用信息解决问题主动性的相关系数为 0.150（P = 0.000 < 0.05）；对于无就业人员，其年龄因素与以上信息意识三维度相关系数分别为 0.199（P = 0.000 < 0.05）、0.120（P = 0.000 < 0.05）和 0.162（P = 0.000 < 0.05）；对于残疾人，对应相关系数分别为 0.171（P = 0.000 < 0.05）、0.201（P = 0.000 < 0.05）和 0.204（P = 0.000 < 0.05）；对于老年人，对应相关系数分别为 −0.01、−0.01 和 0.04，而且三个相关系数没有显著性。可见，除老年人外，其他三类群体的信息意识与年龄呈显著性正相关关系。对于老年人，其信息意识并不显性地呈现年龄结构变化。

第三，基于婚姻角度分析。均值分析显示：已婚农民、农民工在信息获取习惯、对信息的认知和敏感度及利用信息解决问题主动性的均值分别为 2.99、3.11 和 3.00，而未婚农民、农民工以上均值分别为 2.66、2.79 和 2.72；已婚无就业人员对应三项的均值分别为 2.56、2.85 和 2.80，而未婚无就业人员分别为 2.25、2.47 和 2.38；已婚残疾人对应三项的均值分别为 2.60、2.86 和 2.78，而未婚残疾人为 2.47、2.61 和 2.46；已婚老年人对应三项的均值分别为 3.34、3.62 和 3.45，而未婚老年人分别为 3.2、4.1 和 4.0。对于四类群体，已婚和未婚的均值差异在 0.05 水平下具有显著性。可见，已婚农民、农民工、无就业人员、残疾人和老年人的信息意识低于其对应未婚者。

（三）信息意识的影响因素分析

1. 农民、农民工信息意识影响因素

农民、农民工整体上已基本具备信息意识，且不同性别、年龄和婚姻状态的农民、农民工，其信息意识呈现结构性差异。产生这种现象的原因是多方面的。数据分析显示，性别、年龄、婚姻状态、受教育程度、经济收入水平和从业环境等都与农民、农民工的信息意识之间存在不同程度的关联度，对其信息意识产生不同程度的影响。其中，受教育程度又是最根本的影响因素。而各影响因素之间也存在关联性，构成特定的关系网（如图2—3所示）。

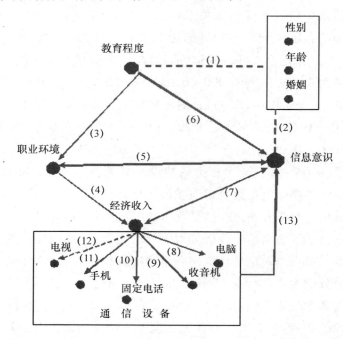

图2—3　农民、农民工信息意识及各影响因素关系

注：a. 虚线表示"教育程度"和"信息意识"在性别、年龄和婚姻维度呈现层次性差异。

b. 线条箭头指向受影响因素。

c. 实线箭头表示显著性相关，虚线表示非显著性相关。

（1）"受教育程度"在性别、年龄和婚姻维度呈现结构性差异。

（2）"信息意识"在性别、年龄和婚姻维度呈现结构性差异。

（3）受教育程度对职业环境有显著影响。受教育程度越高，越容易在政府、事业单位及相关对文化水平要求较高的单位就职。

（4）职业环境对经济收入有显著影响。政府公务员雇佣的临时工、事业单位雇佣的临时员工、企业员工和社会团体员工，其收入在该群体中相对较高。

（5）职业环境与信息意识相互影响。一方面，政府和企事业单位的农民、农民工信息意识水平相对更高；另一方面，信息意识水平差异也会影响其就业环境。

（6）受教育程度对信息意识有显著影响。受教育程度越高，其信息意识水平越高。

（7）经济收入与信息意识相互影响。一方面，经济收入水平越高，其信息意识水平越高；另一方面，信息意识水平差异也会影响其经济收入状况。

（8）相关通信设备对信息意识有显著影响。拥有固定电话、手机、电脑和收音机的农民、农民工信息意识显著性高于无此类设备的农民、农民工。

如图2—3所示，虽然各因素与信息意识之间存在关联度，但这并不意味着所有这些因素都与信息意识之间存在必然因果关系。理论上，年龄、性别、婚姻状态（尤其是后两者）与信息意识之间并没有必然的因果联系，而不同年龄、不同性别、不同婚姻状态的农民、农民工的信息意识之所以存在差异，主要是受教育程度因素使然。此外，经济收入水平和从业环境对信息意识的影响，在一定程度上也源于受教育程度，而且它们相互之间又有关联性。总之，受教育程度、经济收入水平和从业环境是影响农民、农民工信息意识的主要因素，而受教育程度因素是最根本的影响因素。下面就将对此进行分析认证。

（1）受教育程度对农民、农民工信息意识及其他因素的影响。

对此，本书拟分为三个层次进行分析，第一层次是分析证明受教育程度与信息意识的直接关联度；第二层次是以第一层次已证明的结论为基础，对受教育程度与性别、年龄和婚姻三个因素之间的关联度进行分析，以探析不同性别、年龄和婚姻的农民、农民工，其信息意识呈现出结构性差异的原因；第三层次则是就受教育程度与经济收入、职业环境两个对信息意识有影响的重要因素之间的关联度进行分析，以探究受教育程度对后两者在对信息意识的影响中所起到的作用。

第一层次，从受教育程度与信息意识的直接关联度上看，数据分析显示（见图2—4），受教育程度与农民、农民工信息意识成正比关系。不论是在信息获取习惯、对信息的认知和敏感度上，还是在用信息解决问题的主动性上，最高学历为高中的农民、农民工都高于学历为初中的农民、农民工；最高学历为初中的农民、农民工又高于最高学历为小学的农民、农民工。此外，这种差异在0.05水平下具有显著性差异。而如前所述，农民、农民工中仅有初中及其以下文化水平的占比高达73.6%，这就不难理解为何农民、农民工在整体上只是基本具备信息意识了。

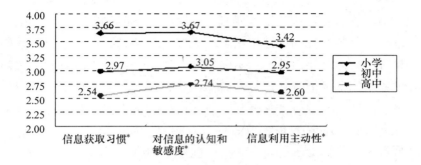

图 2—4　不同受教育程度农民、农民工的信息意识水平差别对比

注：（1）"＊"表示均值比较显著性水平小于 0.05。

（2）纵向坐标表示信息意识，其刻度为"1"至"6"。"1"表示非常同意自己有较强信息获取习惯、对信息的认知和敏感度及利用信息解决问题的主动性；"6"则相反。

　　第二层次，从受教育程度与性别、年龄和婚姻等因素的关联度上分别进行分析可知：一是受教育程度与年龄成反比关系。仅有小学文化程度的农民、农民工平均年龄在 42 岁；具备初中文化水平的农民、农民工平均年龄是 37 岁；有高中文化水平的平均年龄为 33 岁。此外，这种反比关系具有统计意义（$F = 49.404$，$p = 0.000 < 0.05$）。基于上述受教育程度与信息意识成正比关系这一结论，就合理解释了在农民、农民工中，年长的信息意识弱于年轻的这一现象。二是女性受教育程度低于男性。女性农民、农民工文化程度为小学、初中和高中的占比分别为 33.3%、43.8% 和 22.9%；与此相对应，男性的比例则分别为 21.8%、51.2% 和 27.0%。这种性别与受教育程度的关系具有统计意义（卡方值 = 21.232，$P = 0.000 < 0.05$）（见表 2—4）。因此，按照上述受教育程度与信息意识成正比关系这一结论，女性信息意识必然低于男性。三是已婚农民、农民工的受教育程度低于未婚农民和农民工。如前调查所示，已婚农民或农民工的平均年龄为 40 岁，而未婚农民工平均年龄为 23.4 岁，这种婚姻与受教育程度的关系具有统计意义（卡方值 = 10.504，$p = 0.000 < 0.05$）（见表

2—4）。两个群体接受教育的时间相差了 17 年。已婚者接受教育的时间在 20 世纪 70 年代至 80 年代初，而未婚者接受教育是从 20 世纪 90 年代中后期开始。其间中国教育水平、教育资源和对教育的重视程度显然存在较大差异，未婚农民、农民工群体接受了更高水平的教育而且接触了更多信息时代的新生事物。这必然对其受教育程度，进而对其信息意识产生积极影响。这种现象与上述对受教育程度与年龄成反比关系，与信息意识成正比关系的论证是完全吻合的。这就合理解释了已婚农民、农民工的信息意识低于未婚农民、农民工信息意识这一现象。

表 2—4　　　　　受教育程度与其他相关因素的显著性分析

受教育程度与其他相关因素	分析方法	卡方值/F 值	P 值
受教育程度与性别	卡方分析	卡方值 = 21.232	0.000
受教育程度与年龄	均值分析	F 值 = 49.404	0.000
受教育程度与婚姻	卡方分析	卡方值 = 10.504	0.005
受教育程度与经济收入	卡方分析	卡方值 = 131.528	0.000
受教育程度与职业环境	卡方分析	卡方值 = 165.713	0.000

可见，性别、年龄和婚姻状况本身并不能导致个体信息意识的差异，真正的原因，是个体自身受教育的程度。这种受教育程度差异在农民、农民工的性别、年龄和婚姻等方面呈现出显著性。因而使不同性别、年龄和婚姻的农民、农民工，其信息意识呈现出结构性差异。

第三层次，教育程度与经济收入、职业环境之间的关联度分析。数据分析发现，农民、农民工受教育程度越低，其经济收入越低（这种关系具有统计意义，卡方值 = 131.528，$p = 0.000 < 0.05$），其所从事的职业环境也越差，职业的技术性也越低，而且这种关系具有统计意义（卡方值 = 167.713，$P = 0.000 < 0.05$）。

如图 2—5 和图 2—6 所示，收入在 500—1000 元以下的农民、农民工（该群体中的低收入者），文化程度为小学和初中占比 84.2%，高中为 15.8%；个人月收入在 1500—2500 元的农民、农民工（该群

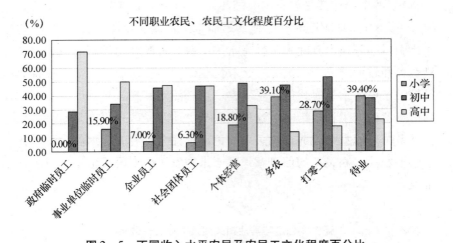

图2—5 不同收入水平农民及农民工文化程度百分比

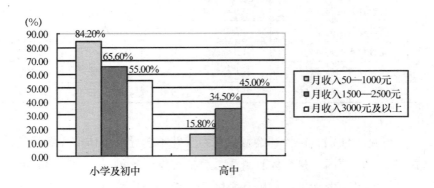

图2—6 不同职业中农民及农民工各种文化程度比例

体中的中等收入者），文化程度为小学和初中占比65.6%，高中学历的比例则升至34.5%；个人月收入在3000元及以上的农民、农民工（该群体中的高收入者），文化程度为小学和初中的比例下降至55.0%，高中学历的比例则升至45.0%。再如，与科、教、文、卫相关的政府部门临时工有高中学历的为71.4%；对于事业单位和企业临时工，拥有高中和初中学历的农民、农民工所占的比例分别为50.0%和47.5%；而对于与科、教、文、卫相关程度较低的务农、打零工职位，乃至待业，拥有高中学历的农民、农民工所占比例仅分别为 13.7%、18.0% 和 22.5%。

而本书随后的数据分析也揭示了经济收入和职业环境对信息意识的影响。可见，受教育程度作为一种最根本的影响因素，直接影响着农民、农民工的其他各个方面和各种因素（包括信息意识）。而其他因素对信息意识的影响，也在一定程度上源于其所受教育程度。

（2）职业环境对农民、农民工信息意识的影响。

数据显示（见图 2—7），职业环境对农民、农民工的信息意识水平亦有显著性影响。无论是信息获取习惯（$P = 0.000 < 0.05$）、对信息的认知和敏感程度（$P = 0.000 < 0.05$）还是利用信息的主动性（$P = 0.000 < 0.05$），不同职业环境对其均有影响。其总体趋势是，越好的职业环境越能对农民和农民工的信息意识产生积极的影响。比如，针对农民、农民工对信息的认知和敏感程度——"我基本清楚自己需要哪些信息解决该问题"一项，政府（均值 = 2.68）和事业单位（均值 = 2.53）雇用的临时工或合同工以及企业员工（均值 = 2.67）明显比职业为在其他部门打零工（均值 = 3.15）、待业（均值 = 3.03）和务农（均值 = 3.40）的从业者显著性高。同样，其他两项也有同样趋势。需要说的是，也有极个别情况与此总体趋势不相吻合，但这种个案并不影响整个趋势的存在。

职业环境对农民、农民工信息意识水平所呈现的这种影响关系，可从三方面理解。其一，政府、企事业单位有更好的工作环境，其管理水平、信息化程度等方面都普遍较高，农民、农民工在这种环境下耳濡目染，会促进其信息意识的提高。其二，政府、企事业单位往往会提供更多包括办公自动化、电脑应用以及其他信息设备等方面的上岗培训，这将有助于农民、农民工信息素质的提高。其三，职业为打零工、待业和务农的农民、农民工的工作环境相对较差，故对农民和农民工信息意识的提高作用就会相对较低。

（3）经济收入水平对信息意识的影响。

数据分析显示，经济收入水平与农民、农民工信息意识呈正

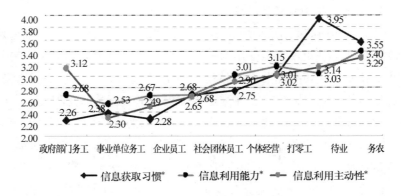

图2—7　职业环境对信息意识的影响

注：（1）"＊"表示均值比较显著性水平小于0.05。

（2）纵向坐标表示信息意识（信息获取习惯、信息利用能力和信息利用主动性）刻度为"1"至"6"。"1"表示非常同意自己有较强信息获取习惯、对信息的认知和敏感度及利用信息解决问题的主动性；"6"则相反。

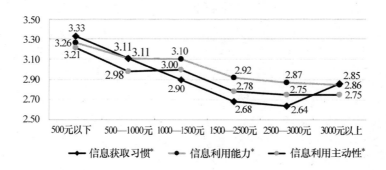

图2—8　收入水平对信息意识的意识

注：（1）"＊"表示均值比较显著性水平小于0.05。

（2）纵向坐标表示信息意识（信息获取习惯、信息利用能力和信息利用主动性）刻度为"1"至"6"。"1"表示非常同意自己有较强信息获取习惯、对信息的认知和敏感度及利用信息解决问题的主动性；"6"则相反。

相关关系。收入水平越高的农民、农民工，其信息意识也相对越高。比如，以信息获取习惯为例，月均收入在 500 元以下的农民、农民工认为"我有通过广播、电视、电脑等各种媒体收听、收看、查找信息的习惯"的均值为 3.33，而月均收入在 2500—3000 元的农民、农民工，其均值为 2.64（见图 2—8）。其他两个方面，对信息的认知和敏感度及利用信息解决问题的主动性也呈现类似趋势。另需说明的是，亦有个别情况不符合该趋势。比如，月平均收入在 3000 元的农民、农民工在信息获取习惯一项的均值为 2.86，这说明其信息意识比月平均收入在 1500—2500 元或 2500—3000 元的农民、农民工信息意识低。但这种个案并不影响整个趋势的存在。

经济收入水平与农民、农民工的信息意识水平之间这种正相关关系，可从两方面理解：一方面，收入水平越高越有可能促进农民、农民工信息意识的提高。经济收入的高低决定着物质文化生活水平，只有在经济条件允许的情况下才有可能购买、使用各种信息通信设备，从而具有更广阔的信息源；也只有在经济条件较好的情况下，才会更多地注意教育投入和自身文化素质的提高。另一方面，信息意识越高越有助于提高其经济收入。具有较高信息意识的农民、农民工意味着其在同类群体里有能力获取更多的就业、职业发展等方面的机会，同时较高的信息意识也可能提高农民、农民工的个人竞争力。

（4）经济收入水平与职业环境的关系分析。

数据分析显示，经济收入水平与职业环境也有一定显著性关系。从表 2—5 可知，政府部门务工人员、事业单位务工人员、企业员工和社会团体员工，其收入普遍在 1000（含）—2500 元，可见，其是农民、农民工中等收入的职业；个体经营的农民、农民工，其收入普遍在 1000（含）—3500 元，可见，其是农民、农民工收入相对较高的职业；务农和打零工的农民、农民工，其收入普遍在 500（含）—1000 元，可见其是农民、农民工收入相对较低的职业；待业的农民、农民工，其收入普遍在 500 元以下，在该群体

表 2—5 　　　　　　　 个人月平均收入与职业关系 　　　　　 (%)

月经济收入状况	职业							
	政府部门务工人员	事业单位务工人员	企业员工	社会团体员工	个体经营	务农	打零工	待业
500 元以下	7.0	11.1	2.2	2.7	5.6	22.1	9.6	47.4
500（含）—1000 元	9.3	11.1	15.9	8.1	15.4	38.7	19.2	15.8
1000（含）—1500 元	32.6	12.7	24.7	32.4	20.4	28.3	35.9	14.5
1500（含）—2500 元	27.9	36.5	28.8	37.8	24.1	4.5	19.2	11.8
2500（含）—3000 元	9.3	15.9	18.1	16.2	20.4	3.4	11.4	7.9
3000 元（含）以上	14.0	12.7	10.3	2.7	14.2	3.1	4.8	2.6
总计	100.0	100.0	100.0	100.0	100.0	100.0	100.0	100.0
显著性检验	$F = 387.180$，$P = 0.000$							

中收入水平最低。卡方分析显示，该结果具有统计意义（$F = 387.180$，$P = 0.0000 < 0.05$）。这一结果说明，经济收入水平与职业环境对信息意识的影响，在一定程度上也源于其相互之间的关联度。

（5）经济收入水平与通信设备拥有情况分析。

数据分析显示，经济收入水平与通信设备拥有情况也有一定显著性关系。比如，个人月经济收入在 500（含）—1000 元的农民、农民工，电视、手机和电脑的拥有率比收入在 3000 元以上的农民、农民工分别低 4.6%、18% 和 33.7%（见表 2—6）。此外，除电视外不同收入群体对固定电话、手机、电脑和收音机的拥有率有显著性差异。而如前所述，通信设备作为农民、农民工信息获取的工具和渠道，对其的拥有情况在很大程度上决定着信息获取的状况，影

表2—6 个人月平均收入与通信设备拥有情况

个人月经济收入状况	通信设备拥有率（%）				
	电视	固定电话	手机	电脑	收音机
500 元以下	62.3	24.6	59.2	13.6	4.7
500（含）—1000 元	60.8	29.2	75.3	21.1	9.6
1000（含）—1500 元	61.4	31.9	87.6	30.2	9.8
1500（含）—2500 元	69.7	33.2	94.1	42.9	12.9
2500（含）—3000 元	65.2	37.6	94.4	47.8	14.6
3000 元（含）以上	65.4	21.2	93.3	54.8	9.8
显著性检验 卡方值	7.083	13.297	150.838	108.686	12.417
P 值	0.215	0.021	0.000	0.000	0.030

响着信息意识的高低，是必须重视的。

2. 无就业人信息意识影响因素分析

如前所述，如同农民、农民工一样，无就业人员整体上已基本具备信息意识，且不同性别、年龄和婚姻状态的无就业人员，其信息意识呈现结构性差异。而数据分析显示，受教育程度、经济收入水平、性别、年龄、婚姻状态等都与无就业人员的信息意识之间存在不同程度的关联度，而且它们相互之间也存在关联性。下面就此展开分析。

（1）受教育程度对信息意识及其他因素的影响。

对此，本节拟分以下两个层次进行分析：第一层次就受教育程度与信息意识的直接关联度进行分析论证；第二层次则以第一层次已证明的结论为基础，对受教育程度与性别、年龄和婚姻三个因素之间的关联度进行分析，以探析不同性别、年龄和婚姻的无就业人员，其信息意识呈现出结构性差异的原因。由于无就业人员没有相对稳定的职业环境和经济收入，故就不对其受教育程度与其经济收入、职业环境的关系进行探讨。

第一层次，受教育程度与信息意识的直接关联度。数据分析显示（见图2—9），受教育程度与无就业人员信息意识成正比关系。在信息获取习惯、信息的认知和敏感度及利用信息解决问题的主动性上，最高学历为高中及以上的无就业人员都高于学历为初中的无就业人员；最高学历为初中的无就业人员又高于最高学历为小学的无就业人员。此外，这种差异在 0.05 水平下具有显著性差异。

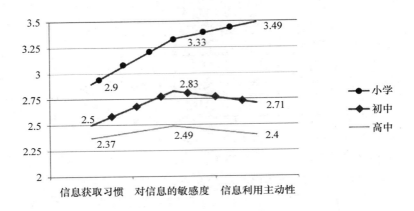

图2—9　具有不同文化水平的农民、农民工信息意识水平差别对比

注：纵向坐标表示信息意识（信息获取习惯、信息利用能力和信息利用主动性）刻度为"1"至"6"。"1"表示非常同意自己有较强信息获取习惯、对信息的认知和敏感度及利用信息解决问题的主动性；"6"则相反。

第二层次，受教育程度与性别、年龄和婚姻等因素的关联度。一是女性受教育程度高于男性。比如，以小学、初中和高中三个阶段受教育程度为例，女性无就业人员占比分别为11.6%、39.7%和36.4%，与此相对应，男性的比例则分别为16%、35.3%和32.1%；女性受教育程度在大专及以上的占比为12.30%，而男性为16.60%。可见，受访无就业人员女性受教育程度以初高中为主，而男性虽以初高中为主，但是仍有部分受过高等教育。这种性别与教育程度的关系具有统计意义（卡方值=21.432，p=0.000<0.05），详见表2—7。因此，按照上述受教育程度与信息意识成正比关系这一结论，男性由于总体上在高等教育方面占比略高于女性，故其信息意识总体上略高于女性。二是受教育程度与年龄成反

比关系。仅有小学、初中、高中文化程度的无就业人员平均年龄分别为 36. 36 岁、32. 85 岁、24. 01 岁。此外，这种成反比关系具有统计意义（F = 12. 199，P = 0. 039 < 0. 05）（见表 2—7）。由于教育程度与信息意识成正比，这合理解释了在无就业人员中，年长的信息意识弱于年轻的这一现象。三是已婚无就业人员的受教育程度低于未婚无就业人员。已婚者的平均年龄为 41. 32 岁，而未婚者平均年龄为 31. 48 岁（这种婚姻与教育程度的关系具有统计意义，卡方值 = 5. 620，p = 0. 018 < 0. 05，详见表 2—7）。与农民、农民工类似，两个群体接受教育的时间相差超过 10 年。未婚者年龄相对较小，接受教育的时间相对晚于已婚者，故其接受了更高水平的教育而且接触了更多信息时代的新生事物，这必然对其受教育程度，进而对其信息意识产生积极影响。这种现象与上述对受教育程度与年龄成反比关系，与信息意识成正比关系的论证是完全吻合的。这就合理解释了已婚无就业人员的信息意识低于未婚无就业人员信息意识这一现象。

表 2—7　　　　　受教育程度与其他相关因素的显著性分析

受教育程度与其他相关因素	分析方法	卡方值/F 值	P 值
受教育程度与性别	卡方分析	卡方值 = 21. 432	0. 000
教育程度与年龄	均值分析	F 值 = 12. 199	0. 039
教育程度与婚姻	卡方分析	卡方值 = 5. 620	0. 018
教育程度与经济收入	卡方分析	卡方值 = 131. 528	0. 000

可见与农民、农民工类似，无就业人员的性别、年龄和婚姻状况本身并不能导致个体信息意识的差异，真正的原因是个体自身受教育的程度。这种受教育程度差异在无就业人员的性别、年龄和婚姻等方面呈现出显著性，因而使不同性别、年龄和婚姻的无就业人员信息意识呈现出结构性差异。

（2）无就业人员家庭经济收入水平对其信息意识的影响。

数据分析显示（见图 2—10），无就业人员家庭经济收入水平与无就业人员信息意识基本呈正相关关系。比如，家庭月均收入在 1000 元以下的无就业人员在信息获取习惯、信息利用能力和信息利用主动性方面普遍低于家庭月均收入在 1000 元以上的无就业人员信息意识水平。另需说明的是，亦有个别情况不符合该趋势。比如，家庭月平均收入在 3000 元以上的无就业人员在信息利用主动性方面反而较低，但是这种个案并不影响整个趋势的存在。

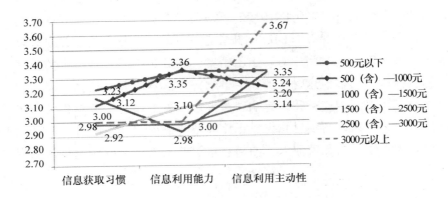

图 2—10　收入水平对信息意识的影响

注：纵向坐标表示信息意识（信息获取习惯、信息利用能力和信息利用主动性）刻度为"1"至"6"。"1"表示非常同意自己有较强信息获取习惯、对信息的认知和敏感度及利用信息解决问题的主动性；"6"则相反。

3. 残疾人信息意识影响因素分析

该部分采用与农民、农民工和无就业人员相同的研究方法分析影响残疾人信息意识的主要因素。

（1）受教育程度对残疾人信息意识及其他因素的影响。

在第一层次，即受教育程度与信息意识的直接关联度上，受教育水平直接影响残疾人信息意识水平。图 2—11 显示，对于信息获取习惯、对信息的认知和敏感度及利用信息解决问题的主动性，学历越高，其信息意识水平越高。而如前所述，残疾人中仅有初中及以下文化水平的占比高达 65.2%，这就不难理解为何残疾人在整体上只是基本具备信息意识。

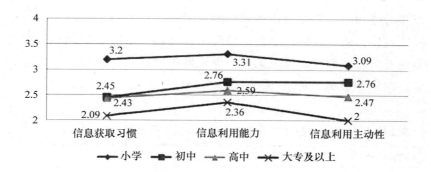

图2—11 不同文化水平残疾人的信息意识水平差别对比

注：纵向坐标表示信息意识（信息获取习惯、信息利用能力和信息利用主动性）刻度为"1"至"6"。"1"表示非常同意自己有较强信息获取习惯、对信息的认知和敏感度及利用信息解决问题的主动性；"6"则相反。

在第二层次上，受教育程度与残疾人性别、年龄、婚姻、残疾类型、经济收入和职业环境存在显著性差异。具体讲，首先受教育程度与性别、年龄、婚姻和残疾类型存在关联度。数据分析显示，一是受教育程度与年龄成反比关系。如有小学、初中、高中、大专及以上文化程度的残疾人平均年龄分别为 41.24 岁、38.55 岁、37.67 岁、33.31 岁。此外，这种成反比关系具有统计意义（F = 40.156，p = 0.000 < 0.05，详见表2—8）。与其他群体一样，其合理解释了在残疾人中，年长的信息意识弱于年轻的这一现象。二是女性受教育程度低于男性。女性残疾人文化程度为小学、初中、高中和大专及以上的占比分别为 19.6%、46.0%、26.8%和 7.6%，与此相对应，男性的比例则分别为 15.5%、43.2%、32.5% 和 7.8%（卡方值 = 10.222，p = 0.014 < 0.05，详见表2—8）。女性受教育程度相对于男性更低，因此，按照上述受教育程度与信息意识成正比关系这一结论，女性信息意识必然低于男性。三是已婚残疾人的受教育程度低于未婚残疾人。如前调查所示，已婚者的平均年龄为 36 岁，而未婚者平均年龄为 30 岁（卡方值 = 5.466，p = 0.005 < 0.05，详见表2—8）。四是多重残疾人比其他类型残疾人受教育程度低，肢体残疾人比其他类型残疾人受教育程度高。这也和

前文所述的残疾类型与信息意识的相关性一致。可见，因为受教育程度差异，残疾人的信息意识呈现出在性别、年龄、婚姻和残疾类型等方面的结构性差异。此外，受教育程度对其经济收入与职业环境存在显著影响（见表2—8）。

表2—8 残疾人受教育程度与其他相关因素的显著性分析

受教育程度与其他相关因素	分析方法	卡方值/F 值	P 值
受教育程度与性别	卡方分析	卡方值 = 10.222	0.014
受教育程度与年龄	均值分析	F 值 = 40.156	0.000
受教育程度与婚姻	卡方分析	卡方值 = 5.466	0.005
受教育程度与残疾类型	卡方分析	卡方值 = 3.413	0.000
受教育程度与经济收入	卡方分析	卡方值 = 27.927	0.000
受教育程度与职业环境	卡方分析	卡方值 = 15.131	0.000

（2）职业环境对残疾人的信息意识水平亦有显著性影响。

如图2—12所示，无论是信息获取习惯（$p = 0.000 < 0.05$）、对信息的敏感程度（$p = 0.000 < 0.05$），还是利用信息的主动性（$p = 0.000 < 0.05$），不同职业环境对其均有影响。其总体趋势是，越好的职业环境越能对残疾人的信息意识产生积极的影响。比如，针对残疾人对信息的敏感程度一项，在政府（均值 = 1.67）、事业单位（均值 = 2.36）、企业务工（均值 = 2.41）、社会团体务工（均值 = 2.00）的残疾人明显比职业为打零工（均值 = 3.07）、待业（均值 = 3.3）和务农（均值 = 2.95）的显著性高。同样，其他两项也有同样趋势。

（3）经济收入水平与残疾人信息意识呈正相关关系。

收入水平越高的残疾人，其信息意识也相对越高。比如，以信息获取习惯为例，月均收入在500元以下的残疾人认为"我有通过广播、电视、电脑等各种媒体收听、收看、查找信息的习惯"的均值为3.18，而月均收入在2500—3000元的残疾人，其均值为2.2（见图2—13）。其他两个方面，对信息的认知和敏感度及利用信息

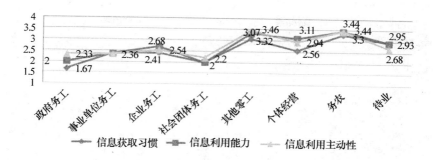

图 2—12　残疾人职业环境对信息意识的影响

　　注：纵向坐标表示信息意识（信息获取习惯、信息利用能力和信息利用主动性）刻度为"1"至"6"。"1"表示非常同意自己有较强信息获取习惯、对信息的认知和敏感度及利用信息解决问题的主动性；"6"则相反。

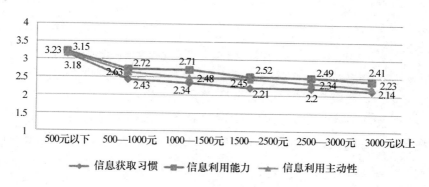

图 2—13　残疾人收入水平对信息意识的影响

　　注：纵向坐标表示信息意识（信息获取习惯、信息利用能力和信息利用主动性）刻度为"1"至"6"。"1"表示非常同意自己有较强信息获取习惯、对信息的认知和敏感度及利用信息解决问题的主动性；"6"则相反。

解决问题的主动性也呈现类似趋势。

　　（4）各影响因素相互之间的关联度分析。

　　第一，受教育程度与职业环境关联度分析。

　　如图 2—14 所示，在政府部门务工的残疾人中，100% 都属于大专及以上学历；在事业单位务工的，所占比例最高的为高中学历（63.64%），大专及以上学历占比 18.18%；在社会团体务工的，大专及以上学历和高中学历分别占比 60% 和 40%，即初中及小学学历都未能进入此类团体工作。而对于与科、教、文、卫相关程度较低的务农、打零工和个体经营职位，可以看出初中和小学学历所占比例明显高于高中以上学历。

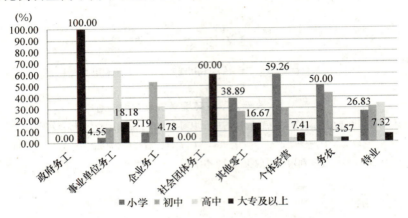

图2—14 不同职业残疾人各种文化程度所占比例

第二，受教育程度与经济收入关联度分析。

如图2—15所示，受教育程度与经济收入成正比关系。月收入在500—1000元的残疾人（该群体中的低收入者），文化程度为小

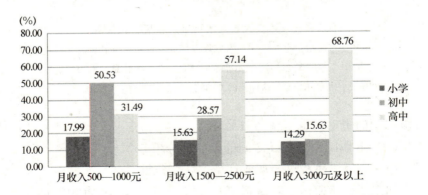

图2—15 不同收入水平残疾人各种文化程度比例

注：图示中"高中"选项代表高中及以上学历，包括高中、大专、本科、研究生等学历。

学和初中的占比 68.51%，高中的为 31.49%；月收入在 1500—2500 元的残疾人（该群体中的中等收入者），文化程度为小学和初中占比 42.86%，高中学历的比例则升至 57.14%；月收入在 3000 元及以上的残疾人（该群体中的高收入者），文化程度为小学和初中的比例下降至 29.92%，高中学历的比例则升至 70.08%，且这些关系具有统计意义（卡方值 = 76.323，p = 0.000 < 0.05）。

第三，职业环境与经济收入之间的关联度分析。

从表 2—9 可知，在政府部门、事业单位、企业和社会团体部门打工的残疾人，其经济收入水平在该群体中处于中等水平［务工人员收入普遍在 1000（含）—2500 元］。个体经营是残疾人收入相对较高的职业［务工人员收入普遍在 1000（含）—3000 元］，且在所有月收入 3000 元的职业中，个体经营占比最高。务农和打零工是残疾人收入相对较低的职业［收入普遍在 500（含）—1000 元］。卡方分析显示，该结果具有统计意义（F = 309.406，P = 0.0000 < 0.05）。

表 2—9　　　　不同职业残疾人个人月平均经济收入所占比例　　　　（%）

月经济收入状况	职业							
	政府机构务工	事业单位务工	企业务工	社会团体务工	个体经营	务农	其他零工	待业
500 元以下	0	0	7.4	0	5.6	51.9	25	75.6
500（含）—1000 元	0	4.55	9.6	20	16.7	37.0	35.7	2.4
1000（含）—1500 元	33.3	50	84.9	60	50	3.7	21.4	17.1
1500（含）—2500 元	66.7	45.5	3.3	20	22.2	3.7	10.7	0
2500（含）—3000 元	0	0	0.7	0	0	0	3.6	0
3000 元（含）以上	0	0	0.7	0	5.6	3.7	3.6	4.9
总计	100	100	100	100	100	100	100	100
显著性检验	F = 309.406，P = 0.000							

第四，经济收入水平与通信设备拥有情况分析。

数据分析显示（见表2—10），经济收入水平与通信设备拥有情况也有一定显著性关系。比如，对于个人月经济收入在500（含）—1000元的残疾人，电视、手机和电脑的拥有率比收入在3000元以上的残疾人基本低45%以上。电视是所有收入人群占比最高的一种通信设备，这也和前文提到的电视是最受残疾人重视的信息获取渠道密切相关。此外，月收入3000元以上人群的每一种通信设备拥有率都高于其他收入人群，这说明经济收入和通信设备拥有情况有一定的相关性。而除电视外，不同收入群体在固定电话、手机、电脑和收音机的拥有率有显著差异性（显著性检验 p 值均小于0.05）。

表2—10　　残疾人个人月平均经济收入与通信设备拥有情况

个人月经济收入状况		通信设备拥有率（%）				
		电视	固定电话	手机	电脑	收音机
500元以下		56.1	42.1	47.4	19.3	14.0
500（含）—1000元		71.3	57.4	57.4	59.6	8.7
1000（含）—1500元		62.5	42.9	42.9	33.9	23.2
1500（含）—2500元		75.9	48.3	48.3	65.5	34.5
2500（含）—3000元		66.7	33.3	33.3	33.3	0
3000元（含）以上		100	100	100	71.4	71.4
显著性检验	卡方值	3.106	0.927	15.969	5.070	23.797
	P值	0.379	0.016	0.000	0.000	0.000

第五，各影响因素相互之间的关联度总结。

从上述分析论证可知，其一，各因素对信息意识的影响并非孤立的。比如，职业环境不仅直接对信息意识产生影响，而且还会通过影响经济收入水平来影响信息意识。而经济收入水平则会通过对通信设备的拥有产生影响来影响信息意识。其二，受教育程度是最根本的影响因素，它直接影响着残疾人的其他各个方面、各种因素

（包括信息意识）。而其他因素对信息意识的影响，也在一定程度上源于其所受教育程度。

4. 老年人信息意识影响因素分析

对老年人信息意识的影响因素分析，同样采用与农民、农民工、无就业人员等弱势群体相同的研究方法来进行。

（1）受教育程度对老年人信息意识及其他因素的影响。

第一层次，受教育程度与老年人的信息意识呈直接正相关关系。由图2—16可看出，文化程度为大专及以下的老年人的信息意识总体上比学历为本科及以上的老年人弱。

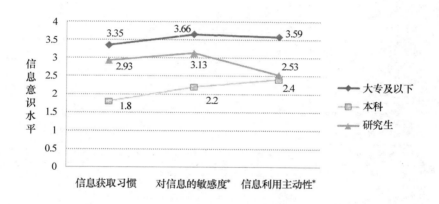

图2—16　不同文化水平老年人信息意识水平对比

注（1）"＊"表示均值比较显著性水平小于0.05。

（2）纵向坐标表示信息意识（信息获取习惯、信息利用能力和信息利用主动性）程度，用刻度为"1"至"6"表示。"1"表示受访者非常同意自己有较强信息获取习惯、对信息的认知和敏感度及利用信息解决问题的主动性；"6"则相反。

第二层次，受教育程度在老年人性别、年龄和婚姻方面的差异性分析（见表2—11）。一是总体上男性老人受教育程度与女性老人无显著性差异（P＝0.468）。男性受访者中，文化程度为小学、初中、高中和大专及以上的占比分别为52.83%、24.53%、11.79%和10.85%，而女性受访者文化程度相应占比分别为

56.25%、23.44%、10.94%和9.37%。二是受教育程度与年龄总体上无显著性差异（P=0.403）。具有小学、初中、高中及其以上学历的老年人平均年龄分别为68.7岁、68.4岁以及66.2岁。三是已婚与未婚老年人受教育程度存在差异。已婚老年人中，文化程度为小学、初中、高中和大专及以上的占比分别为55.45%、24.85%、10.30%和9.40%，而未婚老年人中，文化程度相应占比分别为10.0%、50.0%、30.0%和10.0%，两者没有显著性差异（P=0.638）。但是，受教育程度对其经济收入与职业环境存在显著影响。

表2—11　　　　受教育程度与其他相关因素的显著性分析

受教育程度与其他相关因素	分析方法	卡方值/F值	P值
受教育程度与性别	卡方分析	卡方值=1.519	0.468
受教育程度与年龄	均值分析	均值=47.723	0.403
受教育程度与婚姻	卡方分析	卡方值=0.899	0.638
受教育程度与经济收入	卡方分析	卡方值=38.778	0.000
受教育程度与过去职业环境	卡方分析	卡方值=58.500	0.000

（2）过去职业环境对老年人信息意识有显著影响。

职业环境越好，其对老年人信息意识产生的影响越积极（见图2—17）。职业环境对老年人信息意识与其对农民、农民工影响类似，详见对农民、农民工的解释。

（3）收入水平越高的老年人，其信息意识也相对较高。

以信息利用主动性为例，月经济收入为500元以下、500（含）—1000元、1500（含）—2500元、2500（含）—3000元和3000元（含）以上的老年人对"在碰到问题后，我会通过各种途径主动寻找信息（上网、亲友打听等）解决问题"选择的均值分别为4.06、3.71、2.76、2.25和1.76（见图2—18）。老年人对信息获取习惯、对信息的认知和敏感度测度的选择亦呈现类似趋势。经济收入水平对老年人的信息意识产生影响的原因类似于其对农

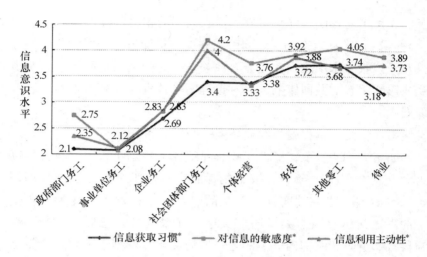

图2—17 老年人过去职业环境对其信息意识的影响

注：（1）"＊"表示均值比较显著性水平小于0.05。

（2）纵向坐标表示信息意识（信息获取习惯、信息利用能力和信息利用主动性）程度，用刻度为"1"至"6"表示。"1"表示受访者非常同意自己有较强信息获取习惯、对信息的认知和敏感度及利用信息解决问题的主动性；"6"则相反。

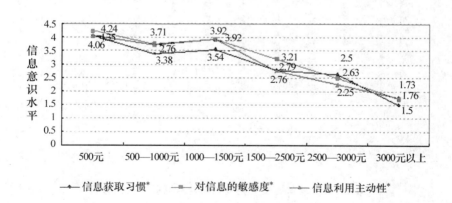

图2—18 老年人经济收入水平对信息意识的影响

注：（1）"＊"表示均值比较显著性水平小于0.05。

（2）纵向坐标表示信息意识（信息获取习惯、信息利用能力和信息利用主动性）程度，用刻度为"1"至"6"表示。"1"表示受访者非常同意自己有较强信息获取习惯、对信息的认知和敏感度及利用信息解决问题的主动性；"6"则相反。

民、农民工的影响，详见对农民、农民工的相关部分。

（4）各影响因素相互之间的关联度分析受教育程度、职业环境以及经济收入水平之间存在显著性关系。这些关系说明了信息意识受各影响因素的共同影响，同时也说明受教育程度是最根本的影响因素。

第一，受教育程度与职业环境关联度分析。

如图2—19所示，过去在政府部门务工的老年人中，教育程度为大专及以下占比60%，该文化程度在其他职业中的占比都远高于60%，且过去在政府部门务工的老年人中；教育程度为本科以上的占比共达40%，是所有职业中占比最高的。总体上，过去在与科教文卫等相关部门务工的老年人的文化程度高于务农、打零工等职业的老年人。而且这种关系具有统计意义（卡方值=58.500，p=0.000<0.05）。

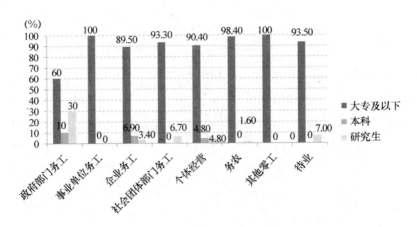

图2—19　老年人文化程度与其曾从事职业关系分析

第二，受教育程度与经济收入关联度分析。

受教育程度较高的老年人，其月经济收入也相应较高。大专及以下文化程度的老年人，月收入在500元以下的占比30.46%，而月收入在3000元及以上的仅占比7.69%；本科文化程度的老年人中，月收入在 3000 元及以上的占比高达 80%，且无一人收入在 1000 元以下（见图 2—20）。收入在 3000 元以上的研究生文化程度的老年人占比高于大专及以下文化程度的老年人。因此，总体上，本科及研究生文化程度的老年人，经济收入显著性高于大专及以下文化程度的老年人（卡方值 = 38.778，P = 0.000 < 0.05）。

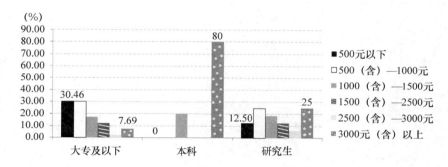

图 2—20　不同文化程度老年人的月经济收入对比

注：图中显示比例为不同文化程度的老年人具有不同月收入的人数占比情况。

第三，职业环境与经济收入之间的关联度分析。

过去在政府部门、事业单位及企业工作的老年人在受访者中是收入较高的群体［月收入大多在 1000（含）—3000 元］。在社会团体部门工作和个体经营是收入中等的职业［该类工作群体月收入普遍在 1000（含）—2500 元］。务农、其他零工及待业是收入相对较低的职业（该类群体的月收入普遍低于 1000 元）。卡方分析显示（见表 2—12），该结果具有统计意义（F = 223.508，p = 0.000 < 0.05）。

表 2—12　　老年人曾从事职业与其月平均经济收入百分比　　　　（%）

职业	500 元以下	500（含）—1000 元	1000（含）—1500 元	1500（含）—2500 元	2500（含）—3000 元	3000（含）以上
在政府部门务工	5.0	20.0	10.0	30.0	5.0	30.0

职业	500元以下	500（含）—1000元	1000（含）—1500元	1500（含）—2500元	2500（含）—3000元	3000元（含）以上
在事业单位务工	4.0	0.0	8.0	28.0	8.0	52.0
在企业务工	0.0	6.9	31.0	27.6	10.3	24.1
在社会团体部门务工	0.0	20	26.7	40	6.7	6.7
个体经营	9.5	19.0	33.3	28.6	0.0	9.5
务农	42.8	44.0	11.4	1.2	0.6	0.0
其他零工	26.3	26.3	21.1	21.1	0.0	5.3
待业	31.8	22.7	31.8	6.8	0.0	6.8
显著性检验			$F = 223.508 \quad P = 0.000$			

第四，经济收入水平与通信设备拥有情况分析。

表2—13数据分析显示，经济收入水平与老年人通信设备的拥有情况亦有显著关系。如月收入在500（含）—1000元的老年人对电视、固定电话、手机、电脑及收音机的拥有率比月收入在3000元（含）以上的老年人分别低22.7%、45.5%、33.3%、6.2%和4.6%。除收音机外，不同收入群体对各通信设备的拥有率差异较为显著。月收入在1000—3000元的老年人对电脑的拥有率也显著高于月收入在1000元及以下的群体。通信设备在老年人获取信息的工具渠道中扮演着不可或缺的角色，其在很大程度上影响着老年人的信息获取状况，并对老年人的信息意识产生显著影响。因此，老年人对各种通信设备的拥有情况应受到重视。

表2—13　　老年人个人月平均经济收入与其通信设备拥有率　　　（%）

月收入	电视	固定电话	手机	电脑	收音机
500 元以下	77.2	22.3	32.7	4.0	22.8
500（含）—1000 元	74.3	44.6	45.5	5.9	28.7
1000（含）—1500 元	83.6	57.4	59.0	24.6	50.8
1500（含）—2500 元	92.9	64.3	81.0	35.7	28.6
2500（含）—3000 元	100.0	87.5	75.0	37.5	25.0
3000 元（含）以上	97	90.1	78.8	12.1	33.3
显著性检验	$F=17.568$ $P=0.063$	$F=73.519$ $P=0.000$	$F=54.100$ $P=0.000$	$F=50.273$ $P=0.000$	$F=14.917$ $P=0.011$

二　少年儿童的信息意识及结构状况分析

如前所述，信息意识主要体现在三个方面：一是对信息价值或信息重要性的认识；二是对信息的敏感程度；三是利用信息的主动性或倾向性。由于少年儿童的特殊性，吸取知识、健康成长构成其人生的主要内容及目标，而知识的吸取就是一个信息获取的过程，也就是说，获取知识已成为他们的生活习惯。因此，对少年儿童信息意识的考察，仅需从两方面，即对信息的认知和敏感程度及利用信息的主动性上进行即可。同时还必须说明，即使是这两个方面，其衡量的尺度也应区别于成年人。也就是说，应基于少年儿童的生理和心理状况来进行。具体考察时，主要通过在遇到学习上的问题时，少年儿童是否知道选择合适的途径来解决问题，以及是否会主动获取自己感兴趣的图书资料等进行测定。

为全面反映少年儿童的信息意识状况，本节拟从弱势群体信息意识的总体情况、信息意识的结构状况及信息意识的影响因素三个维度进行总结分析。

（一）少年儿童信息意识总体情况

首先，关于少年儿童对学习上遇到的问题是否会选择合适的途径来解答这一问题，调查显示，46.5%的少年儿童选择向长辈、老师或者同学等身边人请教，11.17%则偏向于自己上网查找问题答案（如图2—21所示）。我们可以看到，靠自己查找信息或者向别人请教的一共占57.67%，自己思考的占39.37%，不解决问题的仅占2.96%。这说明现在大多数少年儿童在遇到学习上的问题时，都更倾向于寻找外部资源来帮助解决问题，对外部信息有较好的敏感度。

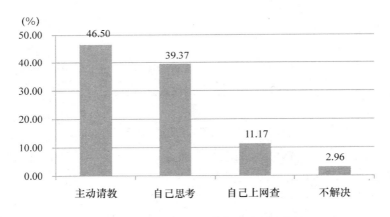

图2—21 少年儿童在学习中遇到问题的解决方法

其次，在主动获取自己感兴趣的图书资料方面，我们将获取途径分为实体书店、网络和图书馆三种类型分别进行调查。对于利用每一种类型获取途径的主动性情况，受访少儿需要根据自己的实际情况从五个备选项中做出判断。这五个选项是：1＝经常会去，2＝会去，3＝偶尔会去，4＝不会去，5＝完全不会去。选项1—5分别代表数值1—5，表示对该描述的同意程度，而该同意程度则反映受访者在此方面信息意识的有无或强弱状况。此外，由于对这三种获取途径的利用情况分别代表了信息意识的一个侧面，应具有同等的权值，故对受访者在此方面信息意识最终状况的测定应是通过测算其利用这三种途径主动性得分的平均值来决定。此外，受访者做出不同选择的人数占比情况亦可从一个侧面反映其信息意识状况。下面就据此来分析少年儿童的信息意识状况。

一是调查结果显示，超过85%的少年儿童会偶尔或经常去书店购买所需书籍，有51.74%的会主动上网购买书籍，有68.48%的少儿表示会主动到图书馆借阅图书（如表2—14所示）。这说明了少年儿童在信息获取方面具有很强的自主性，会主动寻找途径获取信息。

表2—14	少年儿童主动购买书籍行为倾向				（%）
	经常去	会去	偶尔去	不去	从来不去
是否会主动去书店查找、购买所需书籍	9.11	27.58	50.95	9.99	2.38
是否会主动上网查找、购买所需书籍	4.9	15.37	31.47	36.91	11.35
是否会主动到图书馆借阅所需图书	7.72	20.64	40.12	25.40	6.12

二是少年儿童在是否会主动获取所需图书方面做出不同选择的人数占比情况。从表2—14可知，"是否会主动去书店查找、购买所需书籍"、"是否会主动上网查找、购买所需书籍"、"是否会主动到图书馆借阅所需书籍"这三个选题中，选择"经常去"、"会去"、"偶尔去"的受访者占比均值达69.29%，而选择"不去"与"从来不去"的占比均值仅有30.71%。这从一个侧面说明，大部分少年儿童具有较强的信息意识。

三是少年儿童在各选项的平均值情况。调查显示，"是否会主动去书店查找、购买所需图书"的均值为2.69（标准差0.86），"是否会主动查找、网购所需书籍"的均值为3.34（标准差1.02），"是否会主动到图书馆借阅所需图书"的均值为3.02（标准差1.00）。可见，少年儿童利用这三种信息获取途径的主动性是有差异的。然而，必须明确的是，只要他们利用其中任意一种途径的主动性较强，就说明他们具有较强的主动获取信息的意识。至于在主动利用信息获取途径上所存在的差异性，只能反映他们对不同信息获取途径的了解程度、喜好程度、可利用程度等。很显然，少年儿童利用书店获取信息的均值落在2（会去）与3（偶尔会去）之间，这一事实说明，他们具备获取信息的主动性。

通过对上述几方面的分析，我们可以得出少年儿童具备信息意识这一结论。

（二）少年儿童信息意识结构状况分析

数据分析显示，不同性别、年龄和地域的少年儿童，其信息意识呈现结构性差异。

第一，基于性别角度分析，不同性别的少年儿童信息意识存在差异。男性少年儿童在图书信息获取方面的意识明显高于女性。研究将主动购买图书行为倾向划分为五个程度，分别用1、2、3、4、5表示由从经常会去到完全不会去的频率递减。图2—22显示，男性少儿在图书信息获取的主动性与多渠道方面，即上部分介绍的是否主动从书店、网络、图书馆获取图书及频率的调查，均值分别为

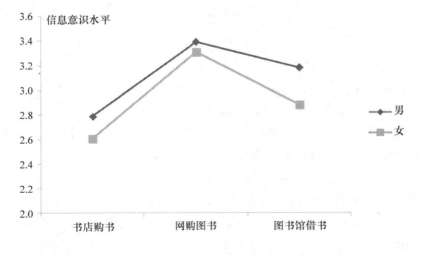

图2—22 不同性别少年儿童信息获取主动性（均值）

2.79、3.39、3.18，高于女性少儿0.18、0.07、0.3个单位。由此可知，虽然在网购图书的主动性方面，男性与女性少儿差异并不是很明显，但是在其他两个方面，男性少年儿童要高于女性少年儿童。

　　第二，基于年龄角度分析。我们计算出同龄少年儿童信息意识在三个测度方面的均值，并将其汇制成散点折线图（见图2—23）。从图2—23可清晰看出年龄对少年儿童信息意识水平影响不大。

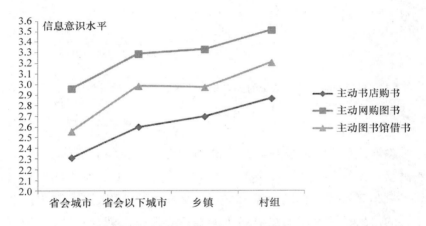

图2—23　不同年龄的少年儿童信息获取主动性（均值）

　　第三，基于地域角度分析。我们主要调查生活在农村、乡镇、省会以下城市与省会城市的孩子们的信息意识水平。由图2—24可以看到生活在省会城市、省会以下的城市、乡镇、农村的少年儿童主动获取信息的意识得分折线呈现上升趋势，这说明了相应地区的少年儿童信息意识呈现逐步下降的趋势，即少年儿童所生活地区的发达程度与少年儿童的信息意识成正比关系，越是发达地区，其少年儿童的信息意识越强。出现这种现象并不难理解。毫无疑问，城市少年儿童在所接受教育、获取信息的软硬件条件上都远远优于农村孩子，发达地区各方面的条件又优于欠发达和落后地区，所有这些都可能对生活在相应地区的少年儿童的信息意识产生影响。

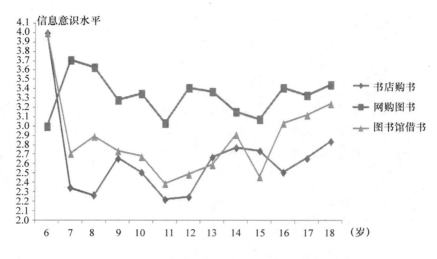

图 2—24 不同地域的少年儿童信息获取主动性（均值）

三 小结

关于信息意识的整体状况，总的来说，中国弱势群体（农民、农民工、无就业人员、残疾人、老年人）整体上具备基本的信息意识（其信息意识总体均值落在"3"即基本同意附近）。其中，老年人的信息意识总体上相对弱于其他三类群体。就少年儿童来看，整体上该群体具备较强的信息意识。此外，无论农民、农民工、无就业人员还是残疾人，他们中都有一小部分（约10%）表现出良好的信息意识（信息获取习惯、信息敏感度和信息利用主动性）；然而，仍有另一小部分弱势群体（约5%）的信息意识还十分薄弱，主动利用信息的观念十分淡薄，其"非常不同意"自己有较强的信息获取习惯、信息敏感度和信息利用主动性。这种两极分化现象值得重视。

信息意识结构状况如下：①在性别方面，男性弱势群体（不含少年儿童）的信息意识总体上略好于女性；②从年龄方面看，除老年人外，其他三类群体的信息意识与年龄呈显著性正相关关系，对于老年人，其信息意识并不显性地呈现年龄结构变化；③从婚姻状态看，已婚农民、农民工、无就业人员、残疾人和老年人的信息意识低于其对应未婚者。对于少年儿童，女性信息意识总体上高于男性，生活在发达地区和城市的少年儿童的信息意识总体上高于生活在次发达、欠发达和生活在农村的少年儿童。此外，少年儿童并未在年龄方面呈现信息意识结构差异。

关于对信息意识的影响因素，研究发现，受教育程度是影响农民、农民工、无就业人员、残疾人和老年人信息意识最根本的因素。受教育程度越高，越能对弱势群体对信息的价值、认知、敏感程度和利用信息的主动性产生积极、直接的影响。同时，弱势群体越是有机会获得好的职业环境，并拥有更高的经济收入，就越有能力拥有更多的信息通信设备。这几个方面的共同作用会使弱势群体的信息意识得到更大的提高。相反，受教育程度越低，不仅越会使弱势群体对信息的价值、认知、敏感程度和利用信息的主动性有限，同时也会使弱势群体难以在较好的环境下工作，获得的收入相对会越低，拥有通信设备的经济能力会越弱，这种叠加效应将严重阻碍弱势群体信息意识的提高。此外，弱势群体在性别、年龄与婚姻方面呈现的结构性差异，其根本也是源于受教育程度的高低。需要说明的是，上述关系的推导反映的是整个群体的普遍内在规律，其与某些个案不完全遵循该规律并不矛盾。

第四节 弱势群体对相关信息的了解及需求状况

一 弱势群体（不含少年儿童）对相关信息的了解及需求状况

如前所述，根据信息的社会功能属性，本报告将与弱势群体相关的信息划分成 7 大类 20 小类。第一大类是医疗保险类信息，包括医疗保险信息、养老保险信息、工伤保险信息、生育保险信息和失业保险信息。第二大类是社会救助类信息，包括灾害救助信息、农村特困户生活救助信息、农村"五保"供养政策信息、居民最低生活保障信息和城乡医疗救助信息。第三大类是就业类信息，包括职业技能培训和招聘用工信息。第四大类是教育类信息，包括与自己相关的教育信息和与子女相关的教育信息。第五大类是脱贫致富类信息，包括国家扶贫政策信息和科技兴农致富信息。第六大类是法律维权类信息，包括维权类信息和其他相关法律法规类信息。第七大类是文娱康复信息，包括文娱信息和康复信息。

对于以上 20 类信息，受访者需要根据自己的实际情况从 6 个备选项做出判断以反映他们对某类信息的熟悉度。这 6 个选项分别是：1 = 非常了解；2 = 了解；3 = 大致了解；4 = 基本不了解；5 = 不了解；6 = 完全不了解。因此，均值越高表示对某类信息熟悉知晓程度越低。比如某受访者对医疗保险的熟悉度选择的数据为 1，则表示其自认为对该类信息十分了解。

（一）弱势群体（不含少年儿童）对相关信息的了解情况

1. 对保险类信息的了解现状

首先，从总体上看，如图 2—25 所示，弱势群体（不含少年儿童）对五类保险信息（生育保险、工伤保险、失业保险、养老保险、医疗保险）普遍不熟悉。其对五类保险信息熟悉程度的平均值为 3.77，接近值 4（4 = 基本不了解）比如，农民、农民工对医疗保险信息熟悉度的均值为 3.37，对养老保险、工伤保险、生育保险和失业保险的均值基本上落在 "4" 即基本不了解的范围之内。

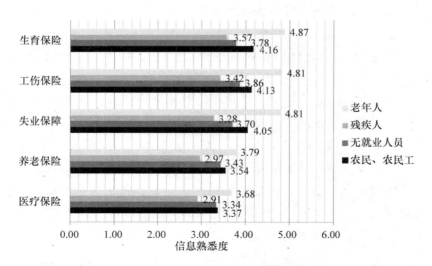

图 2—25　弱势群体（不含少年儿童）对保险类信息熟悉程度的均值测量

这说明绝大部分农民、农民工对保险类信息总体上处于不太了解或基本不了解的状态。再以老年人为例，其对五类保险类信息熟悉度的均值介于 3.68—4.87，这说明其对此类信息不太了解或基本不了解。无就业人员和残疾人也呈现类似现象。

其次，从结构上看，如图 2—25 所示，相比较而言，四类群体最熟悉的保险类信息是医疗保险和养老保险信息，较熟悉的是失业、生育保险信息和工伤保险信息。对医疗保险信息相对熟悉，不能不说是近年来国家所进行的农村医疗保险制度改革的结果使然。

再次，从对各类信息的具体了解情况上看，调查数据显示，四类群体对五类保险信息的具体了解情况存在差距。总体上，有一小部分群体对各类信息都非常了解，而仍有一部分对其完全不了解。具体内容如表 2—15 所示。

表 2—15　　　　　　弱势群体（不含少年儿童）对五类保险
信息的具体了解情况　　　　　　　　　（％）

信息熟悉程度		非常了解	了解	大致了解	基本不了解	不了解	完全不了解
农民 农民工	医疗保险信息	6.30	20.30	32.20	18.40	16.60	6.20
	养老保险信息	5.30	14.20	27.90	22.80	23.00	6.70
	失业保障信息	3.20	8.00	18.20	28.00	28.80	13.80
	工伤保险信息	3.70	7.60	22.10	26.00	28.00	12.70
	生育保险信息	4.30	7.30	16.40	28.10	27.80	16.00
无就业人员	医疗保险信息	4.70	24.20	31.00	18.40	15.90	5.80
	养老保险信息	6.90	17.30	33.20	20.20	13.70	8.70
	失业保障信息	4.70	18.40	19.90	26.40	20.60	10.10
	工伤保险信息	2.50	15.20	26.70	23.80	20.90	10.80
	生育保险信息	2.90	11.20	26.70	27.10	20.60	11.60
残疾人	医疗保险信息	9.80	29.30	33.30	12.70	11.50	3.40
	养老保险信息	9.40	31.20	33.60	14.40	8.40	3.10
	失业保障信息	4.60	25.90	31.40	18.90	13.90	5.30
	工伤保险信息	5.00	23.30	24.00	25.90	15.60	6.20
	生育保险信息	5.00	13.40	33.10	22.80	19.40	6.20

续表

信息熟悉程度		非常了解	了解	大致了解	基本不了解	不了解	完全不了解
老年人	养老保险信息	11.60	9.50	21.40	18.50	24.30	14.70
	医疗保险信息	10.40	12.40	19.10	24.60	23.40	10.10
	失业保障信息	1.20	4.30	7.50	22.60	28.10	36.20
	工伤保险信息	0.90	4.90	9.00	16.60	35.20	33.40
	生育保险信息	0.90	2.60	11.60	14.50	34.40	36.10

2. 对社会救助类信息的了解现状

首先,从总体上看,从图2—26可知,四类弱势群体对社会救助类信息(灾害救助信息、农村特困户生活救助信息、农村"五保"供养政策信息、居民最低生活保障信息和城乡医疗救助信息)基本不了解。其对五类社会救助类信息熟悉程度的平均值为3.92,接近值4(4 = 基本不了解)。以残疾人为例,该群体对五种社会救助类信息了解情况的均值落在3.45—3.64,属于4(基本不了解)的范围。其他三类群体亦呈现类似情况。因此,可推断四类群体对社会救助类信息总体上处于不太了解甚至基本不了解的状态。

其次,从结构上看,如图2—26所示,相比较而言,四类群体对五类信息的了解程度总体上比较接近。

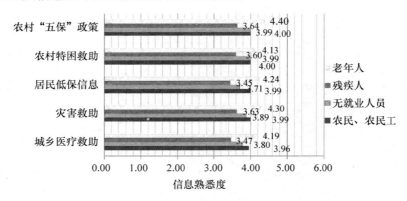

图2—26 弱势群体(不含少年儿童)对社会救助类信息
熟悉程度的均值测量

　　再次，从对各类信息的具体了解情况上看，调查数据显示，同样地，四类弱势群体（不含少年儿童）五类社会救助信息的具体了解情况存在差异。有一小部分对此十分了解，而仍有一部分对各类信息完全不了解，且完全不了解的群体所占比例比非常了解所占比例更大（详见表2—16）。

表2—16　　　　　弱势群体（不含少年儿童）对社会救助类
信息的具体了解情况　　　　　　　　　（％）

信息熟悉程度		非常了解	了解	大致了解	基本不了解	不了解	完全不了解
农民 农民工	灾害救助	6.70	7.90	17.90	26.90	28.20	12.40
	农村特困救助	6.30	8.80	17.70	25.50	29.20	12.50
	农村"五保"政策	6.80	8.00	17.50	26.60	27.90	13.20
	最低生活保障	6.50	8.00	19.60	24.40	29.00	12.50
	城乡医疗救助	6.30	9.70	20.40	20.90	30.40	12.30
无就业人员	灾害救助	2.50	10.10	27.40	28.90	17.70	13.40
	农村特困救助	1.80	8.70	23.80	30.30	23.10	12.30
	农村"五保"政策	1.80	9.40	22.40	31.00	23.50	11.90
	最低生活保障	2.50	13.70	30.00	25.60	19.10	9.10
	城乡医疗救助	2.20	12.60	28.90	26.40	18.10	11.90
残疾人	灾害救助	6.00	6.50	36.00	27.60	17.70	6.20
	农村特困救助	6.00	12.00	30.90	24.50	19.40	7.20
	农村"五保"政策	5.80	8.40	31.90	30.70	16.30	6.90
	最低生活保障	6.00	12.00	38.70	22.60	15.60	5.20
	城乡医疗救助	6.00	14.40	34.50	21.60	18.20	5.30
老年人	灾害救助	7.80	4.60	12.10	23.40	28.90	23.20
	农村特困救助	7.80	6.90	15.50	23.10	26.60	19.70
	农村"五保"政策	8.10	9.20	13.30	28.00	22.30	19.10
	最低生活保障	8.00	6.80	14.50	18.30	30.10	22.30
	城乡医疗救助	8.60	6.50	15.30	18.60	29.20	21.80

　　3. 对就业类信息的了解现状

　　首先，从总体上看，从图2—27可知，四类弱势群体对就业类信息（职业技能培训和招聘用工信息）基本不了解。其对两大就业类信息熟悉程度的平均值为 4.05，接近值 4（4 = 基本不了解）。比如，无就业人员对职业技能培训信息和招聘用工信息的熟悉度的均值分别为 3.90 和 3.87，接近分值"4"即基本不了解的范围。其他三类群体呈现类似情况。

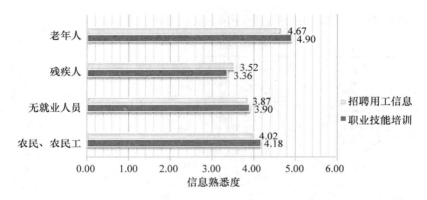

图 2—27　弱势群体（不含少年儿童）对就业类信息熟悉程度的均值测量

其次，从结构上看，如图 2—27 所示，每类群体对招聘用工信息和职业技能培训信息的熟悉程度相差不大。比如，老年对招聘用工信息和职业技能培训信息的熟悉度的均值分别为 4.67 和 4.90，都接近于"5"即不了解的范畴。

再次，从对各类信息的具体了解情况上看，调查数据显示，四类群体对两类就业类信息的具体了解情况存在差异，具体内容如表 2—17 所示。比如，有 5.5% 的农民、农民工对职业技能培训信息十分了解，而另有 6.6% 对此完全不了解。这种差异在老年群体尤为明显，仅 0.9% 的老年人非常了解职业技能培训信息，而达 35.7% 的老年人完全不了解。

表 2—17　弱势群体（不含少年儿童）对就业类信息的了解情况　　（%）

信息熟悉程度		非常了解	了解	大致了解	基本不了解	不了解	完全不了解
农民农民工	职业技能培训	5.50	15.10	39.00	24.00	9.80	6.60
	招聘用工信息	3.40	15.80	34.30	24.70	15.80	6.00
无就业人员	职业技能培训	3.20	10.80	22.70	30.00	20.60	12.70
	招聘用工信息	1.40	14.80	24.50	24.20	23.60	11.50
残疾人	职业技能培训	5.50	15.10	39.00	24.00	9.80	6.50
	招聘用工信息	3.40	15.80	34.30	24.70	15.80	6.00
老年人	职业技能培训	0.90	2.30	10.30	15.00	35.80	35.70
	招聘用工信息	0.90	9.40	8.20	15.20	36.10	30.20

4. 对教育类信息的了解现状

首先，从总体上看，从图 2—28 可知，四类弱势群体对两类教育信息（与自己相关的教育信息和与子女相关的教育信息）普遍不熟悉。其对两大教育类信息熟悉程度的平均值为 3.90，接近值 4（4 = 基本不了解）。比如，农民、农民工对与自己相关的教育信息熟悉度的均值为 4.09，这说明绝大部分农民、农民工对教育信息的内容仅是大致了解，并不十分熟悉。此外，他们对与子女相关的教育信息的熟悉程度也基本落在 3.85 上。

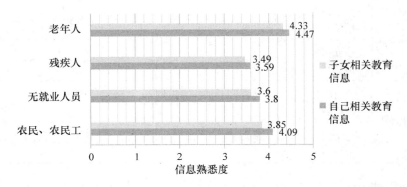

图 2—28　弱势群体（不含少年儿童）对教育类信息熟悉程度的均值测量

其次，从结构上看，如图2—28所示，相比较而言，四类弱势群体对两类信息皆不是很熟悉。尤其是对与自己相关的教育信息的熟悉程度要弱于与子女相关的教育信息。这可能在一定程度上说明农民、农民工更关心子女的教育而非个人的再教育和发展问题。

再次，从对各类信息的具体了解情况上看，调查数据显示，四类弱势群体对两类就业类信息的具体了解情况存在差异，具体内容如表2—18所示。比如，非常了解与自己相关教育信息的无就业人员只有3.60%，而非常不了解的达11.60%。

表2—18　　弱势群体（不含少年儿童）对教育信息的了解情况　　　（%）

信息熟悉程度		非常了解	了解	大致了解	基本不了解	不了解	完全不了解
农民农民工	与自己相关教育信息	4.00	8.50	20.00	24.20	28.10	15.20
	与子女相关教育信息	5.50	10.30	25.90	21.80	24.70	11.80
无就业人员	与自己相关教育信息	3.60	12.60	24.90	28.20	19.10	11.60
	与子女相关教育信息	4.30	16.60	26.40	29.20	14.10	9.40
残疾人	与自己相关教育信息	3.60	10.80	37.20	27.30	13.90	7.20
	与子女相关教育信息	3.10	12.70	42.70	21.20	14.30	6.00
老年人	与自己相关教育信息	7.90	2.30	12.90	16.10	33.10	27.70
	与子女相关教育信息	8.70	8.40	13.60	19.40	24.70	25.20

5. 对脱贫致富类信息的了解现状

首先，从总体上看，从表2—19可知，四类群体对两类脱贫致富类信息（国家扶贫政策信息和科技兴农致富信息）普遍不熟悉。其对两类脱贫致富类信息熟悉程度的平均值为 4.03，接近值 4（4 = 基本不了解）。比如，农民、农民工对国家扶贫政策信息熟悉度的均值为 4.13，对科技兴农致富信息熟悉度的均值为 4.08；而老年人对两类信息熟悉度的均值分别为 4.47 和 4.32。

表 2—19 弱势群体（不含少年儿童）对脱贫致富类信息的均值测量 （%）

信息熟悉程度		非常了解	了解	大致了解	基本不了解	不了解	完全不了解
农民农民工	国家扶贫政策信息	2.80	7.70	21.00	25.80	28.10	14.60
	科技兴农致富信息	4.10	8.10	20.40	25.60	26.90	14.90
无就业人员	国家扶贫政策信息	2.50	10.10	23.10	30.30	21.30	12.70
	科技兴农致富信息	1.80	15.90	23.80	29.20	14.70	14.60
残疾人	国家扶贫政策信息	2.40	11.00	34.30	26.40	18.70	7.20
	科技兴农致富信息	2.40	7.70	37.00	26.70	19.20	7.00
老年人	国家扶贫政策信息	6.40	6.10	14.20	17.80	33.20	22.30
	科技兴农致富信息	1.70	7.80	16.90	15.40	32.00	26.20

其次，从结构上看，如表 2—19 所示，相比较而言，老年人和残疾人对国家扶贫政策信息的熟悉程度要强于科技兴农致富信息。而就业人员和农民、农民工对科技兴农致富的熟悉度要强于国家扶贫政策信息。

再次，从对两类信息的具体了解情况上看，调查数据显示，弱势群体对两类脱贫致富类信息的具体了解情况存在差异，具体内容如表2—19所示。比如，仅1.8%的无就业人员对科技兴农致富信息比较了解，而14.6%的人对此完全不了解。

6. 对法律法规及维权类信息的了解现状

首先，从总体上看，从图2—29可知，四类群体对法律法规及维权类信息普遍不熟悉。其对法律法规及维权类信息熟悉程度的平均值为4.04，接近值4（4＝基本不了解）。以农民、农民工为例，其对法律法规信息及维权类信息的熟悉度的均值分别为4.04和3.89，接近值4（4＝基本不了解）。其他群体也呈现类似状况。

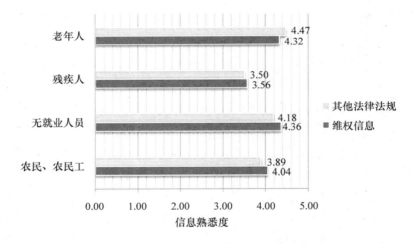

图2—29　弱势群体（不含少年儿童）对法律法规及维权类信息的均值测量

其次，从结构上看，如图2—29所示，相比较而言，农民、农民工、残疾人和无就业人员对维权信息的熟悉程度要弱于其他相关法律法规类信息。相反，老年人对维权信息的熟悉程度要好于对其他法律法规信息的了解程度。

再次，从对各类信息的具体了解情况上看，四类群体对两类法律法规及维权类信息的具体了解情况存在差异。有很少一部分对各类信息非常了解而大部分仍对部分信息完全不了解。比如，4.1%

农民、农民工对维权信息十分了解，而有 14.5% 对此完全不了解（详见表 2—20）。

表 2—20 弱势群体（不含少年儿童）对法律法规信息的了解情况 （%）

信息熟悉程度		非常了解	了解	大致了解	基本不了解	不了解	完全不了解
农民农民工	维权信息	4.10	7.10	22.80	27.10	24.40	14.50
	其他法律法规	3.70	9.10	26.10	27.90	21.80	11.40
无就业人员	维权信息	5.40	12.60	30.00	28.20	18.10	5.70
	其他法律法规	3.60	11.60	32.10	27.10	15.50	10.10
残疾人	维权信息	1.70	16.50	36.70	23.00	13.40	8.70
	其他法律法规	2.90	13.70	41.00	23.20	12.00	7.20
老年人	维权信息	7.20	4.60	13.00	24.00	22.80	28.40
	其他法律法规	7.80	6.60	17.90	19.70	23.70	24.30

7. 对文娱类信息和康复类信息的了解现状

首先，从总体上看，从图 2—30 可知，四类群体对文娱类信息和康复类信息普遍不熟悉。其对文娱、康复类熟悉程度的平均值为 3.82，接近值 4（4 = 基本不了解）。以农民、农民工为例，他们对文娱类信息熟悉度的均值为 3.86，对维权类信息的熟悉程度基本落在 4.2 上，因此可推断他们对文娱类信息和康复类信息总体上处于不太了解或基本不了解的状态。

其次，从结构上看，如图 2—30 所示，相比较而言，四类群体对康复内容的熟悉程度要弱于文娱类信息，但这种差距并不大。

再次，从对各类信息的具体了解情况上看，调查数据显示，四类群体对两类文娱康复类信息的具体了解情况存在差异，具体内容如表 2—21 所示。少部分群体对其十分了解，而大部分对其不甚了解。

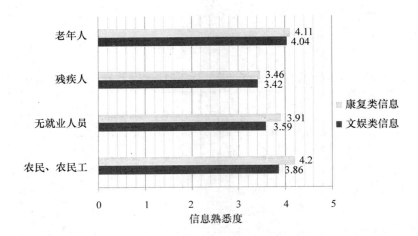

图2—30　弱势群体（不含少年儿童）对文娱康复信息的均值测量

表2—21　弱势群体（不含少年儿童）对文娱、康复信息的了解情况　（%）

信息熟悉程度		非常了解	了解	大致了解	基本不了解	不了解	完全不了解
农民、农民工	文娱类信息	4.50	10.60	25.10	25.40	22.70	11.70
	康复类信息	3.70	8.50	15.50	24.60	31.40	16.30
无就业人员	文娱类信息	3.60	15.20	34.70	23.50	11.20	11.80
	康复类信息	2.90	10.80	23.10	28.50	19.50	15.20
残疾人	文娱类信息	3.60	12.30	45.60	21.00	14.00	4.10
	康复类信息	2.40	14.10	42.40	21.60	14.60	4.90
老年人	文娱类信息	9.00	7.80	18.30	20.00	25.20	19.70
	康复类信息	7.40	10.40	15.10	20.40	24.30	22.40

　　（二）弱势群体（不含少年儿童）对相关信息的需求情况

　　为研究弱势群体（不含少年儿童）对上述七大类信息中的20种信息的需求程度，本次调查还请受访者从上述20种信息中按其自身需求的强弱程度（从第1需求到第10需求）依次选择10种信息。其中，第1需求为所选10种信息中需求程度最强的信息，为第1等级；相反，第10需求为所选10种信息中需求程度最弱的信息，为第10等级。20种信息在第1—10需求等级中的比例分布如书末附录 5 所示。

此外,为进一步研究 20 种信息的需求程度,需要为每个等级赋权重。其中,第 1 等级权重为 5,第 2 等级为 4.5,第 3 等级为 4,依次类推。在此基础上,再将每种信息在各种等级中出现的频次(即该信息被受访者作为此等级需求被选择的总次数)分别乘以其相应权值,最后将所得值相加,即得出了能反映该类型信息被需求程度的总分值。比如,养老保险信息在第 1 等级中的出现频次为 66.5% ,那其在第 1 等级(即第一需求)的得分为 66.5% ×5 = 3.325;其在第 2 等级中的得分是 2% ×4.5 =0.09;在其余需求程度中的得分则依次类推。最后,将养老保险信息在 10 种等级(即需求程度)的得分累加,总得分为 3.625(见书末附录 5)。其他信息类型的总分以此计算。

需要说明的是,之所以将各等级之间权重的差距拉得很近,是因为在调查中我们发现,部分受访者在填写问卷时在一定程度上会受问卷中对 20 种信息排列顺序的影响,并没有严格按其需求程度填写。因此,如果权值差距过大,可能不能真实反映情况。

按照上述统计分析方法,弱势群体(不含少年儿童)对相关信息的需求呈现下列特点(详见书末附录 5)。

第一,与弱势群体的生存息息相关的社会保障类信息是需求程度最强的信息,其总分在 20 类信息中位列前列。

第二,在社会保障类信息中,弱势群体最需要的是保险、社会救助类信息。对于农民、农民工、无就业人员、残疾人和老年人,养老保险、医疗保险、失业救助信息的得分排序对应 20 种信息的前三位。出现这种需求现状的原因并不难解释。首先,养老、健康是每一个自然人都必然面对的生存问题,而对弱势群体,这个问题尤其突出,故相关信息的受关注度必然最高;其次,失业和工伤问题是困扰外出打工、无就业人员、残疾人的主要问题,故他们迫切需要了解这类信息。

第三,对于需求程度仅处于中间层次,即得分介于 1—2 的信息,四类弱势群体的需求有所差异。对于农民、农民工群体,职业技能培训和招聘用工信息处于中间需求层次。这种需求现状与课题组的实地采访所获信息是相应的。课题组曾于 2013 年 2 月在贵州某地区实地采访了 8 个村的村长，村长们反映了一个相同的现象，就是村民对相关政府部门组织的职业技能培训不感兴趣。相关政府部门组织的培训虽然是全免费的，村里也会挨家挨户地通知，但最后报名参加的人总是寥寥无几。除非承诺他们培训不仅全免费，而且每天还会有相应的经济补贴，才会有一些人去参加。即便如此，许多去参加培训的人也是领了补贴即走人，不会认真参与培训。而对于招聘用工信息，村长们也反映，村民们对政府部门或企业发布的用工信息，甚至组织的外出打工一般都不热情，其亲朋好友的打工经历传递出的用工信息对他们才最有感召力。对于无就业和残疾人员，需求程度处于中间层次的为职业技能培训信息、招聘用工信息、与子女相关的教育信息和与自身权益相关的法律法规信息。对于老年人，需求程度处于中间层次的为康复类信息。

第四，对于不受弱势群体青睐的信息，不同类型的弱势群体之间既有共性也存在一定的差异性。具体而言，农民、农民工群体最不关注维权、国家的法律法规、国家扶贫政策、自身再教育类信息；无就业人员则最不关注自身教育信息、维权信息、文化娱乐和国家扶贫政策（得分介于 0.5—1）；残疾人除也对自身教育信息、国家扶贫政策和维权信息不感兴趣外，他们也不青睐招聘用工信息；对于老年人，维权、扶贫和与子女相关的教育信息亦不受其关注。事实上，这些信息都与各类弱势群体的生存与发展密切相关。之所以不受多数群体的关注，与弱势群体的自身文化素质低、法律意识淡薄、法律知识欠缺、对这几方面信息的重要性缺乏认识和感知有关。

第五，科技兴农致富、文化娱乐和康复信息最不受重视农民、农民工、残疾人和无就业人员的重视。第一种信息虽然涉及弱势群体的生存与发展问题，但这种信息仅对有一定生产能力（包括有一定资金和生产资源）并对科技兴农有一定认知的人有吸引力。课题组在前述的贵州和四川等地调研中，几乎所有的受访者都表示，他们不相信靠在一亩三分地劳作能致富，而靠养殖却没有资金，更不懂技术；邻家新房屋的落成靠的都是外出打工，打工才是看得见的生存之路。对于文化娱乐和康复信息，对于还在为生存而挣扎的绝大多数弱势群体来说，完全是可有可无的。老年人最不关注的是招聘用工、职业技能培训和科技兴农信息，由于老年人已基本退出社会劳动的舞台，其不关注这些信息理所当然。

二　少年儿童的信息需求状况

为全面了解少年儿童的信息需求状况，我们将从以下五个方面进行调查和分析：一是在内容上少年儿童所感兴趣的信息类型，二是在内容体裁上少年儿童所喜欢的书籍类型（如学习类参考书、精典小说等），三是少年儿童习惯阅读什么载体的信息（如传统纸质版、电子版等），四是通过电视少年儿童所喜欢获取的信息类型（即喜欢收看的电视节目），五是在网络媒体上少年儿童所喜好的信息获取活动。

（一）基于内容的信息类型偏好

根据少年儿童的特性，我们将可能与他们相关的信息归类总结为四个大类，即学习类信息（如学习辅导信息、能解决你学习中疑难问题的信息、升学信息等）、科普知识类信息、兴趣爱好类信息（如美术、音乐、手工、体育运动等）、娱乐休闲类信息（如游戏、动画片、影视片、流行主题曲、交友等）等，考察少年儿童对这些信息的喜好程度。对于这几方面的信息，受访少年儿童需要根据自己的实际情况从五个备选项中做出判断。这五个选项是：1 = 非常感兴趣；2 = 感兴趣；3 = 有点兴趣；4 = 不太有兴趣；5 = 完全没兴趣。可假设1—5 分别代表 1—5 分，然后根据调查数据统计上述四类信息得分的均值、中位数与标准差，那么均值越接近 5 的信息，表示少儿对其的喜好程度越弱，反之，则表示喜好程度越强。由表 2—22 可以看出，总的来说，少年儿童对所调查的各类信息都比较感兴趣。即使是他们相对最不感兴趣的科普类信息，其均值也落在"2（感兴趣）"和"3（有点兴趣）"之间，且更靠近前者。再将四类信息相比，少年儿童对与自己的兴趣爱好相关的信息最感兴趣，其次对娱乐休闲信息感兴趣，而对学习相关的信息则不太感兴趣。

表 2—22　　　　　　　　少年儿童对信息类型的偏好

统计指标	学习类信息	科普知识类信息	兴趣爱好类信息	娱乐休闲类信息
平均值	2.19	2.24	1.88	1.92
中位数	2.00	2.00	2.00	2.00
标准差	0.956	1.014	0.929	0.909

（二）基于书籍内容与载体类型的喜好

对少年儿童书籍类型偏好的调查，主要涉及两方面：一是书籍内容偏好，二是书籍载体类型偏好。

1. 书籍内容偏好

在我们的调查中，将书籍内容分为以下几类：学习参考书、小说或名著、童话寓言故事、科普百科、卡通漫画和其他六种。结果分析显示，中国少年儿童最喜爱读小说名著类、科普百科类的课外读物，对于学习参考书、童话寓言故事、卡通漫画类兴趣没有那么大（如表 2—23 所示）。其一方面说明了少年儿童对人文与自然科学的好奇心强烈；另一方面也与本次调查样本年龄结构有关。如前所述，调查对象多集中在 15—18 岁的少年，该年龄段样本占总样本量的 69.8%，这一年龄段的少儿已经脱离了孩提时代喜爱的卡通漫画、童话寓言等书籍。

表 2—23　　　　　　　　少年儿童对书籍内容的偏好　　　　　　　　（%）

统计指标	学习参考书	小说或名著	童话寓言故事	科普百科	卡通漫画	其他
是	47.8	68.4	47.3	53.8	41.5	39.3
否	52.2	31.6	52.7	46.2	58.5	60.7

2. 书籍载体类型偏好

研究将书籍载体分为传统纸质的书本、期刊，电脑上浏览的网页，电子书三大类。调查结果显示，中国少年儿童目前仍旧更偏爱传统纸本书籍，而对于信息化更高的网络载体信息与电子书信息，使用的人明显少很多（如表 2—24 所示）。导致这一结果的原因是多样的，一是家庭收入影响，纸质书籍信息要比电脑、电子书等电子化设备投入少；二是传统阅读习惯影响，当前中国中小学课堂教学、课下辅导仍旧以纸质书籍为主，少年儿童所能接触的书籍绝大部分也都是纸质版。

表 2—24　　　　　　　少年儿童对书籍载体类型的偏好　　　　　　（%）

统计指标	传统书本、期刊的纸本信息	电脑上浏览的网页信息	电子书
是	71.7	43.8	29.7
否	28.3	56.2	70.3

（三）基于电视的信息类型偏好

通过电视获取知识、信息和娱乐，已经成为中国少年儿童生活中的主要内容之一。调查数据显示（见表 2—25），中国少年儿童最喜爱通过电视看电影、电视剧，占总数的 81.5%；其次是纪录片、科教片（如《动物世界》等），占 62.3%；而对于学习辅导节目、少儿节目仅有 44% 左右的少儿喜欢收看。

表 2—25　　　　　　　少年儿童对电视节目类型的偏好　　　　　　（%）

统计指标	学习辅导相关节目	少儿节目	电影、电视剧	纪录片、科教片等	其他
是	44.6	44.7	81.5	62.3	41.3
否	55.4	55.3	18.5	37.7	58.7

（四）基于网络的信息获取偏好

对网络的利用已经成为中国少年儿童生活中的主要内容之一。然而，如表 2—26 所示，该群体对网络的利用是娱乐大于学习、休闲大于对有用信息的获取。

表2—26　　　　　　少年儿童对网络信息的获取情况　　　　　　（％）

统计指标	看电影电视剧听歌等	聊天	查找与学习相关信息	玩游戏	其他
是	82.9	64.9	61.1	60.4	40.4
否	17.1	35.1	38.9	39.6	50.6

三　小结

综上所述，虽然不同类型弱势群体对相关信息的了解程度存在差异性，但弱势群体（不含少年儿童）整体上对这些信息还处于基本不了解的状况，可以说情况十分不容乐观，而其信息需求又因不同类型弱势的特点而存在共性与差异性。此外，少年儿童在此方面又具有与成人完全不同的特点。

（一）弱势群体（不含少年儿童）对相关信息的了解状况

第一，弱势群体（不含少年儿童）对社会救助类信息（灾害救助信息、农村特困户生活救助信息、农村"五保"供养政策信息、居民最低生活保障信息和城乡医疗救助信息）、就业类信息（职业技能培训和招聘用工信息）、教育类信息（与自己相关的教育信息和与子女相关的教育信息）、脱贫致富类信息（国家扶贫政策信息和科技兴农致富信息）、法律法规及维权类信息、文娱类信息和康复类信息均普遍不熟悉。总体上，四类弱势群体（不含少年儿童）对20类信息熟悉程度的均值介于3.5—4.5，即围绕"4 =基本不了解"上下波动。

第二，相比较而言，弱势群体（不含少年儿童）仅对保险类信息（医疗保险、养老保险、工伤保险、生育保险、失业保险）有一定了解，表示其熟悉程度的均值介于3—4。

第三，对比四类弱势群体，残疾人对20类信息的熟悉程度普遍高于无就业人员，无就业人员又高于农民、农民工，而农民、农民工又高于老年人。

第四，由于信息意识在同一弱势群体中存在两极分化的差异，四类弱势群体（不含少年儿童）对20类信息的熟悉程度也呈现出两极分化特点。有小部分信息意识较强的弱势群体（不含少年儿童）对 20 类信息十分了解，另有小部分则完全不了解。

（二）弱势群体（不含少年儿童）对相关信息的需求状况

第一，弱势群体（不含少年儿童）需求程度最强的信息是社会保障类信息。其中，又以对保险、社会救助类信息的需求最强烈。

第二，对于需求程度处于中间层次的信息，四类弱势群体呈现差异性。农民、农民工群体需求的是职业技能培训和招聘用工信息，无就业和残疾人员需求的是职业技能培训信息、招聘用工信息、与子女相关的教育信息和与自身权益相关的法律法规信息，老年人需求的是康复类信息。

第三，对于需求程度处于较末端的信息类别，不同群体也呈现出差异性。对于农民、农民工群体，这些信息为维权类、国家的法律法规、国家扶贫政策、自身再教育信息；对于残疾人，这些信息为自身教育信息、国家扶贫政策、维权信息和招聘用工信息；对于老年人，需求层次最弱的信息是维权类、扶贫和与子女相关的教育信息。

第四，对于需求程度处于最末端的信息类别，对于农民、农民工、残疾人和无就业人员都为科技兴农致富、文化娱乐和康复信息；对于老年人为招聘用工、职业技能培训和科技兴农信息。

（三）少年儿童的信息需求

通过从内容、体裁、载体、电视和网络五个维度的调查，可发现少年儿童的信息需求呈现以下特点：

第一，总体上，少年儿童对所调查的各类信息都比较感兴趣，说明他们兴趣爱好十分广泛。但相比较而言，少年儿童最感兴趣的是与自己的兴趣爱好相关的信息。虽然该群体利用电视和网络主要从事的是看电影电视、听歌，但这并不与其兴趣爱好相冲突。因为访谈得知，即使是看电影电视和听歌曲，其所选择的也是感兴趣的类型。

第二，相比较而言，少年儿童对与学习相关的信息的兴趣相对要弱一些。在与学习相关的三个维度（信息类型、电视、网络）的考察中，对与学习相关的信息的选择频次几乎都低于其他类型信息。出现这一现象，与中国的教育与考试体制有关。目前的应试教育模式已经让学习占据了他们 90% 以上的时间和精力，因此在仅有的一点时间做点自己感兴趣的事，自然在情理中。

第三，少年儿童并没有真正意识到网络对其学习的重要作用，使网络的学习辅助功能让位于娱乐功能。

第四，少年儿童在阅读习惯上偏向于阅读传统的纸质版文献，电子文献还未被少年儿童所完全接纳。

第五节　弱势群体对信息获取渠道的了解及利用情况

一　弱势群体（不含少年儿童）对信息获取渠道的了解及利用情况

本书拟按照从总到分的研究思路，从三个方面总结分析弱势群体对信息获取渠道的了解及利用状况：一是弱势群体常使用的获取信息的前 5 种渠道，这是从总的方面进行把握；二是弱势群体对网络的利用状况，这是当今信息时代不可不谈的话题；三是弱势群体对政府信息公开渠道的了解与利用状况。政府信息构成弱势群体信息需求的主体部分，因而对弱势群体对政府信息公开渠道的了解与利用情况进行总结分析，亦是不能回避的问题。

对于第一方面，为了解弱势群体对信息获取渠道的利用状况，本调查首先将信息获取渠道分为 8 种类型，并请受访者根据自身对这些渠道的利用程度（从最高到最低）从中依次选择 5 种信息渠道，分为 5 个等级。其中，排在第一位的为利用程度最高的信息获取渠道，为第 1 等级。排在第二位的为利用程度次之的信息获取渠道，为第 2 等级，以此类推，排在第五位的为利用程度最低的信息获取渠道，为第 5 等级。

此外，为进一步研究 8 种信息渠道的被利用程度，我们为每个等级赋权重。其中，第 1 等级权重为 5，第 2 等级为 4.5，第 3 等级为 4，依次类推。在此基础上，再将每种渠道在各种等级中出现的频次（即各渠道分别被受访者在不同等级中选择的总次数）分别乘以其相应权值，最后将所得值相加，即得出了能反映各信息渠道被使用情况的总分值。比如，电视在第一渠道中的得分是49% ×5 =2.45，在第二渠道中的得分是38.4% ×4.5 =1.72，在其余等级渠道中的得分则依次类推。最后，将电视在5种等级的得分累加，即总得分为4.622，该分值即可反映电视作为弱势群体的信息获取渠道的被利用程度。其他信息渠道依次类推。

需要说明的是，之所以将各等级之间权重的差距拉得很近，是因为在调查中我们发现，部分受访问者在填写问卷时在一定程度上会受问卷中对8种信息渠道排列顺序的影响，并没有严格按其需求程度填写。因此，如果权值差距过大，可能不能真实反映情况。

（一）弱势群体（不含少年儿童）最常用的前5种信息渠道分析

四类弱势群体对各种信息渠道的利用状况，按各渠道被利用程度的高低在第1等级到第5等级中的比例分布如表2—27所示。

表2—27　　四类弱势群体对信息渠道的利用状况

利用程度		第1等级	第2等级	第3等级	第4等级	第5等级	得分
权重 / 渠道		5	4.5	4	3.5	3	
农民、农民工	电视	49.00%	38.40%	6.00%	4.20%	1.90%	4.622
	手机	6.60%	20.00%	39.70%	17.50%	3.80%	3.545
	亲朋好友/老乡/熟人	4.60%	5.00%	5.60%	13.80%	51.70%	2.713
	电脑网络	7.50%	25.00%	15.40%	4.60%	3.60%	2.385
	广播	29.20%	4.10%	6.70%	6.20%	7.60%	2.358
	报纸	0.80%	3.50%	9.90%	24.30%	9.90%	1.741
	期刊/杂志	1.60%	2.70%	12.30%	16.10%	13.60%	1.665
	图书	0.80%	1.20%	4.50%	13.50%	8.00%	0.987
	合计	100%	100%	100%	100%	100%	

续表

利用程度		第1等级	第2等级	第3等级	第4等级	第5等级	得分
权重 渠道		5	4.5	4	3.5	3	
无就业人员	电视	39.70%	31.30%	12.50%	5.40%	3.60%	4.191
	手机	8.70%	13.50%	29.80%	18.00%	6.00%	3.045
	电脑网络	9.40%	26.90%	19.90%	9.60%	6.30%	3.002
	亲朋好友/老乡/熟人	10.50%	5.10%	11.80%	18.00%	34.90%	2.904
	广播	25.60%	8.00%	8.10%	8.40%	9.10%	2.531
	报纸	2.50%	8.00%	8.50%	12.60%	12.30%	1.635
	期刊/杂志	1.80%	4.70%	8.10%	19.50%	10.30%	1.617
	图书	1.80%	2.50%	1.50%	8.40%	17.50%	1.082
	合计	100%	100%	100%	100%	100%	
残疾人	电视	40.07%	42.93%	3.36%	4.32%	1.68%	4.271
	广播	38.83%	8.87%	4.94%	8.04%	17.81%	3.354
	手机	4.08%	13.43%	30.46%	35.37%	1.68%	3.315
	电脑网络	4.80%	25.66%	37.74%	2.16%	0.24%	2.987
	亲朋好友、老乡、熟人	5.76%	1.68%	6.24%	18.47%	54.61%	2.897
	报纸	0.96%	3.60%	11.03%	19.42%	8.39%	1.583
	期刊/杂志	1.68%	1.92%	5.04%	11.03%	13.43%	1.161
	图书	3.84%	1.92%	1.20%	1.20%	2.16%	0.433
	合计	100%	100%	100%	100%	100%	
老年人	电视	46.10%	35.40%	13.90%	5.10%	7.50%	4.460
	广播	25.60%	16.70%	15.00%	9.70%	5.70%	2.833
	亲朋好友/老乡/熟人	17.50%	9.00%	11.70%	12.70%	22.00%	2.624
	手机	3.00%	24.30%	16.80%	12.70%	4.40%	2.299
	期刊/杂志	1.70%	3.10%	14.70%	16.90%	31.30%	2.216
	报纸	3.10%	4.50%	13.20%	24.60%	14.10%	2.045
	图书	1.00%	3.90%	11.40%	14.40%	14.10%	1.515
	电脑网络	2.00%	3.10%	3.30%	3.90%	0.90%	0.489
	合计	100.00%	100.00%	100.00%	100.00%	100.00%	

第一，电视在四类弱势群体的信息获取中发挥着最主要的作用，成为该群体信息获取的最主要渠道。究其原因，在技术上，卫星传送技术的应用，使电视台的有效覆盖范围已达到全国乃至全球。事实上，到 20 世纪 90 年代中后期，中国已经实现平均每户拥有一台电视机。① 在政策上，国家相关政策的出台与实施更为弱势群体解决了看电视问题。比如，近年来实施的广播电视"村村通"工程，已广泛惠及广大弱势群体。而使用上的非技术性更加符合弱势群体的使用需求。②

第二，手机是继电视之后四类弱势群体获取信息的又一主要渠道。对于农民、农民工和无就业人员，其重要程度位居第二；对于残疾人和老年人，其重要程度分别位居第三和第四。事实上，低价位智能手机的广泛普及是造成这一现象的主要原因。伴随着 3G 网络的发展，智能手机在弱势群体信息获取中的前景将更为可观。因此，如何从智能手机这个领域做文章是值得相关弱势群体信息保障部门认真思考的问题。

第三，亲朋好友是位居第三的信息获取渠道。对于大多数弱势群体而言，由于没有工作或没有固定的工作，故他们有较为自由、充裕的时间，这为他们提供了较多与亲朋好友交流的机会。此外，信息获取技能及其他信息获取渠道的不足甚至缺乏、从亲朋好友处获取的信息信用高，都是使该渠道受到弱势群体青睐的主要原因。

第四，电脑网络在弱势群体的信息获取中发挥作用有限。对于农民、农民工和残疾人，其重要程度位居第四；对于无就业人员，其重要性位居第三。事实上，信息时代通过电脑网络获取信息已成社会普遍趋势，然而其对弱势群体的渗透程度并不高。究其原因，一是利用电脑网络必须具备一定的经济基础，不同经济收入的弱势群体在电脑的拥有率上有显著性差异。以农民工为例，月收入低于

① 事实上，据作者调查，在中国部分偏远山区，仍有极少数的弱势群体没有电视。因此，这里所称的仅是一种理论上的现状。

② 赵媛、文娟、王远均、淳姣：《不同类型弱势群体信息获取现状比较研究——以四川省为例》，《档案学研究》2014 年第 1 期。

500 元的仅有 13.6% 有电脑，而月收入高于 3000 元的相应比例却是 54.8%。因此，仅仅是经济收入就制约了他们对网络的利用。二是网络信息的获取需要掌握一定的计算机操作技能和网络信息检索知识，这将那些完全不懂得计算机操作的农民、农民工排除在外。尤其是老年人，其认为电脑网络对其最不重要，可见掌握计算机操作技能和网络信息检索知识对于利用电脑网络的重要性。

第五，广播是老年人和残疾人获取信息的第二种重要渠道。首先，在使用成本上，无论是其自身的运行成本还是受众的接受成本，广播的各种费用都相对比较经济实惠，且对广播的拥有率受老年人经济收入的影响并不显著。其次，广播的受众基本不受年龄大小、文化程度高低的限制，对老年人和相当部分残疾人而言，广播传播的信息更加容易理解。另外，其可移动性和便携性也使得人们可以随时随地从广播中了解到最新的信息。此外，残疾人和老年人获取计算机操作技能和网络信息检索知识相对于其他两类群体更为困难，因此新兴信息渠道（比如电脑和手机）对其的替代效应相对较低。综上原因，广播是老年人和残疾人较为重要的一种信息获取渠道。然而，对于农民、农民工和无就业人员，由于其他信息渠道的替代，广播对其并不显得十分重要。

第六，报纸、期刊/杂志和图书的得分都较低，是利用程度最低的信息获取渠道。这在一定程度上说明三个问题：一是四类弱势群体还缺乏阅读的习惯；二是报纸、期刊/杂志和图书的获取往往需要订购，弱势群体在此方面还缺乏消费能力和消费意识；三是弱势群体对公共图书馆等公益性公共信息服务机构的利用程度还很低，同时也说明这类机构对该类群体的服务还远远不到位。

（二）弱势群体（不含少年儿童）网络利用情况及影响因素分析

第一，从对网络的总体利用率上看，弱势群体的网络利用率不高。调查显示，只有 42.6% 的农民和农民工、43.7% 的无就业人员、54.9% 的残疾人和 19.4% 的老年人表示会上网查找所需信息。

第二，从上网地点上看，家里、单位成为农民、农民工、无就业人员、残疾人和老年人常用上网地点。调查数据显示，68.1%的农民和农民工、77.6%的残疾人、55.4%的无就业人员和95.7%的老年人选择在家上网；30%的农民和农民工、34.3%的残疾人、12.8%的老年人会选择在单位上网；此外，23%的农民和农民工、22%的残疾人、16.5%的无就业人员选择在网吧上网，而仅2.1%的老年人愿意在网吧上网。对于公共图书馆和社区，则少有弱势群体问津。

第三，从上网频率上看，对于使用电脑网络的弱势群体，其上网频率还是比较高的。28.9%的农民和农民工、13%的无就业人员、41.7%的残疾人和10.9%的老年人表示每天都上。21.5%的农民和农民工、21.7%的无就业人员、16.7%的残疾人和43.5%的老年人每周要上网4—6次。可见，其上网频率相对比较高。

第四，从上网目的上看，除老年人外，其余三类弱势群体的上网目的较为趋同。具体讲，老年人上网的主要是为了"看时事新闻"（占比83.0%），其次是"随便看看"（占比66%），而通过网络查找所需信息的仅占比17%，另外还有25.5%的上网目的是"交友和娱乐"。而就其他三类弱势群体而言，"看时事新闻"、"交友、娱乐"、"查询需要的就业、教育、医疗、政策等信息"、"随便看看"等都是他们的上网目的。当然，各类型群体在这几种上网目的中又有一定差异。比如，就农民、农民工而言，57.2%会上网"看时事新闻"，46.2%会利用互联网"交友、娱乐"，41%会上网"查询需要的就业、教育、医疗、政策等信息"，还有38.9%上网只是"随便看看"；就无就业人员而言，29.6%会上网"看新闻、时事"，20.5%会利用互联网"交友、娱乐"，16.2%会上网"查询需要的就业、教育、医疗、政策等信息"，还有22.7%上网只是"随便看看"；就残疾人而言，44.8%会上网"看新闻、时事"，33.8%会上网"查询需要的就业、教育、医疗、政策等信息"，23.0%会利用互联网"交友、娱乐"，还有18.5%上网只是"随便看看"。

第五，从常浏览的网站类型上看，搜索引擎和门户网站占据主流（见表2—28）。具体讲，农民、农民工常浏览的网站依次为搜索引擎（72.1%），新浪、网易和搜狐等门户类网站（43.4%），购物网站（25.8%），博客/微博网站（23.8%），政府网站（20.1%），此外，约13.1%还会选择浏览各种BBS论坛；无就业人员常浏览的网站依次为新浪、网易和搜狐等门户类网站（60.1%），搜索引擎（59%），购物网站（23.6%），博客/微博网站（22.5%），政府网站（19.1%），BBS论坛（14%）；残疾人常浏览的网站依次为搜索引擎（80.5%），新浪、网易和搜狐等门户类网站（47.3%），购物网站（30%），博客/微博网站（23.8%），各种BBS论坛（32.9%）和政府网站（23.4%）；老年人经常浏览的网站依次为新浪、网易和搜狐等门户类网站（63.8%），百度等搜索引擎（31.9%），政府网站（29.8%），选择博客/微博、BBS论坛和购物网站的比例分别为8.9%、4.4%和2.1%。可见，四类弱势群体最常使用的是搜索引擎和门户网站，政府网站和BBS论坛则较少被弱势群体使用。

表2—28　　　　四类弱势群体对各类网站的访问情况　　　　（%）

项目	农民、农民工	无就业人员	残疾人	老年人
搜索引擎	72.10	59.00	80.50	31.90
门户类网站	43.40	60.10	47.30	63.80
购物网站	25.80	23.60	30.00	2.10
博客/微博网站	23.80	22.50	23.80	8.90
政府网站	20.10	19.10	23.40	29.80
BBS论坛	13.10	14.00	32.90	4.40

第六，从针对特定信息的查找会使用的网络检索工具上看，①搜索引擎是弱势群体最主要的检索工具，72.1%的农民和农民工、42.2%的无就业人员、99.4%的残疾人和82.2%的老年人常选择百度等搜索引擎。②另有一部分弱势群体会选择直接登录与需要信息相关的网站查询，即约24.2%的农民和农民工、18.8%

的无就业人员、24.2%的残疾人和13.3%的老年人。③约有少部分人会选择专门的数据库查询。主要原因可能有二：一是搜索引擎的易用性，比如中文搜索引擎百度，用户只需要输入关键词即可有相关的反馈结果；二是与弱势群体所需信息的专业性相对较低有关。

第七，从网上检索信息的常用方式上看，52.4%的农民和农民工、77.3%的老年人、35%的无就业人员和62.5%残疾人首选"直接输入想要检索的内容"。其次为从需求信息中抽取关键字查询，这包括43.1%的农民和农民工、15.6%的老年人、28.9%的无就业人员和50%的残疾人。此外，对于每类弱势群体，有8.6%—15.4%会采用搜索引擎提高的高级检索功能查找所需信息。可见，最简单的自然语言检索是弱势群体的最主要信息检索方式，而相对能获得更高查准率的高级检索功能基本不为弱势群体所掌握。

此外，通过数据分析发现，在网络利用中表现出的上述状况与弱势群体个人因素之间存在不同的关联度。

第一，性别对弱势群体（不含少年儿童）对互联网的利用程度没有显著影响。

第二，年龄与农民、农民工、无就业人员和老年人利用网络的状况显著相关。在这三类群体中，越年轻的就越喜欢利用互联网。数据均值分析发现，喜欢利用网络查找信息的农民、农民工平均年龄在30.53岁，而不用互联网查找信息的农民、农民工平均年龄41.83岁。同样的，对无就业人员，喜欢利用网络查找信息的平均年龄在32.26岁，而不用互联网查找信息的平均年龄43.94岁；对于老年人，在60（含）—70岁年龄段中，有20%表示他们利用互联网，而70岁以上的96名老年人中仅有1名表示使用网络，在该年龄段群体中占比1.04%。然而，年龄与残疾人利用网络的状况没有显著影响。数据均值分析发现，喜欢利用网络查找信息的残疾人平均年龄在35.01岁，而不用互联网查找信息的残疾人平均年龄36.84岁。

第三，婚姻是影响弱势群体利用互联网的显著因素。对于农民、农民工，其数据分析显示，未婚者较已婚者更喜欢上网查找信息，在已婚农民、农民工中，仅有 33.3% 喜欢上网，而未婚农民、农民工中，却有 72.5% 喜欢上网（Chi-square 检验 $p=0.000<0.05$）；对于无就业人员，未婚者较已婚者更喜欢上网查找信息，在已婚无就业人员中，仅有 25.9% 喜欢上网，而未婚无就业人员中，却有 63.4% 喜欢上网（Chi-square 检验 $p=0.000<0.05$）；对于残疾人，未婚者较已婚者更喜欢上网查找信息，在已婚残疾人中，有 53.9% 喜欢上网，而未婚残疾人中却有 77.6% 喜欢上网（Chi-square 检验 $p=0.009<0.05$）；对于老年人，未婚者比已婚者更常通过网络查找信息，未婚老年人中，有 80% 的老年人喜欢上网（$p=0.000<0.005$），而已婚老年人中仅有 12.35% 喜欢上网。究其原因：一是与未婚弱势群体没有过多的家庭责任有关，未婚者较已婚者会有更多的业余时间可支配，经济负担也相对较轻。二是未婚与已婚之间的年龄差异使然。前述分析已知，对于农民、农民工、无就业人员和老年人，年龄与网络利用状况显著相关。比如，已婚农民或农民工的平均年龄为 40 岁，而未婚农民工平均年龄为 23.4 岁；已婚无就业人员的平均年龄为 41.32 岁，而未婚无就业人员平均年龄为 31.48 岁。三是与未婚与已婚之间受教育程度存在差异有关。比如，对于农民、农民工，如前所述，从其平均年龄上判断，已婚农民、农民工接受教育的时间在 20 世纪 70 年代至 80 年代初，而未婚的接受教育是从 20 世纪 90 年代中后期开始，故未婚农民、农民工群体接受了更高水平的教育，且接触了更多信息时代的新生事物，这有助于其信息素养的提高。

第四，文化程度对弱势群体上网查找信息有显著影响。具体讲，对于农民、农民工，最高学历为小学的仅有 11.9% 会上网查找所需信息，而最高学历为中学或高中的，这一比例分别为 40.8% 和 59.8%（$p=0.000<0.05$）；对于无就业人员，最高学历为小学的仅有 9.6% 会上网查找所需信息，而最高学历为中学或高

中的，这一比例分别为31.2%和48.6%（p=0.000<0.05）；对于残疾人，最高学历为小学的仅有19.4%会上网查找所需信息，而最高学历为中学或高中的，这一比例分别为56.2和64.6%（p=0.000<0.05）；对于老年人，小学文化水平的使用网络的仅占比2.21%，而高中及大专文化程度以上的，利用网络的分别占比40.54%和61.54%（p=0.000<0.05）。

第五，经济收入水平对弱势群体网络利用有显著影响。比如，月平均收入越高的农民、农民工，其利用互联网查找信息的比例越高，且呈显著性趋势（p=0.000<0.05），月平均收入超过3000元的农民工群体中有60%会利用网络查找信息；而收入越低的则相应利用网络的比例就越低。比如，月收入在500（含）元以下的老年人中，仅有2.97%使用网络查找信息，而月收入在1500（含）—2500元的老年人中，有40%的利用网络。经济收入的高低影响弱势群体利用网络的原因可能较为复杂，从最直接的角度看，由于上网需购买电脑及安装网络交接设备，这会增加其经济支出，故收入较低的弱势群体可能会因此而放弃使用网络。

（三）弱势群体（不含少年儿童）对政府信息公开渠道的了解与利用状况

首先，对政府信息公开渠道的了解状况。调查数据显示，四类弱势群体对政府信息公开渠道的了解程度较低。如图2—31所示，在中国《政府信息公开条例》所规定的十多种政府信息公开渠道中，其普遍最为了解的公开渠道只有广播和电视（选择频次为80%—90%），其次是报纸和杂志（选择频次为50%—60%）；而对于其他信息公共渠道，该群体却十分不了解，比如，仅不到20%的弱势群体知道"政府公报"这一信息公开渠道，10%左右知道从图书馆或档案馆可获取政府信息。之所以是"知道"而非了解，是因为在后续的访谈中，许多受访者都表示仅知道有这么两种渠道，但却几乎未使用过，故谈不上"了解"。

其次，对政府信息公开渠道的利用状况。弱势群体对政府信息公开渠道的了解程度直接影响其对信息渠道的利用状况。一般情况

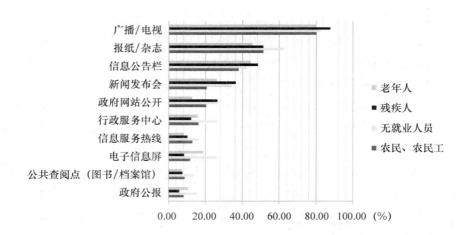

图2—31 弱势群体（不含少年儿童）对政府信息公开渠道的了解状况

下，他们对某一信息公开渠道的了解越多，则越倾向于利用该渠道获取政府信息。

本研究利用"您利用以下渠道获取政府信息吗？"的询问式列举各种政府信息获取渠道，并请受访弱势群体根据自身对各种常用政府信息公开渠道的利用情况，在6个选项（1＝经常用；2＝用；3＝有时用；4＝基本不用；5＝不用；6＝完全不用）中做出选择。结果如下。

第一，农民、农民工对广播/电视的选择，均值为3.19，即在"3"（有时用）附近，这表明受访农民、农民工有时用这一渠道来获取政府信息；对报纸/杂志的选择均值为3.51，处于有时用与基本不用之间；对信息公告栏的均值为3.98，几乎处于基本不用状态；而对其余信息公开渠道［政府信息服务热线、政府公报、行政服务中心、公共查阅点（图书馆/档案馆等）、政府新闻发布会、政府官方网站］，其均值最小达到4.15，最大达到4.36。

第二，无就业人员对广播/电视的选择均值为3.02，即在"3"（有时用）附近。这表明受访无就业人员有时用这一渠道来获取政府信息；对报纸/杂志的选择均值为3.44，处于有时用与基本不用之间；对信息公告栏的均值为 3.82，几乎处于基本不用状态；而对其余信息公开渠道，其均值最小达到 3.97，最大达到 4.17。

第三，残疾人对广播/电视的选择均值为 2.85，这表明受访残疾人有时用这一渠道来获取政府信息；对报纸/杂志的选择均值为 3.26，即在"3"（有时用）附近；对信息公告栏的均值为 3.61，处于有时用与基本不用之间；而对其余信息公开渠道〔政府信息服务热线、政府公报、行政服务中心、公共查阅点（图书馆/档案馆等）、政府新闻发布会、政府官方网站〕，其均值在 3.9 左右，均未超过 4。

第四，老年人对广播/电视的选择均值为 3.32，属于有时用的范畴内，表明老年人有时会使用广播/电视获取政府公开信息。该群体对其他信息公开渠道选择的均值都落在值 4 和值 5 附近，因此，老年人基本不用或不用余下的信息公开渠道。

综上，在各种政府信息公开渠道中，四类弱势群体了解程度相对最高、利用频率相对最大的渠道是广播/电视；对报纸/杂志虽有一定了解，但利用程度却相当低。而对于其他渠道，知道的弱势群体不仅很少，而且基本处于不被使用的状态。这些数据至少说明：①弱势群体的政府信息获取渠道非常单一；②弱势群体的信息获取迫切需要提高。

二　少年儿童对信息获取渠道的了解及利用情况

（一）少年儿童最常用的信息获取渠道分析

信息获取渠道很大一部分受拥有的信息获取设备影响，调查显示，电视与手机是拥有量最多的信息设备，拥有量都在 85% 以上；而电脑与固定电话有 60% 左右的持有量，仅有 32.6% 的少儿表示家里有收音机（见表 2—29）。

通过表 2—29 可以看出，中国少年儿童接收外界信息主要通过电视，使用率都在 85% 以上，尤其是电视，更是达到 91.6%。电脑网络也是少年儿童较常使用的信息获取渠道，有 79.7% 的少儿表示经常通过电脑获取信息。而对于传统的报纸、杂志、图书、广播类，则较少有人选择使用。

表 2—29　　　　　　少年儿童对信息获取设备的拥有情况　　　　　（％）

是否拥有	电脑	电视	收音机	固定电话	手机
有	59.9	88.2	32.6	60	85.9
没有	40.1	11.8	67.4	40	14.1

具体来讲，少年儿童信息获取最常使用的前 5 种渠道依次为电视、手机、电脑网络、报纸、图书杂志（见图 2—32）。

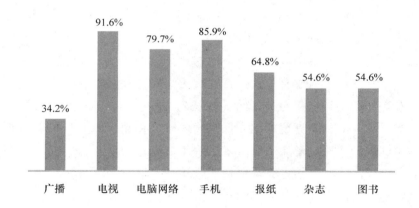

图 2—32　少年儿童的信息获取渠道

· 电视在少年儿童信息获取过程中使用率排名第一，占 91.6%。究其原因，其实到 20 世纪 90 年代中后期，中国已经实现平均每户拥有一台电视机，普及率的提升自然将电视机这一信息获取渠道推至第一位。

手机在少年儿童信息获取过程中使用率排名第二，仅次于电视，使用率占 85.9%。一方面，手机越来越便宜，为不少家庭不是那么充裕的人带来福音，价格的下降加快了手机的普及；另一方面，为方便少年儿童与家人联系，确保其在外人身安全，许多有条件的家庭都为少年儿童配备了手机。

电脑网络在少年儿童信息获取过程中使用率排名第三，使用率略低于手机，占79.7%。根据中国互联网信息中心（CNNIC）发布的《2014年第33次中国互联网络发展统计报告》显示，2013年使用台式电脑、笔记本电脑上网的分别占全国网民的69.7%、44.1%，而手机上网则占到81.0%。[①]

报纸在少年儿童信息获取过程中使用率排名第四，略高于期刊，占64.8%。这主要是由于报纸出版频率相比期刊图书略高，且定价较便宜，对于少年儿童来说较易接受。

期刊和图书是少年儿童信息获取过程中第五大信息渠道，两者占比均为54.6%。第一，作为传统信息媒介，期刊图书的使用在智能手机、计算机互联网、电视机等新技术新媒介的冲击下，使用率越来越低。第二，生活节奏的加快使人们越来越倾向于能够随时随地方便快捷地获取信息，而不是花较长时间看一本杂志或图书。第三，少年儿童的阅读习惯正在养成阶段，很多孩子还没有养成良好的阅读习惯。第四，相较于报纸，期刊图书价格较贵，而这是属于少年儿童个人的开销，而非家庭开销或者家长必须开销，少年儿童缺乏消费能力和消费意识。

（二）少年儿童网络利用情况及影响因素分析

在当今信息时代，互联网在少年儿童的生活中扮演着不可或缺的角色。为此，本书着重对互联网这一信息渠道展开深入调查。调查数据显示，有96.06%的受访少年儿童接触过网络，其中，35.55%经常或者天天上网，而有25.2%很少上网或从不上网，其余（39.24%）则是有时上网；79%的少年儿童每周上网时长不超过5小时，9.47%的每周上网时长在5—8小时以内，11.53%的每周上网时长超过8小时。如果不能上网，超过77.6%的少年儿童表示会偶尔感到不方便甚至非常不方便（如图2—33所示）。由此可见，少年儿童对网络依存度比较高。

---

① 中国互联网信息中心：《2014年第33次中国互联网络发展报告》，2014年4月（http：//www.cnnic.net.cn/hlwfzyj/hlwxzbg/）。

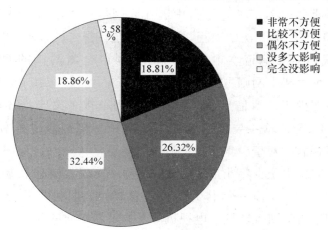

图2—33　少年儿童的网络依存度

1. 少年儿童的网络利用情况

首先，在上网地点上，大多数少年儿童都是选择在家上网，另有30%在网吧上网（如图2—34所示），这与之前调查的信息设备拥有情况相符合。然而，需要注意的是，仅有4.9%的少年儿童会选择到图书馆上网。可见，从目前的调查结果来看，图书馆并未很好地承担起为少年儿童提供优良网络信息提供服务平台的作用。

其次，在所使用的信息检索工具及检索方式上，调查显示，有

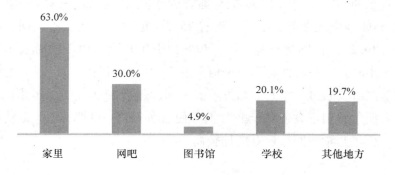

图2—34　少年儿童的上网地点

76.2%的少年儿童经常使用搜索引擎查找特定信息，具体搜索方式主要有利用高级检索方式、利用关键词、浏览、直接输入问题语句等。在这些方式中，直接输入问题语句与关键词检索是少年儿童最常使用的网络信息检索方式，都各自有57%左右的比例（如图2—35所示）。

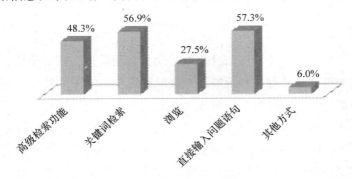

图 2—35　少年儿童的信息检索方式

再次，在上网是否有家长陪同和引导的问题上，调查数据显示，仅有14.56%的家长会经常陪同和引导其孩子的上网行为，而另有64.86%的家长几乎从不过问、引导孩子的上网行为（见图2—36）。这一现象说明绝大多数的孩子面临接触网络不良信息的风险。

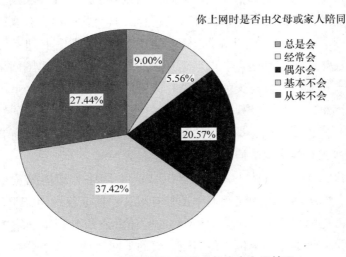

图 2—36　家长陪同和引导少年儿童上网情况

2. 少年儿童不上网的原因分析

统计可知，受访少年儿童中仅有 3.94% 的少年儿童未接触过网络。问及不上网的原因，主要集中在父母不允许和家中没有电脑等上网设备两个方面。

三　小结

综上所述，弱势群体信息获取呈现出常用渠道比较简单传统、网络渠道未得到有效利用和政府信息获取渠道单一有限的特点，而少年儿童的信息获取渠道及利用状况又具有与成人不同的特点。

首先，在弱势群体（不含少年儿童）常使用的前 5 种信息获取渠道方面，电视、手机、亲朋好友、广播和电脑网络榜上有名。其中，电视在四类弱势群体的信息获取中发挥着最主要作用，在 5 种信息获取渠道中位居榜首。

四类弱势群体在常用的信息获取渠道上有共性也有差异性。就共性来看，电视、手机、亲朋好友都位于各类弱势群体常使用的前 5 种信息获取渠道中。这说明简单易用、便捷和可信任度是弱势群体选择信息获取途径的最主要标准。就差异性来看，不同类型弱势群体的个性特征决定了其在选择信息获取渠道上的差异性。比如，农民、农民工和无就业人员虽然同为社会性弱势群体，其前 5 种信息获取渠道几乎是完全一致的，然而在亲朋好友、电脑网络的排序上却不同，农民、农民工的第三种信息获取渠道是亲朋好友，第四是电脑网络，而无就业人员刚好相反。又如，在老年人的前 5 种信息获取渠道中并没有电脑网络。再如，在残疾人的前 5 种信息获取渠道中，亲朋好友位居最后一位，而其他三类弱势群体这一渠道都处于前 4 位。所有这些差异显然都是各类弱势群体的自身特征差异使然。

其次，在弱势群体（不含少年儿童）对网络利用情况及影响因素方面，弱势群体的网络利用率还很有限，总体上仅占 40.14%（各类群体占比的平均值），即不足半数的受访者表示会利用网络查找所需信息，而且家里和单位是他们最主要的上网地点。对于公共图书馆和社区，则少有弱势群体前往利用其网络及信息信息资源。

就上网目的看，除老年人主要是为了"看时事新闻"（83.0%）外，其余三类弱势群体的上网目的较为趋同。具体讲，"看时事新闻"、"交友、娱乐"、"查询需要的就业、教育、医疗、政策等信息"、"随便看看"等都是他们的上网目的。当然，各类型群体在这几种上网目的中又有一定差异。

就弱势群体所常访问的网站看，搜索引擎和门户网站位居第一、第二，而政府网站、博客/微博、BBS论坛和购物网站的访问率较低。这也与对其政府信息公开渠道利用情况的调查结果，即其几乎不用政府网站来获取政府信息的状况是相吻合的。

在具体检索方式上，绝大部分主要采取"直接输入想要检索的内容"，只有一小部分会从需求信息中抽取关键字查询。

对影响网络利用的相关性因素分析发现，经济收入水平越高、文化程度越高、越年轻的弱势群体越喜欢利用互联网。

再次，在弱势群体对政府信息公开渠道的了解与利用情况方面，弱势群体对政府信息公开渠道的了解程度较低。在中国《政府信息公开条例》所规定的十多种政府信息公开渠道中，知道电视、报纸/杂志、信息公告栏和新闻发布会是政府信息公开渠道的弱势群体占比分别约为80%、50%、40%和30%。而对于其他政府信息公开渠道（如政府网站、行政服务中心、信息服务热线、电子信息屏、图书档案馆和政府公报），知道的比例小于20%。

对于政府信息公开渠道的利用方面，广播/电视是弱势群体了解程度相对最高、利用频率相对最大的渠道。然而，对其进行利用的选择均值也仅落在"3"（有时用）附近，对报纸/杂志虽有一定了解，但利用程度却相对更低，而其他渠道基本处于不被利用的状态。

最后，在少年儿童对信息获取渠道的了解与利用方面，少年儿童接收外界信息主要通过电视、手机和电脑网络，使用率在八成以上；而对于传统的报纸、杂志和图书，则仅有五成少年儿童会使用；仅三成少年儿童会利用广播获取信息。

对于少年儿童网络的利用情况，研究发现超过九成儿童接触过网络，超过三成少年儿童天天或经常上网。家里（63%）或学校（20%）

是少年儿童上网主要地方。值得注意的是，有 30% 的儿童在网吧上过网。其上网查找信息的方式为搜索引擎。大多数少年儿童（65%）都没有在家长的监护下上网。对于少部分未接触互联网的儿童，不上网的原因主要为父母不允许和家中没有电脑等上网设备。

第六节　弱势群体对信息保障主体的了解情况

弱势群体的信息获取状况取决于两个方面：一是弱势群体本身，二是保障主体的保障能力及服务状况。就第一方面来看，弱势群体本身的因素除了其自身的受教育程度、信息素养等外，还包括其对保障主体所提供的相关服务的了解状况。据此，有必要专门对这方面进行调查、总结与分析。

保障主体呈现多元化状态，包括政府、公共信息服务机构、社会团体、企业、社区等。对政府主体的了解，主要通过对其信息公开渠道的了解与利用状况体现，这在本书的上一章已经探讨，这里就不再重复。下面仅对弱势群体对公共信息服务机构、社会团体、相关企业、社区的了解进行调查、总结与分析。

一　弱势群体（不含少年儿童）对信息保障主体的了解情况

（一）对公共信息服务机构——公共图书馆的了解与利用情况

为全面了解弱势群体对公共图书馆的了解和利用情况，我们设计了四个方面的问题：一是居住地周围是否有公共图书馆；二是是否去过公共图书馆；三是去公共图书馆的目的（如果有条件去的话）；四是对公共图书馆的服务是否满意。

设计第一个问题，是为了解弱势群体是否知道公共图书馆及其相对于他们的可获取性。第二个问题的设计目的，是了解弱势群体对公共图书馆的认知程度及图书馆的被利用状况。在一般情况下，只有一定的了解才可能去体验，这是这个问题的设计依据。设计第三个问题，是为更进一步全面了解弱势群体对公共图书馆的功能和作用的认知程度。而该问题的附加条件，即"如果有条件去的话"，是为了解所有的受访者而非其中去过图书馆的受访者。因为没有去过并不等于不了解或不知道。故对去过图书馆和没去过图书馆一起进行调查，可以更全面地了解这类群体对图书馆的了解程度。第四个问题则可了解四类弱势群体对公共图书馆服务质量的看法，属于更深程度的对公共图书馆的了解与认知，对促进公共图书馆服务的完善与发展亦有重要参考价值。

对于第一个问题，即居住地附近是否有公共图书馆，表2—30反映出两个信息：一是受访者居住地周围几乎都有图书馆；二是仅18.7%的受访者乘车可在10分钟内到达图书馆，而35.55%的受访者需要一小时以上的车程才能到达图书馆。可见，从距离这个层面看，公共图书馆对弱势群体的可获取性还有很大的提升空间。

表2—30　　　四类弱势群体常住地附近公共/社区图书馆分布率　　　（%）

选项	您的居住地附近是否有公共/社区图书馆?				
	有				没有
	非常近（10分钟以内车程）	比较近（10—30分钟车程）	比较远（30—60分钟车程）	非常远（60分钟以上车程）	
农民、农民工	15.70	23.90	19.90	40.50	0.00
无就业人员	19.90	29.20	15.20	33.20	2.50
残疾人	25.70	31.60	16.80	25.90	0.00
老年人	13.60	22.90	20.90	42.60	0.00

对于第二个问题，即是否去过图书馆，调查数据显示，受访四类弱势群体中，农民、农民工有78%从未去过图书馆，去过的仅占22%；无就业人员从未去过图书馆的占40.1%，有59.9%去过；残疾人有20.4%从未去过图书馆，而去过的占到近80%；老年人有47.7%从未去过图书馆，有52.3%去过。可见，在此方面四类群体差异较大。

对于第三个问题，即去图书馆的目的（如果有条件去），如图2—37所示，弱势群体以看书和借书为主要目的去公共图书馆的仅

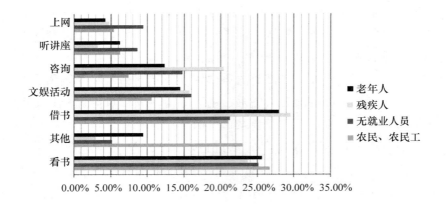

图2—37 四类弱势群体去图书馆的目的

占20%—30%。借阅服务是图书馆所开展的最基础，也是最主要的服务，愿意利用此项服务的弱势群体比率如此低，到底是在哪些方面出了问题，这确实是值得深思的。

对于第四个问题，即对图书馆的服务是否满意，调查数据显示，农民、农民工非常满意和满意者的占比为33%，基本满意者为28%，有点不满意到非常不满意者为38.2%，其均值为3.17，即为基本满意状态；无就业人员非常满意和满意者的占比为23.5%，基本满意者为30.3%，有点不满意到非常不满意者为20.2%，其均值为2.84，即为满意至基本满意状态；残疾人非常满意和满意者的占比为41.2%，基本满意者为39.7%，有点不满意到非常不满意者为19.1%，其均值为2.63，即为满意至基本满意状态；老年人分别有5.2%和14.7%的受访者表示对图书馆的服务非常满意和满意，48.7%表示基本满意，有点不满意到非常不满意者共占比28.9%，其均值为3.26。仅从这一数据所反映的情况来看，图书馆的服务工作有值得肯定的地方，同时也还有差距，还有很大的值得改进的空间。然而，需要注意的是，这些意见仅是受访者中去过图书馆的那部分群体的感受，并不能全面准确反映整个弱势群体的看法。

（二）对居住社区信息服务项目的了解状况

居住的社区是最贴近弱势群体的组织机构，其所公布的各种信息与农民、农民工的日常生活应有密切关系。对此，我们从两个方面进行调查：一是对社区信息公开渠道的了解状况；二是对社区所提供的信息服务项目的了解情况。

首先，在对社区信息公开渠道的了解方面，调查发现社区信息公开渠道并不为弱势群体所熟知。实际情况是，没有哪一种社区的信息公开渠道为五成及其以上的弱势群体所知晓。数据显示，有38.9%的农民、农民工知道社区的信息公告栏，另有24.1%知道社区服务中心、办公室，而只有约19.8%的农民、农民工知道社区有上门通知这一信息公开渠道。这就是说仍有相当一部分农民、农民工并不知道社区这一重要传递信息的渠道，当然，这也从一个侧面反映出社区的这一服务工作现状。无就业人员中有28.3%知道社区的信息公告栏，另有18.1%知道社区服务中心、办公室，而只有约18.4%知道社区有上门通知这一信息公开渠道。残疾人中有35.0%知道社区的信息公告栏，18.9%知道社区服务中心、办公室，而只有约45.3%知道社区有上门通知这一信息公开渠道。老年人中有34.2%不清楚社区有哪些信息公开渠道，知道公告栏和上门通知的占比分别为48.8%和41.6%，而仅有25.8%知道社区服务中心、办公室。

其次，在对社区所提供的信息服务项目的了解上，调查发现，情况如同对社区信息公开渠道的了解一样，社区的信息服务项目并不为弱势群体普遍知晓。而不同类型弱势群体之间在此方面还有一定差异性。总的来看，农民、农民工群体和老年人对社区信息服务项目的知晓率最低。数据显示，近44.4%的农民、农民工和近半数的老年人不清楚其所在的社区提供哪些信息服务项目。而对各种服务项目，也没有哪一种为半数以上的弱势群体所知晓。比如，对于社区的政务信息公开服务，仅有20.1%的农民和农民工、19.1%的无就业人员、12.9%的残疾人知晓；对于社区的便民信息查询服务，仅27.6%的农民和农民工、28.1%的无就业人员、38.1%的残疾人和24.2%的老年人知道。

二　少年儿童对公共信息保障主体——公共图书馆的了解与利用情况

该部分的调查与总结分析也主要从以下几方面进行：一是居住地附近是否有公共图书馆；二是是否去过公共图书馆；三是去公共图书馆的目的（如果有条件去的话）；四是对公共图书馆的服务是否满意。

（一）图书馆覆盖范围

本次调查以"你家附近是否有图书馆"来描述图书馆覆盖范围。结果显示有超过 58% 的少年儿童表示家庭住所附近没有图书馆（见表 2—31），另有 13.6% 的表示不清楚是否有图书馆。这种现状大大限制了少年儿童对公共图书馆的利用。根据国家文化部《2013 年文化发展统计公报》显示，截至 2013 年，全国共有 3112 个公共图书馆，其中县图书馆 1632 个，少儿图书馆 105 个，全国平均每人图书馆建筑面积只有 0.00851 平方米，人均藏书量 0.05 本。① 可以看到这些数字在全国 13 亿人口的比较下，显得多么无力，中国公共图书馆的数量远没有满足老百姓的信息需求。

表 2—31　　　　　　少年儿童住所附近是否有图书馆　　　　　　（%）

选择	比例
有	28.3
没有	58.1
不清楚	13.6

（二）利用图书馆的频率

从图 2—38 可以看到，在受访的少年儿童当中，选择基本不会去或者从来不去图书馆的占 34%，偶尔会去图书馆的有 48.7%，仅有 17.3% 的孩子会经常去图书馆。可见，少年儿童对图书馆的利用率偏

---

① 文化部：《中华人民共和国文化部 2013 年文化发展统计公报》，2014 年 3 月（http：//zwgk.mcprc.gov.cn/auto255/201405/t20140516_30294.html）。

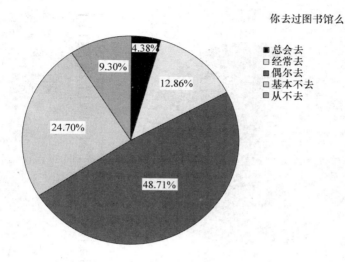

你去过图书馆么
■ 总会去
□ 经常去
■ 偶尔去
□ 基本不去
■ 从不去

4.38%
12.86%
9.30%
24.70%
48.71%

图2—38　少年儿童利用图书馆的频率

低。造成这种现状的原因是多方面的，如上所述的图书馆数量欠缺就是一个重要原因。当然，少年儿童自身信息获取意识不强、对图书馆缺乏了解等都是导致这一现状的主要原因。那么，图书馆在其中又扮演了什么角色呢？这确实是值得图书馆界认真探究的问题。

（三）利用图书馆的目的

通过图2—39可以看到，少年儿童利用图书馆的目的主要是在馆内阅读和借还图书，占比分别为46.97%和31.68%。仅有7.67%选择在图书馆提供的电子阅览室上网，而只有不到1%的会去图书馆参加馆内活动。这些数据说明图书馆最吸引少年儿童的还是其基础服务功能。很显然，这与时代的发展对图书馆的要求并不十分吻合。

三　小结

综上，在对公共信息服务机构（如公共图书馆、社区服务中心）的了解与利用上，弱势群体（不含少年儿童）知道图书馆，但从其利用图书馆的目的上看，他们并不了解图书馆，加之受地理空间上图书馆对其可获取性不高等因素的限制，他们对图书馆的利

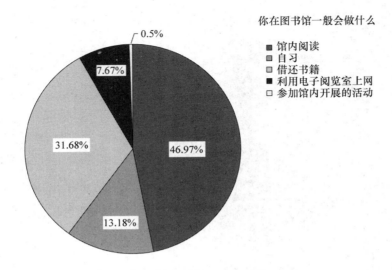

你在图书馆一般会做什么
- ■ 馆内阅读
- 自习
- 借还书籍
- ■ 利用电子阅览室上网
- □ 参加馆内开展的活动

0.5%

7.67%

31.68%

46.97%

13.18%

图2—39　少年儿童利用图书馆的目的

用率还很低。此外，他们对社区信息服务内容也缺乏了解与利用。而令人遗憾的是，少年儿童在此方面的情况竟与成年人类同。

　　第一，在弱势群体（不含少年儿童）对公共图书馆的了解与利用方面，受访者能判断出他们与图书馆之间在地理位置上的距离，说明他们是知道图书馆的，而且图书馆是作为一个真实的服务机构，而非一个概念存在于弱势群体（不含少年儿童）的头脑中。

　　图书馆对弱势群体在地理空间上的可获取性还很低，近四成到六成的弱势群体（不含少年儿童）离图书馆有超过半小时车程。

　　弱势群体对图书馆的利用率同样很低，整体上有46.6%的弱势群体（不含少年儿童）从未去过图书馆。其中，又以农民、农民工的情况最为严重。受访农民、农民工中，从未去过图书馆的比例高达78%。而受访残疾人由于80.6%的常住地为区县级以上的城市，乡镇农村的仅占比19.4%，故本调查获取的关于他们去过图书馆的人数占比79.6%，反映的主要是城市里的那部分残疾人去过图书馆的比例，故实际上从未去过图书馆的弱势群体的占比可能高于46.6%这个比例。

　　弱势群体（不含少年儿童）对利用图书馆的目的并不十分明晰。从前述总结分析可知，无论图书馆开展的哪方面服务活动，所选择人数都未超过30%。这实际上说明他们并不真正了解图书馆、不了解图书馆能为他们做什么。同时，这也从另一个侧面反映出他们利用图书馆的有限性。因此，虽然四类弱势群体（不含少年儿童）似乎对图书馆的服务都基本满意，但不得不看到，这种结果和感受是建立在他们对图书馆的不太了解和有限的利用基础之上的，故远不能对此盲目乐观。

　　第二，在弱势群体（不含少年儿童）对社区信息服务的了解方面，弱势群体（不含少年儿童）并不十分清楚社区有哪些信息公开渠道。即使是最常见的社区信息公告栏，也仅有三成到四成农民、农民工、无就业人员、残疾人和老年人知晓。对于其他社区信息公开渠道如社区服务中心、办公室和上门通知，知道的比例则更低。

　　弱势群体（不含少年儿童）对社区提供的信息服务项目的知晓率很低。近半数老年人，四成农民、农民工及两成残疾人、无就业人员并不清楚其所在的社区提供的信息服务项目。对于各种社区服务项目如社区政务信息公开、便民信息查询和办事指南等，弱势群体知晓比例仅为10%—50%。

　　第三，在少年儿童对公共图书馆的了解与利用方面，单就图书馆的普及程度看，图书馆对少年儿童的可获取性还不高。有超过七成的少年儿童表示其居住地附近没有图书馆或不清楚是否有图书馆。

　　少年儿童对图书馆的利用率偏低。受访少年儿童中，仅有17.3%会经常去图书馆。选择基本不会去或者从来不去图书馆的占比竟有34%。而经常或偶尔会去图书馆的少年儿童中，有七成是去馆内阅读和借还图书，其他服务项目利用很少。这也是其对图书馆利用率偏低的表现之一。

第七节　弱势群体的信息获取困难与障碍

　　对于弱势群体信息获取困难与障碍的调查，本书列举可能存在的信息获取障碍，并采用弱势群体自我陈述法（如"个人信息获取技能缺乏是我在信息获取上的主要障碍"）搜集数据。受访者需要根据自己的实际情况从 6 个备选项中做出判断（1 = 非常同意；2 = 同意；3 = 基本同意；4 = 基本不同意；5 = 不同意；6 = 非常不同意）。选项 1—6 分别代表数值 1—6，表示对该描述的同意程度，而该同意程度则反映该信息获取障碍对受访者影响的严重程度，得分越低，表示受到该障碍的影响越严重。

一　弱势群体（不含少年儿童）的信息获取困难或障碍

数据分析显示（见图 2—40）：

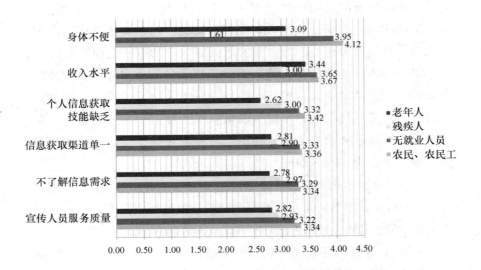

图 2—40　弱势群体（不含少年儿童）信息获取的主要障碍

注：纵向坐标是弱势群体获取信息可能存在的各种障碍，横向坐标上的数值表示弱势群体对信息获取障碍的主观评价。得分越低表示弱势群体同意该障碍对其信息获取的负面影响越高，反之，则表示弱势群体同意该障碍会影响其信息获取的可能性越低。

第一，身体活动不便仅仅是自然性弱势群体（残疾人和老年人）的信息获取障碍，而社会性弱势群体（农民、农民工和无就业人员）并无这方面的障碍。

第二，信息服务人员服务质量不高、不了解所需信息在哪里、信息获取技能欠缺、信息获取渠道单一成为弱势信息获取的四个主要障碍。其均值分别为介于 2.78—3.36，属于同意至基本同意范畴，即绝大多数受访者都同意或基本同意这四种情形是其信息获取的障碍。

第三，对于收入水平因素，其均值为 3—3.67。其中，老年人为 3.44，残疾人为 3.09，无就业人员为 3.65，农民、农民工为 3.67。这表示四类弱势群体总体上基本不同意收入水平是其信息获取的主要障碍或困难。

需要说明的是，图 2—40 反映的仅是弱势群体个人对信息获取障碍的主观认知。事实上，由于信息获取保障是一个系统工程，它不仅涉及被保障主体，更涉及保障主体的保障能力、保障环境、保障制度的建设状况等因素，因此，对信息获取障碍的分析，还应从宏观到微观、从主观因素到客观因素等进行全面考察。

二 少年儿童的信息获取困难或障碍

在此部分，主要从两个方面进行调查与分析：一是少年儿童是否存在信息获取障碍或困难，主要通过对他们是否能获取到所需要信息、哪方面的信息获取存在困难来进行；二是导致少年儿童不能有效获取信息的因素是什么，主要从经济条件、获取能力、获取条件等方面，通过量表来进行。具体而言，针对对信息获取障碍的具体描述，受访少年儿童需要根据自己的实际情况从 6 个备选项（1＝非常同意；2＝同意；3＝基本同意；4＝基本不同意；5＝不同意；6＝非常不同意）中做出判断。选项 1—6 分别代表数值 1—6，表示对该描述的同意程度，而该同意程度则反映受访者是否存在问题描述所存在的障碍，以及对其而言此障碍的大小程度。最后，针对所获数据，计算每个项目的均值、中位数及标准差，从而分析各种因素在少年儿童信息获取障碍中扮演的角色。

对第一方面，调查数据分析显示，有近70％的少年儿童感觉在信息（例如书籍、电视节目、网上信息等）获取方面存在困难与障碼（如图 2—41 所示）。具体而言，他们在与自然科学相关的信息获取上遇到的困难最大，有 65.6% 的少年儿童表示较难获取自然科学类信息；其次是在兴趣爱好与学习方面的信息获取困难，两者都有 58% 左右的比例（如图 2—42 所示）。

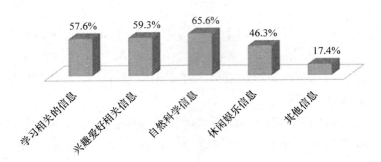

图 2—41　少年儿童对自身信息获取情况的认知

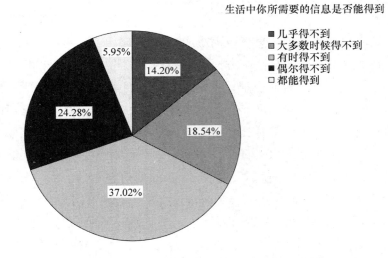

图 2—42　少年儿童认为获取各类信息存在障碍的人数比例

对于第二方面，即导致少年儿童不能有效获取信息的因素中，由表 2—32 可知，住所附近没有图书馆或者学校图书馆未开放在所有因素中均值最小，为 3.40，落在 "3 = 基本同意" 附近；不能从附

表 2—32   少年儿童信息获取中存在的具体障碍

统计指标	不知道去哪里找到所需信息	没有电脑不能上网	家长不允许看电视、上网	附近没有图书馆或学校图书馆不开放	无法下载所需信息	不能从附近图书馆或学校图书馆外借书籍	无钱购买所需书籍	对自己所需信息缺乏上网查找的技能
均值	3.83	3.80	3.81	3.40	3.48	3.41	3.93	3.60
中位数	4.00	4.00	4.00	3.00	3.00	3.00	4.00	4.00
标准差	1.55	1.58	1.55	1.62	1.57	1.66	1.66	1.66

近图书馆或学校图书馆外借书籍紧随其后，均值为 3.41；再次是无法下载所需信息，这说明社会和学校为少年儿童提供的硬件条件和设施不到位是阻碍他们获取所需信息的主要因素。其他因素如无钱购买书籍，或不知道信息在何处，由于其均值接近"4 = 基本不同意"，这说明少年儿童总体上基本不同意其是影响自身信息获取的主要因素。

三　小结

综上，总的来说，弱势群体（不含少年儿童）的信息获取障碍与其信息素养、信息获取渠道及信息服务人员的服务质量等有关。此外，自然性弱势群体还受其自身身体机能的限制。然而，少年儿童的信息获取障碍却与保障条件不到位有关。需要说明的是，信息获取保障是一个系统工程，涉及多方面因素。这些结论反映的是弱势群体个人对信息获取障碍的主观认知。

第一，从弱势群体（不含少年儿童）自我认知角度看，信息服务人员服务质量不高、不了解所需信息在哪里、信息获取技能欠缺、信息获取渠道单一是其信息获取最主要的障碍。然而，收入水平并不是其主要的信息获取障碍。

自然性弱势群体与社会性弱势群体的信息获取障碍存在一定差异性。对于老年人和残疾人，身体活动不便是其重要的信息获取障碍之一，而农民、农民工和无就业人员却没有这方面的障碍。

第二，从少年儿童自我认知角度看，近70%的少年儿童感觉对所需信息（尤其是与自然科学及自己的兴趣爱好相关的信息）获取存在困难与障碍。

附近没有图书馆或学校图书馆不开放、不能从附近或学校图书馆外借书籍被视为阻碍其信息获取的重要原因。这个情况与前述图书馆在地理位置上对少年儿童的可获取性不高、图书馆的利用率低、仅有17.3%会经常去图书馆这一状况是相映衬的。这说明社会和学校为少年儿童提供的硬件条件和设施不到位是阻碍他们获取所需信息的主要因素。

第八节　结语

通过对4000多位弱势群体（残疾人、老年人、少年儿童、农民、农民工和无就业人员）的问卷及访谈调查结果的总结分析，我们可得出以下结论。

（1）中国成年弱势群体呈现出受教育程度低和收入低的双低特征。

（2）弱势群体总体上有一定的信息意识，但是整体偏弱。对比四类群体的信息意识，由强及弱分别是残疾人，无就业人员，农民、农民工，老年人。对于少年儿童，其展现出较高的信息意识水平。需要注意的是，对于弱势群体（不含少年儿童）信息意识水平也呈现出两极分化，弱势群体中的一部分展现较强的信息意识而另一部分则十分弱。

（3）影响弱势群体信息意识的因素较为系统复杂。从宏观上看，受教育程度是最根本的因素。受教育程度提高，弱势群体更有机会获得好的职业，得到更高的经济收入报酬，从而有能力负担更多的信息通信设备。在这几个条件的共同作用下，弱势群体（不含少年儿童）的信息意识会相应提高。此外，弱势群体（不含少年儿童）在性别、年龄与婚姻方面呈现的结构性差异，其根本上也是受教育程度的影响。

（4）弱势群体信息意识的水平差异直接影响其对相关信息的了

解及获取。一方面，对于七大类 20 个小类的信息——社会救助类信息（灾害救助信息、农村特困户生活救助信息、农村"五保"供养政策信息、居民最低生活保障信息和城乡医疗救助信息）、就业类信息（职业技能培训和招聘用工信息）、教育类信息（与自己相关的教育信息和与子女相关的教育信息）、脱贫致富类信息（国家扶贫政策信息和科技兴农致富信息）、法律法规及维权类信息、文娱类和康复类信息，弱势群体（不含少年儿童）普遍不熟悉了解；另一方面，残疾人对这些信息的熟悉程度普遍高于无就业人员，无就业人员又高于农民、农民工，而农民、农民工又高于老年人。

（5）从信息需求的程度看，弱势群体（不含少年儿童）需求程度最强的信息是社会保障类信息和保险、救助类信息。残疾人、无就业人员、农民、农民工和老年人对这三方面展现出很好的一致性。这种信息需求反映出中国弱势群体（不含少年儿童）的生活困境，即缺乏稳定与安全感。对于其他的信息，四类弱势群体对其重要性的排序各不一致。对于少年儿童，其对学习、自然科学、兴趣爱好和娱乐休闲等相关信息的喜好程度都较强。需要注意的是，相比与学习相关的信息，少年儿童普遍更喜欢看电影、聊天、玩游戏和看小说。

（6）从信息渠道利用看，弱势群体（不含少年儿童）最常用的信息渠道主要为电视、手机和电脑网络。广播对于老年人和残疾人较为重要，但是对农民、农民工和无就业人员已失去重要性。报纸、期刊/杂志和图书信息渠道利用率最低。

（7）对于网络信息渠道的方面，约半数表示会利用网络。家里和单位成为其最主要的上网地点，四类弱势群体上网的目的主要有看新闻时事、交友、娱乐和查询需要的信息。搜索引擎和门户网站是四类弱势群体访问的主要网站，而政府网站、博客/微博、BBS论坛和购物网站的访问率较低。绝大部分弱势群体信息搜索方式较简单，主要采取"直接输入想要检索的内容"。此外，经济收入水平越高、文化程度越高、越年轻的弱势群体越喜欢利用互联网。

（8）对于政府信息公共渠道的利用，弱势群体（不含少年儿童）最熟知的是电视、报纸/杂志、信息公告栏和新闻发布会。对于其他渠道如政府网站、行政服务中心、信息服务热线、电子信息屏、图书档案馆和政府公报，仅少部分人（20%）知道。从其利用程度看，广播和电视是其获取政府信息相对频率较高的渠道，其次为报纸杂志。对于其他渠道，弱势群体（不含少年儿童）基本不用。

（9）相较其他类弱势群体，近八成少年儿童不仅利用电视和手机，而且还利用电脑网络接收信息。其次选择为传统的报纸、杂志和图书（有五成少年儿童）。对于广播，仅三成少年儿童会利用其获取信息。家里（63%）或学校（20%）是少年儿童上网主要地方。其上机查找信息的方式主要为搜索引擎。值得注意的是，有30%的儿童在网吧上过网，而且大多数少年儿童（65%）没有在家长的监护下上网。对于小部分少年儿童，其不上网的原因为父母不允许和家中没有电脑等上网设备。

（10）对于信息保障主体的了解及利用方面，四成到六成的弱势群体（不含少年儿童）离公共图书馆距离较远，超过半小时车程。总体上弱势群体去图书馆的比例都十分低。比如，以看书和借书为主要目的去图书馆的比例仅占20%—30%，其他则比例更低。看书和借书是其利用图书馆的主要目的。此外，弱势群体（不含少年儿童）并不熟知社区的各种信息公开渠道，包括社区信息公告栏、社区服务中心、办公室和上门通知。此外，其也不熟悉社区提供的信息服务项目如社区政务信息公开、便民信息查询和办事指南。

（11）对于少年儿童对公共图书馆的利用方面，大部少年儿童不知道附近有公共图书馆，且当有条件去时，有三成选择不会去图书馆。少年儿童去图书馆的主要目的是馆内阅读和借还图书。上网、上自习和参加图书馆活动并不吸引其去图书馆。

（12）弱势群体（不含少年儿童）自我认知的信息获取障碍是主要因素。其他因素包括信息服务人员服务质量不高、不了解所需信息在哪里、信息获取技能欠缺和信息获取渠道单一。收入水平不被认为是其信息获取的主要障碍。此外，老年人和残疾人还认为身体活动不便也是影响其信息获取的重要原因。少年儿童普遍感觉存在信息获取障碍，而且他们认为附近没有图书馆或学校图书馆不开放以及不能从附近或学校图书馆外借书籍是阻碍其信息获取的重要原因。

第三章　弱势群体公共信息服务权益保障状况

　　对弱势群体公共信息服务权益的保障，首先依靠的是相关法律制度，这是保障的基础；其次必须有相关保障主体的积极和有效作为，这是保障得以实现的条件。而在保障主体中，政府主体和公共信息服务机构主体扮演着主要角色，承担着主要的职责和义务。据此，本章将从三个方面来调查、分析和总结弱势群体的公共信息服务权益保障状况：一是弱势群体公共信息服务权益法律法规保障体系的建设状况；二是政府主体保障弱势群体公共信息服务权益状况；三是公共信息服务机构保障弱势群体公共信息服务权益状况。

　　对于第一方面，即法律规范建设状况的调查，主要是通过对中国已有相关法律规范的全面收集、分类整理和分析进行。对于第二方面，即政府主体的保障状况的调查，主要是通过网络（如对中国31个省、市、自治区和直辖市的各级政府网站政府信息公开状况等）调查和实地访谈方式来收集和获取数据。对于第三个方面，即公共信息服务机构的保障现状，主要以公共图书馆的保障现状为例，通过问卷调查方式来获取相关数据。

第一节　弱势群体公共信息服务权益法律法规保障体系的建设状况

　　要研究弱势群体公共信息服务权益保障的法律法规保障体系建

128

设现状，必须首先弄清一个问题，那就是关于某个领域的法律法规保障体系的构成要素。理论上说，作为一个完整的法律法规保障体系，不论其是关于什么领域、哪个方面的，都必须由宪法、法律法规、地方性法规及部门规章组成。

基于弱势群体的实际情况及其在公共信息服务权益保障上的特殊需求，从总体上看，中国已初步形成了有关弱势群体公共信息服务权益保障的法律保障体系。

一　相关法律法规建设现状

（一）总体情况

通过对相关法律法规，部委规章，政府规范性文件及地方性法规、规章、规范性文件的全面调查（见表3—1和表3—2），发现中国弱势群体公共信息服务权益保障方面的立法呈现如下特点：①从所保障群体看，针对各类群体的公共信息服务权益，都有相应立法。无论是针对所有公民（包括弱势群体）的相关综合性立法，还是专门针对弱势群体（如残疾人）的立法，都达到一定数量，而且后者的立法数量超过了前者。此外，涉及自然性弱势群体的立法数量超过涉及社会性弱势群体的立法，这与自然性弱势群众不仅需要类似于社会性弱势群体所需要的保障，还需要有消除其身体机能所带来障碍的保障有关。②从公共信息服务的各项子权益看，四项子权益都有相关法律规范涉及对其保护。其中，有关信息自由权的立法最受关注，立法数量最多，而这当中又以对老年人信息自由权的立法数量最靠前，有关信息安全权的立法数量最少。总之，从立法数量和立法的效力层次上看，相关立法已经具有一定规模。

表3—1　各类弱势群体公共信息服务权益保障各层次立法数量统计

适用群体	级别	数量	合计	适用群体	级别	数量	合计（个）
所有公民、法人、非法人组织及国家等	宪法、法律	4	37	老年人	宪法、法律	5	63
	行政法规及规范性文件	6			行政法规及规范文件	8	
	部委规章及部委规范性文件	6			部委规章及部委规范文件	6	
	地方性法律规范	21			地方性法律规范	44	
残疾人	宪法、法律	5	61	未成年人	宪法、法律	5	57
	行政法规及规范性文件	11			行政法规及规范文件	6	
	部委规章及部委规范性文件	10			部委规章及部委规范文件	9	
	地方性法律规范	35			地方性法律规范	37	
农民工/农民	宪法、法律	5	50	无就业人员/下岗职工	宪法、法律	5	46
	行政法规及规范性文件	8			行政法规及规范文件	7	
	部委规章及部委规范性文件	8			部委规章及部委规范文件	6	
	地方性法律规范	29			地方性法律规范	28	

注：表中适用所有公民、法人、非法人组织及国家等的立法数量统计中，未包含专门针对特定弱势群体的立法，但专门针对弱势群体的立法数量统计中，包含了适用于所有公民等的立法数量。

表 3—2　涉及弱势群体公共信息服务各项权益的立法数量统计　（个）

涉及或覆盖的权益类型	级别	数量	合计	适用群体					
				所有公民平等	农民、农民工	无就业人员	残疾人	老年人	少年儿童
信息平等权	宪法、法律	6	126	32	45	45	54	61	52
	行政法规及规范文件	12							
	部委规章及部委规范文件	12							
	地方性法律规范	96							
信息安全权	宪法、法律	3	68	29	29	29	29	51	46
	行政法规	3							
	部委规章及部委规范文件	9							
	地方性法律规范	59							
信息自由权	宪法、法律	6	127	33	46	46	56	62	53
	行政法规及规范文件	13							
	部委规章及部委规范文件	12							
	地方性法律规范	96							

续表

涉及或覆盖的权益类型	级别	数量	合计	适用群体					
				所有公民等	农民、农民工	无就业人员	残疾人	老年人	少年儿童
信息特殊保护权	宪法、法律	5	102	12	26	22	36	42	31
	行政法规及规范文件	11							
	部委规章及部委规范文件	10							
	地方性法律规范	76							
总计				102	146	142	175	216	182

注：表中"合计"一栏的数据，是所有在相关立法数量的总和。在"适用群体"一栏的第一项"所有公民等"的统计数据中，未包含专门针对弱势群体的相关立法，而其后针对各类弱势群体的相关立法数量中，却包含了该针对"所有公民等"的立法数据。

（二）宪法和法律层面

中国宪法从公民基本权利的视角规定了包括弱势群体在内的所有中国公民的信息自由权、信息平等权等公共信息服务权益。而《残疾人保障法》、《老年人权益保障法》、《未成年人保护法》、《就业促进法》、《社会保险法》等法律则又在一定范围和一定程度上涉及弱势群体公共信息服务权益及其保护问题，在一定程度上规定了国家或社会所应承担的职责和采取的措施等内容（见表3—3）。

（三）行政法规及规范性文件层面

从行政法规及中共中央、国务院制定或通过的规范性文件层面看，对弱势群体公共信息服务权益的保护，除了《政府信息公开条例》等一般性行政法规可以适用外，在针对特定类型弱势群体权益保障的专门性行政法规中，也有相关文件在一定程度和范围内涉及弱势群体的公共信息服务权益保护问题。比如，《中共中央、国务院关于促进残疾人事业发展的意见》、《中共中央、国务院关于加强老龄工作的决定》、《国务院办公厅关于进一步做好农民工培训工作的指导意见》等。这些行政法规及规范性文件都在一定范围和一定程度上涉及残疾人、老年人、农民工等弱势群体的公共信息服务权益、政府、社会的职责、措施等内容（见表3—4）。

（四）部委规章及规范性文件层面

从部委规章看，相关部委在自己的职责范围内、针对自己管理范围所制定或修订的相关规章，如《电信和互联网用户个人信息保护规定》、《网络游戏管理暂行办法》、《人力资源和社会保障事业发展"十二五"规划纲要》等，都在一定程度和范围内涉及弱势群体的公共信息服务权益保障问题。此外，相关部委专门针对弱势群体的权益保障制定的相应的部委规章及规范性文件，比如《〈残疾人法律救助"十一五"实施方案〉实施办法》、《网站设计无障碍技术要求》、《教育部等5部门关于加强义务教育阶段农村留守儿童关爱和教育工作的意见》、《文化部办公厅关于贯彻落实〈国务院关于解决农民工问题的若干意见〉的通知》等，也在一定程度

表3-3　弱势群体公共信息服务权益保障的法律法规建设情况——宪法与法律

名称	涉及或覆盖的权益类别	效力级别	颁布日期	适用范围	与弱势群体公共信息服务权益保障相关的主要内容
中华人民共和国宪法（修正）	信息平等权/信息自由权/信息特殊保护权	宪法	2004/3/14	所有公民等	公民在法律面前一律平等。平等权、知情权、信息获取权（如文化教育权）等是宪法赋予包括弱势群体在内的所有中国公民的基本权利
全国人民代表大会常务委员会关于维护互联网安全的决定	信息安全权	有关法律问题的决定	2009/8/27	所有公民等	保护通信自由和通信秘密；禁止传播信息，禁止利用网络进行盗窃、诈骗、敲诈勒索、侵犯他人知识产权等违法犯罪行为
中华人民共和国治安管理处罚法	信息安全权	法律	2005/8/28	所有公民等	保障计算机系统及其中存储和传播的信息不被任意删除、修改、增加、干扰；不制作、传播计算机病毒；禁止淫秽信息传播
就业促进法	信息平等权/信息自由权/信息特殊保护权	法律	2007/8/30	无就业人员、农民工等	弱势群体依法享有平等就业权利和就业机会。地方各级人民政府和有关部门设立公共就业服务机构，对无就业人员、职业供求、就业培训，失业人员提供政策咨询、职业指导和职业介绍等服务；鼓励各类培训机构、企业为农村劳动者提供技能培训
社会保险法	信息平等权/信息自由权/信息安全权	法律	2010/10/28	所有公民等	包括弱势群体在内的主体享有查询、咨询其社会信息的权利；社会保险经办机构应当及时、完整、准确地记录参加社会保险的个人信息及个人权益记录，并免费告知本人

续表

名称	涉及或覆盖的权益类别	效力级别	颁布日期	适用范围	与弱势群体公共信息服务权益保障相关的主要内容
中华人民共和国残疾人保障法（修订）	信息平等权/信息自由权/信息特殊保护权	法律	2008/4/24	残疾人	国家保障残疾人享有平等接受教育的权利，平等参与文化生活的权利；政府有关部门应立设公共服务机构，应为残疾人免费提供就业服务，对残疾人劳动就业政策和扶持保护措施；国家和社会应当采取优惠措施，逐步完善信息无障碍设施，推进信息交流无障碍等
中华人民共和国未成年人保护法（修订）	信息平等权/信息自由权/信息特殊保护权	法律	2012/10/26	未成年人	未成年人依法平等地享有生存权、发展权、受保护权、参与权，受教育权；父母或者其他监护人在做出与未成年人权益有关的决定时告知其本人；国家鼓励新闻、出版、信息产业、广播、电影、电视、文艺等单位创作或者提供有利于未成年人健康成长的作品；图书馆、科技馆、展览馆、博物馆、社区公益性上网服务设施免费或者优惠开放，保障未成年人健康采取措施，预防未成年人沉迷网络；国家采取措施营造未成年人健康绿色的信息环境；在司法活动中对需要法律援助或者司法救助的未成年人，法律援助机构或者人民法院应当给予帮助
中华人民共和国老年人权益保障法（修订）	信息平等权/信息自由权/信息特殊保护权	法律	2012/12/28	老年人	国家和社会应当采取措施，健全保障老年人权益的各项制度，开展适合老年人的群众性文化、体育、娱乐活动，丰富老年人的精神文化生活；国家机关、社会团体、企业事业组织应按照各自职责，做好老年人权益保障工作；老年人有继续受教育的权利；广播、电视、电影、报刊、网络等应当反映老年人的生活；老年人因其合法权益受侵害可以获得法律援助

135

表 3—4　弱势群体公共信息服务权益保障的法律法规建设情况——行政法规

名称	涉及或覆盖的权益类型	效力级别	颁布日期	适用范围	与弱势群体公共信息服务权益保障相关的主要内容
互联网上网服务营业场所管理条例	信息安全权	行政法规	2002/8/14	所有公民等	互联网营业场所应有健全、完善的信息网络安全管理制度和安全技术措施，禁止散布不健康信息；禁止非法人侵计算机系统或传播制作或破坏数据或程序等
政府信息公开条例	信息平等权/信息自由权	行政法规	2007/4/1	所有公民等	行政机关应当依法主动公开政府信息；信息公开应通过各种便于公众知晓的方式；各级人民政府应当在国家档案馆、公共图书馆设置政府信息查阅场所，并提供便利
国务院关于大力推进信息化发展和切实保障信息安全的若干意见	信息平等权/信息特殊保护权/信息自由权/信息安全权	规范性文件	2012/6/28	所有公民等	推进民生领域信息化，构建劳动就业、社会保障、社会救灾、社会救助、社会福利和慈善事业等社会服务体系信息化和信息共享；提高面向残疾人等特殊人群的信息服务能力；优先支持、通信服务农村和欠发达地区综合信息基础设施建设；推进公益性文化信息基础设施建设，开发精品资源，开发网络服务与信息安全保障水平，加强对少年儿童的信息、信息安全和网络道德教育

续表

名称	涉及或覆盖的权益类型	效力级别	颁布日期	适用范围	与弱势群体公共信息服务权益保障相关的主要内容
国家基本公共服务体系"十二五"规划	信息平等权/信息特殊保护权/信息自由权	规范性文件	2012/7/11	所有公民等	向全民免费开放基层公共文化、体育设施;逐步扩大公共信息服务机构等的免费开放范围;政府免费为失业人员、农民工、残疾人等提供就业信息,就业政策咨询、职业指导,就业援助等信息服务;为农村居民免费提供公益性文化服务,如农家书屋、公共阅报栏(屏)等;助盲文出版物,提供盲人阅读、聋人手语及影视字幕;对未成年人、老年人、现役军人、残疾人和低收入人群,减免部分门票收费
信息网络传播权保护条例(2013修订)	信息特殊保护权/信息自由权	行政法规	2013/1/30	所有公民等	图书馆、档案馆、纪念馆、博物馆、美术馆等可在特定条件下合理使用版权作者免费向农村地区人员提供的扶贫和基本文化需求等信息,应公示30日,在此期间同版权有人无异议的,可提供,但应支付适当报酬
国务院办公厅关于进一步加强政府信息公开回应社会关切提升政府公信力的意见	信息平等权/信息自由权	规范性文件	2013/10/1	所有公民等	政府网站信息公开应及时调整和更新网上服务;整合公共信息资源和各类数据,方便公众查询;建设基于新媒体的信息发布和与公众互动交流渠道
国务院办公厅转发劳动部关于实施再就业工程报告的通知	信息平等权/信息特殊保护权/信息自由权	规范性文件	1995/4/16	无就业人员	利用各种就业服务设施和培训,安置基地,提供职业指导

续表

名称	涉及或覆盖的权益类型	效力级别	颁布日期	适用范围	与弱势群体公共信息服务权益保障相关的主要内容
中国老龄事业发展"十二五"规划	信息平等权/信息特殊保护权/信息自由权	规范性文件	2011/2/11	老年人	通过制度、物质、文化、组织、精神等方面的努力，使空巢老人各项权益得到更好保护
中共中央国务院关于加强老龄工作的决定	信息平等权/信息自由权/信息特殊保护权	规范性文件	2000/8/19	老年人	建立和完善老年社会保障制度和社会互助制度；逐步建立比较完善的老年服务体系，提高老年人的物质和精神文化生活水平
国务院办公厅关于进一步做好农民工培训工作的指导意见	信息平等权/信息自由权/信息特殊保护权	规范性文件	2010/1/21	农民工	加强就业服务信息网络建设，建立农民工培训信息平台；为农民工培训管理和服务提供准确、及时的信息
中共中央、国务院关于进一步促进残疾人事业发展的意见	信息平等权/信息自由权/信息特殊保护权	规范性文件	2008/3/28	残疾人	推进信息交流无障碍，公共机构提供无障碍服务，鼓励支持残疾人服务领域科技的研究、引进、应用和创新；扶持残疾人辅助技术辅助器具研发生产推广
中国残疾人事业"十二五"发展纲要	信息平等权/信息自由权/信息特殊保护权	规范性文件	2011/6/9	残疾人	将信息无障碍纳入信息化规划；制定实施无障碍建设条例，依法开展无障碍建设，推进信息无障碍技术标准、产品应用；公共场所、公共服务行业、公共交通工具、通信平台和食品药品说明的信息无障碍；推进政务信息、通信工具、通信平台和食品药品说明的信息无障碍；推进图书和声像资源数字化无障碍

续表

名称	涉及或覆盖的权益类型	效力级别	颁布日期	适用范围	与弱势群体公共信息服务权益保障相关的主要内容
农村残疾人扶贫开发纲要（2011/2020年）	信息平等权/信息自由权/信息特殊保护权	规范性文件	2012/1/3	残疾人/农民	推进基本公共信息服务均等化，提高农村残疾人综合素质和生产生活能力；优先对残疾人开展多样化、多层次、灵活性培训和文化学习和公共文化体育活动
无障碍环境建设条例	信息平等权/信息自由权/信息特殊保护权	规范性文件	2012/8/1	残疾人	发展无障碍设施改造；保证残疾人信息服务权益的平等性；政府应为残疾人提供适合的信息交流方式，影视节目配备字幕，并定期播放配手语的新闻节目；公共信息服务机构，公共活动如公共图书馆等场所应为残疾人提供适合信息交流服务手段、方式、渠道

和范围内涉及相应类型弱势群体的公共信息服务权益保障问题（见表3—5）。

（五）地方性法律、法规、规章及规范性文件层面

调查结果显示，各个省、市人大都制定了信息化和政府信息公开等方面的条例、办法等文件，从制度上确保了包括弱势群体在内的公民的信息权益。此外，各省、市人大针对全国人大、国务院颁布的专门保障特定类型弱势群体权益方面的法律法规，结合本省实际制定了相应的实施办法和措施。比如，针对农民工权益保障问题，山西、河北、辽宁制定了相关条例、规范性文件，其主要内容涉及就业信息服务、职业培训、法律信息服务、信息网络建设等方面，并对保障主体的职责进行明确规定。又如，在残疾人权益保障方面，四川、河南、陕西等出台了《中华人民共和国残疾人保障法》的具体实施办法，明确了相应保障主体的具体职责等（见表3—6）。

总的来看，地方立法层面呈现出如下特点：一是关于残疾人权益保障的立法较多、较全面，且呈不断发展态势。各省结合国家法律、法规和有关部委规章制定了本省残疾人权益保障实施办法、残疾人事业发展规划、残疾人就业促进办法等。这些地方立法对残疾人公共信息服务、信息无障碍建设都有较为详细的规定。二是关于农民工权益保护的地方性法规、规章的出台集中在2000年后，并且当前农民工的权益保障问题仍是各地方政府关注的焦点之一。三是对未成年人和老年人权益的保障，多省先后制定、修订了老年人和未成年人权益保障的条例或办法，在老年人的文化、娱乐、教育信息服务、法律信息保障和未成年人的绿色信息环境构建等方面进行了具体规定。四是对于无就业人员或下岗职工这一群体，地方性立法较少，层次低，主要以省政府的一些办法、政策、通知文件为主，且主要集中在20世纪90年代和21世纪初期，对该群体公共信息服务权益保障的相应规定也涉及不多。

表3—5 弱势群体公共信息服务权益保障法律法规建设情况——部委规章、部委规范性文件

名称	涉及或覆盖的权益类别	效力级别	颁布日期	适用范围	与弱势群体公共信息服务权益保障相关的主要内容
网络游戏管理暂行办法	信息安全权	部委规章	2010/6/3	所有公民等	网络游戏应制定用户指引和警示说明，针对未成年人的网游内容必须积极健康
文化部、财政部关于推进全国美术馆、公共图书馆、文化馆（站）免费开放工作的意见	信息平等权/信息自由权	规范性文件	2011/1/26	所有公民等	全国美术馆、公共图书馆、文化馆免费开放的意义、指导思想、工作原则和主要目标、基本内容和实施步骤、具体举措、保障机制等
财政部关于加强美术馆、公共图书馆、文化馆（站）免费开放经费保障工作的通知	信息平等权/信息自由权	规范性文件	2011/3/17	所有公民等	中央和地方经费保障分担原则和补助标准，2011年中央专项资金申报要求等
人力资源和社会保障事业发展"十二五"规划纲要	信息平等权/信息自由权/信息特殊保护权	规范性文件	2011/6/28	所有公民等	建立覆盖全国的就业信息监测制度和就业状况、政策服务等信息的共享平台。改善农民工公共服务，促进农民工融入城市，推动解决农民工在就业、培训、社会保障、住房、医疗、子女教育、文化生活、各权益保护等方面平等享受基本公共服务

续表

名称	涉及或覆盖的权益类别	效力级别	颁布日期	适用范围	与弱势群体公共信息服务权益保障相关的主要内容
司法部关于进一步推进法律援助工作的意见	信息平等权/信息自由权/信息特殊保护权	规范性文件	2013/4/25	所有公民等	重点做好农民工、下岗失业人员、妇女、未成年人、残疾人等困难群众法律援助工作。面向公众免费提供多种形式的法律咨询和法律教育服务，引导群众依法表达合理诉求。扩大法律援助对象和内容的覆盖面
电信和互联网用户个人信息保护规定	信息安全	部委规章	2013/6/28	所有公民等	工信部为个人信息保护监督单位。收集、使用用户个人信息，应当遵循合法、正当、必要的原则。不得非法利用用户个人信息。保护个人隐私，建立信息安全审查制度等
最高人民法院、最高人民检察院、公安部、司法部等9个部门关于印发《残疾人法律援助"十一五"实施方案》实施办法》的通知	信息平等权/信息自由权/信息特殊保护权	规范性文件	2008/2/19	残疾人	各级人民法院、人民检察院、公安、司法行政、民政、劳动保障、教育、卫生、残联应当推进信息无障碍工作，对于便于残疾人的各种方便方式的公开、程序等保障残疾人信息知情权、获取权、利用权
信息产业部：网站设计无障碍技术要求	信息自由权/信息特殊保护权	部委规章	2008/3/13	残疾人	网页内容的可感知要求、接口组件的可操作要求、内容和控制的可理解要求、内容对技术的可持续支持能力要求等

续表

名称	涉及或覆盖的权益类别	效力级别	颁布日期	适用范围	与弱势群体公共信息服务权益保障相关的主要内容
《智力残疾康复"十二五"实施方案》实施办法	信息平等权/信息自由权/信息特殊保护权	规范性文件	2012/3/14	残疾人	充分利用各种媒体渠道，社区组织开展残疾预防和康复宣传活动，建立残疾预防、康复宣传栏，预防和减少残疾的发生
国务院残疾人工作委员会、中央宣传部、民政部、工信部、文化部等13个部门关于开展第二十二次全国助残日活动的通知	信息平等权/信息自由权/信息特殊保护权	规范性文件	2012/4/12	残疾人	各级文化部门要推动各类各级公共文化场所免费或低惠向残疾人开放，组织残疾人参与文化信息活动
文化部、国家发展改革委、教育部、科技部、民政部、财政部等12个部门关于公益性文化设施向未成年人免费开放的实施意见	信息平等权/信息自由权/信息特殊保护权	规范性文件	2004/10/13	未成年人	享受国家财政支持的各级各类公共信息服务机构（如博物馆、展览馆、美术馆、科技馆、公共图书馆、学校图书馆、文化馆、青少年宫、儿童活动中心等）向未成年人免费或低惠开放

143

续表

名称	涉及或覆盖的权益类别	效力级别	颁布日期	适用范围	与弱势群体公共信息服务权益保障相关的主要内容
教育部等5部门关于加强农村留守儿童关爱和教育工作的意见	信息平等权/信息自由权/信息特殊保护权	规范性文件	2013/1/4	未成年人	提高留守儿童教育水平；加强留守儿童心理健康教育，法制安全教育；加强家校联动组织工作；政府、社会逐步构建社会关爱服务机制
未成年人网络游戏监护综合防治工程工作方案	信息平等权/信息安全权	规范性文件	2013/2/5	未成年人	文化行政部门、新闻出版行政部门在各自职权范围内，切实履行好网络游戏监管职责，发挥学校、社区、文化馆、图书馆等公益性上网场所服务功能，为未成年人提供健康氛围和绿色上网环境
文化部办公厅关于贯彻落实《国务院关于解决农民工问题的若干意见》的通知	信息平等权/信息自由权/信息特殊保护权	规范性文件	2006/8/1	农民	各级文化行政部门充分利用公益性文化设施为农民工提供信息服务，城市公共文化设施进一步向广大农民工开放，逐步完善社区文化设施建设，充分利用全国文化信息资源共享工程为农民工提供文化信息服务
教育部、全国妇联关于做好农村妇女职业教育和技能培训工作的意见	信息平等权/信息自由权/信息特殊保护权	规范性文件	2010/1/20	农民	地方各级教育行政部门和妇联组织开展多层次、多渠道、多形式的农村妇女职业教育和科技培训，搭建文教农政策、农业科技知识、农民致富等信息资源共享平台

表3—6 弱势群体公共信息服务权益法律法规建设情况——
地方性法规、规章、规范性文件

名称	效力级别	颁布日期	适用范围
四川省《中华人民共和国残疾人保障法》实施办法（修订）	地方性法规	2012/9/01	残疾人
广东省实施《中华人民共和国残疾人保障法》办法（2010修订）	地方性法规	2010/6/2	残疾人
福建省实施《中华人民共和国残疾人保障法》办法	地方性法规	2011/12/2	残疾人
浙江省残疾人保障条例	地方性法规	2009/11/27	残疾人
北京市实施《中华人民共和国残疾人保障法》办法（2011修订）	地方性法规	2011/11/18	残疾人
安徽省残疾人保障条例	地方性法规	2011/12/28	残疾人
湖北省实施《中华人民共和国残疾人保障法》办法	地方性法规	2012/7/27	残疾人
上海市实施《中华人民共和国残疾人保障法》办法	地方性法规	2013/11/21	残疾人
河北省老年人保护条例	地方性法规	1988/11/24	老年人
河南省老年人保护条例	地方性法规	1990/2/17	老年人
贵州省老年人保护条例	地方性法规	1990/5/12	老年人
北京市老年人权益保障条例	地方性法规	1995/9/22	老年人
陕西省实施《中华人民共和国老年人权益保障法》办法	地方性法规	1998/12/18	老年人
湖北省实施《中华人民共和国老年人权益保障法》办法	地方性法规	1999/7/30	老年人
重庆市实施《中华人民共和国老年人权益保障法》办法	地方性法规	2001/7/20	老年人
青海省老年人权益保障条例	地方性法规	2002/1/11	老年人
山西省实施《中华人民共和国老年人权益保障法》办法	地方性法规	2003/5/22	老年人

续表

名称	效力级别	颁布日期	适用范围
广东省老年人权益保障条例	地方性法规	2005/5/26	老年人
海南省实施《中华人民共和国老年人权益保障法》若干规定	地方性法规	2006/12/23	老年人
辽宁省老年人权益保障条例	地方性法规	2008/8/4	老年人
江苏省老年人权益保障条例	地方性法规	2011/1/21	老年人
四川省未成年人保护条例	地方性法规	1990/9/5	未成年人
天津市未成年人保护条例	地方性法规	2007/11/15	未成年人
江苏省未成年人保护条例	地方性法规	2009/1/18	未成年人
新疆维吾尔自治区未成年人保护条例	地方性法规	2009/9/25	未成年人
安徽省未成年人保护条例	地方性法规	2009/10/23	未成年人
贵州省未成年人保护条例	地方性法规	2010/7/28	未成年人
河南省未成年人保护条例	地方性法规	2010/12/3	未成年人
上海市未成年人保护条例（2014修订）	地方性法规	2013/12/27	未成年人
天津市信息化促进条例	地方性法规	2007/9/12	该文件所适用主体
山东省信息化促进条例	地方性法规	2007/11/23	该文件所适用主体
河南省信息化条例	地方性法规	2008/6/6	该文件所适用主体
新疆维吾尔自治区信息化促进条例	地方性法规	2009/9/25	该文件所适用主体
浙江省信息化促进条例	地方性法规	2010/7/30	该文件所适用主体
江苏省信息化条例	地方性法规	2011/9/23	该文件所适用主体
湖南省信息化条例（2012修订）	地方性法规	2012/5/23	该文件所适用主体
山西省信息化促进条例	地方性法规	2013/8/1	该文件所适用主体
山西省农民工权益保护条例	地方性法规	2007/6/1	农民工
辽宁省计算机信息系统安全管理条例	地方性法规	2013/9/27	该文件所适用主体
河南省进城务工人员权益保护条例	地方性法规	2007/12/3	农民工

续表

名称	效力级别	颁布日期	适用范围
天津市残疾人保障条例	地方性法规	2012/2/22	残疾人
江苏省残疾人保障条例	地方性法规	2012/11/29	残疾人
贵州省残疾人保障条例	地方性法规	2014/5/17	残疾人
云南省残疾人就业规定	地方性法规	2014/10/1	残疾人
四川省老年人合法权益保护条例	地方性法规	1989/3/10	老年人
青海省保护老年人合法权益暂行条例	地方性法规	1990/6/28	老年人
黑龙江省实施《中华人民共和国老年人权益保障法》条例	地方性法规	1997/10/20	老年人
新疆维吾尔自治区保护老年人合法权益条例	地方性法规	1999/5/31	老年人
山东省老年人权益保障条例	地方性法规	1999/12/16	老年人
安徽省实施《中华人民共和国老年人权益保障法》办法	地方性法规	2001/7/28	老年人
天津市老年人教育条例	地方性法规	2002/7/18	老年人
内蒙古自治区实施《中华人民共和国老年人权益保障法》办法	地方性法规	2003/7/25	老年人
西藏自治区实施《中华人民共和国老年人权益保障法》办法	地方性法规	2005/9/28	老年人
云南省老年人权益保障条例（2007修订）	地方性法规	2007/3/30	老年人
上海市老年人权益保障条例	地方性法规	2010/9/17	老年人
宁夏回族自治区老年人权益保障条例	地方性法规	2011/12/1	老年人
上海市妇女儿童保护条例	地方性法规	1990/2/15	未成年人
内蒙古自治区妇女儿童保护条例	地方性法规	1991/12/24	未成年人
广东省未成年人保护条例	地方性法规	2008/11/28	未成年人

续表

名称	效力级别	颁布日期	适用范围
山西省未成年人保护条例	地方性法规	2009/6/4	未成年人
黑龙江省未成年人保护条例	地方性法规	2009/10/1	未成年人
重庆市未成年人保护条例	地方性法规	2010/7/23	未成年人
陕西省未成年人保护办法	地方性法规	2010/10/29	未成年人
青海省未成年人保护条例	地方性法规	2012/7/27	未成年人
湖南省信息化条例	地方性法规	2004/7/30	该文件所适用主体
北京市信息化促进条例	地方性法规	2007/9/14	该文件所适用主体
云南省信息化促进条例	地方性法规	2008/3/28	该文件所适用主体
湖北省信息化条例	地方性法规	2009/7/21	该文件所适用主体
贵州省信息化条例	地方性法规	2010/3/30	该文件所适用主体
吉林省信息化促进条例	地方性法规	2011/3/30	该文件所适用主体
陕西省公共信用信息条例	地方性法规	2011/11/21	该文件所适用主体
河北省信息化条例	地方性法规	2012/9/26	该文件所适用主体
海南省信息化条例	地方性法规	2013/9/25	该文件所适用主体
广西壮族自治区保护老年人合法权益的规定	地方政府规章	1990/3/9	老年人
重庆市进城务工农民权益保护和服务管理办法	地方政府规章	2005/9/9	农民工
江苏省农民工权益保护办法	地方政府规章	2008/5/1	农民工
辽宁省农民工权益保护规定	地方政府规章	2009/4/19	农民工
重庆市进城务工农民权益保护和服务管理办法	地方政府规章	2005/9/9	农民工
四川省"十一五"残疾人事业发展规划（2006年/2010年）	规范性文件	2006/6/6	残疾人
海南省国有企业下岗职工基本生活保障和促进再就业若干政策规定	规范性文件	1999/11/1	下岗职工/无就业人员
云南省农民工权益保障办法	规范性文件	2008/5/4	农民工
河北省农民工权益保障办法	规范性文件	2009/1/16	农民工

续表

名称	效力级别	颁布日期	适用范围
吉林省人民政府关于贯彻落实《中共中央、国务院关于进一步做好下岗失业人员再就业工作的通知》的实施意见	规范性文件	2002/11/9	下岗职工/无就业人员
河南省人民政府关于进一步完善和落实下岗失业人员再就业扶持政策的若干意见	规范性文件	2003/9/9	下岗职工/无就业人员
四川省贯彻〈中华人民共和国政府信息公开条例〉实施办法的通知（试行）	规范性文件	2008/8/25	该文件所适用主体
四川省国民经济和社会发展第十二个五年规划纲要（2011—2015 年）	规范性文件	2011/1/24	该文件所适用主体
石家庄市人民政府关于国有企业下岗职工基本生活保障和再就业若干政策的通知（市政〔1998〕95 号）	规范性文件	1998/7/3	下岗职工/无就业人员
山东省残疾人"整体赶平均、共同奔小康"行动方案（2014/2017 年）	规范性文件	2014/9/30	残疾人
四川省文化厅关于加快推进全省公共图书馆政府信息公开工作的通知	规范性文件	2010/11/9	该文件所适用主体
关于印发辽宁省国有企业下岗职工基本生活保障向失业保险并轨实施意见的通知	规范性文件	2001/7/6	下岗职工/无就业人员
四川省人民政府办公厅关于推动国有企业下岗职工基本生活保障向失业保险并轨及促进再就业有关问题的通知	规范性文件	2001/10/11	下岗职工/无就业人员
江西省人民政府贯彻国务院关于进一步加强就业再就业工作通知的意见	规范性文件	2005/12/5	下岗职工/无就业人员
重庆市人民政府关于进一步做好促进就业工作的通知（渝府发〔2008〕96 号）	规范性文件	2008/9/10	农民工

二 相关法律法规建设存在的问题及其弊端分析

中国弱势群体公共信息服务权益保障法律法规的建设从 20 世纪 80 年代延续至今，经历了一个漫长的过程。其中，绝大多数立法都产生于 21 世纪。自 2005 年以后，立法状况更是得到不断改善，尤其是 2011 年《文化部、财政部关于推进全国美术馆公共图书馆文化馆（站）免费开放工作的意见》的颁布与实施，使弱势群体的公共信息服务权益保障在法律法规建设层面上向前迈进了实质性的、重要的一步。这与中国社会经济文化状况的不断发展有着密切关系。但综合分析，中国弱势群体公共信息服务权益保障法律法规建设还存在如下问题。

（一）立法缺失问题

虽然涉及弱势群体公共信息服务权益保障的立法数量不少，但实际上直接相关的、有实际效力的并不多。从这个层面上说，有关弱势群体公共信息服务权益的立法实际上数量不足，从而不能全面、有效保障弱势群体的公共信息服务权益。

首先，没有针对弱势群体公共信息服务权益的单独立法。从对各个级别的法律法规、规章、办法的调研情况看，并没有一部针对弱势群体公共信息服务权益保障的专门立法，相关法律规定分散在各层级、各群体的相关立法中。比如，对残疾人公共信息服务权益保障问题，虽然可以援引《残疾人保障法》、地方的残疾人保障条例、《无障碍环境建设条例》、《政府信息公开条例》、《信息网络传播权保护条例》等诸多法律法规，但这些法律法规实际上都仅从特定视角部分涉及其中某项权益的有限保护问题。这就意味着，似乎可援引的法律法规很多，但并不能达到对其合法权益进行有效保障的目的。比如，《信息网络传播权保护条例》似乎涉及免费向农村地区人员提供扶贫和满足其基本文化需求等信息方面的内容，但实际上该条款的目的是保护版权持有人的著作权，而非要求相关人员通过网络向农村地区提供这些信息。

其次，没有针对弱势群体公共信息服务各子权益的单独立法。

对弱势群体的信息平等权、信息安全权、信息自由权和信息特殊保护权都没有专门立法。比如，信息平等权是宪法中有关公民平等权的隐含权，而对信息自由权的保障则需要依据《政府信息公开条例》、《残疾人保障法》、《未成年人保护法》、《老年人权益保障法》等多项立法的相关规定；对信息特殊保护权的保障则分散在《残疾人保障法》、《未成年人保护法》、《老年人权益保障法》、《国家公共服务体系"十二五"规划》、《国务院关于做好促进就业工作的通知》、《司法部关于进一步推进法律援助工作的意见》等法律、法规、规章及规范性文件中。但是，由于这些法律规范对具体权益的规定仅是部分和一定程度涉及，故其弊端也是显而易见的，在具体司法实践中可能会无法可依。

（二）立法失衡问题

调查发现，现有各级立法对弱势群体公共信息服务权益（包括信息平等权、信息安全权、信息自由权、信息特殊保护权）的覆盖程度有限，相关立法存在结构性失衡问题。

首先，不同效力层次的立法失衡。在法律层面上，有保护未成年人、老年人、残疾人等合法权益的专门立法，但却没有专门针对农民工、无就业人员等合法权益的专门立法。在行政法规和部委规章层面则缺失针对特定类型弱势群体（如老年人、未成年人和无就业人员）的专门性规定，而针对弱势群体的地方性立法数量就更为不足。

其次，针对不同类型弱势群体的立法失衡。针对老年人的立法数量最多，而针对无就业人员及农民、农民工的立法数量最少。在立法层次的全面性上，针对残疾人的立法相较要强于其他几类群体。无论是哪种层次的立法，针对残疾人都有专门的立法，而其他几类群体有些层次的立法还存在缺失、不到位的情况。总的来看，无论是在立法数量、立法层次上，还是立法的全面性上，对无就业人员及农民、农民工的专门性立法都最为有限。

再次，针对公共信息服务权益各子权益的立法失衡。这种立法上的失衡体现在两个方面：一是不同公共信息服务子权益（即信息平等权、信息安全权、信息自由权和信息特殊保护权）之间相比较而言存在的失衡；二是各子权益自身在立法上的失衡。

从第一方面看，总体上涉及信息自由权的立法数量最多，而涉及信息安全权的立法数量相对最少。同时，在有关信息安全权的立法中，部委规章级立法数量多于行政法规，而其他几项权益则刚好相反。这与信息安全权涉及信息安全技术，属于相关部委的职责范围有关。

从第二方面看，各项公共信息服务权益的建设均有失衡情况。明确地说，对每一项权益的保障，几乎没有任何一部法律规范对该权益的内容、要求、相关保障主体及其法律义务、法律责任等进行全面规定，而仅部分提及其中的某一部分内容。

中国《宪法》规定："公民在法律面前一律平等"，弱势群体的信息平等权由此引申而来。然而在其他法律规范中，除了《残疾人保护法》和《未成年人保护法》的相关条款中隐含式地规定了这两类群体的信息平等权外，其他法律规范中均未涉及这一权利。虽然在对涉及该权利的立法数量统计中，本书将涉及信息自由权和信息特殊保护权的立法也视为隐含了信息平等权（见表3—2），然而这种理论上推导出的结论，在实践中的可操作性并不强。

虽然信息安全问题在各级立法中都有所覆盖，如《全国人民代表大会常务委员会关于维护互联网安全的决定》、《中华人民共和国未成年人保护法》、《计算机信息网络国际联网安全保护管理办法》、《国务院关于大力推进信息化发展和切实保障信息安全的若干意见》、《辽宁省计算机信息系统安全管理条例》等，但是，除了针对未成年人、残疾人和老年人的信息安全权保护在相关立法中有较为明确的提及外，专门针对农民、农民工、下岗职工、无就业人员的信息安全权保护问题却是现有立法的空白。此外，对信息安全权的相关规定，仅涉及信息本身的安全性问题，未涉及弱势群体信息获取过程中的安全问题。如有关未成年人的信息安全权在相关立法（如《未成年人保护法》）中仅提及要保障未成年人有健康绿色的信息环境等内容。

信息自由权也是宪法中的隐含权利，在已有法律规范中，相较于其他三项信息权益，信息自由权是涉及最多的一项权利，然而，依然存在权利保护不足的情况。比如，《公共图书馆法》等至今尚未出台，使公共图书馆等公共信息服务机构应承担的保障义务缺失法律层面上的规定，从而导致该类保障主体忽略对弱势群体应承担的服务义务现象的发生。[①] 而已有保障此类权益的其他法律规范在保障弱势群体公共信息服务权益方面的规定也很欠缺。如《政府信息公开条例》作为针对政府信息公开的专门性行政法规，却在政府信息公开的渠道、政府信息获取方式上未针对弱势群体的特殊情况进行专门规定，从而导致政府信息公开渠道与弱势群体的常用信息获取渠道不匹配、许多政府网站的政府信息无障碍公开情况不达标，不能有效保障弱势群体的信息自由权现象的发生。[②] 虽然《无障碍环境建设条例》、《残疾人法律救助"十一五"实施方案》、《文化部办公厅关于贯彻落实〈国务院关于解决农民工问题的若干意见〉的通知》、《文化部、国家发展改革委、教育部、科技部、民政部、财政部等 12 个部门关于公益性文化设施向未成年人免费开放的实施意见》这类法律规范的制定从某些方面保护了部分弱势群体的信息自由权，但并不完善，如对残疾人、老年人使用电信设备和服务等方面的相应规定还不到位。此外，下岗职工、无就业人员信息自由权保障仅在《就业促进法》等一些促进就业的政策、法规中有所涉及，而在其他法律规范中几乎还是空白。

信息特殊保护权是基于弱势群体的弱势特征而衍生出的一种权利，《司法部关于进一步推进法律援助工作的意见》、《最高人民法院关于对经济确有困难的当事人提供司法救助的规定》、《未成年人保护法》、《老年人权益保障法》、《残疾人法律救助"十一五"

---

① 详见本书第三章第三节。
② 同上。

实施方案》、地方性的农民工权益保护条例和办法等覆盖了农民工、未成年人、残疾人、无就业人员和老年人的法律援助和司法救助权利，但相关规定在弱势群体的信息援助与救济方面的规定却仅仅是部分涉及，而且缺乏具体实施方案和操作细则，因而在具体司法实践中的作用有限。

（三）立法多头分散问题

目前弱势群体公共信息服务权益保障立法属于分散、多头立法，并未形成一套专门的弱势群体公共信息服务权益保障的法律体系。

首先，相关立法分散且重复。如上所述，针对不同类型弱势群体、不同信息服务权益的立法分散在不同效力层次和不同类型的法律规范中。可以说，分散立法是弱势群体公共信息服务权益的立法特点。而这种分散立法不仅容易造成立法失衡、立法缺失的问题，也容易造成立法内容的重复。这是因为弱势群体公共信息服务权益保障涉及领域广、部门多，因此国家大多数部委、最高人民法院、最高人民检察院、残联、老龄委等部门都有一定程度的参与。但由于缺乏有效的协调，相关法律规范的制定出现各自为政、相关立法内容交叉重复、下位法对上位法简单复制居多、能动创新作用不足等问题。比如，禁止传播淫秽、色情、赌博、暴力、凶杀、恐怖等不安全信息几乎成为不同级别、不同种类相关法律、法规和规章的主要立法内容。而有些省份对这方面内容的规定，可以说基本上是对《刑法》的复制。这种立法内容的低水平重复，说明相关立法并未从各个立法主体应有职责去深度思考和设计应有的立法地位、立法内容和协同作用，从而造成立法资源浪费。

其次，相关立法缺乏系统性。最为突出的表现是，相关法律规范存在对法律义务和法律责任、侵权责任形式的规定不配套、不对等的问题，也就是说，仅有法律义务方面的规定，而欠缺相应法律责任及责任形式的规定。例如，《四川省公共图书馆条例》第16条规定："公共图书馆应当设置少年儿童分馆或者少年儿童阅览室（区），有条件的公共图书馆应当设置残疾人阅览室（区）或者阅览专座。少数民族地区公共图书馆应当设置民族文献分馆或者民族文献阅览室。"第28条规定："公共图书馆应当依托文化信息资源共享工程、数字图书馆、公共电子阅览室等，利用数字化、网络化和多媒体等技术，向读者提供远程查询、阅读等现代信息服务。"这些条款都使用"应当"来明确公共图书馆应承担的义务，但后面并没有相应的法律责任条款来配套，加之"有条件的"这种规定模式可能导致未设置残疾人阅览室（区）或者阅览专座的公共图书馆都可因为"不具备条件"而免责。此外，对相关权益内容的规定也不系统全面。比如，对信息安全权，相关立法内容主要包括保护个人的隐私权、知识产权、信息网络环境的安全等，而对弱势群体知悉、获取信息方式的安全等现有立法没有涵盖。对知情权，相关立法主要从政务信息公开的角度来间接保护弱势群体的政务知情权，而对弱势群体的社会信息知情权保障，却缺乏相关法律法规依据。这种立法模式的弊端在于，容易造成各义务主体在保障实践中的各自为政、缺乏统筹等问题，加之相关立法主要以一般的、宣示性的或倡导性的规定居多，没有指出不作为的法律后果，进而会直接影响法律法规的执行效果。

（四）立法内容抽象、模糊问题

首先，对弱势群体公共信息服务权益及其包含的四项子权益（信息平等权、信息安全权、信息自由权、信息特殊保护权），在现有立法体系中没有进行明确界定。虽然相关法律规范已经在一定程度和范围内涉及信息平等权、信息安全权、信息自由权、信息特殊保护权的保护问题，比如，《政府信息公开条例》第一条提出"为了保障公民、法人和其他组织依法获取政府信息……制定本条例"，又如《教育部、全国妇联关于做好农村妇女职业教育和技能培训工作的意见》、《国家基本公共服务体系"十二五"规划》等规章中提出搭建信息共享平台、打造信息无障碍环境、为困难人员提供就业援助信息服务等举措，但是，这种隐含式的规定在司法实践中却容易引起仁者见仁、智者见智的结果，造成执行的偏差。

其次，相关法律规范对保障主体及其职责、义务等的规定存在过于笼统、不明确的问题。就拿《四川省老年人合法权益保护条例》来说，该条例规定"发展老年人文化、教育体育事业"、"文化、娱乐、公园、体育场所应为老年人开展文体活动提供方便和优惠服务"，但具体由谁来履行、怎样发展、如何提供方便和优惠服务则没有详细的阐述，从而易导致保障义务无人履行等现象的发生。又如，《残疾人保障法》作为以保障残疾人合法权益为宗旨的基本法，在对政府主体的保障义务的规定中，仅有要求其在帮助残疾人获取公共信息上"采取措施"、"提供便利"等类似的极为抽象、简单的宣示性规定。① 法律本来是要对相关主体的行为进行规范，以维持社会各领域的正常秩序，但如果对相关主体权利义务的规定模糊不清，那么便很难达到规范其行为的目的。

三 小结

中国已初步形成了有关弱势群体公共信息服务权益保障的法律法规保障体系，针对各类弱势群体的各项公共信息服务权益都有相应立法。总之，从立法数量和立法的效力层次上看，相关立法已经具有一定规模。

然而，相关立法尚存在缺失、失衡、多头分散、重复、抽象和模糊等问题。这些问题的存在使相关义务主体不清、职责不明、法律责任不全，使司法实践开展困难，从而严重阻碍了该法律法规保障体系作用的发挥，使弱势群体的公共信息服务权益较难得到有效保障。

---

① 赵媛等：《我国信息无障碍建设法律法规保障体系研究》，《图书馆论坛》2011 年第 6 期。

第二节　政府主体保障弱势群体公共信息服务权益现状

如果说公共信息是公民实现法律赋予的知情权、信息获取权、信息利用权等信息自由权及信息平等权的基础，那么公共信息的公开则是公民信息自由权、信息平等权等权益得以实现的条件。而政府信息正是公共信息的构成主体，因此政府就是最大的公共信息产生主体、维护主体与服务主体，政府信息的公开及服务状况在很大程度上就决定着政府保障弱势群体公共信息服务权益的状况。

根据《政府信息公开条例》，政府信息的公开方式包括"政府网站、政府公报、新闻发布会、报刊、广播、电视等"。同时，该条例还规定，"行政机关可以根据需要设立公共查阅室、资料索取点、信息公告栏、电子信息屏等场所、设施，公开政府信息"。本节就通过对《政府信息公开条例》所规定的这些信息公开方式进行考察，来了解政府主体保障弱势群体公共信息服务权益的情况。

一　关于政府网站

政府网站是政府机关履行职能、面向社会提供服务（包括向公众提供全面、系统、权威、翔实的法律、法规、部门规章以及规范性政府文件等信息或服务）的官方网站，是政府跨部门的综合业务应用系统。目前，通过政府门户网站公开政府信息成为政府信息公开的主要方式。因此，对政府门户网站信息公开情况的调查可以直接反映政府部门对弱势群体信息获取的保障情况。

（一）政府网站面向弱势群体政府信息公开及服务状况评估指标体系

据笔者调查，对于政府网站的评估，目前最权威的是工信部及中国软件测评中心颁布的《2013年中国政府网站绩效评估指标体系》（以下简称《2013 年评估体系》）。该评估体系分为日常监测和年底综合评估两类评价体系。日常监测主要针对政府信息的公开、政府与社会公众的交流互动情况及政府的服务办事能力进行监测评估；年底综合评估则是对政府网站的新技术应用能力、舆情引导能力及重点业务的服务能力进行考察评估。两类评估体系的权重之和为 100 分，其中日常监测部分的权重超过 60%。

很显然，《2013 年评估体系》是针对政府网站的整体建设、信息公开及维护、服务状况而设置的。一种常态性而非一次性评估模式，其评估的着力点是满足社会大众的信息及服务需求。然而，本课题仅对政府网站面向弱势群体的信息公开及服务现状进行调查，因而该评估指标体系中的部分评估指标与弱势群体的公共信息权益保障关系不大，同时在指标及权重设置上还存在未能全面顾及弱势群体的特殊情况和信息需求的情况，而且其所采用的平时监测与年底综合评估相结合的方式也不太适合本课题针对现状所进行的调查，鉴于此，本课题从弱势群体的整体情况、特点及信息需求、信息获取习惯等出发，从《2013 年评估体系》中抽取出所有与弱势群体公共信息服务权益保障相关的指标，并根据弱势群体的特殊情况进行相应调整，重新设计了各指标的权重，构成《政府网站面向弱势群体信息公开及服务评估指标体系》。

《政府网站面向弱势群体信息公开及服务评估指标体系》的设计思想、框架、指标内容、考察内容和权重设置情况如下所示。

第一，设计思想。首先，如同《2013 年评估体系》针对不同行政级别政府网站设计不同的评估体系一样，本评估体系也分为省、市类政府网站评估体系和区、县类政府网站评估体系两种类型。其次，本评估体系的指标体系建设及权重设计基本遵循《2013年评估体系》的设计思想，但又突出对弱势群体所需信息及服务状况的评估。

第二，框架。此评估体系的框架如图 3—1 和图 3—2 所示。

第三，评估指标及评估内容。对评估指标及评估内容的选择，

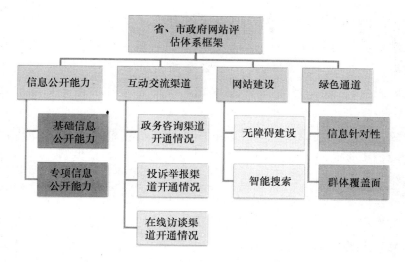

图 3—1 省、市政府网站评估体系框架

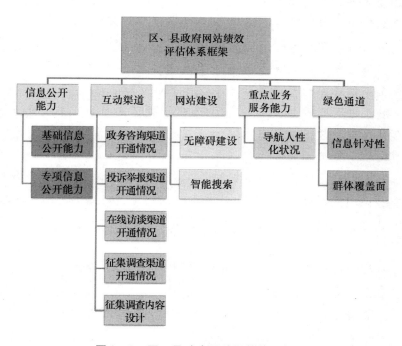

图 3—2 区、县政府网站评估体系框架

根据《2013 年评估体系》中的评估指标，先选定部分省份的各级政府网站进行预调研，然后选择与弱势群体密切相关的指标及内容，删除与弱势群体关系不紧密的指标。此外，经过初步调研，发现目前有部分政府网站设置了专门针对弱势群体的绿色通道，由于其信息专指性较强，属于政府网站针对弱势群体获取政府信息的个性化服务，对弱势群体获取政府信息意义重大，因此在我们的评估体系中专门设置了"绿色通道"的建设情况这一评估指标。

在信息公开能力部分，将从《2013 年评估体系》中抽取出的相关指标划分为基础信息公开能力（主要信息是政府需公开的基本信息）和专项信息公开能力（和弱势群体息息相关）两种类型。前者基本保留了原评估体系中的相关指标，仅删除了部分与弱势群体关系不紧密的指标，评估内容涉及对本地区、本机构及领导班子的概况信息、统计信息、通知公告、政策法规、依申请公开的渠道建设、公开指南及投诉举报和公开目录。后者的评估内容则涉及教育、社保、就业、健康、住房、交通、公用事业及证件办理这 8 个与弱势群体息息相关领域的信息公开与服务情况。

在互动交流渠道部分，由于互动交流渠道是政府与民众交流与沟通的桥梁，故该部分基本保留了《2013 年评估体系》评估指标中相关部分的绝大部分指标。

在网站建设部分，主要考察网站是否提供针对残疾人的无障碍浏览，以及网站是否能实现站内检索、政府文件检索、办事指南检索、表格下载检索、网站群检索等功能，服务资源是否方便快捷可用等情况。

在绿色通道部分，专门考察政府网站是否有针对弱势群体的个性化信息服务，包括是否将弱势群体所需信息分类提供、分群体提供，是否方便获取，以及对弱势群体的覆盖面情况等。

在区县评估体系中，其重点业务服务能力部分是专门针对区县级政府的工作特点而设置，主要考察区、县政府网站对弱势群体关注度较高的 5 类重点办事服务，以及在导航人性化方面的情况。这个部分也主要是按照原《2013 年评估体系》中的相关内容进行评估。

　　第四，指标权重的设计。权重的设计思想基本遵循《2013 年评估体系》的权重设计比例。首先，按照原《2013 年评估体系》指标体系各板块权重比例，拟定新指标体系中各板块权重；其次，先计算新指标体系中未包括的原指标的权重总分，然后按照新指标体系中各指标评估内容要点的多少，及其与弱势群体信息需求的相关程度，将这部分权重的分值分别分配给相应的指标；最后，考虑到政策解读类信息更有助于弱势群体对政府信息的理解，因此上调评估内容中含有政策解读类指标的相应权重。此外，原《2013 年评估体系》中区县级评估体系未设置无障碍建设类指标，但考虑无障碍建设对弱势群体信息获取的重要意义，故区县级评估体系中同样设置了无障碍建设指标并赋予其相应权重。具体而言，两类评估体系的指标权重如表3—7 和表3—8 所示。

　　（二）政府网站面向弱势群体政府信息公开及服务状况评估结果总结与分析

　　根据上述《政府网站面向弱势群体政府信息公开及服务状况评估指标体系》，本课题组对中国 31 个省、自治区和直辖市的省级政府网站、省会城市政府网站、地市级政府网站和区县级政府网站弱势群体政府信息公开及服务状况进行了调查。其中，对地市级政府网站和区县级政府网站是按照随机抽取的原则，在各省随机抽取两个城市的政府网站进行调查。调查结果见表3—9 至表3—12。

　　第一，政府网站面向弱势群体政府信息公开及服务的整体水平还不高，还有很大的提升空间。如图 3—3 所示，省会城市政府网站面向弱势群体的服务水平虽高于其他三个级别政府网站而位居榜首，然而，其总体得分也仅达到 62.76 分；而区县级政府网站作为服务水平相对最低的网站，其总体得分仅 47.71 分。也就是说，在四个等级的政府网站中，仅 50％的合格，而另有 50％的服务还未

表3—7　　省、市政府网站评估体系各板块权重

序号	一级指标	二级指标	权重			总分		
			省级	副省级/省会	地级市	省级	副省级/省会	地级市
1	信息公开能力	基础信息公开能力	9	11.5	11.5	68	79	76
		专项信息公开能力	59	67.5	64.5			
2	信息交流渠道	政务咨询渠道开通情况	6	4	5	18	12	15
		投诉举报渠道开通情况	6	4	5			
		在线访谈渠道开通情况	6	4	5			
3	网站建设	无障碍建设	4	4	4	7	6	6
		智能搜索	3	2	2			
4	绿色通道	信息针对性	2	1	1	7	3	3
		群体覆盖全面性	5	2	2			
总计					100			

注：①上述各部分的权重比例主要按照《2013年评估体系》的权重设计比例来制定。比如，原《2013年评估体系》中副省级、地级市的专项信息公开类指标权重较高，故此部分省级权重就低于副省级、地级市权重。

②绿色通道项目由于目前在政府网站建设中并不普及，也还未成为政府网站建设的规定性项目，故本评估体系仅将其作为一种鼓励性评估指标，给予其相应的权重。

表3—8 区、县政府网站评估体系各板块权重

序号	一级指标	二级指标	权重	总分
1	信息公开能力	基础信息公开能力	21	68
		专项信息公开能力	47	
2	信息交流渠道	政务咨询开通情况	3	15
		投诉举报渠道开通情况	3	
		在线访谈渠道开通情况	3	
		征集调查渠道开通情况	3	
		征集内容调查设计	3	
3	网站建设	无障碍建设	4	11
		新技术应用能力	7	
4	重点业务服务能力	导航人性化	3	3
		信息针对性	1	
5	绿色通道	群体覆盖面	2	3
总计				100

注：区、县政府网站指标权重的设计思想和方法与省、市政府网站指标权重的设计相同。

表3—9　31个省级政府网站面向弱势群体信息公开状况

	总分	信息公开能力		互动交流渠道	各板块分值		
					网站建设		绿色通道
		基础	专项		无障碍建设	智能搜索	
评估体系中各项总分	100	9	59	18	4	3	7
网站得分（均值）	62.23	8.03	30.67	14.6	2.77	2.24	3.92
网站实际得分率（%）	62.23	89.22	51.98	81.11	69.25	74.67	56.00

表3—10　27个省会城市政府网站面向弱势群体信息公开状况

	总分	信息公开能力		互动交流渠道	各板块分值		
					网站建设		绿色通道
		基础	专项		无障碍建设	智能搜索	
评估体系中各项总分	100	11.5	67.5	12	4	2	3
网站得分（均值）	62.76	10.33	36.35	10.05	2.28	1.55	2.07
网站实际得分率（%）	62.76	89.82	53.85	83.75	57.00	77.50	69.00

表3—11 地市级政府网网面向弱势群体信息公开状况

	总分	各板块分值						
		信息公开能力		互动交流渠道	网站建设			绿色通道
		基础	专项		无障碍建设	智能搜索		
评估体系中各项总分	100	11.5	64.5	15	4	2		3
网站得分（均值）	54.82	10.18	27.77	12.04	2.12	1.35		1.62
网站实际得分率（%）	54.82	88.52	43.05	80.26	53	67.5		54

表3—12 区县级政府网网面向弱势群体信息公开状况

	总分	各板块分值						
		信息公开能力		互动交流渠道	网站建设			绿色通道
		基础	专项		无障碍建设	智能搜索	重点业务服务能力	
评估体系中各项总分	100	21	47	15	4	7	3	3
网站得分（均值）	47.71	16.83	15.1	8.96	0.93	3.57	1.00	1.14
网站实际得分率（%）	47.71	80.14	32.13	59.73	23.25	51.00	33.33	38.00

达到合格水平。

第二，省政府网站与省会城市政府网站的信息公开及服务水平整体基本相当（见图3—3和表3—13），省会城市仅高出0.53分。两者的差异在无障碍建设与绿色通道建设与服务上，省政府网站的无障碍建设高出省会城市政府网站12.25个百分点，且在各级政府网站的同类项目建设中，是建设水平最高的。而在绿色通道建设上，后者高出前者13个百分点且在各级政府网站建设状况也位居榜首。

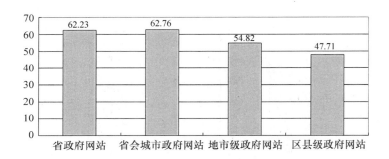

图3—3　各级政府网站面向弱势群体信息公开状况评估得分（总分）

表3—13　各级政府网站面向弱势群体信息公开总分及各项实际得分率比较

	总分（满分100）	各板块实际得分率（%）						
		信息公开能力		互动交流渠道	网站建设		重点业务服务能力	绿色通道
		基础	专项		无障碍建设	智能搜索		
省政府网站	62.23	89.2	51.98	81.11	69.25	74.67		56
省会城市网站	62.76	89.82	53.85	83.75	57	77.5		69
地市级网站	54.82	88.5	43.05	80.26	53	67.5		54
区县级网站	47.71	80.14	32.12	59.73	23.25	51	33.33	38

第三，就各级政府网站来看，各有其优势与不足。

就省级政府网站来看，整体上信息公开及服务水平的两极分化现象较为严重。在所考察的 31 家省政府网站中，80 分以上的 9 家，60 分以下的 11 家；而就具体分数来看，最高分（98.2）与最低分（12.4）之间的差距高达 85.8 分。此外，总的来看，该级政府网站开展较好的服务项目是基础信息公开与互动交流渠道两个部分，而需要大力提升服务水平的是专项信息公开与绿色通道建设。

就省会城市政府网站而言，其与省级政府网站雷同，整体上信息公开及服务水平的两极分化现象也较为严重。在所考察的 27 家省政府网站中，80 分以上的 8 个，60 分以下的 11 个；而就具体分数来看，最高分（97.5）与最低分（22.9）之间的差距高达 74.6 分。此外，总的来看，基础信息公开与互动交流渠道亦是该级政府网站开展较好的服务项目，而专项信息公开与无障碍建设是需要大力改进与完善的工作。

就地市级政府网站而言，其整体上信息公开及服务水平较低，在所考察的 50 家政府网站中，80 分以上的仅 6 家，60 分以下的却多达 32 家。而就具体分数来看，最高分（90.85）与最低分（17.35）之间的差距高达 73.5 分。此外，总的来看，该级政府网站基础信息公开与互动交流渠道两个部分的建设与服务较为完善，而需要大力提升建设与服务水平的是专项信息公开、无障碍建设与绿色通道建设三个部分。

就区县级政府网站而言，整体上其信息公开及服务水平很低，在所考察的 61 家政府网站中，80 分以上的仅 8 家，60 分以下的高达 44 家。没有一家达到 90 分以上，而最低分仅 15.83。再就具体所开展的服务项目来看，除基础信息公开服务达到良好水平外，其余各项服务都不合格，水平都很低，尤其是无障碍建设，实际得分率仅 23.25%。

第四，从各信息公开及服务项目来看，目前开展状况是参差不齐，亟待加大建设力度、提升服务水平的项目还很多（见表 3—9 至表 3—12）。

就信息公开状况而言，如表 3—9 和表 3—10 所示，对基础和专项这两类信息的公开状况反差很大，对基础信息的公开，各级政府网站都做得很好，绝大多数政府网站都加大了对政策文件、通知公告、统计信息等信息的公开力度，以及对信息公开指南、公开目录的管理和维护。但是，对专项信息公开却十分不理想，各级政府网站实际得分率均未达到 60% 的水平，尤其是地市和区县级政府网站，其专项信息的公开就更是不到位。近八成的政府网站在各种社会求助、医疗保险、工伤保险、农民工就业、职业技能培训、弱势群体福利等领域，存在缺乏政策解读、信息缺失、信息过时、信息维护差或死链等问题。

就互动交流渠道的建设与服务来看，地市级以上政府网站整体状况较好，其实际得分率都达到 80% 以上的良好水平，但区县级实际得分率仅为 59.73%，未达到合格水平。区县级存在的主要问题是政务咨询渠道和在线访谈未开通、投诉举报渠道不完善、未对服务情况有信息反馈调查等。

就无障碍建设来看，整体状况较差，除省政府网站实际得分率达到 69.25% 外，其余各级网站都未达到 60%。总的来看，未按照《网站设计无障碍技术要求》开展无障碍建设的政府网站还很多，其中，各级网站在网站的可兼容性方面问题较为突出，尤其是在无障碍浏览方面（包括无障碍浏览辅助方式、无障碍浏览辅助方式链接位置和无障碍浏览辅助方式链接形式三项指标）的问题最为严重。有约六成的省会城市网站虽有部分建设，但未达到无障碍的标准要求，而绝大部分区县级政府网站完全没有这方面的建设。也就是说，绝大部分区县级政府网站不是达不达标的问题，而是完全没有任何无障碍浏览方式。这种状况严重影响了政府信息和服务资源惠及弱势群体。

就绿色通道的建设来看，该部分考察指标有两项：一是是否针对不同类型弱势群体的信息需求分类整理、提供信息；二是对不同类型弱势群体的覆盖情况，也即是否覆盖所有类型的弱势群体。调查结果显示，在此方面政府网站的整体状况并不好，除了省会城市政府网站实际得分率达到 69% 外，包括省政府网站在内的其他政府网站均未达到合格水平。当然，问题最为严重的依然是区县级政府网站，其实际得分率仅 38%。而其主要问题是：没有任何绿色通道；绿色通道的覆盖群体有限；有绿色通道，但所提供的信息非常有限（如仅有法规政策信息）；信息维护差；等等。

第五，就与弱势群体的信息需求、信息获取条件等密切相关的四大项目（专项信息公开、网站无障碍建设、绿色通道及针对区县级政府网站的重点业务服务能力）来看，如表 3—13 所示，整体情况非常不容乐观。专项信息是与弱势群体息息相关的信息，但各级政府网站在此方面基本都不合格。无障碍建设除省政府网站外，其余水平都很低，在整体上远达不到使弱势群体能无障碍获取信息的水平。绿色通道可以说是专门针对弱势群体的特色信息提供服务，然而，除省会城市网站外，该服务显然还未引起其他政府网站的重视，尚处于起步阶段。此外，区县政府网站的重点业务公开能力（考察网站是否能够按照不同用户身份、办理条件等全面整合，人性化展现相关的服务资源）也非常有限。

"新加坡南洋理工大学的一项研究显示，中国大陆 68.48% 的城市居民从不使用城市政府网站所提供的服务，只有 12.3% 的人将政府网站作为获取政府信息的主要渠道。"[1] 本课题调查显示，网络并非这类群体获取信息的主要渠道或途径，而就获取政府信息来说，政府网站就更不是其使用的渠道。如前调查所述，在被问及是否会利用政府网站获取政府信息时，农民、农民工的选择均值落在 4.15（4 = 基本不用）上，而无就业人员和残疾人的选择均值落在 3.97 之后，老年人的选择均值更是落在 4—5（4 = 基本不用、5 = 不用）。不得不说，这是一种非常尴尬的保障局面。一方面，《政府信息公开条例》将政府网站的信息公开作为政府信息公开的主要渠道；另一方面，信息公开者在政府网站上所提供的相关服务却不到位，而使用者对其更不热衷。那么，是《政府信息公开条例》的规定不切实际，还是社会公众不需要获取政府信息？前述新加坡南洋理工大学的那项

---

① 《近七成中国大陆居民从不使用政府网站服务》2014 年 10 月（http：//www. jiedong. gov. cn/zwdt/szyw/2014 - 10 - 27 - 5029. html）。

研究还显示，中国大陆城市居民了解政府信息最主要的渠道，仍是大众媒体，而不是政府网站。可见，根源不在社会公众，而在所提供的服务本身。服务水平不高，如何能吸引社会公众的目光呢？而对于弱势群体这种利用电脑和网络还存在困难和障碍的特殊用户来说，就更需要加大政府网站的建设和服务水平。因为，利用网络获取信息，这是信息社会的必然趋势，弱势群体不应也不可能被排除在外，而让弱势群体有条件、有能力利用政府网站获取政府信息，这更是政府保障性职责中的应有之义。

二 关于政府公报

政府公报是各级政府的机关刊物。比如，《中华人民共和国国务院公报》就是面向国内外公开发行的政府出版物，由国务院办公厅编辑出版。其内容覆盖国务院公布的行政法规、决定、命令，国务院各部门公布的重要规章和文件；国务院批准的有关机构调整、行政区划变动和人事任免的决定；国务院领导同志批准登载的其他重要文件等。又如，《四川省人民政府公报》、《成都市人民政府公报》就分别为四川省人民政府和成都市人民政府机关刊物，是政府发布规章政策、传达政令、指导工作的法定载体和工具，是政府信息公开的重要渠道。该类刊物过去只有纸质版，随着网络的日益普及，目前已有网络版，可免费在网上查阅。就《四川省人民政府公报》的网络版来看，其主要栏目有"首发专栏"、"地方法规规章"、"省政府文件"、"省政府办公厅文件"、"人事任免"、"办事指南（户籍户照、社会保障、劳动就业、企业纳税、工商管理和在川定居）"、"公示公告"等，为用户查阅提供了极大的便利。

但是，如前调查所述，仅6%的残疾人、10.6%的老年人、8.30%农民和农民工、4.4%的无就业人员知道"政府公报"这一信息公开渠道。之所以称为"知道"，是因为实际上他们几乎不用该渠道获取政府信息。比如，对这一公开渠道的利用调查显示，老年人在此方面的分值是4.86（4 = 基本不用，5 = 不用），农民和农民工的分值也是介于4与5，且趋向于5，无就业人员所选择的分值也是在"4"（基本不用以后）。可见政府公报目前并非弱势群体获取政府信息的渠道。

还值得注意的是，据调查，该类刊物绝大多数没有盲文版，那么，对于视障类弱势群体来说，通过这类刊物来了解政府信息的渠道实质上是完全不存在的。

三　关于新闻发布会

新闻发布会（又叫记者招待会），是政府、社会组织等主体直接向新闻界发布信息、解释重大事件而举办的活动，包括现场新闻发布会和网上新闻发布会等。比如，从 2008 年四川汶川"5·12"大地震发生，截至 2008 年 8 月 31 日，四川省人民政府新闻办公室共举行 44 场汶川特大地震灾害新闻发布会。

然而，由于新闻发布会的直接受众是新闻界，且主题集中、单一，故对于弱势群体而言，新闻发布会并非弱势群体获取公共信息的渠道。此外，通过新闻媒体加工、转述的信息有可能出现信息失真的现象。即使是网上新闻发布会可以直接面对网上用户，没有用户限制，但由于经济条件及文化水平的限制，弱势群体能上网的还非常有限（如前所述，在笔者的调查中，农民、农民工利用电脑获取信息的比例仅为30.6%，而老年人仅为13.6%），因而难以通过网上新闻发布会及时有效地获取所需信息。如前调查所述，残疾人利用网上新闻发布会的选择分值在3.9左右，趋向于4（4＝基本不用），而老年人则达到4.6分（4＝基本不用，5＝不用），农民、农民工群体和无就业人员所得分值也在4—4.6分。可见，该信息公开方式也不符合弱势群体的信息获取习惯。

四　关于电视

电视是各类弱势群体获取政府信息的首选渠道。客观地说，各种电视频道及节目为社会公众获取政府信息确实提供了极大的便利。然而，本课题组的调查发现，目前的电视服务并不能有效保障弱势群体的公共信息服务权益。

首先，从省级电视台面向弱势群体公共信息服务的总体建设与服务情况看（见表3—14和图3—4）。一方面，相关电视频道或栏目的总体数量还很有限。在31个省、自治区、直辖市（不包括港澳台地区）的省级电视台中，平均每个省、自治区、直辖市仅分别拥有1.48个相关电视频道和2.16个相关电视栏目。另一方面，相关电视频道或栏目分布极不均衡。从拥有的频道数看，拥有4个相关频道的只有1个省（黑龙江），占比仅3.23%；而仅拥有1个相关频道的却有11个省或自治区，占比为35.48%；还有6个省、自治区、直辖市没有任何相关频道，占比达19.35%。再从拥有的栏目数看，拥有7个相关栏目的只有1个省（陕西），占比为3.23%；而仅拥有1个相关栏目的省、自治区、直辖市却高达9个，占比为29.03%；还有6个省、自治区、直辖市没有任何相关栏目，占比为19.35%。这就意味着，有近20%的省、自治区、直辖市没有相应的频道或栏目服务于弱势群体公共信息服务问题。

表3—14　　31个省、自治区、直辖市省级电视台面向弱势群体
公共信息服务的频道和栏目状况

拥有的频道数（个）	拥有频道的省、自治区、直辖市（个）	占比（%）	拥有的栏目（个）	拥有栏目的省、自治区、直辖市（个）	占比（%）
7	0	0.00	7	1	3.23
6	0	0.00	6	2	6.45
5	0	0.00	5	3	9.68
4	1	3.23	4	0	0.00
3	5	16.13	3	4	12.90
2	8	25.81	2	6	19.35
1	11	35.48	1	9	29.03
0	6	19.35	0	6	19.35
均值	1.48		均值	2.16	

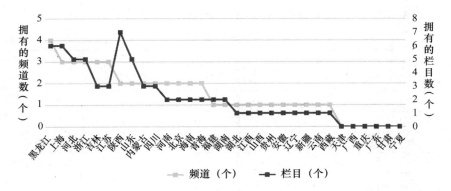

图3—4　31个省、自治区、直辖市省级电视台面向弱势群体公共信息服务的频道和栏目状况

　　其次，从省会城市电视台面向弱势群体公共信息服务的总体建设与服务情况看（见表3—15和图3—5）。一方面，相关电视频道或栏目的总体建设还很不到位。在27个省会城市电视台中，平均每座省会城市仅分别拥有0.44个相关电视频道和0.52个相关电视栏目。另一方面，相关频道或栏目分布也很不均衡。从拥有的频道数看，仅有1个省会城市（济南）拥有2个相关频道（占比3.70%）；只拥有1个相关频道的却有10个省会城市（占比37.04%）；而尚有16个省会城市电视台没有任何面向弱势群体公共信息服务的频道（占比59.26%）。再从拥有的栏目数看，拥有3个相关栏目的仅济南1个省会城市（占比3.70%）；拥有2个相关栏目的省会城市也只有1个（占比3.70%）；拥有1个相关栏目的省会城市却达9个（占比33.33%）；而尚有16个省会城市电视台没有任何面向弱势群体公共信息服务的栏目（占比59.26%）。也就是说，有近60%的省会城市没有相应的频道或栏目涉及弱势群体的公共信息服务问题。

表3—15　　　　　省会城市电视台面向弱势群体公共信息
服务的频道和栏目状况

拥有频道数（个）	拥有频道的省会城市（个）	占比（%）	拥有的栏目（个）	拥有栏目的省会城市（个）	占比（%）
3	0	0.00	3	1	3.70
2	1	3.70	2	1	3.70
1	10	37.04	1	9	33.33
0	16	59.26	0	16	59.26
均值	0.44		均值	0.52	

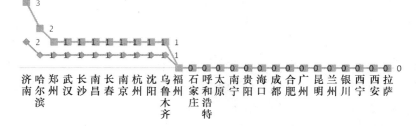

图3—5　省会城市电视台面向弱势群体公共信息服务的频道和栏目状况

再次，从面向弱势群体的公共信息服务频道或栏目的具体建设与服务情况看。总的来看，现在相关电视频道或栏目的主题主要包括以下三个方面：一是老年人保健养生类。这类节目的拥有量最高，可以说绝大多数的电视台都开办了类似节目。如陕西省电视台的"枫叶正红"栏目、济南的"泉映晚霞"、青海省电视台的"朝花夕拾"栏目等。二是少年儿童的学习教育、娱乐类。如内蒙古自治区电视台的"健康长大"，黑龙江省电视台的"教育纵贯线"、"支招"、"家教课堂"，河北省电视台的"成长"等栏目。三是服务于农民类。这类节目从有关三农的大事小情、科技致富、农产品供需平台信息、生活农业信息、惠农政策解读、农事气象等多视角为农民提供相关信息服务，如海南省电视台的"绿色农业进行时"，辽宁省电视台的"乡村服务社"，新疆的"雪莲花，农牧天地"，陕西省电视台的"三农大视野"、"三农信息联播"、"村里村外"、"农村大市场"等栏目。此外，还有个别电视台开办了针对农民工就业服务的电视栏目。如湖北省电视台的"打工服务社"就以服务农民工的就业为目的，力图为农民工与用工企业和相关职能部门建立一个沟通平台。新疆维吾尔自治区电视台的"西路打工俱乐部"，也以关注农民工群体，解析中国城市化进程中农民工在生活、生存、发展中存在的关键问题，并为这些农民工提供帮助和服务为宗旨。

综上所述，相关电视台在保障弱势群体的公共信息服务权益方面确实做了许多工作，尤其是服务于农民类的各种节目都各有其特色，然而现在的电视服务尚存在下列问题。

第一，专门针对弱势群体开办的电视频道或栏目在整体上还很有限。因而，单从数量上看，面向弱势群体的电视服务很难满足如此庞大的弱势群体通过电视渠道对公共信息的获取。

第二，虽然电视节目的传播是超越空间范围的，但不同行政区域弱势群体个性特征的差异性决定了各行政区域电视信息服务也应具有一定程度的个性化，故已有相关电视服务在行政区域上分布的不均衡状况，使不同行政区域弱势群体的公共信息获取必然受到一定程度的负面影响。

第三，现有相关电视节目的主题内容覆盖范围尚不全面。专门针对残疾人、无就业人员的频道或栏目还很欠缺，同时针对农民工的相关电视服务也很有限，这将在一定程度上导致对不同类型弱势群体的公共信息服务权益的保障呈现不均衡现象。

第四，电视属于流媒体，其播放的内容不能像报纸、网络那样可以反复查阅①，加之不同电视频道或节目在时间上又有交叉，不能被完整收看，因此从目前的情况看，现有电视服务并不能对弱势

---

① 虽然现在很多电视台都有网络电视台，有的节目可以在网上重复查看，然而，如前所述，网络并非弱势群体获取信息的主要渠道，而本课题也是将电视与网络视为两种渠道来进行调查，因此，本课题所称的电视不包含网络电视。

群体公共信息服务权益提供有效的保障。

五 其他保障方式

按照《政府信息公开条例》的规定，其他公开方式包括政府公共图书馆、档案馆设立的政府信息查阅场所、政府的信息公开栏、信息查询点。而其中最有代表性的，就是公共图书馆等公共信息服务主体的保障情况。而这部分将在本章的第三节详细论述。

总的来说，不同的信息公开方式有各自的优势与不足。无论怎样，单靠某一种公开方式，是不可能有效保障包括弱势群体在内的社会公众获取所需信息的。因此，有必要进一步完善和实施相关制度，使不同的信息公开方式相互配合，扬其长而避其短，协同发挥其保障弱势群体公共信息服务权益的功能，这才是应循之道。

六 小结

政府信息的公开与提供状况在很大程度上决定着弱势群体对政府信息的知悉、获取和利用状况。然而，调查发现，《政府信息公开条例》所规定的政府信息主要公开渠道并不能有效保障弱势群体公共信息的获取。

政府网站作为最主要的政府信息公开渠道，其在面向弱势群体政府信息公开及服务方面的整体水平还不高。在省级、省会城市、地市和区县四个级别的政府网站中，仅省级政府网站和省会城市政府网站在面向弱势群体政府信息公开及服务方面达到合格水平。而就与弱势群体密切相关的四大项目（专项信息公开、网站无障碍建设、绿色通道及针对区县级政府网站的重点业务服务能力）的公开与服务情况看，情况更不容乐观。专项信息是与弱势群体息息相关的信息，但各级政府网站在此方面基本都不合格。无障碍建设除省政府网站外，其余水平都很低，在整体上远达不到使弱势群体能无障碍获取政府信息的水平。专门针对弱势群体特点提供信息服务的绿色通道服务，仅受到省会城市网站的重视，尚处于起步阶段。

政府通报和政府新闻发布会等其他政府信息传播渠道由于不为

弱势群体所了解，以及获取不方便等原因，实际上并未在弱势群体的公共信息获取中发挥作用。

虽然电视是弱势群体获取公共信息的首选渠道，然而现有的电视服务由于在相关电视频道或栏目创办等方面存在数量不足、在行政区域的分布上不均衡、服务主题内容不全面、服务主题内容结构性短缺等问题，加之受电视信息传播及获取特点本身的局限性影响，故电视并不能有效保障弱势群体的公共信息服务权益的实现。

总之，现在的政府信息公开及服务水平还很有限，加之其主要的公开与服务渠道（如政府网站）并不能与弱势群体的常用信息获取渠道相对接，故尚不能在有效保障弱势群体的公共信息服务权益中发挥其应有的作用。

第三节　公共信息服务机构保障弱势群体公共信息服务权益现状——以公共图书馆为例

中国公共信息服务机构包括公共图书馆、档案馆、博物馆、科技馆、文化馆等。其中，公共图书馆无疑是最主要的公共信息服务主体，承担着最主要的公共信息服务职责。这无论是从它在公共信息收集的全面性、系统性，服务的多样性上，还是在其服务受众的普遍性上都表现得很充分。鉴于此，加之篇幅所限，故本书这个部分仅以公共图书馆作为研究对象。

保障弱势群体的公共信息权益是公共图书馆的重要职责和义务，然而，对已有相关研究的调查发现：①绝大部分研究还停留在理论探讨层面，少有实证研究；②即便是实证研究，也主要从被保障主体，即弱势群体的角度进行，缺乏从图书馆的角度进行的系统性调研分析；③绝大多数研究仅关注弱势群体中的某一类群体，如仅对残疾人或者农民、农民工进行研究。总的来看，已有研究缺乏从整体上对公共图书馆保障整个弱势群体公共信息服务权益现状的系统性、实证性研究，而这恰恰是本节要完成的任务。

一　调查设计

（一）调研目的及问卷设计

本次调研的主要目的在于对中国公共图书馆保障弱势群体公共信息服务权益的现状进行全面了解。调查内容涉及公共图书馆对弱势群体的了解程度、公共图书馆在保障弱势群体公共信息服务权益方面的相关软硬件设施建设情况、公共图书馆面向弱势群体的公共信息服务现状等。

调研问卷包括三个部分：第一部分为受访者的基本情况，包括其职级、供职图书馆所在省（自治区、直辖市）和图书馆的行政级别。[①] 第二部分是对弱势群体的了解情况，包括对其基本情况、信息需求及信息获取习惯的了解程度。在具体调查中采用 5 点量表法，即"1 = 完全不了解；2 = 了解一点点；3 = 了解一部分；4 = 了解；5 = 非常了解"来对了解程度进行测度。第三部分是公共图书馆为弱势群体提供的图书馆信息保障服务，包括保障资源及保障设施建设情况，以及面向弱势群体的信息服务现状。该部分亦采用 5 点量表法，即用"1 = 完全没有；2 = 基本没有；3 = 偶尔会有；4 = 经常会有；5 = 有，而且是有计划性的、完善的"进行测度。

（二）数据收集

本次调查时间为 2013 年 3 月至 2013 年 11 月。调研采取网络问卷与实地访谈的方式进行，并以前者为主。共有 199 个不同地区、不同级别的公共图书馆参与调研。

二　调查结果的总结与分析

（一）受访者的基本情况

共有 199 位来自不同公共图书馆的工作人员参与此次调研。从受访者工作职级看，馆长 107 名，占比 53.8%；部门负责人或主任 46 名，占比 23.1%；普通馆员 46 名，占比 23.1%。

---

① 对图书馆保障现状的调查只能通过对其管理人员或工作人员的调查来进行。因此，受访者对其图书馆保障现状的了解程度会在一定程度上影响本书所得到的相关结论。

从受访者所属公共图书馆级别看,有1位受访者来自国家图书馆,占比0.5%;33名受访者来自省级图书馆,占比16.6%;73位受访者来自地市级公共图书馆,占比36.7%;86名受访者来自区县级图书馆,占比43.2%;还有6位受访者来自专门的儿童图书馆,占比3.0%。

从地理分布看,调研的公共图书馆至少覆盖全国31个省、自治区和直辖市,涉及中国东部地区(北京、上海、黑龙江、山东和广东等)、中部地区(内蒙古、江西、河南和湖南等)、西部地区(四川、广西、西藏和新疆等)和香港、澳门特别行政区(详见图3—6)。

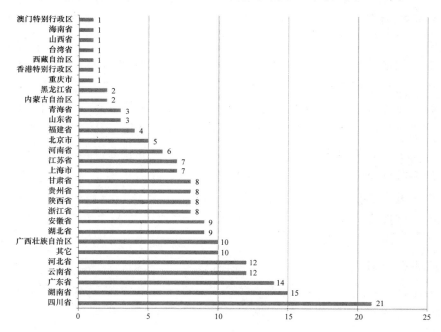

图3—6 受访者任职的图书馆地域分布及数量

注:其它表示受访者在访谈时没有填写其所在省份。

(二)公共图书馆对弱势群体基本情况、信息需求和信息获取习惯的了解情况

1. 总体情况分析

公共图书馆对五类弱势群体在基本情况、信息需求和信息获取

习惯方面存在一定差异（见图3—7），而且这种差异在0.05水平上具有显著性，具体解释如下。

首先，数据分析显示，在总体上，公共图书馆对弱势群体的基本情况、信息需求和信息获取习惯均不是十分了解。比如，对于老人、残疾人、农民、农民工和无就业人员，这三项得分均值仅接近3（了解一部分）。即使是图书馆普遍最熟悉的少年儿童，这三方面的得分均值分别也只为3.88、3.87和3.76，接近4（了解），但都没有达到5（非常了解）。

其次，相比较而言，公共图书馆最了解的弱势群体由强至弱排序依次为少年儿童、老人、残疾人、农民和农民工、无就业人员。无论是在基本情况、信息需求还是信息获取习惯方面，这个顺序都并无变化（见图3—7）。比如，公共图书馆对少年儿童在基本情况、信息需求或信息获取习惯三方面的了解情况均值分别为3.88、3.87和3.76。而对于相对了解最少的无就业人员，其三项均值分别是2.91、2.95和2.93。此外，以弱势群体变量所作的单因素分析显示，五类弱势群体在基本情况、信息需求和信息获取习惯方面的显著性水平值均为0.00。这说明在0.05置信水平下，公共图书馆对五类弱势群体的了解存在显著性差异。

再次，公共图书馆对每一类群体的了解呈现出两极分化的特点。少数公共图书馆对各类弱势群体的了解程度均十分高，而另有一部分公共图书馆对各类弱势群体的了解程度都比较低。具体讲，对于少年儿童、老人、残疾人、无就业人员、农民和农民工的基本情况，表示"非常了解"或"了解"者的比例分别为73.9%、60.3%、50.3%、30.1%、37.2%，而表示"了解一点点"或者"完全不了解"者比例分别为6.5%、10.0%、15.1%、30.6%、26.1%；对于少年儿童、老人、残疾人、无就业人员、农民和农民工的信息需求，表示"非常了解"或"了解"者的比例分别为74.4%、59.3%、47.3%、29.6%、35.1%，而表示"了解一点点"或者"完全不了解"者比例分别为6.5%、10.0%、15.6%、29.6%、25.1%；对于少年儿童、老人、残疾人、无就业人员、农

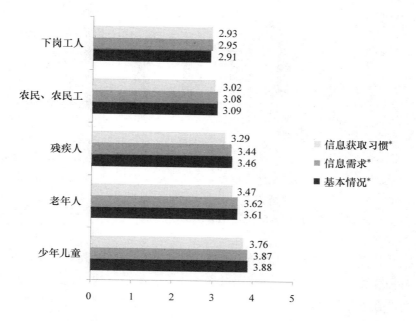

图3—7　图书馆对弱势群体基本情况、信息需求及获取习惯了解程
　　　　度——均值

注："﹡"表示在0.05水平下具有显著性。

民和农民工的信息获取习惯，表示"非常了解"或"了解"者的比例分别为70.4%、54.8%、43.7%、29.1%、34.1%，而表示"了解一点点"或者"完全不了解"者比例分别为11.0%、15.6%、20.1%、29.6%、27.2%。

2. 不同级别图书馆对弱势群体了解情况的对比分析

首先，对于少年儿童，均值分析显示，行政级别越高的图书馆对其基本情况、信息需求及信息获取习惯的了解程度越高，且这种差异具有显著性（见图3—8）。需要说明的是，国家级和少年儿童图书馆由于分别只有1个和6个样本，这有可能在一定程度上影响这个趋势的存在。此外，分析显示，对于少年儿童获取习惯（p = 0.006）的了解，由于显著性水平值小于0.05，故存在显著性差异。

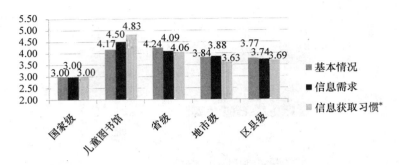

**图3—8　不同级别图书馆对少年儿童基本情况、信息需求及获取
习惯了解程度的比较**

注："＊"表示在0.05水平下具有显著性。

其次，对于老人，均值分析显示，省级图书馆对其信息需求的了
解程度要比地市级和区县级公共图书馆高。然而，地市级和区县级图
书馆在这方面并没有显著性差别。需要说明的是，国家级图书馆由于
只有1个样本，这有可能在一定程度上影响这个趋势的存在。此外，
分析显示，对于老人基本情况（P＝0.003）及获取习惯（p＝0.011）
的了解，由于显著性水平值小于0.05，故存在显著性差异（见图
3—9）。

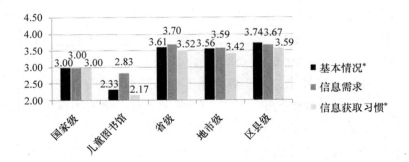

**图3—9　不同级别图书馆对老人基本情况、信息需求及获取习惯
了解程度比较**

注："＊"表示在0.05水平下具有显著性。

再次，对于残疾人、无就业人员和农民、农民工，均值分析显示，省级图书馆对残疾人的基本情况的了解与地市级图书馆相同，比区县级图书馆高，对信息需求及信息获取方面的了解高于地市级和区县级图书馆；省级图书馆对无就业人员的基本情况及信息需求方面的了解比地市级和区县级图书馆高，但对信息获取习惯的了解低于地市级图书馆、高于区县级图书馆。然而，地市级和区县级图书馆在这三方面的区别不明显（见表3—16）。同样，国家级图书馆由于样本较少，这有可能在一定程度上影响这个趋势的存在。然而，对于三类群体，普遍上均值分析结果在 0.05 水平下并无显著性差异。

表 3—16　　不同级别图书馆对残疾人、无就业人员和农民、农民工了解程度——均值

残疾人了解程度			
类型与级别	基本情况	信息需求 *	信息获取 *
国家级	4.00	4.00	4.00
儿童图书馆	3.33	2.67	2.50
省级	3.58	3.76	3.61
地市级	3.58	3.52	3.38
区县级	3.31	3.29	3.14
无就业人员了解程度			
类型与级别	基本情况	信息需求	信息获取
国家级	3.00	3.00	3.00
儿童图书馆	2.33	2.17	1.83
省级	3.06	3.03	2.97
地市级	2.85	2.92	3.05
区县级	2.95	3.01	2.90
农民、农民工了解程度			
国家级	3.00	3.00	3.00
儿童图书馆	2.30	1.83	1.83
省级	3.27	3.24	3.06

续表

类型与级别	基本情况	信息需求 *	信息获取
地市级	3.08	3.04	3.07
区县级	3.08	3.13	3.05

注：（1）"＊"表示在 0.05 水平下具有显著性。

（2）1＝完全不了解；2＝了解一点点；3＝了解一部分；4＝了解；5＝非常了解。

3. 东、中和西部分地区图书馆对弱势群体了解情况的对比分析。

对于少年儿童，东部和中部地区的图书馆对其基本情况、信息需求及获取习惯的了解程度要比西部地区图书馆高。东部地区和中部地区图书馆在上述三项的总体平均值分别是 3.94 和 3.93，西部地区只有 3.74。需要说明的是，其在 0.05 水平下并无显著性差异（见表3—17）。

对于老年人，总的来看，东部地区对其的了解程度比中、西部地区图书馆都略微偏高，而西部地区图书馆又略高于中部地区图书馆，但差异非常小。其中，东部地区的均值为 3.62，中部地区均值为 3.54，西部地区均值为 3.59。然而，这种差距十分微小，三者均值介于 3.5—3.65，而且在 0.05 水平下并无显著性差异（见表3—17）。

对于残疾人，东部地区图书馆对其基本情况、信息需求及获取习惯的了解程度均要高于中部和西部地区图书馆，而西部地区又都高于中部地区。其中，东部地区均值是 3.56，而中部和西部地区分别是 3.29 和 3.39。三者在 0.05 水平下并无显著性差异（见表3—17）。

对于无就业人员，东部地区图书馆对其基本情况、信息需求的了解程度要比中部和西部地区高。而西部地区图书馆对其基本情况、信息需求及获取习惯的了解程度高于中部地区。其中，东部地区均值是 3.10，而中部和西部地区分别是 2.72 和 3.00。此外，基本情况、信息需求在 0.05 水平下有显著性差异（见表

3—17）。

对于农民、农民工，东部地区图书馆对其基本情况、信息需求及获取习惯的了解程度均高于中部和西部地区图书馆，而西部地区图书馆在此三方面的情况也略强于中部地区图书馆。其中，东部地区的均值是3.20，中部和西部地区分别是2.87和3.12。此外，三者在0.05水平下并无显著性差异（见表3—17）。

表3—17 不同地区图书馆对各类弱势群体了解程度——均值

少年儿童均值			
地区	基本情况	信息需求	信息获取	平均
东部地区	3.95	4.00	3.87	3.94
中部地区	3.98	3.97	3.84	3.93
西部地区	3.80	3.76	3.67	3.74
总体	3.91	3.91	3.79	3.87
老人均值			
地区	基本情况	信息需求	信息获取	平均
东部地区	3.61	3.69	3.58	3.62
中部地区	3.56	3.62	3.43	3.54
西部地区	3.70	3.61	3.47	3.59
总体	3.62	3.64	3.49	3.58
残疾人均值			
地区	基本情况	信息需求	信息获取	平均
东部地区	3.60	3.61	3.48	3.56
中部地区	3.39	3.30	3.18	3.29
西部地区	3.44	3.47	3.27	3.39
总体	3.48	3.46	3.31	3.41
无就业人员均值			
地区	基本情况*	信息需求*	信息获取	平均
东部地区	3.13	3.18	2.98	3.10
中部地区	2.66	2.69	2.82	2.72

地区	基本情况 *	信息需求 *	信息获取	平均
西部地区	2.98	3.03	3.00	3.00
总体	2.92	2.97	2.93	2.94
农民、农民工均值				
地区	基本情况	信息需求	信息获取	平均
东部地区	3.29	3.16	3.16	3.20
中部地区	2.85	2.92	2.84	2.87
西部地区	3.12	3.15	3.08	3.12
总体	3.09	3.08	3.03	3.06

注：（1）"＊"表示在0.05水平下具有显著性。

（2）1＝完全不了解；2＝了解一点点；3＝了解一部分；4＝了解；5＝非常了解。

（三）公共图书馆的保障服务——相关保障制度的建设情况

公共图书馆要保障弱势群体的公共信息服务权益，必须要有相应保障制度的支撑。对各馆在这方面的建设状况，我们将其分成五个等级，并设置对应分值（1＝完全没有；2＝有一点点；3＝有基本的；4＝有绝大部分的；5＝有全面的）来衡量。

1. 总体分析

总的来看，公共图书馆为保障弱势群体公共信息服务权益而进行的相关保障制度建设状况并不乐观。当受访者被问及"是否有完善的弱势群体信息获取保障规划和实施细则，如明确规定保障目的、内容与范围、实施阶段与步骤、保障方法与手段、对保障的监管、保障经费预算等"时，其描述性均值等于2.98（标准差＝1.123），介于2—3。进一步通过频率统计发现，仅8.5%的图书馆"有全面的"保障规划和实施细则，另有24.6%的图书馆"有绝大部分的"规划细则，两者总占比不到35%。有11.6%的公共图书馆"完全没有"相关规划，有20.6%的图书馆表示"只有一点点"规划。由此可见，图书馆在保障弱势群体公共信息服务权益方面，相关保障制度的建设显得相当薄弱。

2. 不同级别图书馆的对比分析

对于保障制度建设，呈现出行政级别越高的图书馆其保障制度越完善的特点。比如，省级图书馆在此方面的得分均值为3.21，而地市级和区县级的图书馆分别为2.99和2.86。不同行政级别图书馆在这方面的差异在0.05水平下并不显著。需要说明的是，国家级和少年儿童图书馆由于分别只有1个和6个样本，代表性相对较弱。因此，不同行政级别对比分析时，研究更多的是关注省、市和区县三级图书馆的对比。

3. 东、中、西部图书馆的对比分析

对于保障制度建设，东部地区图书馆得分均值为3.27，而中部和西部地区分别为2.80和3.00。可见，东部地区图书馆有更完善的规划和细节，其次是西部图书馆，中部图书馆在此方面的状况弱于东部和西部。但是三个地区图书馆在这方面的差异在0.05水平上并不显著。

（四）公共图书馆的保障服务——相关硬件设施建设状况

这里所称的硬件设施包括三个方面：一是保障弱势群体公共信息服务权益的相关信息资源建设状况，二是无障碍物理环境建设状况，三是无障碍信息获取、使用设施建设状况。

1. 总体分析

总体上，公共图书馆针对弱势群体公共信息服务权益保障的相关硬件设施建设存在不均衡发展状况（见表3—18）。这种不均衡发展体现在三个方面。

表3—18　　　公共图书馆的相关硬件设施建设状况——
均值和频率统计

各类设施建设现状	均值（标准差）	百分比（%）		
		完全没有/有一点点	有基本	有绝大部分/全面
农民、农民工和无就业人员资源及设施（电脑操作、养殖培育阅览室等）	3.03（1.14）	31.20	36.10	32.70

各类设施建设现状	均值（标准差）	百分比（%）		
		完全没有/有一点点	有基本	有绝大部分/全面
残疾人的信息资源（盲人阅览室、盲文书和资料等）	3.57（1.50）	27.70	12.00	60.30
老年人信息资源（大字书、养生健康文献等）	3.53（1.17）	20.10	27.20	52.70
少年儿童信息资源（儿童阅览室、儿童读物等）	4.19（1.09）	10.00	12.10	77.90
面向所有弱势群体无障碍信息环境（无障碍通道、无障碍洗手间等）	3.35（1.50）	32.20	16.00	51.80
面向所有弱势群体无障碍信息获取、使用、交流与共享的无障碍条件	3.47（1.29）	26.10	18.20	55.70

注：（1）"＊"表示在0.05水平下显著。

（2）1＝完全没有；2＝有一点点；3＝有基本的；4＝有绝大部分的；5＝有全面的。

一是从图书馆所进行的有针对性的信息资源建设状况看，总体上，图书馆之间对不同类型弱势群体所需信息资源的建设存在一定程度的两极分化现象。比如，对于农民、农民工、无就业人员需求的各类信息资源及设施的建设（如配备有电脑操作、养殖培育、家政培训等实用的书刊，并建立专门的阅览室集中放置等），有31.20%的图书馆"完全没有"或"有一点点"相关建设，而另有32.70%的图书馆在此方面的建设则"较为全面"；对于残疾人需求的信息资源和设施的建设（如专门的盲人阅览室、盲文书、视听资料等），有27.70%的公共图书馆"完全没有"或"仅有一点点"建设，同时另有60.30%的公共图书馆有"较为全面的"的建设；对于老年人需求的信息资源建设（如大字书和老年人关心的养生、健康等类型的文献等），有20.10%的公共图书馆"完全没有"或

"仅有一点点"此类资源，52.70%的图书馆在此方面的建设则"较为完善"；对于少年儿童所需信息资源和设施的建设（如有专门的儿童阅览室、有适合少年儿童身心健康的书籍等），有77.90%的图书馆在这方面"较为完善"，还有10.00%的图书馆"完全没有"或"仅有一点点"此类资源建设（见表3—18）。由此可见，图书馆针对不同类型弱势群体所需的相关信息资源和设施建设存在较大差异。

二是从不同类型弱势群体看，总的来说，公共图书馆在不同类型弱势群体所需信息资源及设施建设上存在不均衡发展现象。从表3—18可知，针对农民、农民工和无就业人员的建设，在此方面的得分均值为3.03（在3附近），残疾人为3.57（介于3—4），老年人为3.53（介于3—4），少年儿童为4.19（介于4—5）。频率统计同样显示，32.70%的图书馆在对农民、农民工和无就业人员所需信息资源建设方面"有绝大部分"或"全面的"信息资源；对于少年儿童，77.90%的图书馆有"有绝大部分"或"全面的"信息资源；残疾人和老年人的情况则介于两者之间。由此可见，公共图书馆较多地关注少年儿童的信息需求及服务，对于其他类型弱势群体所需信息资源建设则相对薄弱。

三是在无障碍环境及无障碍信息资源获取、使用、交流的设施建设上存在不均衡现象。从无障碍环境建设（如残疾人无障碍通道、无障碍洗手间等）来看，数据分析显示，32.20%的图书馆"没有"配备全面的针对弱势群体无障碍信息获取的物理环境，而另有51.80%的图书馆在此方面的建设则"较为完善"和"全面"。再从无障碍设施建设来看，26.10%的图书馆还"没有"或"仅有一点点"面向弱势群体的无障碍信息获取、使用、交流与共享的无障碍条件，如盲人上网装置、老花镜、放大镜、少年儿童的画笔画板等，而55.70%的图书馆在此方面则做得"较为完善"。

2. 不同级别图书馆的对比分析

在公共图书馆针对弱势群体的信息资源建设、无障碍物理环境建设及无障碍信息获取、使用设施建设三个方面，不同行政级别图书馆之间的差距较大（最大与最小均值差距大于1个分数段），呈现出行政级别越高的图书馆，其相关建设越相对完善的特点（见表3—19），而且省级图书馆在这三个方面建设情况要远强于区县级图书馆。具体而言，省级图书馆在此三方面的均值分别为3.81、3.97和4.00，接近"4 = 有绝大部分的"这一等级。区县级图书馆在此三方面的均值则分别为3.48、2.77和3.19，在"3 = 有基本的"附近。此外，各级图书馆在上述三方面得分的总平均分也显示，省级图书馆为3.87，而地市级和区县分别为3.64和3.31。

表3—19　　各级图书馆相关硬件设施建设现状对比——均值统计

保障制度、条件及硬件设施建设	国家级	省级	地市级	区县级	儿童馆	总体
农民、农民工和无就业人员资源及设施（电脑操作、养殖培育阅览室等）	3.00	3.12	3.07	3.06	1.67	2.78
残疾人的信息资源（盲人阅览室、盲文书和资料等）*	5.00	4.06	3.90	3.10	3.17	3.85
老年人信息资源（大字书、养生健康文献等）	3.00	3.76	3.47	3.58	2.33	3.23
少年儿童信息资源（儿童阅览室、儿童读物等）	4.00	4.30	4.14	4.16	4.67	4.25
面向所有弱势群体无障碍信息环境（无障碍通道、无障碍洗手间等）*	5.00	3.97	3.71	2.77	3.50	3.79
面向所有弱势群体无障碍信息获取、使用、交流与共享的无障碍条件*	5.00	4.00	3.56	3.19	3.17	3.78
均值	4.17	3.87	3.64	3.31	3.09	3.61

注：（1）"﹡"表示在0.05水平下显著。

（2）1 = 完全没有；2 = 有一点点；3 = 有基本的；4 = 有绝大部分的；5 = 有全面的。

上述数据充分说明，在保障弱势群体公共信息服务的硬件设施建设方面，行政级别越高的图书馆其建设状况越好。导致这一现状的原因有二：一是行政级别越高的图书馆，其可获得的财政拨款越多、其经费的保障性越高；二是与办馆理念、管理制度、人员素质等有关。事实上，作为对下级图书馆在业务上有指导职责的省级图书馆，其在各方面的条件、人员素质等方面必定高于其下面的各级图书馆，这其中也必然包括服务于弱势群体的条件、理念及服务质量。

除不同行政级别的图书馆在"残疾人信息资源"、"弱势群体信息无障碍信息环境"和"弱势群体无障碍信息获取、使用、交流与共享的无障碍条件"这三项外，其余各项在 0.05 水平下均无显著性差异。

3. 东、中和西部地区图书馆的对比分析

在公共图书馆针对弱势群体的信息资源建设、无障碍物理环境建设及无障碍信息获取、使用设施建设三个方面，亦呈现出东部好于中部、中部又强于西部的局面（见表 3—20），在上述三方面，东、中、西部地区图书馆的均值分别为 3.90、3.50 和 3.31。需要注意的是，在以下四个方面，在 0.05 水平下存在显著性差异：一是"针对残疾人需求的信息资源建设（如有专门的盲人阅览室、配备有盲文书、视听资料等）"，东部地区图书馆的均值为 3.98，非常接近 4，而西部地区的均值为 3.30，介于 3—4，并偏向于 3（有基本的）。二是"针对少年儿童的信息资源建设（如有专门的儿童阅览室、配置了适合少年儿童身心健康的书籍等）"，东部地区图书馆的均值为 4.44，比较接近 5，而西部地区为 3.91，很接近 4。三是"针对弱势群体无障碍信息获取的物理环境（如残疾人无障碍通道、无障碍洗手间等）"，东部图书馆的均值为 4.03，而西部为 2.98。四是对于"弱势群体的无障碍信息获取、使用、交流与共享的无障碍条件（如盲人上网装置、老花镜、放大镜、少年儿童的画笔画板等）"，东部地区均值为 3.94，中部为 3.46，西部为 3.14。东、中和西部地区图书馆在以上四点均在 0.05 水平下有显著性差异（见表 3—20）。

表 3—20　　　各地区图书馆相关硬件设施建设现状对比——均值统计

保障性的基础设施建设	东部	中部	西部	总体
农民、农民工和无就业人员资源及设施（电脑操作、养殖培育阅览室等）	3.26	2.89	3.06	3.07
残疾人的信息资源（盲人阅览室、盲文书和资料等）*	3.98	3.56	3.30	3.61
老年人信息资源（大字书、养生健康文献等）	3.73	3.54	3.45	3.57
少年儿童信息资源（儿童阅览室、儿童读物等）*	4.44	4.36	3.91	4.24
面向所有弱势群体无障碍信息环境（无障碍通道、无障碍洗手间等）*	4.03	3.18	2.98	3.40
面向所有弱势群体无障碍信息获取、使用、交流与共享的无障碍条件*	3.94	3.46	3.14	3.51
平均值	3.90	3.50	3.31	3.57

注：（1）" * "表示在 0.05 水平下显著。

（2）1 = 完全没有；2 = 有一点点；3 = 有基本的；4 = 有绝大部分的；5 = 有全面的。

（五）公共图书馆的保障服务——其他保障条件的创建情况

这里的保障条件是指除上述保障制度、信息资源、无障碍环境及设施之外，为保障弱势群体的公共信息服务权益的实现，公共图书馆还应具备的其他保障条件，包括四个方面：一是创建被保障者的档案；二是主动向上级部门申请有关弱势群体信息获取保障的经费；三是对弱势群体免费开放一般阅览室、少年儿童阅览室、多媒体阅览室（电子阅览室）等场所；四是在服务范围内的各社区设立社区或街道图书馆，或者在乡镇设立农家书屋、阅览室等。

1. 总体分析

第一，对弱势群体用户的档案建设情况（见表3—21）。总体上，公共图书馆在此方面的建设十分薄弱。当受访者被问及"是否有建立全面的服务范围内弱势群体用户档案时"，其描述性均值等于2.59，仅接近选项"3＝有基本的"。频率统计发现，仅19.60%的公共图书馆"有绝大部分的"或者"全面的"档案建设，而31.70%的公共图书馆"有基本"的用户档案建设。形成对比的是，48.80%的图书馆"完全没有"建立弱势群体用户档案或"只有一点点"涉及。由此可见，弱势群体用户档案建设整体上尚未受到公共图书馆的关注，更谈不上重视。

第二，关于保障经费的申请情况。数据分析显示，对于"贵馆会主动向上级部门申请有关弱势群体信息获取保障的经费"这一问题，图书馆选择的均值为3.33，在"3＝偶尔会有"附近。虽然有49.30%的图书馆"经常会有"或者"有"这方面的工作开展，但仍有24.10%的图书馆"完全没有"或"基本没有"开展这项工作。

第三，对于免费场所的开放，如一般阅览室、多媒体阅览室（电子阅览室）、报告厅（培训室、综合活动室）、自修室等公共空间设施场地等，82.40%的图书馆表示在这方面做得"较为全面"，而另有6.00%的图书馆则"完全没有"或"仅有一点点"计划。

第四，关于图书馆在服务范围内的各社区设立社区或街道图书馆，或者在乡镇设立农家书屋、阅览室的情况。数据分析显示，71.30%的图书馆表示在这方面做得"较为全面"或"完善"，但是仍有11.00%尚"没有"相关计划和建设。

表 3—21　　　　　图书馆其他保障条件对比——均值比较

	均值（标准差）	百分比（%）		
		完全没有/有点	有基本	有绝大部分/全面
用户档案建设	2.59（1.08）	48.80	31.70	19.60
	均值（标准差）	百分比（%）		
		完全/基本没有	偶尔有	经常有/计划性、完善的
有关弱势群体信息获取保障经费	3.33（1.18）	24.10	26.60	49.30
免费开放阅览室、多媒体阅览室、报告厅、自修室等场所	4.36（0.96）	6.00	11.60	82.40
设立社区、街道图书馆和农家书屋	4.04（1.10）	11.00	17.70	71.30

注：（1）"＊"表示在0.05水平下显著。

（2）1＝完全没有；2＝有一点点；3＝有基本的；4＝有绝大部分的；5＝有全面的。

2. 不同级别图书馆的对比分析

对于面向弱势群体的用户档案建设，不同行政级别图书馆之间具有差异性，呈现出行政级别越高用户档案建设越完善的特点。比如，省级图书馆得分均值为2.91，而地市级和区县级的图书馆分别为2.66和2.41。此外，不同行政级别图书馆在这方面的差异在0.05水平下并不显著（见表3—22）。

对于保障经费的主动申请，省级图书馆得分均值为3.64，更接近于"4＝有绝大部分的"。然而，地市级和区县级图书馆得分均值分别为3.30和3.22，十分接近"3＝有基本的"的水平。

对于免费开放各种阅览室、活动场所问题，省级图书馆均值得分为4.55，总体上建设得较为全面。地市级和区县级图书馆的均值分别为4.27和4.34，接近4，即表示提供"有绝大部分"以上场所的免费开放服务。

对于设立社区、街道图书馆和农家书屋，省、市和区县三级图书馆的情况却呈现行政级别越低的图书馆其建设情况越好的局面。如表3—22所示，在此方面，省、市和区县三级图书馆的得分均值分别为3.85、3.95和4.17。

表3—22　　　各级图书馆其他保障条件对比——均值比较

	国家级	省级	地市级	区县级	儿童馆	总体
用户档案建设 *	3	2.91	2.66	2.41	2.67	2.73
有关弱势群体信息获取保障经费申请	4	3.64	3.3	3.22	3.33	3.5
免费开放一般阅览室、多媒体阅览室、报告厅、自修室等场所	4.00	4.55	4.27	4.34	4.67	4.37
设立社区、街道图书馆和农家书屋	4.00	3.85	3.95	4.17	4.17	4.03

注：（1）"＊"表示在0.05水平下显著。

（2）1＝完全没有；2＝有一点点；3＝有基本的；4＝有绝大部分的；5＝有全面的。

3. 东、中和西部公共图书馆的对比分析

相比较而言，在弱势群体的用户档案建设方面，呈现出东部图书馆好于中部图书馆、中部图书馆又好于西部图书馆的局面。如表3—23所示，东部地区图书馆得分均值为2.89，中部和西部地区的图书馆分别为2.62、2.38。此外，不同地区图书馆在这方面的差异在0.05水平下并不显著。

在向上级主管部门申请保障经费方面，西部、中部和东部图书馆的得分均值分别为3.27、3.34和3.50。即这项工作的开展正在从3向4过渡，但幅度不大。

在免费开放一般阅览室、多媒体阅览室、报告厅、自修室等场所方面，如表3—23所示，东、中、西部地区图书馆情况非常接近，都超过4（有绝大部分的），各地区得分的最大差异不超过0.17。

在设立社区、街道图书馆和农家书屋方面，东部和西部地区图书馆情况强于中部，中部地区图书馆的分值还未达到4（有绝大部分的）（见表3—23）。

表3—23　东、中、西部地区图书馆其他保障条件对比——均值比较

	东部	中部	西部	均值
用户档案建设*	2.89	2.62	2.38	2.63
有关弱势群体信息获取保障经费申请	3.5	3.34	3.27	3.37
免费开放一般阅览室、多媒体阅览室、报告厅、自修室等场所	4.44	4.49	4.32	4.42
设立社区、街道图书馆和农家书屋	4.19	3.89	4.12	4.07

注：（1）"＊"表示在0.05水平下显著。

（2）1＝完全没有；2＝有一点点；3＝有基本的；4＝有绝大部分的；5＝有全面的。

（六）公共图书馆的保障服务——面向弱势群体的信息服务状况

保障弱势群体的公共信息服务权益，具体体现在图书馆所开展的面向弱势群体的各种服务中。具体而言，包括四个方面的服务。

第一，图书馆开展的基本信息服务，包括文献资源借阅、检索与咨询、公益性讲座和展览。

第二，辅助图书馆基本职能实现的服务，包括办证、验证、存包等服务。

第三，针对不同类型弱势群体的特点及信息需求开展的特色服务，如向享受信息低保的特定弱势群体提供的信息产品服务；向出行不便的老人或残疾人提供送书上门服务；针对急于就业的无就业人员和农民、农民工，编制并向其提供《就业信息报》服务；针对视力障碍的盲人，提供"读"书服务；为少年儿童开展了推荐书目服务和其他读书活动；为弱势群体开设了信息检索培训课；专门为无就业人员和农民、农民工定期举办就业信息讲座、培训班；与政府普法办、律师事务所等共同成立"普法教育基地"、"法律文献中心"，以加强弱势群体获取法律信息的意识和能力的服务等。

第四，面向弱势群体的延伸服务，如与文化教育、法律、经济、医疗、新闻媒介等部门合作开展的弱势群体信息获取服务，设立流动图书馆等。

为从总体上反映上述服务，本研究将服务水平分成5个等级并设置对应分值（1 = 完全没有；2 = 基本没有；3 = 偶尔会有；4 = 经常会有；5 = 有，而且是有计划性的、完善的）来衡量。

1. 总体分析

第一，数据分析显示，有4个针对弱势群体的服务项目均值介于"2 = 基本没有"和"3 = 偶尔会有"之间（见表3—24）。这说明总体上，公共图书馆在此方面的投入或服务力度较为薄弱。

针对急于就业的无就业人员和农民、农民工，编制《就业信息报》等，并免费、及时发放到他们手中的服务（简称推送就业信息），其均值为2.62，且有46.70%的图书馆"完全没有"或"基本没有"此类服务。

针对弱势群体开设的信息检索培训课程（简称信息检索培训课程），其均值为2.90，且有36.70%的图书馆"完全没有"或"基本没有"此类服务。

专门针对无就业人员和农民、农民工定期举办就业信息讲座、培训班，提高其主动寻找就业信息的意识和能力等的服务（简称提高信息意识的讲座），其均值为2.92，且有36.20%的图书馆"完全没有"或"基本没有"此类服务。

与政府普法办、律师事务所等共同成立"普法教育基地"、"法律文献中心",以加强弱势群体获取法律信息的意识和能力的服务活动(简称提升法律及维权意识讲座活动等),其均值为2.86,且有34.70%的图书馆"完全没有"或"基本没有"此类服务。

第二,另有5个针对弱势群体的服务项目其均值大于"3=偶尔会有"但是小于或等于3.5(见表3—24)。这说明总体上,公共图书馆在这些方面做了一些工作,但还非常有限。

针对视力障碍的盲人的"读"书服务(简称"读"书服务),其均值为3.22,且有35.70%的图书馆"完全没有"或"基本没有"此类服务。

面向享受城市最低生活保障的弱势群体免费提供有助于其维持基本生活的信息或信息产品服务(简称基本生活的信息或信息产品),其均值为3.02,且有32.20%的图书馆"完全没有"或"基本没有"此类服务。

针对出行不便的老人或残疾人提供送书上门服务(简称送书上门服务),其均值为3.28。其中,有48.30%的图书馆在此方面"经常"或者"系统"开展此类服务,但有27.10%的图书馆"没有"此类服务。

与文化馆、档案馆等一起成立读者俱乐部,开展丰富多彩的文化、科普、娱乐活动(简称与文化馆和档案馆合作提供服务),其均值为3.41。其中,有49.70%的图书馆表示"经常"或"较为完善地"开展合作服务,但有21.10%的图书馆"完全没有"或"基本没有"此类服务。

积极与文化教育、法律、经济、医疗、新闻媒体部门合作开展弱势群体信息获取服务(简称与社会各界合作提供服务),其均值为3.50。其中,有52.20%的图书馆在此方面做得"很好",但有23.60%的图书馆"完全没有"或"基本没有"此类服务。

表 3—24　公共图书馆面向弱势群体的信息服务——均值和频率统计

弱势群体服务项目	均值（标准差）	百分比（%）		
		完全/基本没有	偶尔有	经常有/有，且是有计划性、完善的
编制并免费、及时发放就业信息服务	2.62（1.11）	46.70	33.20	20.10
信息检索培训课程	2.90（1.19）	36.70	32.60	30.70
提高信息意识的讲座	2.92（1.09）	36.20	30.70	33.10
提升法律及维权意识讲座活动等	2.86（1.16）	34.70	28.70	36.60
"读"书服务	3.22（1.40）	35.70	14.60	49.70
基本生活的信息或信息产品	3.02（1.13）	32.20	32.70	35.10
送书上门服务	3.28（1.22）	27.10	24.60	48.30
与文化馆和档案馆合作提供服务	3.41（1.19）	21.10	29.20	49.70
与社会各界合作提供服务	3.50（1.17）	23.60	24.20	52.20
政府信息公开及相关查询服务	4.02（1.09）	11.60	16.10	72.30
基本文化服务项目	4.13（1.01）	7.50	19.70	72.80
少年儿童书目推荐	3.96（1.06）	9.00	20.10	70.90
流动图书馆	3.94（1.30）	17.10	12.10	70.80
辅助其基本职能实现的服务	4.24（1.00）	6.50	15.10	78.40

注：（1）"＊"表示在 0.05 水平下显著。

（2）1＝完全没有；2＝基本没有；3＝偶尔会有；4＝经常会有；5＝有，而且是有计划性的、完善的。

第三，还有 5 个服务项目的均值十分接近于 4（经常会有）或者大于 4（见表 3—24）。这说明总体上，公共图书馆较为重视这些方面的工作。

面向弱势群体开展政府信息公开及相关查询服务（简称政府信息公开及相关查询服务），其均值为 4.02。其中，有 72.30% 的图书馆"经常有"或者能"较为完善"地提供这方面的服务，而只有 11.60% 的图书馆"完全没有"或"基本没有"此类服务。

免费为弱势群体提供文献资源借阅、检索与咨询、公益性讲座和展览、基层辅导、流动服务等基本文化服务项目（简称基本文化服务项目），其均值为 4.13。其中，有 72.80% 的图书馆"经常"或"较完善"地开展此类服务，但有 7.50% 的图书馆"完全没有"或"基本没有"此类服务。

为少年儿童开展推荐书目服务和其他读书活动，并建立了网络少儿园地等服务项目，其均值为 3.96。其中，有 70.90% 的图书馆"经常"或"较完善"地开展此类服务，而有 9.00% 的图书馆"完全没有"或"基本没有"此类服务。

设立流动图书馆，以方便弱势群体信息获取的服务，其均值为 3.94。其中，有 70.80% 的图书馆"经常"或"较完善"地开展此类服务，而有 17.10% 的图书馆"完全没有"或"基本没有"此类服务。

免费为弱势群体提供辅助其基本职能实现的相关服务如办证、验证、存包等（简称辅助其基本职能实现的服务），其均值为 4.24。其中，78.40% 的图书馆"经常"或"较完善"地开展此类服务，而仍有 6.50% "完全没有"或"基本没有"此类服务。

2. 不同级别图书馆的对比分析

总体上，公共图书馆针对弱势群体的信息服务呈现出行政级别越高的图书馆，其服务水平越完善、计划性越强的特点。除第一种服务（"推送就业信息"）外，省级图书馆所开展的其他服务的得分均值都要高于地市级和区县级图书馆。对于地市级图书馆，15 项服务中的 11 项要高于区级图书馆。国家级和少年儿童图书馆由于样本较少，故不被纳入对比范围。此外，15 项服务中的 4 项服务在 0.05 水平下表现出显著性差异（见表 3—25）。

首先，对于总体均值小于 3 的 5 项服务（这些服务项目图书馆"基本没涉及"，或可能偶尔会涉及），总体上，省级图书馆的服务状况略强于地市级和区县级图书馆。这主要表现在信息检索培训课程、提高信息意识的讲座和提升法律及维权意识讲座活动服务这三项服务上。然而，区县级图书馆在编制并免费及时发放就业信息服务上却强于省级和地市级图书馆。虽然区县级图书馆可能更接近农民、农民工等群体，但在大批农民工涌入各级城市的今天，省级和地市级图书馆的服务对象中同样会有大量的弱势群体。因此，这一现状只能说明，省级和地市级图书馆还未在服务弱势群体的就业信息获取上引起重视。需要说明的是，提高就业意识的讲座和基本生活的信息或信息产品推送这两个服务项目在 0.05 水平下有显著性。

其次，对于样本总体均值大于 3 而小于 3.5 的服务项目（这些服务项目只是"偶尔"为图书馆所涉及），总体上省级图书馆服务状况要好于地市级和区县级图书馆，而地市级图书馆的服务情况同样好于区县级图书馆。这类服务包括"读"书服务和送书上门服务。总的来看，除其中的"读"书服务区县级图书馆与省级和地市级差别明显外，对送书上门服务，三个级别图书馆的情况差异不大。也就是说，其服务水平在总体上亦较接近。

表 3—25　各级图书馆面向弱势群体的信息服务现状对比——均值比较

信息获取直接服务	国家级	省级	地市级	区县级	儿童馆	总体
编制并免费、及时发放就业信息服务	2.00	2.55	2.64	2.71	1.05	2.19
信息检索培训课程	3.00	3.21	2.95	2.80	2.00	2.79
提高信息意识的讲座*	2.00	3.03	2.75	3.13	1.67	2.52
提升法律及维权意识讲座活动等	3.00	3.12	3.01	2.92	2.67	2.94
"读"书服务	4.00	3.64	3.40	2.95	2.50	3.30

续表

信息获取直接服务	国家级	省级	地市级	区县级	儿童馆	总体
基本生活的信息或信息产品推送*	4.00	3.00	3.22	2.92	1.83	2.99
送书上门服务	3.00	3.39	3.37	3.17	3.17	3.22
与文化馆和档案馆合作提供服务	3.00	3.61	3.32	3.35	4.50	3.56
与社会各界合作提供服务	4.00	3.88	3.48	3.36	3.67	3.68
政府信息公开及相关查询服务*	4.00	4.42	4.10	3.92	2.33	3.75
基本文化服务项目	4.00	4.52	4.07	4.03	4.17	4.16
少年儿童书目推荐	3.00	4.36	3.84	3.90	4.50	3.92
流动图书馆	3.00	3.76	4.07	3.87	4.67	3.87
辅助其基本职能实现的服务*	4.00	4.52	4.26	4.08	4.67	4.31
平均	3.28	3.64	3.46	3.36	3.09	3.37

注：（1）"*"表示在0.05水平下显著。

（2）1＝完全没有；2＝基本没有；3＝偶尔会有；4＝经常会有；5＝有，而且是有计划性的、完善的。

再次，对于样本总体均值大于3.5的服务项目（图书馆会"经常"向读者提供此类服务项目），总体上省级图书馆服务状况要好于地市级和区县级图书馆，地市级和区县级图书馆两者服务水平较为接近。这类服务项目包括与文化馆和档案馆合作提供服务、与社会各界合作提供服务、政府信息公开及相关查询服务、基本文化服务项目、少年儿童书目推荐、流动图书馆和辅助其基本职能实现的服务。需要说明的是，政府信息公开及相关查询服务和辅助其基本职能实现的服务这两个服务项目在0.05水平下有显著性。

由此可见，从总体上看，省级图书馆针对弱势群体的信息服务状况要强于地市级和区县级图书馆。同时，地市级和区县级图书馆两者的服务水平差别并不十分明显。

3. 东、部和西部地区图书馆的对比分析

首先，总体上东部地区图书馆面向弱势群体的信息服务水平要高于中部，而中部地区又强于西部地区。针对上述面向弱势群体的14 项服务项目，东部地区图书馆得分均值为 3.64，中部地区图书馆得分均值为 3.42，西部地区图书馆得分均值是 3.39（见表 3—26）。虽然三个地区图书馆差别介于 0.03—0.25，但是这同样能在一定程度上反映出三个地区服务水平的差异。

其次，对于西部地区图书馆，其有 2 项服务项目的得分均值高于东部和中部地区图书馆。一项是面向无就业人员和农民、农民工定期举办的就业信息讲座、培训班，以提高其主动寻找就业信息的意识和能力（"提升信息意识的讲座"）等的服务，西部地区均值得分为 3.14。另一项服务是流动图书馆，西部地区得分均值为 4.08，比中部和东部地区分别高 0.31 个和 0.02 个单位水平。可见，西部地区图书馆更关注弱势群体的就业状况，更注重流动图书馆的建设。

再次，对于中部地区图书馆，其有 3 项服务项目的均值得分高于东部和西部地区图书馆。这 3 项服务分别是与文化馆和档案馆合作提供服务、基本文化服务项目，以及辅助其基本职能实现的服务项目（见表 3—26）。由此可见，中部地区图书馆的服务特色更在于开展部门合作。

最后，对于东部地区图书馆，其有 9 项服务项目的均值得分高于中部和西部地区图书馆。这 10 项服务分别是推送就业信息、信息检索培训课程、提升法律及维权意识讲座活动、"读"书服务、基本生活的信息或信息产品推送、送书上门服务、与社会各界合作提供服务、政府信息公开及相关查询服务和少年儿童书目推荐服务（见表 3—26）。可见，东部地区图书馆的服务特色在于更关注弱势群体的信息意识和信息获取能力的提升。需要说明的是，信息检索培训课程、提升法律及维权意识讲座活动、与社会各界合作提供服务以及少年儿童书目推荐服务这 4 个服务项目在 0.05 水平下有显著性。

表 3—26　　　　　各地区图书馆面向弱势群体的信息
服务现状对比——均值比较

信息获取直接服务	东部	中部	西部	总体
推送就业信息	2.77	2.57	2.65	2.66
信息检索培训课程*	3.32	2.75	2.79	2.95
提高就业信息意识的讲座	2.87	2.92	3.14	2.98
提升法律及维权意识讲座活动等*	3.40	2.67	3.03	3.03
"读"书服务	3.52	3.07	3.20	3.26
基本生活的信息或信息产品推送	3.34	2.97	2.91	3.07
送书上门服务	3.44	3.31	3.21	3.32
与文化馆和档案馆合作提供服务	3.42	3.56	3.47	3.48
与社会各界合作提供服务*	3.85	3.57	3.26	3.56
政府信息公开及相关查询服务	4.27	3.97	3.91	4.05
基本文化服务项目	4.23	4.25	4.06	4.18
少年儿童书目推荐*	4.19	4.18	3.65	4.01
流动图书馆	4.06	3.77	4.08	3.97
辅助其基本职能实现的服务	4.35	4.39	4.11	4.28
平均	3.64	3.42	3.39	3.49

注：（1）"＊"表示在 0.05 水平下显著。

（2）1 = 完全没有；2 = 基本没有；3 = 偶尔会有；4 = 经常会有；5 = 有，而且是有计划性的、完善的。

三　小结

中国公共图书馆所开展的弱势群体公共信息服务权益保障服务现状呈现如下特点。

第一，在对弱势群体的基本情况、信息需求和信息获取习惯的了解方面，总体上，公共图书馆都有一定了解，但并不十分熟悉。总的来看，最了解的弱势群体由强至弱依次为少年儿童、老人、残疾人、农民和农民工、无就业人员。在纵向上，一般情况下，图书馆的行政级别越高，其对弱势群体基本情况、信息需求及获取习惯的了解程度就越高，且这种差异具有显著性；而就横向看，总体上东部、中部地区图书馆对弱势群体基本情况、信息需求及获取习惯的了解程度要比西部地区高。

第二，在公共图书馆为保障弱势群体公共信息服务权益而进行的相关保障制度建设上，其总体状况不容乐观，有少部分图书馆完全没有进行相关保障制度的建设工作。从纵向看，呈现出行政级别越高的图书馆其保障制度越完善的特点；从横向看，东部地区图书馆有更完善的规划和细节，其次是西部图书馆，中部图书馆在此方面的状况弱于东部和西部。

第三，在针对弱势群体的信息资源建设、无障碍物理环境建设和无障碍设施建设等方面，总体上，公共图书馆之间存在不均衡发展状况。

一是图书馆之间对不同类型弱势群体所需资源的建设存在一定程度的两极分化现象。

二是公共图书馆在不同类型弱势群体所需信息资源及设施建设上存在不均衡现象，其较多地关注的是少年儿童、老年人和残疾人的信息需求及服务，对于农民、农民工和无就业人员所需信息资源建设则相对薄弱。

三是在无障碍环境及无障碍信息资源获取、使用、交流的设施建设上存在不均衡现象。

从纵向看，不同行政级别图书馆之间的差距较大，呈现出行政级别越高的图书馆其相关建设相对越完善的特点，而且省级图书馆在这三个方面建设情况要远强于区县级图书馆。再从横向看，就东、中、西部图书馆而言，在此方面亦呈现出东部好于中部、中部又强于西部的局面。

第四，对于其他保障性条件的创建情况，情况又有所不同。在总体上，公共图书馆对弱势群体用户的档案建设十分薄弱；会主动申请保障性经费的图书馆占比不足50%，说明这项工作还未普遍引起图书馆的重视；有大多数（70%以上）的图书馆在服务范围内的各社区设立社区图书馆或街道图书馆，或者在乡镇设立农家书屋、阅览室；超过82%的图书馆实现了一般阅览室、多媒体阅览室（电子阅览室）、报告厅（培训室、综合活动室）、自修室等空间设施场地的免费开放。在纵向上，呈现出行政级别越高用户档案建设越完善的特点；在保障经费的申请上呈现出省级图书馆较地市、区县级图书馆主动性更强、工作更到位的局面；在免费开放各种阅览室、活动场所上，省、地市和区县级图书馆工作都开展得较好，差异不明显；对于设立社区、街道图书馆和农家书屋，呈现行政级别越低的图书馆其建设情况越好的局面。从横向上看，在弱势群体的用户档案建设方面，呈现出东部图书馆好于中部图书馆、中部图书馆又好于西部图书馆的局面；在申请保障经费方面，东部稍强，西部最弱，但三地差距非常小；在免费开放一般阅览室、多媒体阅览室、报告厅、自修室等场所方面，东、中、西部地区图书馆情况非常接近，都超过4（有绝大部分），且各地区得分的最大差异不超过0.17；在设立社区、街道图书馆和农家书屋方面，东部和西部地区图书馆情况强于中部，中部地区图书馆的分值还未达到4（有绝大部分）。

第五，在针对弱势群体的15项信息服务方面，总体上看，公共图书馆在5项服务（推送就业信息、信息检索培训课程、定期举办提升就业信息意识的讲座、提升法律及维权意识讲座活动和提供维持其基本生活的信息或信息产品服务）上的投入或服务力度较为薄弱；在3项服务（面向视力障碍的盲人的"读"书服务、专题信息推送服务和送书上门服务）上有一定投入；有7项服务（与文化馆和档案馆合作提供服务、与社会各界合作提供服务、面向弱势群体开展政府信息公开及相关查询服务、免费为弱势群体提供基本文化服务项目、为少年儿童开展推荐书目服务、流动图书馆服务和辅助其基本职能实现的服务）受到图书馆的普遍重视。从纵向上看，省级图书馆服务状况和水平总体上要高于地市级和区县级图书馆，而地市级和区县级图书馆两者在服务水平上的差别并不十分明显。从横向上看，总体上，东部地区图书馆面向弱势群体的服务水平要高于中部，而中部地区又强于西部地区。然而，各地区图书馆都有自己的特色，西部地区图书馆具有更关注弱势群体就业状况的服务特色，中部地区图书馆的特色在于开展部门合作服务，东部地区图书馆的服务特色在对弱势群体的信息意识和信息获取能力的提升方面。

第四章　弱势群体公共信息服务权益的理论与实践依据

弱势群体公共信息服务权益无论在理论还是实践中都有其存在的依据。总的来说，弱势群体公共信息服务权益依托于人权理论、人民主权理论和科学发展观理论而存在，在现实中有各种法律法规依据。

第一节　弱势群体公共信息服务权益存在的理论依据

一　人权理论

（一）人权的含义

关于人权，人们有不同表述。中国《人权大辞典》定义："人权顾名思义就是人的权利，或者说，是人类每个成员可享受或有权享受的各种权利。"此外，还有许多学者也对其进行界定。刘海年认为："所谓人权，即人享有和应当享有的权利，换句话说，就是人的权利。这里所说的人，包括男人和女人，老人和幼童，健康人和残疾人，本国人和外国人，有国籍人和无国籍人，以及战争俘虏和罪犯，总之，包括一切人。这里所说的权利，包括公民的政治权利，也包括经济、社会和文化权利，还包括环境权利，总之包括人应享有的一切权利。"[①] 李步云认为："人权（human rights）是人依

---

① 刘海年编：《新中国人权保障发展六十年》，中国社会科学出版社 2012 年版，第14 页。

其自然属性和社会本质所享有和应当享有的权利。"[①] 卓泽渊认为：
"人权是人所应当享有的权利，是以人的自然属性为基础、社会属
性为本质的，人被当作人来对待的属于人的权利。"[②] 美国学者唐
纳利认为："人权是一种特殊的权利，一个人之所以拥有这种权利，
仅仅因为他是人，因此，它们是最高级的道德权利。"[③]

上述定义虽然在表述上有一定差异，但在以下几方面是有共
识的。

第一，人权是人应当享有的权利。它强调人权是"人凭借人的
资格所享有的权利"。即人是人权的主体。需要注意的是，尽管不
同国家或地区、不同时代对于"人的范围"的理解是不完全相同
的，但是这里所说的"人"应包括一切人，而无论其性别、年龄、
健康状况、国籍、财产等。

第二，人权是人应当享有、可以享有的各种权利。强调人权并
不仅仅包括如生命权、生存权、自由权和平等权等基本权利，还应
包括其应当享有、可以享有的其他各种权利。

第三，人权是人的"应有权利"，因人的自然属性和社会属性
而生。人为了生存就产生了相应的生理和心理等方面的基本需求，
形成人的自然属性，而对这些需求的满足需要人拥有相应的人权。
同时，作为社会的人，在各种社会活动中，必须遵循特定的社会、
法律规范，也需要有特定的社会、法律规范来保护自己。换句话
说，作为社会的人也必须拥有相应的人权，如经济权、文化权、发
展权等。因此，从本来意义上讲，人权是人因人的自然和社会属性
而产生的应有权利，其存在并不以法律是否确认为转移，因而人权
不是固定不变的，它会随着一个国家社会经济、政治和文化的发展
而发展。

在对人权的认识上，因人权的原发而出现的"天赋人权"说

[①] 信春鹰：《人权概念与国际社会的人权观》，载《当代人权》，中国社会科学出
版社1992年版，第78页。

[②] 卓泽渊：《法治国家论》，法律出版社2003年版，第48页。

[③] 沈宗灵、黄楠森：《西方人权学说（下）》，四川人民出版社1994年版，第8页。

（只强调人的自然属性，不讲人的社会本质）、"商赋人权"说（认为人权是商品经济的产物）、"法定人权"说（认为人权是由法律规定所产生的）等都有片面性，[①]都只看到了人权来源的一个方面，这会使人权的保护要么不全面、要么落入空话。因为离开了人生活的社会环境来谈自由、平等是没有任何意义的。

人权的基本价值就是自由和平等。也就是说，人权首先要保护的就是人作为人应享有的自由，要能自己为自己做主，否则就失去了做人的价值。而作为社会的人，人与人之间在权利上的一律平等，则是人权保护的目的。1948 年联合国通过的《世界人权宣言》就明确规定："人人生而自由，在尊严和权利上一律平等"，"每一个人都享有本宣言规定的一切权利和自由，不分种族、肤色、性别、语言、宗教、政见、国籍或社会出身、财产、出生或其他身份等任何区别"。

人权的存在形态有三种：一是应有权利，二是法定权利，三是实有权利。如上所述，应有权利即指人按其自然和社会属性所应当享有的权利。法定权利则是应有权利的制度化和法律化，它使作为应有权利的人权能够通过国家强制力得到有效保障。实有权利则是指在社会生活中权利主体实际拥有的权利。

（二）人权发展历程——三代人权理论

对人权的发展历程，目前在国际社会具有很大影响的是联合国教科文组织专家瓦萨克提出的"三代人权"理论。

第一代人权——公民权利和政治权利，即自由权（如人身人格权利、生命权、人身自由权、言论自由权、选举与被选举权等不被剥夺或受侵害等）。它形成于 17、18 世纪的资产阶级革命时期，以美国的《独立宣言》和法国的《人权与公民权宣言》为主要诞生与确立标志。其核心是一种免于国家干预与束缚的自由，故其实现手段是国家的不作为，因此第一代人权亦被称为消极权利。第一代

---

① 刘海年编：《新中国人权保障发展六十年》，中国社会科学出版社 2012 年版，第 4 页。

人权使"法律面前人人平等"得以实现。它只强调"人"这一人的共性，而不强调种族、肤色、性别、语言、宗教、政见、国籍或社会出身、财产、出生等人的差异性，故这是一种形式上的平等。

第二代人权——社会、经济和文化权利，即社会权（如就业权、休息权、健康权、受教育权等）。它形成于 19 世纪，20 世纪之后开始盛行，与社会主义思潮和运动相联系，并"受西方福利国家概念的影响，其核心是要求平等和社会公正，需要国家采取积极的行动，也被称为积极权利"①。第二代人权的出现背景与当时资本主义社会固有矛盾的激化、社会的动荡和不稳定密切相关。在此不稳定的社会背景下，国家权力机关的"积极作为成为需求。即要求国家和社会的'作为'，以使人们的经济、文化、社会权利诸如就业权、休息权、社会福利权等得以实现"②。可见，社会权利的实现有赖于相关义务承担者提供相关的资源及服务。

第三代人权——和平权、环境权、发展权、人道主义援助权等，并以发展权为代表。它形成于第二次世界大战时期，是在反对殖民主义压迫的民族解放运动中产生并发展的。它"是对全球相互依存这一时代现象的回答，涉及人类生存条件面临的各种重大问题，需要通过国际合作来加以解决，因此，又被称为'社会连带权利'"③。这从联合国大会 1986 年 12 月 4 日第 41/128 号决议中得到了充分说明："大会承认发展的目的是在全体人民和所有个人积极、自由和有意义地参与发展及其带来的利益的公平分配的基础上，不断改善全体人民和所有个人的福利，认为根据《世界人权宣言》的规定，人人有权要求一种社会的和国际的秩序，在这种秩序中，本宣言所载的权利和自由可得到充分实现……"据此，该41/128 号决议通过的《发展权利宣言》第 1 条规定："发展权利是一

---

① 张晓玲主编：《人权理论基本问题》，中共中央党校出版社 2006 年版，第 9 页。
② 李步云：《论个人人权与集体人权》，《中国社会科学院研究生院学报》1994 年第 6 期。
③ 张晓玲主编：《人权理论基本问题》，中共中央党校出版社 2006 年版，第 10 页。

项不可剥夺的人权，由于这种权利，每个人和所有各国人民均有权参与、促进并享受经济、社会、文化和政治发展，在这种发展中，所有人权和基本自由都能获得充分实现。"可见，第三代人权将人权保护从个人扩展到国际环境，扩展到全球化视野下，在这个多彩的世界中，人权具有了更新的含义和价值取向。现在，联合国的一系列人权文件（如《世界人权宣言》、《公民权利和政治权利国际公约》、《经济、社会、文化权利国际公约》）都已对其内容进行了确认。

必须强调的是，随着社会发展而相继出现的三代人权，虽然体现了在不同社会发展阶段人权整体上重心的一个转移，但并不意味着它们之间会相继取代。社会权不能取代自由权，而发展权同样不能取代社会权和自由权。相反，无论在什么样的社会发展阶段，自由权永远都是人权的根本，是人权中最根本的权利。社会权和发展权最终都服务于自由权的实现，是以自由权为价值指归的。

（三）人权是弱势群体公共信息服务权益存在的基石

自由权、社会权和发展权，从形式上的平等和自由到对实际平等和公正的追求，再到全球化视野下、在国际社会新秩序中，权利和自由的充分实现，充分诠释了人权的内涵、价值取向、追求和发展历程，成为弱势群体公共信息服务权益存在的基石。

第一，从自由权上看。自由权是一种排除了人的个性差异，只基于人的共性，即人这一属性即可享有的权利，实现了法律面前的人人平等。这虽只是一种形式上的平等，然而它让社会弱势群体与社会强势群体在形式上站在了同一个台阶上。这是一个历史性的飞跃，它为弱势群体实现在法律面前实质性的平等奠定了基础。正是有了该基础，弱势群体才能理直气壮地享有与社会强势群体平等的各种社会权利。公共信息服务是国家和社会相关主体为满足社会公众的公共信息需求而进行的公共信息开发、采集、加工、处理、公开、提供等一系列活动。如果说社会强势群体为此享有相应的公共信息服务权益的话，社会弱势群体也必然同样享有。《世界人权宣言》第2条、第7条明确规定："人人生而自由，在尊严和权利上一律平等。""法律面前人人平等，并有权享受法律的平等保护，不受任何歧视。"中国《宪法》第 23 条规定："中华人民共和国公民在法律面前一律平等。"

第二，从社会权上看。首先，"社会权在本质可以说是社会弱势群体在权利的享有和实现上的优先权"①。虽然社会权的权利主体依然是所有国民，但是无论在权利起源上还是在权利价值取向上，都表现出是以社会弱势群体为优先主体。如上所述，社会权是一项需要国家和社会积极作为的积极权利，是在化解日益激化的资本主义社会固有矛盾中应运而生的，这就充分说明其主要的价值指归实质上就是通过国家的积极作为，为社会弱势群体寻求实质上的平等和社会公正，使弱势群体能过上如同正常人般有尊严的生活，进而来实现社会的和谐发展。事实上，最需要国家积极作为、提供帮助的对象主要就是社会弱势群体。其次，社会权的出现使包括弱势群体公共信息服务权益在内的"类人权"成为现实。自由权虽然让弱势群体在法律面前得到了平等，但由于其弱势性而缺乏实现权利的条件，这种平等就只是形式上的，在某种意义上，它可能还会掩盖实际上的不平等。事实上，"在各个国家，法律的普遍精神是有利于强者而不利于弱者"②。因此，按照社会权的价值取向和目标，需要对特殊类型群体（主要是实现其自由权有障碍的某类群体，如弱势群体）给予特殊援助或保护。"类人权"顾名思义就是具有某种共同特质的特定类型人群所享有的人权。"类人权主体的出现超越了抽象的一视同仁，开始根据人的特质区别对待，但区别对待的主体不是占据社会主流的人从而使他们获得特权，而是基于各种各样的原因处于弱势地位、存在权利实现障碍的人。这种根据类的区别对待，实质上是要在更深层次意义上实现一视同仁。"③ 在社会发展到信息时代的今天，弱势群体又发展成为信息穷人，成为信息弱势群体。其在对信息安全性的甄别上，对

① 吴宁：《社会弱势群体权利保护的法理》，科学出版社 2008 年版，第 52 页。

② ［美］布莱克：《法律的运作行为》，唐越、苏力译，中国政法大学出版社 2004 年版，第 13 页。

③ 吴宁：《社会弱势群体权利保护的法理》，科学出版社 2008 年版，第 60 页。

信息的知悉、获取的机会和条件以及具体的利用上都面临着其他强势群体所未面临的种种障碍。为此，就迫切需要基于弱势群体的特殊情况，基于信息无障碍理念，给予其相应的权利保护、援助和救济。只有这样才能使弱势群体在信息社会能与强势群体真正平等共享社会经济文化发展成果。再次，从信息对人类生存与发展的作用上看，不安全的信息，不平等的信息知悉、获取和利用，待遇、机会和条件不到位甚至欠缺的信息援助都会使弱势群体在经济社会中应享有的其他社会权利（如就业权、教育文化权、健康权、各种社会保障权等）难以得到有效实现，甚至成为空置权利，这不利于社会权价值目标的实现。从这个视角看，社会权也理应包括信息安全权、信息平等权、信息自由权和信息特殊保护权等公共信息服务权益。最后，从个体权益看，安全权作为基本人权，必然全面覆盖相关主体的各个方面，对于弱势群体这种需要得到特殊保护的群体而言，就理应包含安全地、无障碍地知悉、获取和利用安全的，非欺诈性的，真实可靠的，不会对弱势群体人身、财产和相关合法权益造成侵犯、损害和威胁的公共信息及其服务的权利。相应地，信息平等权、信息自由权、信息援助权和信息救济权等都必然成为人权不可或缺的重要组成部分，这符合人权保护从形式到实质的发展规律。权利越具体，针对性就越强，就越具有可操作性，其从形式到实质趋向性就越强。

第三，从发展权上看。发展权作为一项重要人权，其显著特点有二：一是将人权从国内视野扩展到国际视野或全球化视野下，旨在不断改善全体人民和所有个人的福利，强调发展的整体性。二是将人权置于经济、社会、文化和政治的全面发展进程中进行考察，其核心是"关于发展机会均等和发展利益共享的权利"，强调发展的全面性、可持续性和协调性。这实际上就是从整个人类社会发展的生态系统来统筹考虑弱势群体权利保障问题，有利于实现弱势群体权利的系统保障，体现了弱势群体权利保障上从"事后性矫正性救济性保护"发展到了"事前预防性导向性保护"，力图通过改善权利保障的外部环境来根除弱势群体形成的外部障碍，这对弱势群体权利发展与保障具有更直接、更重要的意义。事实上，只有在弱势群体得到切实保护、应有人权全部变成实有人权、弱势状况逐渐消除的情况下，社会才会趋于和谐，这才是社会的真正发展。而这正是发展权力图解决的问题。

发展权既要确保社会个体成员平等享有参与、促进社会发展的机会和条件，又要确保其能公平共享社会发展所带来的利益。因此，发展权的内容理应覆盖有利于所有这一切得以实现的各个方面。而对安全的、有价值、有针对性信息的自由、平等、及时、无障碍的知悉、获取和利用就是其中不可或缺的内容。

就信息安全权而言，安全的、真实可靠的公共信息及其服务是确保弱势群体参与、促进和共享社会发展所带来利益的基础和前提。

就信息平等权和信息自由权而言，自由、平等本是最基本的人权，而在社会发展到信息时代的今天，正如2003年12月联合国在日内瓦召开的信息社会世界首脑会议发表的政治声明所言，"信息的公平获取是社会可持续发展的必要因素"，因此，平等地、自由地享有发展的机会和条件同样必须以对信息的平等、自由获取和利用为基础和前提。所以，发展权中其实内含着信息自由权和信息平等权。

信息特殊保护权作为针对弱势群体的一种"类人权"，其实也同样内含在发展权中。只要有利于弱势群体的发展，都应属于发展权的权利内容。毫无疑问，弱势群体解决基本生存问题需要信息，解决发展问题同样离不开信息，故其理应享有相应的各种权利，这是不言而喻的道理。

二 人民主权理论

（一）人民主权的含义

对于人民主权的含义，许多学者有明确的界定："人民主权，又称'一切权力属于人民'。它集中地表达了国家权力来源于人民，控制于人民并服务于人民的政治理念，全新地界定了人民与国家的基本关系，确立了人民在政治现代化国家中的主体地位。"[1]

---

[1] 潘云华：《人民主权内涵新释》，《汕头大学学报》2010年第4期。

"人民主权是指国家中的绝大多数人拥有国家的最高权力。"① "人民主权，亦称'主权在民'、'人民当家做主'，作为一种观念，其核心思想为：在人民与国家的关系问题上，国家是人民的共同体，国家的权利来源于人民，人民是国家的最高主权者。"② "人民主权或主权在民，是指主权来自人民、人民掌握主权以及主权服务人民，也就是主权的起源、主体和归属都是人民。"③

上述对人民主权的认识，虽然文字表述有一定差异，但却明确了人民主权的核心内容，即国家的权力来源于人民；一切权力属于人民；人民是国家的最高主权者。

明确了人民主权的含义，还需要厘清另一个概念，那就是"人民"。这是谈论人民主权所不能回避的问题。对于人民的界定，在不同的历史发展时期有不同的认识。最初指代古希腊城邦中一个有决策权、联系紧密的小公民群体，它既不包括平民群体，更不包括奴隶。到中古时期，人民通常指少数具有共同观念和思想的掌权者或可能的掌权者。到资产阶级革命时期，霍布斯、洛克、卢梭等人民主权的创始人和奠基者分别假设了被统治者、理性缔约者、主权者的人民观念。④ 这些认识虽然各有其局限性，但已将"人民"从少数的特定人上升到不特定的多数人，这是一个革命性的飞跃。到现代与后现代时期，"人民的概念更多地意味着一种法律上的、高度抽象的虚构，人民不再是一个具体的共同体（Gemeinschaft），而日益成为一个社会（Gesellschaft）。人民代表一个不定型的集合体，成为国家话语领域的一个抽象语词"。而马克思主义学者们的论述则从公民视角来理解人民的概念。例如，马克思在《论犹太人问题》中，从"公民"、"公民解放"的角度论述人类的政治解放，即公民为国家的主人。列宁在《三种宪法或三种国家制度》的提纲

---

① 余晓辉：《论宪法中的人民主权原则》，《西安政治学院学报》2008 年第 4 期。
② 肖君拥、黄宝印：《人民主权宪法原则简论》，《河北大学学报（哲学社会版）》2003 年第 1 期。
③ 李寿初：《人民主权思想辨析》，《上海师范大学学报》2009 年第 3 期。
④ 聂露：《人民主权理论述评》，《开放时代》2002 年第 6 期。

中也明确指出了民主共和国的本质就是"全体人民享有全部权力"，而"人民"的民主意味着："在形式上承认公民一律平等，承认大家都有决定国家制度和管理国家的平等权利。"①

（二）人民主权理论的发展历程

"人民主权观念最早萌芽于 14 世纪的意大利，当时著名的思想家马塞流认为，在国家中存在着一种至高无上的权力，其所发出的命令具有法律性质。他把这种权力称为'全权'，并指出该'全权'应以人民全体的名义来行使。"②

将人民主权思想系统化和理论化的最早奠基者是 17 世纪英国资产阶级杰出思想家洛克。他从契约论出发，认为国家就是为了保护个人权利，人们通过契约建立，因此，政府的权利是有限的，主权不在政府而在人民手中。18 世纪法国资产阶级启蒙思想家卢梭在契约论的基础上，提出了以"公意"为核心的人民主权学说。卢梭强调，在按契约论建立起的国家中，国家的所有权利都属于人民，政府的权利来源于人民。而公意是全体人民的共同意志，政府的权利必须受公意的约束和限制。即政府必须按公共意志行事，以此来实现主权在民。

近代西方人民主权理论虽有其历史局限性，但却已成为现代民主政治和法治国家的基本原则。在当今世界，"主权在民"已成为包括中国在内的世界绝大多数国家宪法的首要原则。中国《宪法》规定："中华人民共和国的一切权力属于人民。"不仅如此，各国宪法还通过规定人民行使国家权力的形式来保障人民主权，通过规定公民广泛的权利和自由来体现人民主权。

（三）人民主权理论奠定了弱势群体公共信息服务权益的理论基础

首先，作为人民主权存在和表现形式的人民民主权利，不仅是尊重和保护多数人的权利，同时也关注和保护少数人的权利。人民主权

---

① 潘云华：《人民主权内涵新释》，《汕头大学学报（人文社会科学版）》2010 年第 4 期。

② 邓成明：《论人民主权与公民的民主权利》，《广东社会科学》2005 年第 4 期。

要求政府必须依人民的意志来管理国家，让人民当家作主。然而，由于构成社会的各群体之间，以及各群体中的个体之间的差异性，人民意志就需要一种公平、有效的制度和程序来寻求，这就是民主。"民主过程的本质就是参与决策。民主社会中任何成员都不能保证他在参与的争执中一定稳占上风，但可以肯定（如果是真正的民主）他能公正地享有一份决策权。"① 民主的首要规则是少数服从多数，即多数裁定制。这是一个保护多数人利益的规则，它"意味着多数人的利益优于少数人的利益，多数人利用公共权力侵犯少数人的权利是合理的"。② 这与"法律面前人人平等"的人权理论所追求的机会平等、结果平等是相悖的。事实上，多数裁定并非总是有效。毛泽东同志就曾经指出，真理有时掌握在少数人手中。据此，为弥补多数裁定的不足，还需要特定的法律制度来保护少数人，尤其是弱势群体，使他们的合法权益得到保护。而在信息已成为一种发展资源的今天，对信息的及时知悉、获取和利用对于社会各种主体的发展都有至关重要的作用，更是弱势群体实现其各种正当权益、改善和消除其弱势地位的先决条件之一。就以选举权这个最基本的公民民主权利而言，该权利的实现取决于对相关信息（如候选人相关情况，选举时间、方式、途径等信息）的了解状况。这些信息的获取对于普通人而言是极其简单的事，但对于文化程度低、缺乏信息意识和信息能力、不懂上网、阅读存在各种障碍的各类弱势群体而言，却并非易事。因此，赋予弱势群体有助于其知悉、获取和利用信息，尤其是公共信息的一系列公共信息服务权益，就显得尤为必要。可以说，是实现"人民当家作主"的基本要求之一。

其次，人民主权的目标就是要保护人权，而公共信息服务权益就是弱势群体的"类人权"。宪法所规定的"国家的一切权力属于人民"，"这一庄严昭示既含有国家主权属于人民，也含有人民享有各种权利和自由的双重含义"。③ 而相较于社会强势群体，社会弱

---

① ［美］科恩：《论民主》，聂崇信、朱秀贤译，商务印书馆1988年版，第219页。

② 邓成明：《论人民主权与公民的民主权利》，《广东社会科学》2005年第4期。

③ 余晓辉：《论宪法中的人民主权原则》，《西安政治学院学报》2008年第4期。

势群体在信息（主要是公共信息）的获取和利用上的各种障碍，严重阻碍了其人权的实现，迫切需要以政府为主体的相关保障主体履行相应的保障义务。反过来说，就是应给予弱势群体在此方面相应的权益（即一系列公共信息服务权益）。这是"类人权"的表现，也是人民主权实现其目标的要求。

再次，人民主权理论是政府信息公开制度建立、实施以及确保包括弱势群体在内的公民知情权等一系列权益实现的宪政基础。按照人民主权理论，国家的所有权利都属于人民，这就意味着，国家的公权利来源于人民的私权利。也就是说，为了有效管理国家，人民将其一部分权利让渡给了国家，让国家代为行使，但其最终目的是保护人民的私权利。因此，为了确保自己权利的实现，人民有权利要求政府公开其履行职责的情况（即各种政府信息），以方便人民的监督。人民主权在中国主要表现为人民当家作主的政治制度，而了解政府信息是当家作主的前提。因此，政府必须承担公开政府信息的义务。而对知悉、获取信息有困难和障碍的社会弱势群体而言，政府的信息公开就必须以方便其了解、知悉和获取的方式进行，简言之，必须是无障碍的。这是政府及其相关信息服务主体必须履行的职责。相应地，这也就是社会弱势群体应该享有的，包括无障碍信息自由权、信息平等权和信息特殊保护权在内的公共信息服务权益，否则，在一定程度上将有悖于人民主权的要求，不能实现真正的法律面前人人平等。

三　科学发展观理论

（一）科学发展观的含义

从哲学意义上讲，"发展观是对事物是否发展变化和怎样发展变化的根本观点，是世界观的重要组成部分"[1]。关于发展变化的观念古已有之，如中国西周《易经》通过鸿（一种水鸟）的逐渐

---

[1]　金炳华主编：《马克思主义哲学大辞典》，上海辞书出版社2003年版，第231页。

前进过程形象地描绘某些事物发展上升的运动过程；古希腊伊奥尼亚学派的赫拉克利特用"一切皆流"、"一切皆变"的命题，表述了关于发展变化的思想。在近代，黑格尔系统阐述了唯心主义辩证法的发展观；马克思、恩格斯则批判地吸取了黑格尔关于发展的合理思想，在唯物主义基础上创立了唯物辩证法发展观的高级形式。

　　什么是科学发展观呢？《中华人民共和国国情词典》给出的定义是："科学发展观是与时俱进的马克思主义发展观，同毛泽东、邓小平和江泽民关于发展的重要思想一脉相承，是中国共产党对社会主义现代化建设规律认识的进一步深化，是中国共产党执政理念的新飞跃。"① 学界对科学发展观的研究也很丰富。胡钧认为科学发展观是指对发展的一种科学认识，把发展道路、发展模式和发展战略的确立建立在科学基础上，使发展符合社会发展的客观规律和生产力本身发展的自然规律，也就是要求解决好为什么发展和怎样发展的问题。② 郑莹认为："科学发展观是指以坚持以人为本为核心，以全面、协调、可持续发展为内容，以经济社会和人的全面发展为目标，符合客观规律要求的发展理念。"③陆春茂认为，"科学发展观的内涵包括以实现人的全面发展为目标，从人民群众的根本利益出发谋发展、促发展，不断满足人民群众日益增长的物质文化需要，切实保障人民群众的经济、政治和文化利益，让发展的成果惠及全体人民，实现经济发展和社会的全面进步"④。余源培教授认为科学发展观首先是执政党的价值观，落实科学发展观要和建立和谐社会联系起来。从以上分析可以看出，尽管对科学发展观的认识分析不尽相同，但其也有共通

---

　　① 冯俊：《中华人民共和国国情词典》，中国人民大学出版社 2011 年版。
　　② 胡钧、赵海东：《科学发展观是生产关系发展规律和社会生产力发展规律的科学反映》，《经济纵横》2008 年第 1 期。
　　③ 郑莹：《试论邓小平"三农思想"》，《理论月刊》2004 年第 10 期。
　　④ 陆春茂：《对"科学发展观"的哲学思考》，《唐山学院学报》2004 年第 3期。

之处。

第一，科学发展观是马克思辩证唯物主义发展观的新发展，是立足中国国情、总结中国发展实践，适应新的发展要求的科学、合理的发展观。

第二，科学发展观是以人为本的发展观。保障最广大人民的根本利益和合法权益，让社会改革与发展成果惠及所有人民，实现人的全面发展，既是其出发点，又是其归宿所在。

第三，科学发展观是社会主义和谐社会的理论要求和现实需求。构建和谐社会要处理好和谐与发展的关系，不能偏废。发展是社会和谐的前提和物质基础，和谐是发展的保障和外部条件。科学发展观就是合理调节社会发展过程中的各种要素，使政治、经济、文化、社会的各个要素都协调发展，只有科学的发展才能保障社会的和谐。

第四，科学发展观是全面协调可持续的发展观。所谓全面发展包括两个方面，一方面是指人的全面发展，另一方面是指社会各方面、各领域的全面发展。所谓协调就是面对人类社会处在全面发展的进程中出现的不同领域、区域、产业间、群体间的冲突和矛盾，以科学发展的理念对一系列矛盾和冲突进行协调与整合，使各个方面能相互协调、良性互动、协同发展。所谓可持续是指发展不能只看眼前，还应考虑未来，还应为子孙后代着想。

（二）科学发展观的发展历程

从哲学意义上说，关于世界发展自古就有两种根本对立的思想理论，一是形而上学的发展观，二是辩证法的发展观。形而上学的发展观通常与唯心主义结合，先后经历了神学唯心主义、机械唯物主义、庸俗进化论几个阶段。辩证法的发展观经历了古代朴素直观的形式和近代唯心辩证发展观这两种形式，于19世纪形成了唯物辩证法的发展观的高级形式。唯物辩证法的发展观是唯一科学的发展观，它反映了世界的本质，概括了发展的基本规律。

从经济学意义上说，20世纪以来，确立什么样的发展观成为世界各国面临的共同课题。伴随各国经济社会的演变进程和根据对发展本质的不同看法先后形成了四个阶段的发展观。

第一阶段：从工业革命延续到20世纪50年代，形成了"发展＝工业化＝经济增长"的发展观，这是一种简单的、线性的、片面的发展观。

第二阶段：20世纪50—70年代，随着对工业化进程的理性反思，逐渐形成了"发展＝经济增长＋社会变革"的观点，即伴随着经济结构、政治体制和文化法律变革的经济增长过程。

第三阶段：1972年联合国在斯德哥尔摩召开会议，通过《人类环境宣言》，标志着第三阶段发展观的形成。其核心是强调人与环境的协调发展，并将发展视为追求社会诸要素和谐平衡的过程，因此，这里的发展实质上就是可持续发展。

第四阶段：从20世纪80年代后开始，强调发展是以人为中心的综合发展。因此，它将发展视为满足人的基本需求，同时实现人的全面发展和自我实现的过程。

从具体的发展实践而非抽象的哲学意义上看，各国对发展理念的解读经历了从单纯的增长到以人为本的人本主义的变迁。在此背景下，中国共产党立足中国社会主义初级阶段的基本国情和发展实践，以马克思辩证唯物主义的发展观为理论基础，继承和创新毛泽东思想、邓小平理论和三个代表重要思想关于发展的看法，借鉴外国发展经验，逐步形成了坚持以人为本的全面、协调、可持续的发展观，即科学发展观。科学发展观是中国适应新的时代发展要求而提出的科学理论和重大战略思想。

（三）科学发展观是弱势群体公共信息服务权益存在的理论基础

党的十七大明确提出，科学发展观第一要义是发展，核心是以人为本，基本要求是全面协调可持续发展，根本方法是统筹兼顾。以人为本、全面协调可持续发展以及社会和谐稳定，这些既是科学发展观的内涵和要求，又是弱势群体公共信息服务权益存在的理论依据。

第一，从以人为本这一核心看。以人为本，是科学发展观超越传统发展观的核心和关键，它表明了单纯的经济增长并不等于发展，不能带来共同富裕和社会的公正。只有实现了经济与社会各个方面的共同进步以及人的全面发展，才是科学发展和社会主义社会的本质。因此，科学发展观以人为本这一核心的目标就是实现人的全面发展。人的全面发展，首先是全体人民的发展，而不是部分人的发展。这就要求社会发展从公平正义的角度出发，实现、维护、发展最广大人民的根本利益，切实关注全体人的共同发展、平等发展、和谐发展，让发展的成果惠及全体人民。作为全体人民组成部分的弱势群体自然应当享有与其他群体同等的发展权利，也应享受社会发展的成果。而在当今信息已经成为一种发展资源的信息时代，公共信息服务已成为公共服务非常重要的组成部分。包括弱势群体在内的全体人民对社会发展的参与、对社会发展成果的分享，甚至对各种公共服务的利用，都首先取决于社会所提供的公共信息服务状况。也就是说，只有确保全体人民都能及时知悉、获取和利用公共信息资源，才能确保他们获得全面发展的机会和条件。而这对已经成为信息穷人的弱势群体尤其重要，因此，可以说公共信息服务是促进人的全面发展这一以人为本的核心理念所要求的。那么，按照权利义务互存这一法理，既然相关公共信息服务主体承担有公共信息服务的义务和职责，那么包括弱势群体在内的全体人民必然享有相应的公共信息服务权益。

第二，从全面发展观看。全面发展观既指社会的整体发展，又指人的各个方面的发展。社会整体发展包括经济建设、政治建设、文化建设、社会建设、生态文明建设五位一体全面发展，人的各个方面的发展则要求人的物质生活、政治生活和精神文化生活及人的素质、能力、需要和社会关系的发展。要实现社会的全面发展，必须要解决因利益关系失衡和社会公正缺失所造成的弱势群体问题；要解决人的全面发展问题，同样必须要解决弱势群体在经济、政治、社会等各方面所面临的各种问题，尤其是要消除造成其处于弱势状况的各种因素，而其中就包括其在信息的有效知悉、获取和利用上存在的障碍和困境。这就意味着在公共信息服务中必须充分考虑和体现弱势群体的合法权益，确保弱势群体能与其他社会公众平等享有、行使无障碍地知悉、获取和利用公共信息，并能获得特别帮助和救济的各种公共信息服务权益，否则，就难以有效地改变或改善弱势群体的弱势地位。从这个意义上说，确保弱势群体享有和行使各种公共信息服务权益，是实现人的全面发展和社会的全面发展这一科学发展观的要义所要求的。

第三，从可持续、协调和谐发展看。可持续、协调和谐发展要求不能只顾经济的增长而忽视社会福利和社会公正，要协调经济社会各个领域、各个部门、各个区域、各个环节、各个群体间的共同发展，才能达到社会整体的和谐状态。全面发展，整体发展是前提、基础和目的，协调发展是方法、根据和手段，最终目的都是可持续地实现人的全面发展与整个社会的和谐与进步。要保持可持续、协调和谐发展，就必须注重三种资源的可持续性：物的资源，即自然、环境等资源；人文资源，即知识、信息、思想、道德、文化等不可或缺的资源；政治资源，即良好的民主政治、健全的法律体系、稳定的政治局面和坚强的领导核心。[①] 那么，在中国弱势群体人数众多、类型多样的背景下，如何确保上述三种资源的可持续性呢？其前提条件之一，就是在市场经济体制下充分发市场决定作用，并需要借助政府等主体的公共服务来对上述资源进行公平公正高效的配置和利用。无论是发挥市场的决定作用，还是发挥政府等主体的公共服务作用，都必须将弱势群体的发展纳入社会整体协调发展运行的框架中，为其创造自我发展的条件，保障其平等的权利。同时，还要充分考虑到弱势群体的弱势状况和特殊需求，从制度上切实保障弱势群体的特别利益诉求。而通过采取优惠的、无障碍措施来保护保障弱势群体公共信息服务权益就是可持续协调和谐发展的具体体现和要求。从这个意义上说，包括信息安全权、信息平等权、信息自由权、信息特殊保护权在内的公共信息服务权益也

---

① 王伟光：《以马克思主义世界观方法论为指导，树立和落实科学发展观》，《科学社会主义》2004 年第 1 期。

是弱势群体应享有的合法权益。

第二节　弱势群体公共信息服务权益存在的立法和社会实践依据

一　弱势群体信息平等权的立法和社会实践依据

从相关国际组织、国家或地区的实践看，弱势群体信息平等权有相应的立法和社会实践依据。1776 年美国《独立宣言》将"人人生而平等"以法的形式确定下来。1789 年法国《人权宣言》第 1 条规定"在权利方面，人生来是而且始终是自由平等的"，第 6 条规定公民在人身、言论、出版、参与公共事务等方面享有平等权利。1918 年《俄罗斯社会主义联邦苏维埃共和国宪法》将"公民不分种族及民族享有平等权利"作为社会主义国家法制的重要原则。1948 年《世界人权宣言》第 2 条、第 7 条明确规定："人人生而自由，在尊严和权利上一律平等。""法律面前人人平等，并有权享受法律的平等保护，不受任何歧视。"2003 年 12 月联合国在日内瓦召开的信息社会世界首脑会议发表的政治声明指出："信息的公平获取是社会可持续发展的必要因素。在信息社会，信息作为人类均衡发展的基本资源，每个人都能够获取和利用。"从宪法上说，各国普遍将平等权作为公民的最基本权利之一。

从中国宪法、法律法规上看，对弱势群体平等权的规定并不少见。如本书第三章的相关部分所示，在中国现有法律规范中，涉及弱势群体信息平等权的各级各类法律规范达到 130 部。许多法律规范虽然没有在文字上明确提及弱势群体的信息平等权，但实质上已经涵盖其中。比如，中国《宪法》规定："公民在法律面前一律平等。"《残疾人保障法》第 3 条规定："残疾人在政治、经济、文化、社会和家庭生活等方面享有同其他公民平等的权利。"很显然，这两个法条中就涵盖了残疾人的信息平等权。而该法第 21 条、第 41 条和第 52 条的规定实际上是从不同侧面明确其信息平等权，并对其信息平等权的保障从保障主体及其法律义务等方面进行规定。①又如，《老年人权益保障法》第 3 条规定"禁止歧视老年人"；《妇女权益保障法》第 2 条规定"妇女在政治的、经济的、文化的、社会的和家庭的生活等各方面享有同男子平等的权利"；《未成年人保护法》规定"未成年人依法平等地享有生存权、发展权、受保护权、参与权、受教育权"，这些法律规范都涵盖了弱势群体的信息平等权。此外，还有许多法律规范是从保障弱势群体的信息自由权、信息特殊保护权的维度，间接涉及弱势群体信息平等权的保障问题。可见，这些法律规范都从不同视角、在不同程度上涉及弱势群体的信息平等权保护问题。因此，弱势群体的信息平等权有其现实需求和法律依据。

二 弱势群体信息安全权的立法和社会实践依据

弱势群体信息安全权是弱势群体信息权益的核心，主要涉及弱势群体知悉、获取和利用的公共信息及其服务中产生的安全问题，包括知悉、获取和利用公共信息过程中的安全和公共信息内容的安全。弱势群体信息安全权的基本目的在于保护弱势群体，防范信息犯罪行为。

首先，弱势群体享有安全权是有法可依的。比如《残疾人保障法》第 52 条规定"国家和社会应当采取措施，逐步完善无障碍设施，推进信息交流无障碍，为残疾人平等参与社会生活创造无障碍环境"；又如《老年人权益保障法》第 4 条规定："国家和社会应当采取措施，健全保障老年人权益的各项制度，逐步改善保障老年人生活、健康、安全以及参与社会发展的条件"；再如《职业病防治法》对劳动者健康安全保护的相关规定等，所有这些法律规范都较为明确地赋予了相应弱势群体安全权，使其安全问题有了法律

---

① 《残疾人保障法》第 21 条规定："国家保障残疾人享有平等接受教育的权利。"第 41 条规定："国家保障残疾人享有平等参与文化生活的权利。"第 52 条规定："国家和社会应当采取措施，逐步完善无障碍设施，推进信息交流无障碍，为残疾人平等参与社会生活创造无障碍环境。"

保障。

其次，从中国现有立法和实践看，对包括弱势群体在内的社会公众的信息安全权已有相关法律规范依据，相关立法已达76部。① 例如，国务院《互联网信息服务管理办法》第1条："为了促进互联网信息服务健康有序发展、维护国家安全和公共利益、保护公众和互联网信息服务提供者的合法权益、规范互联网信息服务活动，制定本办法"，第3条："国务院公安部门依照职责负责互联网安全监督，维护互联网公共秩序和公共安全，防范和惩治网络违法犯罪活动"；国务院《中华人民共和国电信条例》第2条："条例所称的电信指利用有线、无线的电磁系统或者光电系统，传送、发射或者接收语音、文字、数据、图像以及其他任何形式信息的活动"，第5条："电信业务经营者应当为电信用户提供迅速、准确、安全、方便和价格合理的电信服务"，第57条："任何组织或者个人不得利用电信网络制作、复制、发布、传播散布谣言，扰乱社会秩序、破坏社会稳定的、教唆犯罪等内容的信息"；国务院《互联网上网服务营业场所管理条例》第14条："互联网上网服务营业场所经营单位和上网消费者不得利用互联网上网服务营业场所制作、下载、复制、查阅、发布、传播或者以其他方式使用含有侮辱或者诽谤他人、侵害他人合法权益的信息"；《中国公众多媒体通信管理办法》第14条："公众多媒体通信业务经营者应向用户提供技术先进、性能良好、价格合理、安全可靠的多媒体通信与信息服务"。这些法律规范都从不同的角度、针对不同的行业或领域，对涉及包括弱势群体在内的社会公众的信息安全权保护问题进行了直接或间接的规定。

综上所述，弱势群体的信息安全权有其存在的法律和实践依据。

三　弱势群体信息自由权的立法和社会实践依据

信息自由权是联合国致力维护的基本人权之一，弱势群体的信

---

① 见本书第三章"弱势群体公共信息服务权益保障状况"中"涉及弱势群体公共信息服务各项权益的立法数量统计表"的相关内容。

息自由权是建立在人权理论和信息自由理念的基础上的，相互联系、不可分割的权利体系，其广泛存在于世界各国的立法和社会实践中。同时，就中国立法和实践来看，既可以从《宪法》中引申出信息自由权，又可以从诸多法律、法规、指南、标准中找到对信息自由权的直接规定和对弱势群体信息自由权的保障条款。可以说信息自由权及弱势群体的信息自由权有广泛的现实依据。

由于弱势群体的信息自由权主要包括无障碍知情权、无障碍信息获取权和无障碍信息利用权三项子权利，下面就采用从总到分的方式来论述该权益及各项子权益的立法和社会实践依据。

（一）总体视角下的立法和社会实践依据

按照 1946 年联合国第 59（1）号决议，信息自由原为基本人权之一，是联合国致力维护的一切自由的关键，是促成世界和平与进步的主要因素之一，是在任何地方自由地采集、传递和发表新闻的权利。1948 年联合国大会通过并颁布了《世界人权宣言》，该宣言第 19 条明确规定，人人有权享有主张和发表意见且不受干涉的自由。《公民权利和政治权利国际公约》（1966 年）的第 19 条规定，人人有权自由发表自己的意见，包括查找、获取、接收和传递各种消息和思想的自由。1968 年联合国第一次国际人权大会上通过的《德黑兰宣言》，首次将"信息自由"作为一项普遍人权与"表达自由"并列列出。1978 年联合国又通过了《关于新闻工具有助于加强和平与国际了解，促进人权，反对种族主义、种族隔离及战争煽动的基本原则宣言》，其第 2 条明确将享有主张、发表意见和新闻等自由的权利视为人权和基本自由之不可分割部分。国际图书馆协会联合会（IFLA）就设有信息获取自由与表达自由委员会（Committee of Free Access to Information and Freedom of Expression, FAIFE）。在 FAIFE 的大力推动下，世界各国图书馆界正在广泛推行信息自由的政策和理念。[1] 可见，信息自由权作为一项基本人权

---

① 顾朝晖等：《数字图书馆信息自由权和知识产权的冲突》，《现代情报》2008 年第 8 期。

逐渐被大多数国家认可。

需要注意的是，弱势群体的信息自由权从本质上与普通群体无异，因此前述信息自由权的理论和实践依据也是弱势群体信息自由权的依据。同时，由于弱势群体的特殊性，国内外对弱势群体信息权利加以特殊保护的法律法规也很常见。

1. 国际组织、相关国家或地区对弱势群体信息自由权的特殊保护不乏立法和社会实践依据

比如，从国际组织规定上看，2006 年联合国大会通过《残疾人权利公约》，其序言明确指出："无障碍的物质、社会、经济和文化环境、医疗卫生和教育以及信息和交流，对残疾人能够充分享有一切人权和基本自由至关重要。"该公约第 4 条规定："缔约国承诺确保所有残疾人的一切人权和基本自由的充分实现，使其不受任何源于残疾的歧视。""缔约国承诺向残疾人提供无障碍信息，介绍助行器具、用品和辅助技术，包括新技术，并介绍其他形式的协助、支助服务和设施。"第 9 条规定："缔约国应当采取适当措施，以便促使残疾人有机会使用新的信息和通信技术和系统，包括因特网。"第 21 条规定："缔约国应当以无障碍模式和适合不同类别残疾的技术，及时向残疾人提供公共信息，不另收费。"[1] 1989 年第 44 届联合国大会 25 号决议通过《儿童权利公约》，第 17 条规定确保儿童能够从多种的国家和国际来源获得信息和资料，尤其是旨在促进其社会、精神和道德福祉及身心健康的信息和资料；[2] 2003 年日内瓦信息社会世界高峰会议《原则宣言》指出应特别关注社会边缘群体和弱势群体的特殊需要。[3] 又如，从相关国家或地区看，在美国，《残疾人康复法》、《电子政务法》、《通信法》、《信息自由

---

① 《残疾人权利公约》，中国人大网，2015 年 1 月（http://www.npc.gov.cn/wxzl/gongbao/2008 - 12/24/content_ 1467401. htm）。

② 《联合国儿童权利公约》，2014 年 7 月（http://www.un.org/chinese/children/ issue/crc.shtml）。

③ 孙祯祥：《无障碍网络环境构建的理论与实践》，科学出版社 2011 年版，第 12 页。

法》、《国会图书馆法》和《图书馆服务和技术法案》等都从不同侧面保障了残疾人获取互联网信息、使用电子信息技术的权利。如《残疾人康复法》第508条要求自2001年6月起所有联邦机构网站实现无障碍访问，所有公共机构及政府资助机构都必须提供信息无障碍设备；①《电子政务法案》特别对残疾人平等获取信息的权利加以保障，对政府在线服务的公平问题进行了规定。在澳大利亚，《残障歧视法案》、《公共交通无障碍标准》、《残障者教育标准》、《互联网无障碍：残疾歧视法案说明》、《政府网站标准》、《残障人群图书馆标准指引》等也为弱势群体获取、利用信息提供了便利。此外，1998年西班牙出台《计算机无障碍法规》，2003年荷兰制定了《网络无障碍法规》，2004年瑞士制定了《政府及公用事业部网络无障碍法规》，2007年《苏格兰弱势群体保护法案》要求建立弱势群体登记册，公开与弱势群体相关工作人员的犯罪记录信息②，这些都是对弱势群体知情权、信息获取权、信息利用权的保护。

2. 中国对弱势群体信息自由权的特殊保护也有相关的立法与社会实践依据

如本书第三章的相关部分所示，中国与弱势群体信息自由权相关的立法已达131部。③这些法律规范从不同的视角、针对不同的领域，对弱势群体的信息自由权及其保障进行了直接或间接的规定。比如，从法律法规依据看，《无障碍环境建设条例》第3章"无障碍信息交流"第19条规定："县级以上人民政府及其有关部门发布重要政府信息和与残疾人相关的信息，应当创造条件为残疾人提供语音和文字提示等信息交流服务"；《残疾人保障法》第52

---

① 唐思慧：《电子政务信息公平研究》，世界图书北京出版公司2011年版，第84页。

② *Protection of Vulnerable Groups（Scotland）Act 2007*［EB/OL］，2014年4月（http：//www. legislation. gov. uk/asp/2007/14/contents）。

③ 见本书第三章"弱势群体公共信息服务权益保障状况"中"涉及弱势群体公共信息服务各项权益的立法数量统计表"的相关内容。

条规定：“国家和社会应当采取措施，逐步完善无障碍设施，推进信息交流无障碍，为残疾人平等参与社会生活创造无障碍环境，公共服务机构和公共场所应当创造条件，为残疾人提供语音和文字提示、盲文、手语等信息交流服务”；《政府信息公开条例》第 28 条规定：“申请公开政府信息的公民存在阅读困难或者视听障碍的，行政机关应当为其提供必要的帮助”；《中华人民共和国残疾人事业“十二五”发展纲要》第 3 部分第 9 条规定：“加强信息无障碍建设，公共服务信息方便残疾人使用，将信息无障碍纳入信息化相关规划，更加关注残疾人享受信息化成果、参与信息化建设进程，各级政府和有关部门采取无障碍方式发布政务信息，推动公共服务行业、公共场所、公共交通工具信息无障碍，推进聋人手机短信服务平台建设，推进药品和食品说明的信息无障碍，图书和声像资源数字化建设信息无障碍”。又如，从行业规范和标准指南依据看，《网页内容可访问性指南》、《信息无障碍身体机能差异人群网站设计无障碍技术要求》、《信息无障碍身体机能差异人群网站设计无障碍评级测试方法》、《信息终端设备信息无障碍辅助技术要求和测试方法》等有对特定弱势群体的特殊保护规定。另外，《中国公共图书馆法（征求意见稿）》第 3 章第 17 条规定：“公共图书馆具有开展面向少年儿童、老年人、残疾人等特殊人群的服务以及为公众提供政府公开信息及其他公共信息服务的职能”；第 5 章第 34 条规定：“公共图书馆应考虑未成年人、残疾人、老年人群体的特点，提供适合其需要的文献信息资源、设施、设备和服务，应设立盲文读物、盲人有声读物阅览区域和少年儿童阅览室”；第 37 条规定：“公共图书馆应当设置政府信息查阅场所，及时提供主动公开政府信息并配备相应的设施、设备。这些都是对弱势群体无障碍知情权的保护”。

（二）各子权益的立法和社会实践依据

1. 知情权的立法和社会实践依据

首先，就其他国家或地区的立法与社会实践而言，1945 年“知情权”一词作为权利主张在新闻界由美国记者肯特·库珀作为新闻自由的一部分提出来，最初是指新闻媒介了解政府工作情况的一种权利。而世界范围内第一次在宪法中明确认可知情权的是联邦德国1949年实施的基本法，规定人人享有以语言、文字和图画自由发表、传播其言论的权利并无阻碍地以通常途径了解信息的权利。美国1966年出台的《信息自由法》使知情权成为较为完整的法定权利。美国20世纪五六十年代兴起的"知情权运动"使知情权一词很快成为一个具有国际影响的权利概念，此后世界各主要国家纷纷借鉴美国和德国的经验，在宪法中加入有关知情权的阐述或者颁布专门的法律来满足公民的知情权要求，并逐渐与信息公开制度的建设结合起来。美国的《信息自由法》明确了包括残疾人在内的公民知情权，为弱势群体知情权提供了法律保障；加拿大安大略《职业健康与安全法案》（OHSA）第25—27章规定了对弱势工人群体的保护措施，其中包括雇主要告知工作场所的任何潜在或实际的危险，告知、指导、监督工作人员保护其健康和安全，工人有权知道工作场所的危险，知道如何避免这些危险造成伤害；① 《世界医学协会赫尔辛基宣言》（2000年修订案）第1章第8条明确提出："对受试人群是弱势群体的特殊需求以及知情权加以保护，特别关注那些不能做出知情同意或拒绝知情同意的受试者、可能在胁迫下才做出知情同意的受试者、从研究中本人得不到受益的受试者及同时接受治疗的受试者。"② 所有这些都说明知情权早已在世界范围内得到认可并广泛存在于许多国家或地区的立法和社会实践中。

其次，从中国的立法与社会实践来看，知情权已经有宪法、法律、行政法规等方面的依据：①知情权已经有宪法依据。从中国《宪法》规定的"中华人民共和国公民有言论、出版、集会、结社、游行、示威的自由"、"中华人民共和国公民对于任何国家机关和机关工作人员，有提出批评和建议的权利"、"一切国家机关和国家机关工作人员必须依靠人民的支持，经常保持同人民的密切

---

① *Vulnerable workers*，2014年4月（http：//www.pshsa.ca/new-young-workers）。

② *WMA Declaration of Helsinki*，2014年9月（http：//www.wma.net/en/30publications/10policies/b3/）。

联系，倾听人民的意见和建议，接受人民的监督"等法律条文可以引申出公民行使宪法权利时，其基本前提是能够知悉足够的信息以作行动的判断，因此宪法的这些条文被看作知情权以及政府信息公开的宪法依据。同时，宪法作为国家根本大法，保障人民基本权利的同时，明确了人人享有平等权利，即弱势群体也应像普通人一样享有知情权。②知情权已经有法律法规依据。虽然中国还没有统一的法律法规对知情权进行规范，但在公法和私法领域与知情权相关的法律并不少见，如《消费者权益保护法》、《产品质量法》、《职业病防治法》、《执业医师法》、《证券法》、《合同法》、《行政诉讼法》、《行政处罚法》、《政府信息公开条例》、《医疗事故处理条例》、《工伤保险条例》、《物业管理条例》、《药品临床试验管理规范》等法律规范均含有知情权保障的条款。

2. 信息获取权的立法和社会实践依据

首先，从其他国家或地区的立法实践看，信息获取权有其立法与社会实践依据：①信息获取权在很多国家都有宪法依据。各国宪法对信息获取权的具体规定方法分为三类："一是直接在其宪法条文中将公众信息获取权明确规定为一项独立的权利，如菲律宾和瑞典；二是通过法院有关的解释，将信息获取权视为宪法权利的一部分，如1969年日本最高法院在两个判例中确认信息获取权是宪法所规定的表达自由的一部分；三是宪法虽然没有明确规定信息获取权，但在事实上以隐含的方式承认其为宪法规定。"① ②信息获取权拥有广泛的法律法规依据。自《世界人权宣言》确立了信息自由权属基本人权的地位后，1966年美国《信息自由法》明确规定了公众享有获取政府信息的权利，1967年《公民和政治权利国际公约》第19条"人人有自由发表意见的权利；此项权利包括寻求、获取和传递各种消息和思想的自由"表明信息获取权的权利客体包括各种消息和思想而不仅是政府信

---

① 周淑云：《信息获取权的国内外立法现状分析》，《新世纪图书馆》2009年第4期。

息。此后各国相继推出有关法律，如 1978 年法国通过《自由获得行政文件法》；1982 年加拿大颁布《信息获取法》，规定除了在有限的特殊情况之外，公民具有查阅或者取得联邦政府机构的档案记录或者得到其复印件的权利；1982 年澳大利亚制定《赋予国民了解联邦政府及其机构的公文文件的权利的法律》；1990 年美国制定《公共信息准则》，明确了公众对公共信息的获取权；1991 年荷兰制定《政府信息公开法》；1996 年韩国颁布《政府信息公开法》；1999 年日本制定《政府信息公开法》；2005 年德国在议会通过《信息自由法》；2005 年英国开始实施《信息自由法》。从各国立法实践可以看出信息获取权的制定从一国到多国，内容从单一到多样的不断扩展。

其次，从中国立法实践看，在宪法和法律法规层面都有其立法实践依据：①在宪法层面上，信息获取权属于隐含权利，从宪法第46 条"公民有受教育的权利和义务"、第 47 条"公民有进行科学研究、文学艺术创作和其他文化活动的自由"等条款中可以引申出公民有获取相关信息的权利。②在法律法规层面上，2008 年《政府信息公开条例》正式实施，对政府信息公开的范围、主体、方式、程序、监督、保障内容作出了全面系统的规定，各地方的信息公开办法陆续出台，保障了公民、法人和其他组织依法获取政府信息的权利。

3. 信息利用权的立法和社会实践依据

首先，从其他国家或地区的立法与社会实践来说，世界各国的政府信息公开法基本都承认了政府信息的自由使用原则，表明国家赋予了个体信息利用权。[1] 1999 年美国还颁布了《统一计算机信息交易法》，指出信息权包括根据有关专利、版权、计算机集成电路布局平面图作品、商业秘密、商标、公开权的法律或其他基于权利所有人对信息所享有的利益而在合同之外赋予某人控

---

① 周毅：《信息资源开放与开发问题研究 基于信息权利全面保护的视域》，科学出版社 2012 年版，第 48 页。

制信息或排除他人使用或取得信息的权利的法律而产生的信息上的所有权利。① 此外，各国的《著作权法》、《专利法》、《商标法》等都是对信息利用行为的规范。也就是说在知情权、信息获取权广泛得到认可的基础上，人们自然获得了信息的利用权。因为知情的需求和信息获取的需求之所以能上升为一种权利，恰恰在于信息具有价值和使用价值，能够被利用，且往往和自身生存发展及各种利益密切相关，但是这种对信息的利用必须建立在合理合法的基础上，不能损害他人的利益。由此可见，信息利用权也早已在世界范围内得到认可并由诸多法律法规对具体的信息利用行为进行规范和调节。

其次，从中国的立法与社会实践来看：①信息利用权也可以从宪法对公民基本权利的条款中引申出来，因为公民行使宪法赋予的权利，其前提是能够获取足够的信息以作行动的判断，这本就是一种信息利用的行为。②信息利用权由信息安全法、信息传播法、信息产权法、商业秘密法等一系列法律法规（包括《保守国家秘密法》、《计算机信息系统安全保护条例》、《计算机信息网络国际互联网安全保护管理办法》、《电子认证服务管理办法》、《信息网络传播权保护条例》、《政府信息公开条例》、《著作权法》、《商标法》、《专利法》、《合同法》、《反不正当竞争法》，等等）加以规范。例如，《著作权法》第 22 条规定："为个人学习、研究或者欣赏，可使用他人已经发表的作品"；《政府信息公开条例》第 1 条规定："为了充分发挥政府信息对人民群众生产、生活和经济社会活动的服务作用，制定本条例"，表明个人对政府公开的信息具有利用权；《合同法》第 43 条规定："当事人在订立合同过程中知悉的商业秘密，无论合同是否成立，不得泄露或者不正当地使用"；《计算机信息网络国际联网安全保护管理办法》第 4 条规定："任何单位和个人不得利用国际联网危害国家

---

① 刘颖：《论计算机信息及计算机信息交易——美国〈统一计算机信息交易法〉与美国〈统一商法典〉相关概念和规则的比较》，《暨南学报（哲学社会科学版）》2008 年第 5 期。

安全、泄露国家机密"。

四　弱势群体信息特殊保护权的立法与社会实践依据

综观国内外的相关立法与社会实践，弱势群体信息特殊保护权已经有其在立法及社会实践上的依据。

（一）国际组织、国家或地区的相关规定

向弱势群体提供各方面的救济和保护，早已成为一些国际组织和世界许多国家的普遍做法。《世界人权宣言》第25条第（1）项规定："人人有权享受为维持他本人和家属的健康和福利所需的生活水准，包括食物、衣着、住房、医疗和必要的社会服务；在遭到失业、疾病、残废、守寡、衰老或在其他不能控制的情况下丧失谋生能力时，有权享受保障。"在相关国家或地区的立法中有对公民，尤其是弱势群体救济权的保护性规定。如美国的《社会保障法》就规定要建立联邦救济金制度，从而使老年人、残疾人等弱势群体可以取得可靠的生活保障；在英国的《济贫法》以及相关的《国民医疗保健法》、《国民保险法》所组成的社会保障法体系中，都有对贫民进行救济的立法主旨；而德国的《社会法典》及其他社会救助法和社会济贫法也规定了国家和社会在弱势群体的救济和援助中所承担的法律义务。可见，对弱势群体提供特殊救济和保护，可以覆盖到弱势群体生活的方方面面。而在当今大数据时代，这种救济是可以覆盖到其公共信息权益保护领域的。

1. 从弱势群体获得的特殊信息服务看

1994年联合国教科文组织发布的《公共图书馆宣言》规定，公共图书馆必须向那些因各种缘故不能获得正常服务和资料的用户提供特别服务。美国《博物馆与图书馆服务法》（2003）第206条规定，面向不同地域、文化、社会经济背景的残疾人、文化水平较低或信息技能较低的人提供图书馆服务；面向利用图书馆有困难、未覆盖的城市或乡村人群，包括面向在贫困线以下家庭的儿童，提供图书情报服务。① 日本《公共图书馆的任务和目标》第 20 条规定，对那些残疾难以使用图书馆的人，要尽力保障他们使用图书馆的权利，这是图书馆的基本任务和职责。② 韩国《图书馆法》第 43 条规定，图书馆提供消除知识信息差距设施和服务时，应方便残疾人和总统令规定的知识信息弱势群体接近权及利用便利。

2. 从弱势群体公共信息服务权益的法律援助上看

美国法律援助的实施机制主要有公共辩护人制度，特别指定律师制度和契约律师制度。德国的司法援助权则是由德国的宪政法院规定，为宪定权利，而非法定权利。英国从 1949 年《法律援助与法律咨询法案》到 1999 年《获取公正司法法案》的通过，形成了较为完善的法律援助制度。而法律援助当然包括对弱势群体公共信息服务权益的援助，从这个意义上说弱势群体无障碍信息援助权有其存在依据。

3. 从程序性救济上看

如果欠缺程序性救济权，人权内容即使再详细，权利实现途径即使再广阔，也不具有任何实际价值和意义，只是一个"没有牙齿的政治愿望"。《世界人权宣言》第 8 条规定："任何人当宪法或法律所赋予他的基本权利遭受侵害时，有权由合格的国家法庭对这种侵害行为作有效的补救"这充分体现了有关程序性救济保护的规定。《公民权利和政治权利国际公约》第 3 条规定："本公约每一缔约国承担：（甲）保证任何一个被侵犯了本公约所承认的权利或自由的人，能得到有效的补救，尽管此种侵犯是以官方资格行事的人所为；（乙）保证任何要求此种补救的人能由合格的司法、行政或立法当局或由国家法律制度规定的任何其他合格当局断定其在这方面的权利，并发展司法补救的可能性；（丙）保证合格当局在准予此等补救时，确能付诸实施。"程序性救济权被确定可以通过立法、行政、司法等途径行使。而针对公民救济其受损权利的权利保

---

① *Museum and Library Services Act of* 2003，2014 年 9 月（http：//www. imls. gov/pdf/2003/pdf）。

② 《公共图书馆的盲人服务》，2011 年 8 月（http：//www. 5doc. com/doc/571 392）。

障问题，在各国国内法中一般也都通过设置详尽的诉讼法或其他程序性的法律制度来解决来保障。

（二）中国法律规范的相关规定

1. 宪法的相关规定

中国《宪法》第 33 条规定："国家尊重和保障人权。"第 45 条规定："公民在年老、疾病或者丧失劳动能力的情况下，有从国家和社会获得物质帮助的权利。国家发展为公民享受这些权利所需要的社会保险、社会救济和医疗卫生事业。国家和社会保障残废军人的生活，抚恤烈士家属，优待军人家属。国家和社会帮助安排盲、聋、哑和其他有残疾的公民的劳动、生活和教育。"

2. 法律、法规的相关规定

《残疾人保障法》第 4 条规定："国家采取辅助方法和扶持措施，对残疾人给予特别扶助，减轻或者消除残疾影响和外界障碍，保障残疾人权利的实现。"《老年人权益保障法》（2012 年修订）第 3 条规定："老年人有从国家和社会获得物质帮助的权利，有享受社会服务和社会优待的权利，有参与社会发展和共享发展成果的权利。"第 55 条规定："老年人因其合法权益受侵害提起诉讼交纳诉讼费确有困难的，可以缓交、减交或者免交；需要获得律师帮助，但无力支付律师费用的，可以获得法律援助。"《未成年人权益保护法》（2006 年修订）第 3 条规定："未成年人享有生存权、发展权、受保护权、参与权等权利，国家根据未成年人身心发展特点给予特殊、优先保护，保障未成年人的合法权益不受侵犯。"《法律援助条例》第 1 条规定："为了保障经济困难的公民获得必要的法律服务，促进和规范法律援助工作，制定本条例。"第 3 条规定："法律援助是政府的责任，县级以上人民政府应当采取积极措施推动法律援助工作，为法律援助提供财政支持，保障法律援助事业与经济、社会协调发展。"中国 2009 年 4 月 13 日发布的《国家人权行动计划》将基本生活水准权利明确列为一项重要的人权内容："继续采取有效措施，促进城乡居民特别是中低收入居民收入的逐步增长，完善最低生活保障等制度，努力维护城乡居民获得基本生活水准的权利。"《国家"十二五"时期文化改革发展规划纲要》规定,"要完善面向妇女、未成年人、老年人、残疾人的公共文化服务设施";"要引导企业、社区积极开展面向农民工的公益性文化活动,尽快把农民工纳入城市公共文化服务体系,努力丰富农民工精神文化生活";"要建立以城带乡联动机制,合理配置城乡文化资源,鼓励城市对农村进行文化帮扶,把支持农村文化建设作为创建文明城市基本指标"。

可见,弱势群体信息特殊保护权在立法实践上已经具有其宪法、法律、法规等法律规范基础。

第五章　弱势群体公共信息服务权益的构成、内容、要求及缺失

第一节　弱势群体公共信息服务权益体系构成

弱势群体公共信息服务权益体系的构成，可从两个视角进行考察：一是构成整个权益体系的子权利及其相互间的关系视角，即权益的范围视角；二是从公共信息服务法律关系的构成要件视角。在法理上，法律关系由主体、客体和内容（权利和义务）构成，缺一不可。公共信息服务权益的存在，是源于相应的公共信息服务法律关系的存在，那么，在这个法律关系中，主体是谁、客体是什么、相应的各子权利的内容又是什么，这些都是探讨弱势群体公共信息服务权益体系需要解决的问题。

一　范围视角上的弱势群体公共信息服务权益体系构成

从弱势群体公共信息服务权益的范围上看，如上所述，弱势群体公共信息服务权益体系由信息安全权、信息自由权、信息平等权、信息特殊保护权等权益要素构成（见图5—1）。这些权利构成要素既相互区别，又相互联系，共同构成弱势群体公共信息服务权益的有机整体。

（一）权益构成要素之间的区别

首先，这些权益构成要素相互区别，各有侧重。①信息平等权作为基本人权，强调弱势群体与非弱势群体之间、弱势群体之间在信息知悉、获取、利用等方面应具有平等地位和待遇；②信息安全

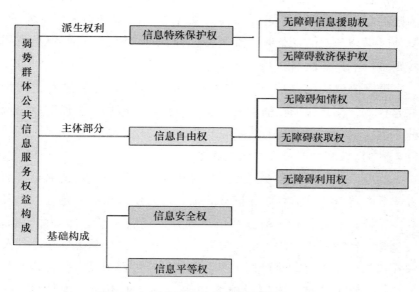

图 5—1　弱势群体公共信息服务权益构成

权从保护弱势群体的人身及财产安全的视角入手，强调弱势群体所知悉、获取和利用的信息在内容及知悉、获取方式等方面的安全性；③信息自由权从基本人权保护角度出发，强调弱势群体在信息知悉、获取、利用等方面应是自由的、无障碍的，使弱势群体自由地、无障碍地知悉、获取和利用信息有了法律保障；④信息特殊保护权则从事前援助、事后救济视角，使弱势群体在信息知悉、获取、利用等方面享有与其弱势地位相适应的特殊保护待遇，强调对弱势群体保护上的倾斜性。

其次，各权益的子权益之间亦是相互区别，各有侧重。以信息自由权的子权益（知情权、信息获取权和信息利用权）为例：①从基本理念来看，知情权以"知的权利"为基础，信息获取权以"知的需要"为前提，信息利用权则以"知的应用"为目的；②从实现途径来看，知情权是不以任何要素为限的一般性的、普适性的信息获取，信息获取权是以主体、利益、领域、时期等要素为限的个别信息获取，信息利用权则是以主体、利益、领域、时期等要素为限的个别信息应用；③从推定原则来看，知情权要求推定公开、例外时不公开，信息获取权推定不公开、符合时公开，① 信息利用权则实行不公开原则。

再以信息特殊保护权的子权益（信息援助权与信息救济保护权）为例，信息援助权强调的是事前的帮助，信息救济保护权强调的是事后救济、救助。

（二）权利构成要素之间的联系

首先，这些权益构成要素具有共同特征。作为一般公共信息服务权益和特殊公共信息服务权益的统一，无障碍构成了这些权益的共同特征，它既具有一般公共信息服务权益的公平、公正性特点，又包含了针对弱势群体的特别关爱性质。因为这里的无障碍不仅要求在弱势群体对信息的知悉、获取和利用等过程中没有任何来自信息展示、物理环境、应用设施的障碍，更要求不受任何性别、年龄、民族、宗教信仰、受教育程度、经济状况、社会地位等方面差异的影响和限制，而其中的无障碍信息援助和无障碍救济保护更是完全针对弱势群体的弱势状况的特殊权益设置，体现了对弱势群体的人文关怀。

其次，这些权益构成要素相互影响、相互作用、相互制约，共同构成弱势群体公共信息权益的有机整体。①从各权益相互关系看，信息安全权和信息平等权是信息自由权、信息特殊保护权的基础。因为没有安全的信息、安全的信息获取渠道和方式，弱势群体的人身和财产就有可能受到损害，信息的知悉、获取和利用就没有任何价值。而只有公平、平等的信息获取机会和待遇，才能确保信息自由权和信息特殊保护权的实现。信息自由权是核心和关键。信息自由权从无障碍知情权、无障碍获取权和无障碍利用权三个方面直接对弱势群体公共信息权益进行规定，成为弱势群体公共信息权

① 蒋红珍：《知情权与信息获取——以英美为比较法基础的概念届分》，《行政法学研究》2010 年第 3 期。

益体系中的主体内容。信息特殊保护权作为保障性、派生性、补充性权利，使对弱势群体的特殊照顾与人文关怀得到了最有力的体现。②从信息自由权的子权益看，知情权是其他两项子权益构成的基础。要保障弱势群体对公共信息的获取，必须首先赋予其"知的权利"，只有享有了"知的权利"，才可能有信息的获取和利用，因此知情权是其他两项子权益构成的基础。而"知的权利"，要实现，必须通过一定的手段和途径，即信息获取①，因而信息获取权是知情权实现的保障。在获取的基础上，对信息的利用是最终的目标，知情权和信息获取权都是为了实现信息的利用权。此外，从信息特殊保护权的子权益看，信息援助权与信息救济保护权都是保障性、保护性权利，共同服务于对弱势群体信息安全权、信息自由权、信息平等权的实现和保障。

二 法律关系构成要件视角上的弱势群体公共信息服务权益的体系构成

从弱势群体公共信息服务法律关系②的构成要件上看，在弱势群体公共信息服务法律关系中，弱势群体公共信息服务权益可以体现在客体、主体、内容等方面。

（一）客体

这里的客体是指在弱势群体公共信息服务法律关系中，弱势群体公共信息服务权益所指向的对象。在弱势群体公共信息服务权益中，无论是信息自由权（含无障碍信息知情权、无障碍信息获取权、无障碍信息利用权），还是信息安全权、信息平等权、信息特殊保护权，其权利客体都指向同一个对象（公共信息及其服务）。

---

① 赵媛：《四川省社会弱势群体信息获取保障法律问题研究》，《四川省哲学社会科学"十一五"规划 2010 年度项目结项报告》，2011 年，第 100 页。

② 按照人们对法律关系的一般理解，这里的弱势群体公共信息服务法律关系是指符合法律法规规定的因法律事实而在弱势群体公共信息服务过程中产生、变更或终止的权利义务关系。这里的法律事实主要是公法行为（如政府信息公开行为）和私法行为（如私人获取信息行为、利用信息行为），也包括一定条件下的自然现象（如地震等）、社会现象（如战争等）。

鉴于目前学术界对知情权的高度关注，故本书拟通过对知情权权利客体的探讨，来明确整个弱势群体公共信息服务权益的权利客体。

综观已有研究，对知情权权利客体的探讨可以概括为下面几种观点。

一是"一权说"，认为"知情权即知政权，仅指公民有知悉国家机关活动和其掌握信息的权利"。①

二是"二权说"，认为"知情权是公民对国家事务以及社会信息得以知悉的权利，主要包括知政权和社会知情权"②，或认为"知情权包括信息领受权和信息开示请求权，一般称前者为'知的自由'，后者为'知的权利'"③。

三是"三权说"，认为"知情权包括知政权、社会知情权和个人信息知情权"④，或认为"知情权分为自然权利的知情权、道德权利的知情权、法律权利的知情权"⑤，或认为"知情权为接受由他人传送的信息资料的权利，包括听、读、看的权利"⑥。

四是"四权说"，认为"广义知情权的内容应当包括政治知情权、司法知情权、社会知情权和个人信息知情权等四项权利"⑦。

五是"五权说"，认为"知情权包括知政权、社会知情权、个人信息知情权、法人知情权和法定知情权（指司法机关享有的了解案件有关情况的权利）"⑧，或者认为"知情权至少包括以下五个方面：获取信息的权利；免于事先检查的出版权利；免于因出版而遭受未经合法程序的报复的权利；接近传播所必需设施和资料的权

---

① 林爱珺：《知情权的法律保障》，复旦大学出版社 2010 年版，第 29 页。
② 郭卫华：《新闻侵权热点问题研究》，人民法院出版社 2000 年版，第 123 页。
③ ［日］日本信息公开法研究会所：《信息公开制度的要点》，行政社 1997 年版，第 18 页。
④ 张新宝：《隐私权的法律保护》，群众出版社 1997 年版，第 91—93 页。
⑤ 刘杰：《知情权与信息公开法》，清华大学出版社 2005 年版，第 40—46 页。
⑥ ［美］托马斯·埃默生：《论当代社会人民的了解权》，《法学译丛》1979 年第 2 期。
⑦ 谢鹏程：《公民的基本权利》，中国社会科学出版社 1999 年版，第 261 页。
⑧ 王利明：《人格权新论》，人民出版社 1994 年版，第 488—489 页。

利；传播信息而不受政府和其他公民非法干预的权利"①。

从"一权说"看，知情权包括知政权，但不应仅限于知政权，否则其权利范围显得过于狭窄。从"二权说"来看，知情权包括知政权、社会知情权，但不应仅限于知政权和社会知情权，因为个人信息在一定条件下可能直接或间接涉及或转化为公共信息。另外，将信息获取权纳入知情权范围，这混淆了知情权与信息获取权之间的界限。从"三权说"和"四权说"看，"三权说"的第一种主张和"四权说"实际上没有实质性区别；"三权说"的第二种主张实质上是从权利产生来源来区分而并未涉及知情权的内容范畴；"三权说"的第三种主张则是从知的方式进行区分，同样与知情的内容范畴没有关系。从"五权说"来看，法人知情权的权利主体是法人，与本书研究讨论的作为自然人享有知情权的弱势群体具有较大区别。法定知情权则属国家行政权力、司法权力的体现，也不适合归入弱势群体的权利体系。而将知情权从信息获取权扩大到出版、传播等权利，显然混淆了知情权与信息权利的概念。

从本书研究的视角看，按照宪法规定的公民的基本权利（如言论自由权，受教育权，自由从事科研、文化活动权等），结合上述知情权客体的研究，本书所称的弱势群体公共信息服务权益的权利客体应是广义上的，是指一切不违反法律禁止性规定、不侵害他人合法权益的信息，而不应局限于政府信息。因为只知悉、了解政府信息，难以有效实现宪法规定的公民的所有基本权利。但从弱势群体弱势状况改变或改善的角度考虑，弱势群体公共信息服务权益的权利客体应指公共信息及其服务。这里的公共信息又可分为三类，即政府信息、社会公共信息以及其他公共信息。

政府信息包括立法信息、行政信息和司法信息。立法信息是指那些在立法过程中生成的、对正式的法律规范有影响的文件

---

① ［日］芦都信喜：《现代人权论——违宪判断的基准》，有斐阁1983年版，第190页。

（如法律议案和草案），以及在选举过程中的候选人情况、选举的环节等有关信息。行政信息是指由行政机关及其授权、委托行使特定权力的有关组织在履行自身职能的过程中所掌握、产生的信息，包括行政政策、行政执法行为、行政裁决、行政复议行为以及行政信息公开，例如行政机关的工作流程和规则、行政工作的内容、特点、时间、结果等。司法信息是指在司法诉讼过程中原被告双方的诉讼请求、辩护理由、法院裁决所依据的法律和推论的过程等信息。① 需要说明的是，本书所称的政府信息与《政府信息公开条例》所称的政府信息（即行政机关在履行职责过程中制作或者获取的，以一定形式记录、保存的信息②）并不完全等同。换句话说，本书所称的政府信息是广义上的，而《政府信息公开条例》所称的政府信息是狭义上的，实际上就是本书所称政府信息中的行政信息。

社会公共信息是指与弱势群体生存发展息息相关的各类社会公共信息，主要包括就业、扶贫、社会保障、康复、农业、科技、教育、文化、卫生、城市公共交通、气象等信息。

其他社会公共信息是除上述政府信息、社会公共信息以外的其他公共信息，包括党政领导干部、公务员按照规定应公开的个人信息，社会公众人物作为公益活动代言人应让社会公众知晓的个人信息等。这些特定群体的个人信息之所以应公开，是因为他们是公权力的履行者（即公家人），或者是具有一定社会影响力的公众人物，都具有公与私的双重身份，不是单纯的私主体，从而容易产生身份的混同、角色的重合、公务或公益活动的私利化或腐败化等现象。为此，就需要这些群体的个人信息公开并被社会公众知悉，以有利于确保公权力、公益活动等正常运行并置于社会公众监督之下，同时也有利于促进和保护弱势群体的包括公共信息服务权益在内的合法权益。这就意味着，虽然个人信息和公共信息在性质上是

---

① 李扬：《信息产品责任初探》，《中国法学》2004 年第 6 期。
② 参见《政府信息公开条例》第 2 条。

不同的，二者不应混淆，但特定群体的个人信息在一定条件下可以转化为（或被视为）公共信息。

（二）主体

这里的主体是指在弱势群体公共信息服务法律关系中，享有权利和承担义务的主体。其中，享有权利者被称为权利主体，承担义务者被称为义务主体。

弱势群体公共信息服务权益的权利主体是弱势群体，包括残疾人、老人、未成年人、无就业人员、农民、农民工等。

义务主体是包括政府在内的承担公共信息服务义务或与公共信息有关联度的主体。具体包括以下几类。

提供政府信息的义务主体是掌握和控制各种政府信息的国家立法、行政和司法机关和依法授权的其他社会组织等主体。

提供社会公共信息服务的义务主体主要包括公益性信息服务机构（如公共图书馆、档案馆等）、非政府组织（如残联、工会、老年协会）、营利性机构（如公司、企事业单位、传媒）等。

提供公共信息的义务主体是掌握或控制其他公共信息的主体，主要包括与公权力相关的自然人（如党政领导干部、公务员、社会公众人物等）。

（三）内容

构成弱势群体公共信息服务权益的四个子权利虽然具有相同的主体与客体，然而由于各子权利对弱势群体保护的侧重点不同，故其权利内容及其相应的要求也各不相同，因此有必要分别对其进行探讨（具体内容详见下面各部分）。

第二节 弱势群体信息平等权的含义、内容、要求及缺失

一 弱势群体信息平等权的含义

要讨论弱势群体的信息平等权，应首先厘清"平等"与"公平"这两个概念的关系。在严格意义上讲，不能将平等与公平混

消。因为"公平往往强调第三者对当事人平等对待"①,"强调的是权利和义务、利益和负担在相互关联的社会主体之间的合理分配或分担"②,而"平等则强调当事人之间的平等"③。但是,"由于二者共同表达的都是主体之间的平等关系",所以本书将公平与平等等同使用④,都强调相关主体之间的平等。

在法理上,平等有广义与狭义之分。从广义上说,"平等强调当事人之间的平等。它不仅包括人类基本需要上的平等,还包括地位、机会、待遇、结果上的平等"⑤。但是,从严格意义上讲,平等主要是指主体之间在地位、待遇和机会上的平等,而不包括结果上的平等,因为要实现结果上平等的现实条件还不成熟。

这里所说的信息平等权主要是严格意义上的平等权,是指弱势群体依法平等享有的知悉、获取、利用公共信息资源及其服务的权利。它要求弱势群体与非弱势群体之间、各类弱势群体之间在公共信息及其服务的知悉、获取和利用上享有平等的地位、待遇、机会等。

需要说明的是,按照法律面前人人平等的原则,同一项权利不应因主体的不同而不同。信息平等权作为一项基本人权,为社会公众平等拥有,不应因其是弱势群体还是非弱势群体而在权利内容上有所区别,因而,弱势群体所享有的信息平等权,与其他社会公众、非弱势群体所享有的信息平等权在本质上是同一项权利。但由于弱势群体的特殊性,使其所拥有的信息平等权又具有以下特点。

一是强调平等既体现在弱势群体与非弱势群体之间,又体现在弱势群体之间。

二是权利客体主要为公共信息及其服务。

---

① 王远均:《网络银行监管法律制度研究》,法律出版社 2007 年版,第 341 页。

② 杨思斌:《我国社会保障制度的公平原则及其实现途径》,《当代世界与社会主义》2007 年第 5 期。

③ 王远均:《网络银行监管法律制度研究》,法律出版社 2007 年版,第 341 页。

④ [美] 迈克尔·D. 贝勒斯:《法律的原则——一个规范的分析》,张文显等译,中国大百科全书出版社 1996 年版,第 12、422 页。

⑤ 王远均:《网络银行监管法律制度研究》,法律出版社 2007 年版,第 341 页。

三是这里的平等强调的是地位、待遇和机会上的平等，不是结果上的平等，也不是数量上的完全相等。

四是鉴于弱势群体在经济收入、受教育程度、信息获取能力等各方面所处的弱势状态，为促进和保护弱势群体的生存和发展，弱势群体可能在某些方面享有一些特殊照顾和支持。比如针对弱势群体实行信息低保制度等。这种特殊照顾和支持并不违背平等原则，而是对平等原则的补充和发展。

还需要指出的是，如前所述，信息平等权是弱势群体公共信息服务权益体系的基础。其理由如下。

其一，从平等的法律地位看。[①] 平等或公平是法律不懈追求的终极价值目标[②]，是一切立法体系主要目标之一[③]，从而也必然成为弱势群体公共信息服务权益保障法律制度所追求的终极价值目标。因此，在信息知悉、获取和利用上弱势群体应被一视同仁地对待，享有平等的信息知悉、获取和利用的权利、待遇和机会，能以相近的成本，无障碍地知悉、获取、使用和分享信息和知识；同时承担平等的义务，不允许歧视和虐待。

其二，从平等的根源或原因看。首先，平等或公平是弱势群体希望得到尊重的反映。"人类平等感的心理根源之一是人类希望尊重的欲望。当那些认为自己同他人是平等的人却在法律上得到了不平等的待遇时，他们就会产生一种卑微感，亦即产生一种他们的人格与共同的人性遭到侵损的感觉。"[④] 弱势群体经济贫困、社会地位低下，因此其希望得到尊重，希望在任何时候任何情况下都能得到公平、平等的待遇的渴望就更为强烈。其次，平等或公平是建设社会主义和谐社会的要求。中国要建立社会主义和谐社会，就必须

---

① 王远均：《网络银行监管法律制度研究》，法律出版社 2007 年版，第 342—344 页。

② 王瑞军、郭云忠：《试论当代中国的法律精神》，《河北法学》2001 年第 6 期。

③ ［法］卢梭：《社会契约论》，何兆武译，商务印书馆 1980 年版，第 69 页。

④ ［美］E. 博登海默：《法理学——法哲学及其方法》，邓正来、姬敬武译，华夏出版社 1987 年版，第 284 页。

首先实现社会各阶层、各种群体之间的和谐。而这首先取决于实现在社会各阶层、各群体之间的平等。弱势群体的经济与社会地位使其长期处于社会边缘化状态，成为社会发展的不和谐因素，不利于和谐社会的建设。因此，保障弱势群体包括信息获取权在内的各种公共信息服务权益，必然应以信息平等权作为其公共信息服务权益的基础。再次，平等是市场经济的要求。中国要建立社会主义市场经济体制，而市场经济要求自愿、平等，要求在平等基础上进行竞争和发展。不平等的竞争和发展是不符合市场经济要求的，也是不可能长期存在的。弱势群体也是生存并发展于市场经济条件下的主体，当然也应遵守市场经济的平等要求，而不能与之相违背。最后，平等是与弱势群体相关的各种力量对比和较量的体现。正如有学者所指出的："平等观念有三大法则：平等只会是弱者发出的呼唤；被要求平等（均分物质财富）的主体之间本无平等可言——平等主体之间原本只存在利益的争夺和实力的较量；平等只能依靠一种超越平等主体的权威力量才能求得——这种力量一定比强者更强，且为弱者所拥戴、所推崇。"① 总之，无论是基于希望得到尊重的欲望、基于建设社会主义和谐社会的要求和市场经济的平等发展与公平竞争要求，还是基于弱者的要求与更强者的保护，抑或基于其他原因（如力量的均衡要求），中国在弱势群体公共信息服务权益保障上都是需要平等的。

其三，从激发弱势群体积极性、创造性的需要看。平等是激发弱势群体积极性和创造性的基本条件，是为弱势群体的发展提供有利环境和条件的基础。然而，在中国经济发展水平、立法意识、国家干预调整状态等因素的影响下，中国有关弱势群体公共信息服务权益保障的平等要求体现还不够、不理想，还需要在公共信息服务权益保障上真正体现平等要求。

---

① 冯亚东：《平等、自由与中西文明》，法律出版社 2002 年版，第 4—5 页。

二　弱势群体信息平等权的内容及要求

弱势群体信息平等权的内容及要求表现如下。

从平等的主体看，既要求在弱势群体与非弱势群体之间的平等，也要求弱势群体内部主体之间的平等。

从平等的范围看，其"范围涉及法律待遇的平等、机会的平等以及人类基本需要的平等"①，"平等有四种含义：其一是法律面前人人平等，其二是指机会均等，其三是分配平等，其四是结果平等"②。因而，这里的平等范围包括弱势群体在信息知悉、获取和利用上的基本需要、待遇、机会、分配、结果等方面的平等。

从平等的环节看，平等既包括有关主体在信息知悉、获取和利用保障的立法规定上平等，又包括法律实施上的平等。正如有学者所指出的："法律平等是以立法平等为核心、以适法平等为保证的立法平等与实施法律平等的统一；立法平等乃法律平等之本体，其他法律意义上的平等皆因附于其上而具有意义，社会主义法的时代特征和历史使命决定了其自身必须以内涵完整的法律平等为取向。"③因此，本书赞同将立法平等纳入弱势群体公共信息服务权益保障的平等含义内。

这种平等不是完全绝对意义上的平等，有限制或例外。比如，由于保护社会公共利益或维护社会公共秩序的需要，可能出现对弱势群体在公共信息服务权益保障方面的特殊优惠或限制等。比如，针对弱势群体的弱势地位、境况，采取倾斜性措施，构建弱势群体在知悉、获取和利用公共信息服务方面的无障碍的物理环境、设施设备等，在弱势群体信息获取过程中向其提供有针对性的帮扶服务等。

---

① ［美］E. 博登海默：《法理学——法哲学及其方法》，邓正来、姬敬武译，华夏出版社 1987 年版，第 280 页。

② 梁家峰：《法律的价值目标和社会经济效益》，《求索》1995 年第 6 期。

③ 闫国智：《论法律平等理论之重构》，《政法论丛》2002 年第 2 期。

三 弱势群体信息平等权的缺失

如前所述，弱势群体信息平等权是弱势群体的应有权利，同时在中国宪法、相关法律法规中都有原则性规定，故也是法定权利。然而，这种权利要成为日常生活中的实有权利，即从形式平等转化为真正的平等，却还有一段距离。也就是说，弱势群体的信息平等权是有缺失的，具体表现在以下几个方面。

第一，由于制度性缺失、弱势群体的弱势状况等因素，弱势群体与非弱势群体之间在公共信息知悉、获取和利用中存在实际不平等现象。在公共信息的知悉、获取、利用等方面，虽然弱势群体同其他群体享有平等的法律资格，但要真正获得与其他群体同样的待遇和机会，则需要配套的制度保障，也需要保障主体提供有针对性的服务保障，还需要弱势群体自身的公共信息知悉、获取和利用条件和能力的改善。首先，从制度保障看，弱势群体信息平等权的实现，实质上是以弱势群体信息安全权、信息自由权及信息特殊保护权的有效保障和实现为前提。然而，事实上目前对这些权益的制度保障依然存在缺失。如弱势群体的信息安全权就存在立法滞后、有空白、模糊、可操作性不强等问题；弱势群体在所需信息内容、获取信息的渠道等方面尚存在安全隐患；[①] 而对弱势群体的信息自由权和信息特殊保护权的保障同样在立法上和实践中存在这样或那样的问题。比如，在消除弱势群体知悉、获取和利用公共信息的困难和障碍上，在为弱势群体知悉、获取和利用公共信息提供方便上，还存在不到位情况，影响了弱势群体信息自由权的实现。[②] 其次，从弱势群体的信息需求、信息行为与相关保障主体所提供的保障方式的匹配度上看，如前所述，这两方面在很大程度上是不匹配的。[③] 如弱势群体最常用的信息获取渠道分别为电视、手机和亲朋好友，而目前最主要的公共信息公开与获取渠道却是电脑网络；目前公共

---

① 详见本书第五章有关弱势群体公共信息安全权保障中权利缺失的相关内容。
② 详见本书第五章有关弱势群体公共信息自由权保障中权利缺失的相关内容。
③ 详见本书第二章的相关内容。

图书馆等是最主要的公共信息服务机构，而弱势群体对这类公共信息服务机构的知晓度和利用率都很低（比如，如前调查所示，有78％的受访农民、农民工从未去过图书馆）。换言之，这些公共信息服务机构目前还主要是为非弱势群体服务的机构。最后，从弱势群体的信息素养上看，如前调查所示，弱势群体整体上只是具备初步的信息意识，而不了解所需信息在哪里、信息获取技能欠缺、信息获取渠道单一严重阻碍了他们对公共信息的知悉、获取和利用。可见，由于对弱势群体倾斜性保护不足、信息援助制度不完备、信息无障碍建设标准不到位等现行相关制度性缺失，弱势群体与非弱势群体在公共信息资源的占有等方面的不均衡（甚至严重不均衡），相应的公共信息服务模式、手段等又与弱势群体的信息获取习惯、能力之间存在不匹配现象，加之弱势群体信息素养教育的缺失，[①] 客观上就必然导致弱势群体与非弱势群体在知悉、获取和利用公共信息及其服务方面的平等权难以（或没有）真正全面实现。

第二，弱势群体个体之间的差异性，导致其在公共信息知悉、获取和利用中存在实际不平等现象。如前所述，弱势群体数量庞大、类型复杂，不同类型的弱势群体之间、弱势群体个体之间在各方面都可能有其个体特征和需求。比如，受访残疾人都将身体活动不便视为其获取信息的主要障碍，这就意味着，残疾人在公共信息知悉、获取和利用中对无障碍设施的需求就是其他社会性弱势群体（如农民工、下岗工人）所没有的，即在公共信息知悉、获取和利用物质条件方面，这类群体知悉、获取和利用信息的成本会高于其他类型弱势群体，其知悉、获取和利用公共信息服务的机会也会与其他类型弱势群体有所不同。而就同类弱势群体而言，也会由于个体之间在经济收入、所受教育的程度等方面的差异性而使其知悉、获取和利用公共信息服务的机会和成本有所不同。这些差异和不同必然导致弱势群体之间在公共信息服务知悉、获取和利用的待遇、

---

① 详见本书第二章第二节。

机会、条件方面的实际不公平现象的发生。

第三，弱势群体所处的地区之间的差异性，导致其在公共信息知悉、获取和利用中存在实际不公平现象。由于经济、文化、历史、地理等多种因素的影响，城乡之间、区域之间在公共信息及其服务的投入、建设与分布上不平衡。一般来说，经济发达地区公共信息基础设施、公共信息资源的建设投入多，公共信息服务水平较高，而经济欠发达地区则相对落后。地区经济条件、技术发展水平之间的差异，客观上必然会导致不同地区弱势群体之间在公共信息知悉、获取和利用的待遇、机会、条件等方面存在差异。比如城市里的少年儿童与农村的少年儿童所处环境在经济发展状况、文化教育发展水平等方面的差异性，必然导致他们在公共信息知悉、获取和利用方面的不公平，城市的少年儿童较之农村的少年儿童会有更多的机会、更便利的条件知悉、获取和利用公共信息。就拿公共图书馆的信息资源知悉、获取和利用来说，城市公共图书馆无论在图书馆普及率、图书馆信息资源的丰富性还是图书馆的服务水平等方面都远远高于农村，这就必然导致两种地区少年儿童在知悉、获取和利用公共图书馆信息方面存在待遇、机会、条件等方面的不公平。虽然现代信息技术使信息资源能够跨地区共享，然而使用现代通信技术获取信息不仅需要更高的经济成本，还需要教育达到相应的水平，而这些往往都是农村的弱项。

第四，不同时期乃至不同时代弱势群体之间的差异性，导致其在公共信息的知悉、获取和利用中存在实际不公平现象，即代际不公平问题。这种代际不公平主要体现为公共信息污染可能导致的不可持续的公共信息服务知悉、获取和利用公平。如同现实环境会受污染一样，网络空间的公共信息也会受污染，而且随着社会经济与现代通信技术的不断发展，这种信息污染状况也会日趋严重，从过去的低质量信息供给发展到会对信息受众身心健康带来严重危害的淫秽信息、色情信息、暴力信息、欺诈信息、病毒信息等各种有害信息在网上的大肆传播和漫延。因此，如果当代人只知道开发、利用网络，而不知道有效地管理、净化网络，建立绿色网络信息空间，那么后代的弱势群体乃至整个社会公众的公共信息服务知悉、获取和利用就不可能实现可持续的公平。

第三节　弱势群体信息安全权的含义、内容、要求及缺失

一　信息安全权的含义

对于信息安全权，不同学者有不同看法。比如，有学者认为，信息安全权是指组织、个人所享有的重要信息不被他人窥视、非法搜集、公开、虚假曝光、篡改的权利；[1] 还有学者认为，信息安全权是指在未获得权利主体同意的情况下，不特定主体负有不得收集、了解、使用他人相关信息的义务，如禁止未经允许检查他人的电子邮件、安装 cookie 记载他人的网络活动情况并分析生成其个性特征等。[2] 总的来看，目前学术界对信息安全权的界定主要针对的是个人信息的安全问题展开，并未涉及在知悉、获取和利用公共信息及其服务中的安全问题，且仅从一般社会公众角度来认识信息安全权，并未充分考虑弱势群体在信息安全权上的特殊性。换句话说，上述对信息安全权的界定应属于一种狭义上的信息安全权。

从一般意义上讲，弱势群体所享有的信息安全权包括自身信息安全权、公共信息安全权和他人私人信息安全权。自身信息安全权是指弱势群体的个人信息（如隐私信息）受法律保护的权利，即未经其同意或授权，他人不得非法收集、了解和使用这种个人信息。这种权利是一种不作为权利，是绝对权（或对世权），其义务主体具有不作为的义务，即未经弱势群体同意或授权，他人不得非法收集、了解和使用。公共信息安全权是指弱势群体依法享有的对公共信息及其知悉、获取和利用过程的安全权。他人私人信息安全权是

---

[1]　安琳：《2007—2008 年国外信息权力研究状况述评》，《图书与情报》2010 年第 2 期。

[2]　谭建初：《论互联网中的隐私权——由一则案例说起》，《河北法学》2001 年第 2 期。

指弱势群体依法享有的对他人私人信息及其知悉、获取和利用过程的安全权。

事实上，在信息技术高度发展的今天，个人信息的安全问题固然重要，对每个人的生存与发展有重大影响的公共信息的安全问题也同样重要。不安全的公共信息不仅损害所有社会公众的共同利益，同时也会影响每个人的个人利益，因此，每个人都应享有公共信息安全权。这种权益的享有对弱势群体这种需要得到社会特别关爱的群体尤其具有意义，它是弱势群体信息自由权、信息特殊保护权存在的基础之一，因为没有安全的公共信息，信息自由权和信息特殊保护权都会失去存在的价值和意义。此外，从人权保护视角看，与非弱势群体相比，弱势群体信息能力弱，信息素养低，缺乏对信息真伪、质量等的鉴别能力，故其享有公共信息安全权亦是属于其应享有的一种"类人权"，是保护其基本人权所要求的。

为此，基于本书的研究主题，又根据人权、人民主权和科学发展观理论，本书所称的弱势群体信息安全权主要是指弱势群体所享有的公共信息安全权，是指弱势群体依法安全地、无障碍地知悉、获取和利用安全的、非欺诈性的、真实可靠的，不会对其人身、财产和相关合法权益造成侵犯、损害和威胁的公共信息及其服务的权利。其权利客体是公共信息及其服务，其权利主体是社会公众中的弱势群体，因此其本质上属于一种特殊的信息安全权，旨在专门保护弱势群体共享公共信息资源，以改善、促进其自身的生存与发展状况。

二　信息安全权的内容及要求

从弱势群体信息安全权的内容、要求上看，其强调两个方面的安全性。

首先，信息内容安全。它是指服务主体所提供的公共信息内容本身是安全的。其具体要求如下。

一是公共信息内容真实。要求信息是客观存在的信息，不是捏造的、虚假的、欺诈的信息。

二是公共信息内容准确。要求信息内容符合其客观真实情况，不存在水分，不存在夸大或缩小的成分或内容。

三是公共信息内容完整。要求信息内容要全面，不能存在片面或遗漏的问题。

四是公共信息内容及时。要求信息内容应在法律法规规定的时间内公开或发布，或者在法律法规没有规定情况下在约定时间或合理时间内发布或公开，不得延误或推迟。

五是公共信息内容合法。要求信息内容符合法律法规要求，不得违反法律法规规定，不得侵犯或损害公共利益，不得侵犯或损害他人合法权益。

其次，信息过程安全。这是指在确保信息本身安全的前提下，要求弱势群体知悉、获取和利用公共信息的过程是安全的。具体来说，这种过程安全包括以下几点。

一是正当合法。总体上看，无论是义务主体提供公共信息及其服务，还是作为权利主体的弱势群体知悉、获取、利用公共信息及其服务，都需要符合正当合法的要求，不得违反法律法规规定，不得侵犯或损害公共利益和他人合法权益。

二是公共信息的知悉过程、获取过程和利用过程安全。具体而言，要求弱势群体在行使其知情权、信息获取权和信息利用权的过程中，不应受到来自公共信息公开及公共信息服务提供中的物理环境、设施、设备等方面的不利影响。比如，城市应建设有方便残疾人前往公共图书馆等信息服务机构的各种安全的、符合国家建设标准的专用交通设施；而公共图书馆等公共信息服务机构应建有方便残疾人、老年人和少儿等自然性或生理性弱势群体知悉、获取和利用信息的各种专用物理设施、设备、工具等，且达到国家相关安全建设标准，不会对其人身或财产安全造成不利影响。美国的多数公共图书馆就明确规定，即使到了下班时间，图书馆员也不能让没有家长陪伴的未成年人独自离开，必须等到家长亲自将未成年人接走才能关门下班。而图书馆中如果因为没有设置任何安全警示标识或保护措施而致使包括弱势群体在内的读者受到伤害的，图书馆必须承担相应的法律责任。此外，这种过程安全还体现在对弱势群体获取和利用信息过程中所使用的软件设施的安全性要求上，也即在电脑和手机网络上，不会受到计算机病毒等的攻击或不利影响。

三　弱势群体信息安全权的缺失

弱势群体信息安全权是弱势群体公共信息服务权益体系中的基础性权利，其有效实现对弱势群体的其他权益实现有重大影响。然而相较于该权利的要求而言，目前弱势群体信息安全权的实现和保障还存在问题。

（一）公共信息安全立法存在缺失

1. 相关立法零散，缺乏系统性和全面性

首先，就法律、行政法规而言。综观已有法律、行政法规，除了《政府信息公开条例》明确规定了公民享有及时获取准确的政府信息的权利外，其他行政法规多主要是从禁止散布、传播不安全信息（如淫秽、色情、赌博、暴力、凶杀、恐怖或者教唆犯罪的信息），以及禁止病毒的传播等维度来保护公民的公共信息安全权。而专门针对老年人、残疾人、少年儿童方面的立法，都未涉及其公共信息安全权问题。总之，目前尚无专门针对弱势群体公共信息安全权的相关立法，而其他相关立法多分布在不同的法规中，缺乏系统性。

其次，就部门规章而言。如同多数法律、行政法规一样，绝大多数的部门规章也主要从禁止散布、传播不安全信息（如淫秽、色情、赌博、暴力、凶杀、恐怖或者教唆犯罪的信息）以及禁止病毒的传播等维度来保护公民的公共信息安全权。有部分规章（如《互联网药品交易服务审批暂行规定》、《高等学校计算机网络电子公告服务管理规定》、《中国金桥信息网公众多媒体信息服务管理办法》等）规定了应建立信息安全管理制度或责任制度，但多数都未涉及具体内容，仅是在宏观层面提出一个概念，从而指导意义不强。不仅如此，这些规定都是零散地见于不同规章中，缺乏系统性。

再次，地方性法规和规章。从地方性法规和规章看，少数省级地方性法规、规章（如《四川省计算机信息系统安全保护管理办法》、《安徽省计算机信息系统安全保护办法》、《北京市公共服务网络与信息系统安全管理规定》等），在一定程度上对上位法律进行了细化。比如，规定信息安全等级分为高敏感、敏感、内部和公共信息四个等级；规定信息安全责任制度包括审核、登记、保存、清除、备份和应急处理等过程；规定信息安全管理制度包括信息发布审核制度、互联网信息内容巡查制度、互联网突发事件应急处置制度等内容。但是，这类地方性法规和规章总体上也仍然主要对不安全信息（如淫秽、色情、赌博、暴力、凶杀、恐怖或者教唆犯罪的信息）以及病毒的传播作禁止性规定，多数规定仍然零散，且只是一种宏观层面的规定，未涉及具体执行及执行的标准问题。

2. 立法滞后，立法空白多

首先，从时间上看，立法存在滞后性现象。所谓立法存在滞后性，就是指技术走在了立法的前面，而立法落后于技术进步。比如，20 世纪 90 年代中期网络进入中国，相继地各种信息安全问题大量凸显，而作为弱势群体信息安全权重要内容的"信息无障碍"一词直到 2006 年才正式出现在中国的行政法规中。随着信息技术的飞速发展，信息安全问题更加突出。比如，随着智能手机的普及率和使用频率的不断增高，相应的微信、手机支付安全等新的信息安全问题也日益突出，但相应的立法规定、监督管理行为并没有跟上，从而出现大量的安全问题或隐患。

其次，从空间看，立法上存在较多的空白点。地方性法规和部门规章的数量远远达不到行政区域的数量。[①] 比如，中国大陆地区有 34 个省级行政区域，但有关信息安全的立法却只有 19 部。显然，部分省级行政区域在信息安全方面的立法存在空白。

上述立法空白性、滞后性，一方面使得弱势群体的信息安全权

---

① 地方性法规、规章的法律效力仅在该行政区域范围内有效，因此，相关地方性法规、规章的数量远远低于行政区域的数量明显不能够满足实际的需求。

缺乏明确、直接的法律依据，无法得到有效的保障；另一方面又远远跟不上信息技术的发展，与大数据时代信息社会的飞速发展不相适应。

3. 立法低水平重复现象严重

如前所述，禁止传播淫秽、色情、赌博、暴力、凶杀、恐怖等不安全信息成为不同级别、不同种类的法律、法规和规章的主要立法内容，而山西、福建、天津、云南等地方性法规或部门规章中对这方面内容的规定，可以说基本上是对《刑法》的完全复制。又如，辽宁、重庆、黑龙江等地方性法规或部门规章中禁止计算机病毒的制作与传播、禁止对计算机系统的任意修改等内容几乎一模一样，主要来自《治安管理处罚法》、《电信条例》等上级法律法规的相关规定。这些现象，一方面说明各部门、各领域、各级别的立法对不安全公共信息的重视，另一方面也说明相关立法水平还有待提高的现实。具体表现为立法内容低水平重复，下位法对上位法机械照搬，没有从各个立法主体应有职责去深度思考和设计应有的立法地位、立法内容和协同作用，没有结合自身实际去考虑"立法的细节"，从而浪费了宝贵的立法资源，并加剧了现有信息安全权法律制度建设上的系统性、可适用性和针对性等方面的矛盾。

4. 立法的适用性、可操作性不强

这体现在有关弱势群体信息安全保障责任主体、职责、标准等方面的模糊规定上。以《残疾人权益保障法》（2008 年修订）为例，该法规定"国家采取措施，为残疾人信息交流无障碍创造条件"；"各级人民政府和有关部门应当采取措施，为残疾人获取公共信息提供便利"；"公共服务机构和公共场所应当创造条件，为残疾人提供语音和文字提示、手语、盲文等信息交流服务，并提供优先服务和辅助性服务"；"政府和社会鼓励残疾人从事创造性劳动"；"新建、改建和扩建建筑物、道路、交通设施等，应当符合国家有关无障碍设施工程建设标准"；"对无障碍设施应当及时维修和保护"；"有条件的公共停车场，应当为残疾人设置专用停车位"；等等。从上述规定来看，首先，在保障主体上，该法所称的

保障主体有"国家"、"政府"、"各级人民政府"、"行政机关"、"公共服务机构"等。但是，"国家"一词不仅抽象，而且内涵复杂。从字面上来理解，"国家"作为保障主体，就意味着整个国家、所有政府、社会全体成员都有义务承担残疾人信息安全权益保障工作，但实际上，这种"人人有责"的结果却可能是人人都不负责。不仅如此，"公共服务机构"具体指哪些机构，它们各自承担怎样的义务与责任，在该法律中也未得到体现。其次，在保障责任上，保障主体的职责主要是"加强××建设"、"鼓励……"、"做好……"、"动员……"等，但相应的职责、标准和法律责任等却是缺失的、不明确的。换句话说，从上述规定看，不知道要采取什么具体措施，不知道什么叫"逐步"，不知道什么才算"有条件的公共停车场"，更不知道没有及时维修和保护无障碍设施要承担什么具体法律责任。很显然，这些抽象、宏观、模糊的规定，很难促使相关保障主体有效履行其保障义务，使得弱势群体信息安全权的保障在制度建设层面就出现障碍，这如何能使该权益得到有效实现呢？

（二）公共信息内容的安全性存在缺失，弱势群体所需信息面临安全性问题挑战

1. 从整体上看，网络信息不安全因素大量存在

中国互联网信息中心《2013 年中国网民信息安全状况研究报告》显示：首先，2013 年上半年有74.1%的中国网民（总人数达到4.38 亿）在上网时遭遇安全事件。其中，有36.3%的网民遇到过欺诈、诱骗信息，21.6%的网民遇到过假冒网站/诈骗网站。其次，在利用搜索引擎进行网上搜索而遭遇安全问题的6%的网民中（3004.6 万人）（见图5—2 和图5—3）[①]，遇到诈骗信息、诈骗网站的比例分别高达 72.7%、71.9%。再次，在利用电脑网络下载文件（即信息的获取）的网民中，有53.8%的人遇到过网上发布

---

① 中国互联网络信息中心：《2013 年中国网民信息安全状况研究报告》，2014 年 8 月（http：//www.cnnic.net.cn/hlwfzyj/hlwxzbg/）。

的欺诈、诱骗信息，还有 48.6% 的人遇到过假冒网站/诈骗网站。最后，在智能手机上网用户群中，接收到手机垃圾短信/骚扰短信、骚扰电话的比例分别达 68.6% 和 57.2%。[①] 可见，网络信息安全问题非常严峻。

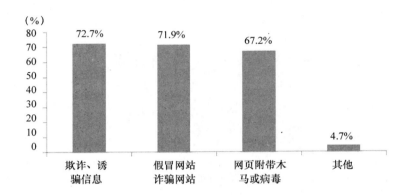

图 5—2　电脑搜索发生的安全问题统计

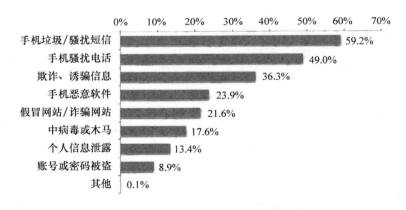

图 5—3　2013 年上半年网民安全问题发生率

---

①　中国互联网络信息中心：《2013 年中国网民信息安全状况研究报告》，2014 年 8 月（http：//www. cnnic. net. cn/hlwfzyj/hlwxzbg/）。

2. 从弱势群体视角看，信息不安全状况更加严重

首先，就未成年人而言。从 18 岁以下的未成年人（本书所称少年儿童群体）群体的上网情况来看，根据 2014 年 5 月中国互联网信息中心发布的《2013 年中国青少年上网行为调查报告》[①]，2013 年中国青少年网民（24 周岁以下）总数为 2.56 亿，占总网民的 41.5%，其中 18 岁以下的未成年人占比 54.5%。如果按照 2013 年上半年中国网民在上网时遭遇安全事件的比例 74.1% 推算，那么未成年网民 2013 年在上网时遭遇安全事件的人数可能达到 1.03 亿，可见，网络信息安全问题对未成年人的威胁是非常巨大的。随着网络的日益普及、未成年人上网规模的不断加大，这种威胁会更加严重。仅就中国违法与不良举报中心所公布的数据看，2014 年从 1 月 1 日至 7 月 31 日，违法和不良信息举报中心就接到各类公众举报信息达 569978 次，类型涉及淫秽色情、诈骗、暴恐信息、赌博、侵权、攻击党和政府、违背社会公德、宣扬邪教、私服外挂、违背宪法原则、病毒等，其中，淫秽色情类占比的均值就达 76.95%。[②] 少年儿童好奇心强，又没有甄别能力，面对如此严峻的网络信息安全隐患，其信息安全权将如何得到有效保障呢？

其次，就其他弱势群体而言。如前调查所示，社会保障类信息、用工信息、职业技能培训信息和医疗保健信息等都是农民、农民工、无就业人员、残疾人等弱势群体需求的信息。然而，在现实生活中这些信息却存在大量鱼目混珠的现象。

以用工信息为例，目前各种就业用工信息（如各种招聘广告、用工需求广告等）在网上网下可以说比比皆是，但其中却不乏大量具有欺诈性、不真实性的信息。因虚假招聘、虚假用工信息给弱势群体造成损害的案例大量存在。如自 2010 年以来，湖北黄冈市黄州区东诺职业培训学校以易地扩建为名，虚构总投资上千亿元的大

---

① 中国互联网络信息中心：《2013 年中国青少年上网行为调查报告》，2014 年 8 月（http：//www. cnnic. net. cn/hlwfzyj/hlwxzbg/qsnbg/201406/t20140611_ 47215. htm#）。

② 中国互联网违法与不良信息举报中心，2014 年 8 月（http：//net. china. com. cn/jbqk/node_ 533647. htm）。

型建设工程，先后在中国建设招标网、中国国际招标网、中国采招网、中国招标网等行业网站发布"东诺职校易地扩建项目工程招标公告"，在全国范围内招标，致使 30 多家农民工承包队上当受骗，损失工程款过亿元，被骗农民工 3 年不敢回家过年。① 再如 2013 年 2 月 17 日凌某在绍兴 E 网上看到咸亨大酒店招工信息，便与对方留下的手机号取得联系，后陆续被骗走现金 3600 元。② 还如一国企公司经理徐某以非法占有为目的，虚构十五冶招聘出国务工人员的事实，以帮忙安排出国务工，收取出国押金、介绍费以及其他费用的名义，先后从 60 名农民工处骗取钱财共计 100.3716 万元。③ 类似案例还很多，如贺某绍兴被骗案④、赵某山东被骗案⑤、农民工在北京被骗案⑥，等等。

再以老年人所需信息为例来说。比如，医疗保健信息的真实性、可靠性就更令人担忧。老年人因轻信这些信息而上当受骗，并由此给其身心造成巨大伤害的案例也是大量存在。⑦ 据中国消费者协会发布的《2011 年老年消费者权益保护现状调查报告》，在全国

---

① 《发包人虚构千亿工程　农民工被骗 3 年不敢回家过年》，2014 年 8 月（http：//szhome. oeeee. com/html/201401/23/49356. html）。

② 《警惕春节过后针对农民工求职发布虚假招工信息实施诈骗》，2014 年 5 月（http：//www. sxga. gov. cn/jwzx/jfts/ffts/201302/t20130225_ 28818. htm）。

③ 《湖北 60 名农民工被骗调查：为出国务工被诈骗百万元》，2014 年 8 月（http：//hb. ifeng. com/news/cjgc/detail_ 2014_ 04/29/2195150_ 0. shtml）。

④ 《警惕春节过后针对农民工求职发布虚假招工信息实施诈骗》，2014 年 5 月（http：//www. sxga. gov. cn/jwzx/jfts/ffts/201302/t20130225_ 28818. htm）。

⑤ 《1 家公司涉虚假招聘—民工交 6000 多不给工作》，2014 年 5 月（http：//wenchang. hinews. cn/system/2014/04/29/016636027. shtml）。

⑥ 《违规违法报纸刊出虚假广告，非法招聘公司承诺虚假岗位，农民工在北京找工作遭遇连环陷阱——谁为受骗农民工负责?!》2014 年 8 月（http：//www. farmer. com. cn/wlb/nmrb/nb2/200611230090. htm）。

⑦ 案例 1：中国食品信息网消息，据市工商局 12315 指挥中心统计，今年共接到保健品咨询、申诉、举报案件 89 起，其中涉及老年人保健品的占了一大半，且呈上升趋势（http：//www. chinafoods. com. cn/news/html/2006 – 12/49621. htm）。案例 2：66 岁的刘爱兰患有糖尿病和高血压。去年 4 月，她得知一种"神奇"的医达康牌复元液配合热磁治疗仪能治高血压、脑萎缩、风湿等几十种老年人疾病。于是，她花了一万多元钱购买了这种产品，然而病情不但没有出现好转，反而进一步恶化。参见 39，健康网（http：//care. 39. net/a/201079/1382663. html）。

25 个省市地区 60 岁以上的老年人调查中发现，有 1/4 的老年人有过根据报纸或广播电视上的信息购买药品的经历，其中有 46.1% 的老年人感觉上当受骗，导致许多老人身心受到伤害，如泉州 72 位老人因购买保健品被骗数百万元案。[①] 近年来，采用虚假信息诈骗老年人钱财的案例更是呈现高发态势。如老人误信投资分红被骗；[②] 湖北武汉 84 岁老人被骗执意汇款 150 万案；[③] 重庆合川老人遇诈骗汇款被银行阻止案；[④] 银行怀疑老人被骗临时锁门，他又去别处汇了 40 万案等。[⑤]

　　真实、准确、完整、及时、合法等是安全的公共信息应具备的特点，也是信息安全权的基本要求。任何不真实、不准确、不完整、不合法的信息都会给对信息缺乏甄别能力的弱势群体造成人身、财产等方面的损害。然而，公共信息的安全状况却如此令人担忧，弱势群体的公共信息安全权的保障确实面临严峻的挑战。

　　（三）弱势群体信息知悉、获取和利用过程的安全性面临挑战

　　信息知悉、获取和利用过程安全是弱势群体信息安全权的重要组成部分和要求。而实际上，这方面的安全性却面临严峻挑战。

　　1. 弱势群体为知悉、获取和利用公共信息所需的无障碍物理环境形势严峻

　　这里的无障碍物理环境主要是针对生理性弱势群体而言。这类弱势群体受身体条件的影响而存在视力、听力、肢体等方面的障碍，对知悉、获取和利用公共信息的物理环境具有特殊要求。如果存在物理环境障碍或困难，比如无障碍设施设备建设不到位（如网

---

　　① 《泉州 72 位老人被骗数百万元　"会场营销"调查与反思》，2014 年 8 月 12 日（http：//news. eastday. com/eastday/13news/auto/news/china/u7ai865631_ K4. html）。

　　② 《4 名老翁被骗 4 万多元，基层监察室帮追养老钱》，2014 年 8 月 12 日（http：//finance. chinanews. com/cj/2014/03 − 26/5994153. shtml）。

　　③ 《84 岁老人被骗执　意汇款 150 万　5 名警察苦劝 2 小时》，2014 年 8 月 12 日（http：//news. 163. com/14/0107/09/9HVPT8DI00011229. html？xg）。

　　④ 《重庆合川老人遇诈骗汇款被银行阻止，老人哭称遭银行刁难》，2014 年 8 月 12 日（http：//news. 163. com/13/1015/18/9B8DKIAS00014AEE. html？xg）。

　　⑤'《银行怀疑老人被骗临时锁门，他又去别处汇了 40 万》，2014 年 8 月 12 日（http：//www. cnbeta. com/articles/267878. htm）。

页无障碍浏览技术、老花镜、无障碍通道等的缺乏），或者弱势群体距离信息保障主体（或其掌控的公共信息及其服务）的空间距离太远，就会影响其有效知悉、获取和利用所需信息，甚至可能对其人身安全造成损害。

首先，无障碍设施设备建设及管理存在不到位情况。这又表现在两个方面：①相关公共信息服务机构的无障碍设施设备建设还不到位。如本书第三章的相关调查所示，就无障碍环境（如残疾人无障碍通道、无障碍洗手间等）来看，数据分析显示，32.20%的图书馆没有配备全面的针对弱势群体无障碍信息获取的物理环境。再就无障碍设施建设来看，26.10%的图书馆还没有或仅有一点点面向弱势群体的无障碍信息获取、使用、交流与共享的无障碍条件，如盲人上网装置、老花镜、放大镜、少年儿童的画笔画板等。②对已建设的无障碍设施设备的使用缺乏有效管理。自1990年《残疾人保障法》颁行，尤其是2012年国务院颁行《无障碍环境建设条例》以来，现在大中小城市，无论是街道还是公共建筑，都开始逐步建立起无障碍设施，民航、铁路、广播电视、银行、教育等部门也逐步采取了行业无障碍服务措施，这无疑为弱势群体知悉、获取和利用公共信息提供了更好的环境和条件。然而，已建立起的无障碍设施除了存在设计理念落后、设备需要及时更新等问题外，最为突出的问题是非身体性弱势群体对已建立起的无障碍设施的侵占和破坏。在城市里，随意停放的车辆、小摊小贩等对盲道等公共设施的侵占屡见不鲜。为什么会造成这种现象呢？其中一个重要原因就是相关规定不到位，执行也不到位。比如，中国的《道路交通安全法》中虽然规定，在道路上临时停车的，不得妨碍其他车辆和行人通行，但是并没有针对不得随意占用盲道等残疾人专用设施的专门性规定，也没有不得占用残疾人专用停车位的任何专门性规定。[1]可以说，法律制度上的缺失正严重影响着弱势群体知悉、获取和利用公共信息。

---

[1] 茹捷：《残疾人出行仍旧困难重重》，《闽东日报》2012年1月5日。

其次，从弱势群体距离信息保障主体（或其掌控的公共信息及其服务）的空间距离看，以公共图书馆为例，如本书第二章调查所示，住所附近没有图书馆或者学校图书馆未开放、不能从附近图书馆或学校图书馆外借书籍、无法下载所需信息构成少年儿童获取信息的前三个障碍。这说明社会、学校为少年儿童提供的硬件条件、设施不到位是阻碍他们获取所需信息的主要因素。

2. 弱势群体知悉、获取和利用公共信息及其服务的渠道也存在安全问题

首先，网络信息渠道安全问题严重。根据中国互联网信息中心发布的《2013 年中国网民信息安全状况调查报告》的统计数据来看，网络上各种木马、病毒信息、钓鱼网站普遍存在，2013 年，网站页附带木马或病毒的比例分别高达 71.9% 和 67.2%（见图 5—4）。① 这给弱势群体通过网络获取信息埋下了不定时的安全隐患，不仅破坏所需信息的安全性，同时还对弱势群体的信息获取设备安全造成了损害。

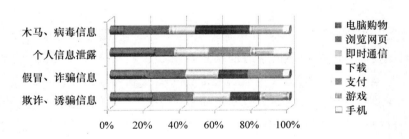

图 5—4　网络和手机各平台信息不安全问题统计

其次，手机信息渠道安全问题日益凸显。如前调查所示，手机已成为弱势群体获取信息的主要渠道之一，列弱势群体获取信息的三大主要渠道中的第二位。然而，在手机平台上，木马、病毒等恶

①　中国互联网信息中心，2014 年 5 月 7 日（http：//www.cnnic.net.cn/hlwfzyj/hl-wxzbg/）。

意程序的泛滥，使得手机渠道的不安全问题日益严峻。据《2013年中国网民信息安全状况调查报告》，2013年智能手机上网遭遇恶意软件的比例达33.2%，很多软件以某种功能为载体供用户下载安装，之后频繁发送广告，或暗地刷流量或乱扣费，让用户遭受损失。这种渠道的不安全性使得弱势群体通过该渠道获取所需信息时的安全问题面临严峻挑战。

第四节　弱势群体信息自由权的含义、内容、要求及缺失

一　弱势群体信息自由权的含义

如前所述，弱势群体信息自由权既有人权理论、人民主权理论、科学发展观等理论依据，又有立法实践依据①，是弱势群体应享有的基本人权。

从一般意义上看，信息自由权是指社会公民依法自由地知悉、获取、利用信息的权利。按照法律面前人人平等的原则，同一项权利不应因主体的不同而不同。信息自由权作为一项基本人权，为社会公众平等拥有，不应因其是弱势群体还是非弱势群体而有所区别。因而，弱势群体所享有的信息自由权，与其他社会公众、非弱势群体所享有的信息权在本质上是同一项权利。但基于本书的主题以及弱势群体的特殊性，故本书所称的信息自由权是指弱势群体依法自由地、无障碍地知悉、获取、利用公共信息及其服务的权利。如前所述，其权利主体是弱势群体，其权利客体是公共信息及其服务。从信息自由权实现的三个环节看，信息自由权又是由无障碍知情权、无障碍信息获取权和无障碍信息利用权三项子权利构成。

无障碍知情权是指作为社会公众的弱势群体依法享有的公平、公正、无障碍地知悉、了解公共信息（含政府信息、社会公共信息、其他公共信息等）及其服务的自由和权利。

---

① 见本书第四章的相关内容。

无障碍获取权是指作为社会公众的弱势群体依法享有的公平、公正、无障碍地获取公共信息（含政府信息、社会公共信息、其他公共信息等）及其服务的自由和权利。

无障碍利用是指作为社会公众的弱势群体依法享有的公平、公正、无障碍地利用公共信息（含政府信息、社会公共信息、其他公共信息等）及其服务的自由和权利。

无障碍是弱势群体信息自由权区别于一般意义上的信息自由权的主要特征，也是无障碍知情权、无障碍信息获取权和无障碍信息利用权这三项子权利的共同特征。之所以强调无障碍，是基于弱势群体的弱势状态可能导致其不能有效行使信息自由权，使该权利形同虚设而言。它不是一种特殊的法律待遇，而是确保弱势群体能真正享有和行使信息自由权、实现信息平等权的必然要求。

二　弱势群体信息自由权的内容及要求

如前所述，弱势群体的信息自由权是指弱势群体依法自由地、无障碍地知悉、获取、利用公共信息及其服务的权利。因此，该权利核心内容就是自由地、无障碍地知悉、获取、利用公共信息及其服务，其基本要求就是弱势群体对公共信息的知悉、获取和利用是自由的和无障碍的。而要满足这两个基本要求，必须做到以下几个方面。

一是相关政府部门、公共信息服务部门等义务主体应按法律法规所规定的信息公开原则，即"信息公开是原则、不公开是例外"，及时主动地公开相关公共信息。

二是所公开的公共信息必须具备合法性、真实性、完整性和及时性。

三是应尽量为弱势群体提供公共信息知悉、获取和利用上的方便，确保其快捷知悉、获取、利用所需要的公共信息。

四是公共信息公开的方式与渠道应充分注意弱势群体的弱势状况，尤其要充分考虑不同类型弱势群体在公共信息知悉、获取上的习惯、障碍，以有利于弱势群体无障碍、及时、便捷地知悉、获取和利用公共信息为最终目的。应确保弱势群体在知悉、获取和利用公共信息的物质环境、设施上的无障碍（包括相关公共信息服务机构所提供的无障碍通道、盲文阅览室，以及获取信息的各种设施、设备的无障碍），以及在公共信息提供与展示上无障碍（如方便残疾人、老人等特殊阅读需求的盲文、大号字体信息等）等。

五是应确保弱势群体知悉、获取和利用公共信息所付出的成本应在弱势群体消费能力能够完全承受，也愿意承受的范围之内，应尽量降低其知悉、获取和利用公共信息的成本（包括经济成本和时间成本），甚至实现知悉、获取和利用公共信息在经济上的零成本，如无经济成本上网、免费使用公共图书馆等。

三　弱势群体信息自由权的缺失

弱势群体信息自由权是弱势群体公共信息服务权益体系的重要组成部分。然而相较于该权利的要求而言，目前弱势群体信息自由权的实现和保障还存在问题。

（一）立法存在缺失

以知情权为例，相关立法规定缺失。首先，欠缺明确规定。知情权虽然在世界很多国家被当作宪法性的基本人权，但在中国宪法中并没有对其进行明确直接规定，其仍属宪法中的隐含权。从相关法律法规规章的规定看，除了《广州市政府信息公开办法》第1条（"为保障个人和组织的知情权制定本规定"）中明确提出了"知情权"这一权利概念外，其他法律法规规章中并没有直接明确指出知情权这一权利概念，而只是在相关条款中提及了义务主体的告知、公布、信息公开等义务，多是从侧面保护权利主体的知情权利。其次，规定零散、不统一。知情权权能内容十分广泛复杂，相关的法律条文多分散在各种地方法规、地方规章、部门规章及其他规范性文件中，立法内容不完整不统一，缺少相互配套与衔接。再次，原则性规定多，针对性不强。相关立法原则性规定多，细化的具有针对性和操作性的内容较为欠缺，执行困难。例如，《无障碍环境建设条例》第18条规定："县级以上人民政府应当将无障碍信息交流建设纳入信息化建设规划，并采取措施推进信息交流无障碍建设。"像这样的原则性规定在实际执行中经过层层过滤和选择性替代性的执行①，取得的效果往往不能令人满意。又如，该条例第 23 条还规定："残疾人组织的网站应当达到无障碍网站设计标准，设区的市级以上人民政府网站、政府公益活动网站，应当逐步达到无障碍网站设计标准。"仅残疾人组织的网站达到无障碍标准对弱势群体知情权的保障而言肯定是不够的，而"逐步"二字更意味着政策的执行没有时间表可言。此外，除了《残疾人保障法》，大多数相关法律法规虽未排除弱势群体，但也没有特别提及弱势群体或为弱势群体提供特殊保护性措施，针对性不强。弱势群体享有和其他主体平等的权利，但又具有自身的特殊性，只将其放在和普通主体相同的地位，对其权利保护是不到位的。最后，关于信息无障碍的政策和技术标准，不是强制性的法律法规，对义务主体的约束力有限。

（二）公共信息公开不到位

一方面，如前所述，公共信息公开对于改变或改善弱势群体的弱势状况极其重要，然而目前的《政府信息公开条例》采取政府信息不公开推定原则的实际做法无疑严重地限制了政府信息等公共信息公开的范围和程度，这是公共信息公开不到位的原因，也是其重要表现。另一方面，即使按照现行法律法规有关公共信息公开的规定要求，也存在政府信息、社会公共信息以及其他公共信息公开不到位的问题。从政府信息公开不到位的情况看，主要表现为薄熙来案、周永康案等腐败案件所反映出来的相关政府信息没有及时准确完整地公开等现象。从社会公共信息公开不到位的情况看，主要表现为与弱势群体生存发展相关的扶贫、救济、保障等方面的公共信息也没有及时完整地公开。比如，近年来，在地震灾害救济、扶贫救济等方面，不时出现有的地方存在相关信息没有及时公开、相关救济款项截留或被挪用等问题。还有相关义务主体不作为或少作为

---

① 顾建光：《我国公共政策执行不到位现象剖析及其矫正》，《兰州学刊》2013 年第 11 期。

造成的信息公开不到位问题。据《重庆晚报》2009 年 7 月 12 日第
10 版报道，市民老李退休后才发现自己 20 世纪 60 年代参加"石
油会战"的六年时间没有计入工龄，依据《政府信息公开条例》
规定，老李向市人力资源和社会保障局申请公开相关政策和文件，
四次申请都没有得到明确答复，最后不得不通过法律诉讼途径解
决。① 从其他公共信息公开不到位的情况看，主要表现为党政干部、
公务人员、社会公众人物等没有如实完整地公开应公开的信息，其
典型是裸官、贪官外逃、社会公众人物移民海外但又在国内保留相
应的公务职务等现象。

（三）在消除弱势群体知悉、获取和利用公共信息的困难和障
碍上，在为弱势群体知悉、获取和利用公共信息提供方便上，还存
在不到位情况

如本书第二章调查所示②，不了解所需信息在哪里、信息获取
技能欠缺、信息获取渠道单一、信息服务人员服务质量不高是弱势
信息获取的四个主要障碍。要消除这四大障碍，既需要相关信息服
务主体（如公共图书馆、残联等）对弱势群体进行全面信息素养的
培养，需要在信息公开渠道和方式上多多考虑弱势群体的具体情
况，又需要消除造成弱势群体信息获取渠道单一的各种经济和技术
困境，还需要全面提高相关服务主体的服务质量和水平。然而，现
状却与此要求相去甚远。

就对弱势群体的信息素养培养看，如前调查所示③，以公共图
书馆为例，目前会经常为弱势群体开展信息意识和信息技能培训的
公共图书馆仅占比 31.9%，仍有 36.45% 的图书馆"完全没有"或
"基本没有"开展过此类服务。

从信息获取渠道和方式上看，网络自然名列前茅。也就是说，
对普通人而言，目前获取公共信息最主要也是最快捷的渠道和方式

---

① 《讨要知情权，退休老汉告赢政府部门》，《重庆晚报》2009 年 7 月 12 日第 10
版。

② 见本书第二章第七节的相关数据内容。

③ 见本书第三章第三节相关调查数据和内容。

就是上网查询。但是，如前调查显示，电脑网络并不是弱势群体获取信息的主要渠道和方式。同时，目前采用无障碍方式公开、传播信息的网站也很少。就拿其中的政府网站来说，网站无障碍建设在无障碍浏览方面（包括无障碍浏览辅助方式、无障碍浏览辅助方式链接位置和无障碍浏览辅助方式链接形式三项指标）的问题最为严重。有约六成的省会城市网站虽有部分建设，但未达到《网站设计无障碍技术要求》所规定无障碍的标准要求，而绝大部分区县级政府网站完全没有任何无障碍浏览方式。[①] 就消除造成弱势群体信息获取渠道单一的障碍来看，要解决弱势群体信息获取渠道单一的问题，需要相关服务主体（如公共图书馆、社区等）提供主动的信息推送服务，同时还应消除造成弱势群体上网困难的各种经济和技术困境。然而，如前调查显示，主动向弱势群体提供信息服务的公共图书馆只占比 46.70%[②]，而送网下乡，让农民、农民工等弱势群体用得起网络、用好网络的工程还没有完全启动，这样的保障现状如何能确保弱势群体信息自由权的实现？

第五节　弱势群体信息特殊保护权的含义、内容、要求及缺失

一　弱势群体信息特殊保护权的含义

（一）弱势群体信息特殊保护权的概念和特点

弱势群体信息特殊保护权是指为了促进和保护弱势群体的生存与发展，弱势群体依法享有的在知悉、获取、利用公共信息及其服务等方面获得特殊照顾、特殊救济、特殊保护的权利，具体体现为无障碍信息援助权和无障碍信息救济保护权等权利。它具有以下特点。

第一，这是一项特殊性权利，不是普适性权利，其权利主体仅

---

① 见本书第三章第二节的相关调查数据和内容。
② 见本书第三章第三节相关调查数据。

为弱势群体。

第二，这是一项派生性、补充性、辅助性权利，是弱势群体信息安全权、信息平等权、信息自由权的补充、自然延伸和实现的必然要求。

第三，这是一项优待性权利，是基于满足弱势群体的特殊需求而进行特殊的援助、救济、保护的权利，是改善或扭转弱势群体弱势状况的必然要求和具体体现。

（二）弱势群体无障碍信息援助权的概念和特点

无障碍信息援助权是指为了改善弱势群体的弱势状况，弱势群体依法享有的在知悉、获取和利用公共信息及其服务等方面无障碍地从国家和社会获得特殊帮助的权利。

第一，它是信息平等权、信息安全权和信息自由权等原生性权利的一种派生性、延伸性、补充性权利，有助于弱势群体实现其信息平等权、信息安全权和信息自由权是其存在的价值所在。

第二，无障碍性是其区别于普通社会公众信息权利的主要特征之一。这里需要注意的是，无障碍性也是弱势群体无障碍信息援助权与弱势群体信息自由权的共同特征，但弱势群体无障碍信息援助权是在弱势群体信息自由权基础上的进一步发展，是一种援助上的无障碍，是无障碍的援助，强调的是无障碍与援助的有机结合。

第三，援助性是其本质特征。这就意味着该权利是弱势群体所享有的一种特殊公共信息服务权益。其权利主体并非弱势群体中的每一个个体，而是在经济收入、文化水平、信息素养等方面都处于严重弱势状况，需要在其信息自由权基础上给予其更多帮助和关爱的那部分弱势群体。

第四，它是提供援助的义务主体一种主动性的、事前的行为。也就是说，国家和社会应根据特定弱势群体的特殊弱势情况，主动从信息的知悉、获取和利用等各个方面进行事前援助服务，而非坐等或事后援助。这是其区别于无障碍信息救济权偏重于事后司法救济保护的重要特征。

（三）弱势群体无障碍救济保护权的概念和特点

从法律上说，有权利必有救济，没有救济和保障的权利不能称之为权利；而救济保障的实现又要以权利为依据，救济保护应与权利始终保持统一，实现和保障弱势群体的信息平等权、信息安全权和信息自由权就离不开救济保护权的设立。由于救济与保护具有概念上的相通性，因此本书所论述的救济保护权即指救济权。

"救济权"一词经常被广泛运用于很多场合，因而有关它的表述也各不相同，概括起来主要包括以下几种：其一，是由原权利所派生的权利，即原权利受到不法侵害或有被侵害的现实危险时而产生的权利，是保护性法律关系（主要在民事法律关系）中的权利。在《牛津法律大辞典》中对此有明确的论述："法律制度赋予特定关系中的当事人以两种权利和义务——第一与第二权利和义务……虽然只有在第一权利……未被令人满意地满足的情况下，第二权利或救济权利才能发生作用，但要求对方履行义务的权利，或要求对方就未履行义务或不适当履行义务给予救济的权利，却都是真正的法定权利。"① 其中第一权利就是指原权利，而第二权利便指救济权。在第一权利受到损害时，第二权利即救济权就要发挥作用。其二，主要是指行政司法救济权，即指行政相对人在其利益受到行政机关的不当或违法行为侵害时可以通过行政复议或行政诉讼的方式要求行政机关改变、撤销其具体行政行为，以及要求行政赔偿的权利。其三，泛指一切权利受到侵害后获得的法律救济权。这种含义的救济权就是指因权利受到损害而产生的权利，"是基于权利之间的因果关系而形成的第二权利，而该第二权利就是寻求司法救济的权利。在这种语境下使用的救济权往往是作为各种权利的附设品，其表述结构一般为'……权的救济权'，如商标权的救济权"②。其四，救济权是指宪法中公民的一项基本权利。主要包括三类："一是保障权，即公

① ［英］戴维·M. 沃克：《牛津法律大辞典》，北京社会与科技发展研究所译，光明日报出版社 1988 年版，第 764 页。
② 张维：《救济权及其在当代中国实现的制度研究》，博士学位论文，中共中央党校，2009 年，第 15 页。

民在年老、疾病或丧失劳动力的情况下，有从国家和社会获得物质帮助的权利，这类权利主要因劳动权而存在，表现为伤残、疾病、退休、退职、待业、死亡等方面的保障权；二是救援权，即公民因突发灾难或经济困难而陷于困境时，有从国家和社会获得救援或减、免收费提供法律帮助的权利；三是补偿权，即公民在其法定权利受损时，有向国家和社会要求从损害者那里获得恢复其权利的完整性，即补偿其损失的权利。"①

从本书研究的角度看，上述观点各有其理由。相对而言，在权利人权利受到侵害时通过司法途径来进行解决，这是最常见的途径，也是最后的解决手段（即法律上所说的司法最终解决）。因此，这里的弱势群体无障碍救济保护权（即弱势群体无障碍救济权）主要指司法救济权，是指为了改善弱势群体的弱势地位、实现弱势群体的公共信息服务权益，弱势群体在其相关公共信息权益（如信息平等权、信息安全权和信息自由权等）受到损害或侵犯时，依法享有的无障碍地获得救济保护的权利。与一般社会公众所享有的相应权利相比，这种救济保护权具有以下三个特点。

一是派生性。它是一种派生权利，是基于弱势群体无障碍信息安全权、信息平等权、信息自由权等原权利而派生出来的权利，以弱势群体的相关公共信息权益被侵害为前提，以弥补弱势群体信息权益损失为目的。因此，这种救济保护权是实现和保障弱势群体信息安全权、信息平等权、信息自由权以及无障碍信息援助权的需要，是为弱势群体信息安全权、信息平等权、信息自由权以及无障碍信息援助权服务的。

二是无障碍性。即基于弱势群体的特殊性，需要在公共信息及其服务的救济保护上给予弱势群体方便，确保其无障碍地获得救济保护。如在诉讼等司法救济中，为残疾人免费提供哑语或语音信息等服务。

---

① 林喆：《公民基本人权法律制度研究》，北京大学出版社 2006 年版，第 91—92 页。

三是优待性。即在给予弱势群体公共信息及其服务的救济保护时，除了适用一般救济保护规则、程序外，还需要给予专门的特别的关爱和照顾，实行特别通道制度。

二 弱势群体信息特殊保护权的内容及要求

（一）无障碍信息特殊援助权的内容及要求

作为弱势群体公共信息服务权益中的一项补充性权益，无障碍信息特殊援助权的内容和要求主要体现为以下内容。

第一，向被保障主体提供必要的经济援助。应为特定弱势群体在知悉、获取和利用公共信息方面提供特别的经济援助。如提供上网财政补贴、电话信息咨询财政补贴、往返公共图书馆等公共信息服务机构的免费接送服务（或往返路费补贴）等。

第二，向被保障主体提供特定帮助服务。在特定弱势群体知悉、获取和利用公共信息存在障碍或困难的情况下要为其提供必要的服务协助或帮助。如为有需求的老年人免费提供主动上门送书送报服务或阅读服务、为有特别需求的农民工免费提供特定知识普及和技能培训等。

第三，向被保障主体提供特定法律援助。法律援助制度起源于15世纪的英国，1494年亨利七世制定的一个法案中规定，"正义应当同样给予贫困的人"，因此，根据正义原则任命的律师应同样为穷苦人服务。同时穷人享有免付诉讼费的权利。随后，1531年亨利八世又规定了一个新的法案，进一步对法律援助制度进行了确认。1887年，法国诞生了世界上第一部法律援助法。目前，世界上已有100多个国家以宪法或法律的形式，直接明确地规定了法律援助制度。但是，对于法律援助，目前尚没有严格的、通用的定义。英国《简明不列颠百科全书》将法律援助（legal aid）定义为"在免费或收费很少的情况下对需要专业性法律帮助的穷人所给予的帮助"[①]。有学者认为，法律援助是由政府设立的法律援助机构，

---

① 谭世贵：《中国司法制度》，法律出版社2005年版，第346页。

组织法律援助人员和社会志愿人员为经济困难的公民或特殊刑事案件的当事人提供免费法律服务，以保障其合法权益得以实现的一项法律保障制度。[①] 还有学者认为，法律援助是指施援人不向受援人收费或者少收费，从法律服务方面为受援人提供帮助以维护其合法权益的行为。[②] 由此看来，尽管学者们的表述有所不同，然而都强调承担法律援助的主体是特定的机构或个人，受法律援助的对象主要包括经济困难的和其他的弱势群体，也包括特殊案件的有关当事人。[③] 由此看来，弱势群体享有的信息援助权不完全等同于法律援助，但向弱势群体提供法律援助也是弱势群体信息援助权实现的重要内容和途径。具体提供的法律援助服务主要是法律方面的服务，或与法律直接相关的服务，包括律师咨询服务、法律诉讼服务等，服务施援人在提供法律援助时不向受援人收费或者少收费法律援助。

（二）无障碍信息特殊救济权的内容及要求

弱势群体除了享有一般社会公众，也享有的一般的法律救济权利（如获得实际履行、给予赔偿等实体法上的权利，以及享有协商、调解、仲裁、诉讼等程序法上的权利）外，还应享有特殊救济的权利，以改变或改善其弱势地位、境况。这种特殊救济权的内容及要求主要包括以下几点。

第一，义务主体承担救济知情权的告知义务。这是弱势群体无障碍信息特殊救济权实现的前提和具体体现。弱势群体往往权利保护意识淡薄、权利保护能力低下，在其公共信息服务权益受到不法侵害时容易出现不知道其信息权利是什么、不知道信息权利怎么界定、更加不知道当信息权利受到侵害怎么办等现象。因而，义务主体在向弱势群体提供公共信息服务时应主动告知（或提前告知）弱

---

① 宫晓冰：《中国法律援助制度培训教程》，中国检察出版社 2002 年版，第 3 页。
② 崔向前：《法律援助权的生成动力之研究》，《河南公安高等专科学校学报》2009 年第 4 期。
③ 周旺生：《论法律援助的总则构建》，《法制与社会发展（双月刊）》2002 年第 4 期。

势群体享有哪些公共信息服务方面的权益、这些权益被侵犯时如何救济等，否则，义务主体就是没有尽到其公共信息服务提供义务。

第二，义务主体承担惩罚性实际履行义务。这里可以分为两个步骤：第一步是先行履行。如有初步证据证明义务主体没有按照法律法规规定及时向弱势群体提供公共信息服务，那么义务主体应向弱势群体先行履行其承担的提供公共信息服务的义务。第二步是惩罚性履行。如经过法院等争议解决主体最终确认，义务主体确实没有按照法律法规规定及时向弱势群体提供公共信息服务，则义务主体应承担惩罚性履行的后果。这种惩罚性履行后果主要体现为服务升级，即将无障碍公共信息服务升级为无障碍公共信息服务＋无障碍援助性公共信息服务、将无障碍信息援助服务升级为2—5倍无障碍信息援助服务（比如，原来的经济补贴是1个单位，则升级后的经济补贴为2—5个单位）。为什么要实行惩罚性实际履行救济呢？其主要原因在于：一方面，弱势群体公共信息服务权益保障对其生存与发展都意义重大；另一方面，受观念意识及相关义务主体（尤其是公共服务机构）即使不履行义务所需要付出的成本也很低等多种因素的影响，长期以来对弱势群体合法权益的保障一直得不到重视。因此，要解决这一问题，最有效的办法就是增加相关义务主体的不作为或不有效作为成本。而惩罚性实际履行救济正是在此方面着力，故可以迫使义务主体更有效地履行其承担的面向弱势群体的公共信息服务义务。

第三，义务主体承担惩罚性经济负担义务。这里主要适用于义务主体提供的有经济援助的公共信息服务方面，也需要考虑两种情况：一是先行补偿。如有初步证据证明义务主体没有按照法律法规规定及时向弱势群体提供有经济援助的公共信息服务（如财政补贴），那么义务主体应向弱势群体先行履行该义务。二是惩罚性履行。如经过法院等争议解决主体最终确认，义务主体确实没有按照法律法规规定及时向弱势群体提供有经济援助的公共信息服务，则义务主体应承担惩罚性履行的后果。这种惩罚性履行后果主要体现为倍数惩罚，即将无障碍信息援助服务升级为2—5倍无障碍信息援助服务（比如，原来的经济补贴是 1 个单位，则升级后的经济补贴为 2—5 个单位）。而实行这种惩罚性经济负担救济的主要原因与实行惩罚性实际履行救济相同，这里就不再重复。

第四，义务主体承担无障碍快捷直通解决纠纷的义务。这里的无障碍包括为消除或减少弱势群体弱势地位、境况而采取的物理环境上的无障碍、语言沟通上的无障碍、经请求而减免诉讼费用等。这里的快捷直通包括尽可能简化相关程序、减少程序上的救济时间、实行有初步证据就先行救济的制度、在服务外包等情况下对有特殊困难的弱势群体实行由政府代为垫付制度等。实行无障碍快捷直通解决纠纷的救济可以为弱势群体提供纠纷解决的无障碍的高效快捷便利通道。

三　弱势群体信息特殊保护权保障中的权利缺失

弱势群体信息特殊保护权是弱势群体公共信息服务权益的重要组成部分，也是公民人权的重要体现。然而，目前中国在保障弱势群体信息特殊保护权的实现方面还存在一些问题，主要表现为以下几点。

第一，立法不到位。一是规定过于原则，难以有效保障弱势群体公共信息服务权益。如前所述，中国《宪法》第 45 条规定，公民在年老、疾病或者丧失劳动能力的情况下，有从国家和社会获得物质帮助的权利；国家发展为公民享受这些权利所需要的社会保险、社会救济和医疗卫生事业；国家和社会帮助安排盲、聋、哑和其他有残疾的公民的劳动、生活和教育。《残疾人保障法》第 4 条规定，国家采取辅助方法和扶持措施，对残疾人给予特别扶助，减轻或者消除残疾影响和外界障碍，保障残疾人权利的实现；第 52 条规定，国家和社会应当采取措施，逐步完善无障碍设施，推进信息交流无障碍，为残疾人平等参与社会生活创造无障碍环境；第 54 条规定，国家采取措施，为残疾人信息交流无障碍创造条件。《老年人权益保障法》（2012 年修订）第 3 条规定，"老年人有从国家和社会获得物质帮助的权利，有享受社会服务和社会优待的权利，有参与社会发展和共享发展成果的权利"；第55条规定，"老年人因其合法权益受侵害提起诉讼交纳诉讼费确有困难的，可以缓交、减交或者免交；需要获得律师帮助，但无力支付律师费用的，可以获得法律援助"。《未成年人权益保护法》（2006年修订）第3条规定，"未成年人享有生存权、发展权、受保护权、参与权等权利，国家根据未成年人身心发展特点给予特殊、优先保护，保障未成年人的合法权益不受侵犯"。从这些规定看，无论是宪法有关"物质帮助"、"帮助安排"等的规定，还是法律法规有关"特别扶助"、"无障碍"、"社会优待"、"特殊、优先保护"等的规定，都显得过于原则，没有明确具体的范围、条件、标准、要求、责任和程序，从而难以有效保障弱势群体公共信息服务权益。二是针对性欠缺，难以真正保障弱势群体公共信息服务权益。比如，《民事诉讼法》规定了简易程序、先行支付、诉讼费用减免等，但这些规定偏重于从一般人视角来设计诉讼程序，难以完全体现弱势群体的特殊需求、诉求，尤其是难以满足弱势群体在公共信息服务及其合法权益保障方面的特殊需要。又如，《法律援助条例》第3条规定，"法律援助是政府的责任，县级以上人民政府应当采取积极措施推动法律援助工作，为法律援助提供财政支持，保障法律援助事业与经济、社会协调发展"，但是，该条例所规定的法律援助偏重于事后的援助，而忽略了事前的援助，更忽略了对弱势群体整体上的在公共信息服务上的援助，无法完全满足弱势群体公共信息服务权益保障的现实需求。

第二，对弱势群体的公共信息援助与救济保护不到位。如前所述，在信息与网络高度发达的今天，老年人等弱势群体易受不安全公共信息的侵害，这是公共信息援助、救济保护等服务还不到位的表现和后果。比如，最近连续出现一些老年人不时被骗走钱财的现象，有的表现出"甘愿"被骗，还有的银行相关工作人员劝阻也再三"甘愿"被骗。又比如，最近出现一些有关食品安全、公共安全、反腐败等方面的谣言，导致包括弱势群体在内的公民知情权受损，身心也受到不同程度的负责影响。诈骗和造谣传谣的具体表现形式不完全相同，其主体、后果等也不尽一致，但二者有个共同的特点，那就是人与人之间存在失信、轻信的社会关系，即存在不诚信的社会关系。为什么会造成不诚信或失信？为什么会出现老人被骗甚至连续"甘愿"被骗？为什么会出现这些谣言？这些失信或不诚信现象出现后为什么没有及时发现、消除、纠正，追究相应人员的责任？可以说，造成这种现象的原因是多方面的，有诈骗者、造谣者、传谣者、受骗者、信谣者等方面的因素（比如诈骗者谋骗他人钱财的动机和技巧，造谣传谣者因为其种动机而捏造事实或证据，受骗者、信谣者轻信他人），还有公共信息服务主体援助不到位、救济保护不力等因素的影响。因为按照政府部门等公共信息服务主体所承担的公共服务职责要求，政府部门等公共信息服务主体一方面要依照法律法规规定提供安全可靠的公共信息及服务，积极主动向弱势群体提供公共信息服务上的援助和救济，积极带头营造诚信的公共信息交流沟通环境，规范和引导整个社会构建诚信的公共信息交流沟通大环境；另一方面还要积极预防不诚信或失信的公共信息的产生、发布、获取和利用，及时有效地发现和惩处不诚信或失信的公共信息行为。然而，政府部门等公共信息服务主体在上述不诚信或失信事件或行为上，并没有有效履行良好社会关系的营造者、规范者、引导者职责，并没有切实扮演好公共信息服务的主动承担者角色，并没有积极有效预防和及时惩处不诚信或失信的公共信息行为者。换句话说，无论是不诚信或失信的社会关系（或社会环境）本身，还是在不诚信或失信社会环境下发生诈骗、造谣传谣等事件，在一定程度上都与政府部门等公共信息服务主体在公共信息服务（包括信息援助、信息救济保护）上的不作为或不当作为有关。

第六章　弱势群体公共信息服务权益保障中的权利冲突与平衡问题

保障公民的合法权益，这是法律保障功能的体现。那么，弱势群体公共信息服务权益保障中是否存在权利冲突？有哪些权利冲突？这些冲突是什么原因造成的？如何平衡这些权利冲突？明晰这些问题并探求有针对性的、有效的解决方案，是确保弱势群体有效实现自己的合法权益、有效获取和利用信息的要求，更是建立有效的弱势群体公共信息服务权益保障制度的要求。

第一节　弱势群体公共信息服务权益保障中的权利冲突

一　弱势群体公共信息服务权益保障中公权与私权①的冲突

弱势群体公共信息服务权益保障中公权与私权的冲突，是多种

---

① 私权又叫私权利，是指为了维护私人利益而由私主体依法享有的权利。这里的私主体指公民、法人或非法人组织等主体，其所享有的人身权和财产权就是私权。弱势群体公共信息服务权益属于弱势群体的私权范畴，是弱势群体为了维护自身利益，即解决自己的生存与发展问题而享有的信息权益。公权又叫公权力、公共权力，是指为了维护公共利益而由公主体依法享有的职务上的权力。这里的公主体包括立法机关、行政机关和司法机关，其所享有的权力就是公权，包括立法机关的立法权、行政机关的行政权和司法机关的司法权。与弱势群体的公共信息服务权益这种私权相对应的，是由立法机关、行政机关和司法机关依法享有的与公共信息服务权益相关的立法权、行政权和司法权。

因素综合作用的产物。其主要因素之一就是弱势群体公共信息服务权益保障中公权与私权之间的辩证统一关系，二者既有联系，又有区别。从联系上看，二者有内在的密不可分的联系，公权来自私权，应服务于弱势群体的私权；同时，私权需要借助公权来维护或满足自己的合法权益，需要在法律规定的职权和程序内服从公权的支配或控制。从区别上看，二者在目的、性质、主体等方面不同。因为弱势群体的私权是为了维护弱势群体私人的利益，是一种平等主体之间享有的人身权、财产权等权利，是弱势群体等私主体享有的权利，而公权则是为了维护公共利益（公益），是一种地位不平等的主体之间以控制与被控制、支配与被支配为特征的权力，是国家或政府等公主体享有的权力。正因为弱势群体公共信息服务权益保障中私权与公权之间既有联系又有区别，是辩证统一的关系，因此它们之间必然有协调统一的一面，同时也有矛盾冲突的一面。这里需要特别指出的是，中国处于经济社会发展转型的特殊时期，经济社会发展进入"新常态"，这种矛盾冲突现象在一定时期内将显得更为突出。具体表现在以下几个方面。

（一）在私权与公权的界定上存在冲突

弱势群体公共信息服务权益保障中私权与公权的界定，是正确认识和处理弱势群体公共信息服务权益保障中私权和公权关系的基础，但这方面却存在冲突。这种冲突主要表现在两个方面。

首先，对弱势群体公共信息服务权益保障中公共利益与私人利益的边界界定存在冲突。如前所述，公权与私权划分的一个主要标志就是看其是以维护公共利益为目的还是以维护私人利益为目的，因而对弱势群体公共信息服务权益保障中公共利益与私人利益的内涵及其边界的界定就成为弱势群体公共信息服务权益保障中公权与私权冲突的焦点。从表面上看，公共利益与私人利益很容易区分。公共利益是指包括弱势群体在内的所有不特定人的共同利益，以"公共产品"、"公共服务"和"公共权利"等为表现形式；私人利益是指弱势群体中的特定个体的私人利益。然而，事实上有时二者很难甚至无法区分。这主要表现在以下三个方面。

一是利益主体的不确定性导致利益性质的不确定性。利益主体的不确定性是指受传统观念、社会习俗、制度等因素的影响，公共利益与私人利益界定中的特定人和不特定人指向并不明确，具有不确定性。这种特定人或不特定人究竟是指全体主体还是部分主体，指强势主体还是弱势主体，这些问题都是仁者见仁、智者见智。此外，受利益主体时空特征的约束，此时代的公共利益可能是彼时代的私人利益，此处的公共利益可能是彼处的私人利益。[①] 那么，如果主体都不确定，又怎会有对其利益性质的明确界定，从而如何会有与之相关的公共利益与私人利益界线的明确区分？

二是利益主体社会地位的差异性导致公共利益的不全面性和不明确性。从字面上看，公共利益应指社会上的全体不特定人的共同利益，然而，由于弱势群体在社会中处于弱势地位，是社会边缘化群体、受忽略的对象，因此他们没有话语权，其利益诉求得不到应有的关注和保护，换言之，公共利益往往并不代表他们的利益。那么，弱势群体公共信息服务权益保障中的公共利益是什么利益？它与其他非弱势群体所享有的公共利益是否存在差异？其边界在哪里？所有这些问题并没有明确的答案。对公共利益边界的划分并不是一个简单的问题，它涉及不同利益主体、不同利益集团之间在社会可得利益上的博弈问题。从这个方面看，现实中公共利益与私人利益之间的边界界定实际上是存在冲突的。

三是利益诉求的差异性和可转化性导致对公共利益与私人利益边界界定的模糊性。一方面，就个体弱势者来看，每个个体弱势者弱势的侧重点都会有所不同，故其权益保障的诉求就会存在差异，因而在公共信息服务权益保障上，要想体现公共利益这种着眼于社会所有主体共同的整体利益就会很困难。另一方面，公共利益和私人利益也是可以转化的。公共利益是私人利益的抽象，私人利益是

---

① 赵媛、王远均：《弱势群体政府信息获取保障中的权利冲突与平衡研究》，《档案学研究》2012 年第 4 期。

公共利益的具体体现，二者在一定条件下可以转化。① 比如，单个弱势群体对政府信息公开需求是单个弱势群体的个体利益体现，但千千万万个弱势群体对政府信息公开的需求则构成整个社会公众对政府信息公开需求的重要组成部分，从而可能成为政府信息公开需求上的社会公共利益。

可见，在弱势群体公共利益与私人利益边界的界定上，还有很多问题没有解决，从而还未实现对两者的明确界定，导致两者的模糊不清。而这种状况，不仅是弱势群体公共信息服务权益保障中私权与公权冲突的表现之一，而且在弱势群体公共信息服务权益保障中，还会引起或加剧相关私权与公权实现上的冲突。

其次，在弱势群体公共信息服务权益保障中政府信息的公开与不公开之间存在冲突。政府信息是公共信息的主体内容，更是满足弱势群体信息需求不可或缺的内容。有效保障弱势群体公共信息服务权益的前提之一，就是要确保政府信息的全面、及时公开。然而，在实践中，政府信息的公开与不公开之间却存在冲突。对于政府信息，区分政府公权力与弱势群体私权利范围的核心，是政府信息的公开实行什么样的原则。原则上说，无论是知情权还是基于"知的权利"而非"知的需求"的信息获取权，都要求政府信息必须实行公开原则或公开推定原则。换言之，包括弱势群体在内的公民是否对政府信息有"知的需求"，并不是政府信息公开与否的条件。这是包括弱势群体在内的所有公民私权的边界，也是实现其知情权和信息获取权的要求。然而，仔细考察中国的《政府信息公开条例》，却能发现其对政府信息公开实行的是列举式立法模式。具体说，就是对需要政府主动公开的政府信息和可以申请公开的政府信息进行分别规定，这就意味着，公开什么样的信息，其决定权依然握在政府手里。据此可知，《政府信息公开条例》实行的是政府信息不公开推定原则。这无疑与"坚持以公开为常态、不公开为例

---

① 赵媛、王远均：《弱势群体政府信息获取保障中的权利冲突与平衡研究》，《档案学研究》2012 年第 4 期。

外原则，推进决策公开、执行公开、管理公开、服务公开、结果公开"不一致，与信息获取权的本质要求相冲突。事实上，政府应具有的是决定哪些信息不能公开的权利，而非哪些信息可以公开的权利。因为让包括弱势群体在内的公民了解、知悉、获取除国家秘密、商业秘密、公民隐私及法律法规明令禁止公开、传播的其他信息之外的所有信息，本来就是公民的基本权利。

（二）在私权与公权的实现上存在冲突

对弱势群体公共信息服务权益的保障，其最终目的就是要确保弱势群体各项公共信息服务权益的实现。而行政机关在保障弱势群体公共信息服务权益中，也享有相应的信息公开方面的行政权。然而，在实践中，弱势群体私权利的实现与政府机关公权力的实现仍然存在冲突。而值得注意的是，这种冲突的主要表现是公权对私权的侵犯。

政府信息是弱势群体公共信息服务权益的主要权利客体。政府作为权利保障主体，其所承担的职责和义务就是确保弱势群体知悉、获取和利用政府信息。因此，如果因政府履行职责和义务缺位或不到位而导致弱势群体不能有效知悉、获取和利用政府信息，那么就可认定这是政府公权力对弱势群体私权利的侵犯，属于一种不作为的侵权行为。其典型表现是不按照相关法律法规的规定组织编制相关政府信息、未及时公开应公开的政府信息、不及时维护和更新已公开的政府信息事实上。本课题组对中国省级、省会城市级、地市级和区县级政府网站政府信息公开及服务情况所进行的调查，就发现了许多在政府信息公开中的行政不作为现象，比如对与弱势群体密切相关的专项信息公开就十分不理想。各级政府网站实际得分率均未达到 60% 的水平，尤其地市和区县级政府网站，其专项信息的公开就更是不到位。近八成的政府网站在各种社会求助、医疗保险、工伤保险、农民工就业、职业技能培训、弱势群体福利等领域，存在缺乏政策解读、信息缺失、信息过时、信息维护差或死链等问题。而在为确保弱势群体信息自由权实现所需的网站无障碍建设上，政府主体的行政不作为现象就更为突出，比如，在无障碍浏览方面（包括无障碍浏览辅助方式、无障碍浏览辅助方式链接位置和无障碍浏览辅助方式链接形式三项指标）的问题最为严重。有约六成的省会城市网站虽有部分建设，但未达到《网站设计无障碍技术要求》相关要求，而绝大部分区县级政府网站完全没有这方面的建设，也就是说，绝大部分区县级政府网站不是达不达标的问题，而是完全没有任何无障碍浏览方式，这种状况使政府信息和服务资源难以有效惠及弱势群体。此外，按照《政府信息公开条例》第16条的规定，"各级人民政府应当在国家档案馆、公共图书馆设置政府信息查阅场所，并配备相应的设施、设备，为公民、法人或者其他组织获取政府信息提供便利"。虽然目前绝大多数的公共图书馆中都安装了相关设施，但本课题组在某省会城市实地调研发现，虽然该地各级图书馆内都设置了用于查询政府公共信息的电子信息屏设备，但其多个区图书馆内的信息查询设备基本都处于关闭状态。究其原因，用某些图书馆工作人员的话说，是因为"设备比较陈旧、触摸功能基本不能使用"。这种"摆设的设施"意味着什么呢？从直接的意义上说意味着相关政府机构行政不作为，从间接意义上讲意味着其可能导致弱势群体不能有效知悉、获取和利用信息，其实质上就是对弱势群体公共信息服务权益的侵犯。

二 弱势群体公共信息服务权益保障中公权与公权的冲突

公权力作为为了维护公共利益而由公主体依法享有的职务上的权力，包括立法机关的立法权、行政机关的行政权和司法机关的司法权。按照人民主权学说，这些公权力来源于人民，服务于人民，并受人民监督。从这个意义上说，公权力之间似乎不应存在冲突。然而，由于公权力分散于不同的具体主体，这些主体又由不同的部门或机构组成，其具体职责又由具体的人员来承担或履行，而这些具体的部门、机构或人员除了应按照法律法规规定履行职责以服务于公共利益外，还具有其自身（或所在利益集团）的个人（或局部）利益。加之，承担或履行这些职责的具体部门、机构或人员可能出现变动，可能存在水平或能力等方面的差异性，因而，其结果可能是这些公权力之间在弱势群体的公共信息服务权益保障中依然存在冲突。

从某种意义上说，主体的权利是通过相关法律法规体现出来的，因此在弱势群体公共信息服务权益保障中，公权与公权的冲突就集中体现为相关法律、法规、规章之间的冲突。这些冲突主要表现在以下几个方面。

（一）宪法与行政法规与之间存在冲突

就宪法来看，下列规定涉及信息自由权：第一，言论自由、出版自由是《中华人民共和国宪法》（第35条）赋予公民的基本权利。言论和出版都属于信息的表达和传递，因此可以说对信息的表达和传递是公民的基本权利。但对信息的表达和传递必须基于对信息的了解和掌握，因此这种信息的表达和传递权必然包括获取信息的自由、持有信息的自由、传播信息的自由。也即，宪法所规定的言论自由权、出版自由权必须要以对信息的自由知悉、获取和利用为前提。因此，言论和出版自由权中必然包含信息知悉权、信息获取权等信息自由权。第二，根据《中华人民共和国宪法》第46条和第47条规定，中华人民共和国公民有受教育的权利和义务；有进行科学研究、文学艺术创作和其他文化活动的自由。从某种层面上说，受教育本身就是对信息的知悉、获取和利用，而进行科研和创作，更必须以对信息的有效知悉、获取和利用为前提。因此，很显然，《宪法》所规定的受教育权和科研、创作自由权中就涵盖了信息知悉权、信息获取权和信息利用权。第三，《宪法》第41条赋予公民对任何国家机关和国家工作人员进行监督、批评、建议、申诉、控告或者检举等权利。然而，没有对政府信息的充分占有、不了解政府机构及工作人员的工作情况，如何去进行监督、批评、建议、申诉、控告或者检举？因此，要实现宪法所赋予的这些权利，必须以对相关信息的知悉、获取为条件。这就意味着，《宪法》第41条赋予公民的权利中，同样涵盖了信息知悉、信息获取和信息利用等信息自由权。

可见，信息知悉权、信息获取权和信息利用权等信息自由权有其宪法基础，是公民的基本权利。此外，从这些权利实现的基本要求上看，也必须采用推定公开原则来公开除国家秘密、商业秘密、个人隐私和法律法规明令禁止公开、禁止传播的所有信息。因为宪法所规定的上述权利，所需要的、所确定的都是一种以"知的权利"而非"知的需求"为基础的信息自由权。比如，政府履行其让公民受教育的职责和义务并不以公民个体是否想要接受教育为基础，因为这是一种普适性权利，并不以个体是否有需求为条件。再如，政府公开政府信息，以方便公民对国家机关和国家工作人员进行监督、批评、控告，而不以公民个体是否愿意实现该权利为条件。

然而，有些相关行政法规的规定却与宪法的上述规定不相吻合，最典型的就是《政府信息公开条例》。如前所述，列举式立法模式、政府在信息公开中对公开内容的决定权、要求公民基于"知的需求"提出的信息获取申请，使《政府信息公开条例》实际上为政府信息公开构建了一个基于"知的需求"而非"知的权利"的政府信息获取制度。① 换句话说《政府信息公开条例》实际上内含的政府信息的推定不公开原则在本质上不符合《宪法》的相关精神和要求。

（二）法律与法律之间存在冲突

政府信息公开行为属于具体行政行为。一旦某个公民认为相关政府机构或政府机构的工作人员未充分履行其在政府信息公开中的职责和义务，损害了其合法利益而向司法机关寻求法律保护时，将涉及对《行政诉讼法》、《立法法》等法律的适用，也涉及有关地方性法规、规章的适用问题。然而，在有关政府信息公开这种具体行政行为法律适用上，不同法律之间、同一法律不同规定之间却存在一定的冲突。

首先，不同法律在对国务院及地方部门规章的法律地位和效力

① 赵媛、王远均：《弱势群体政府信息获取保障中的权利冲突与平衡研究》，《档案学研究》2012 年第 4 期。

的规定上存在冲突。根据《行政诉讼法》第 53 条规定，人民法院审理包括政府信息公开在内的行政案件，参照国务院部门规章和地方政府规章。这里的"参照"意味着人民法院在审理案件时国务院部门规章和地方政府规章并非其必须完全遵照执行的规范。与此不同的是，按照《立法法》第 2 条和第 82 条的规定，如同法律、行政法规、地方性法规、自治条例和单行条例一样，国务院部门规章和地方政府规章构成中国立法法律规制对象，成为中国法律渊源的重要组成部分，在各自的权限范围内施行（而非参照执行）。这表明中国《立法法》赋予了国务院部门规章和地方政府规章不同于《行政诉讼法》的法律地位和效力。

其次，同一法律在对国务院及地方部门规章法律地位和效力的规定上存在冲突。根据《立法法》第 80 条规定，地方性法规的效力高于本级和下级地方政府规章，省、自治区的人民政府制定的规章的效力高于本行政区域内较大的市的人民政府制定的规章。该条规定显然是按照行政级别将地方政府规章的法律地位和效力进行了区分。与此不同的是，该法第 82 条规定，部门规章之间、部门规章与地方政府规章之间具有同等效力，在各自的权限范围内施行。显然，该条并没有按照行政级别区分规章的法律地位和效力。由此看来，同一部法律对于规章地位和效力进行了不同的规定，存在矛盾，是不符合逻辑要求的。

（三）行政法规与法律、规章之间存在冲突

行政法规与法律、规章之间的冲突，在弱势群体公共信息服务权益保障上同样存在。以婚姻登记档案查阅为例，就存在《政府信息公开条例》（行政法规）与《档案法》（法律）、《婚姻登记档案管理办法》（民政部颁布的部门规章）之间的冲突。

《政府信息公开条例》第 14 条规定，"行政机关不得公开涉及国家秘密、商业秘密、个人隐私的政府信息。经权利人同意公开或者行政机关认为不公开可能对公共利益造成重大影响的涉及商业秘密、个人隐私的政府信息，可以予以公开"。此规定表明对隐私信息实行的是不公开原则，其例外仅有两种情况，即在为了重大公共利益或权利人同意两种情况下才可以公开。与此不同的是，《档案法》第 20 条规定，"机关、团体、企业事业单位和其他组织以及公民根据经济建设、国防建设、教学科研和其他各项工作的需要，可以按照有关规定，利用档案馆未开放的档案以及有关机关、团体、企业事业单位和其他组织保存的档案"，在这条规定中，经济建设、国防建设、教学科研和其他各项工作的需要构成使用（公开）隐私信息的条件。这些需要与公共利益是什么关系？它们之间相互等同吗？显然答案是不明确的。《婚姻登记档案管理办法》第 15 条规定，"律师及其他诉讼代理人在诉讼过程中，持受理案件的法院出具的证明材料及本人有效证件可以查阅与诉讼有关的婚姻登记档案；利用婚姻登记档案的单位、组织和个人，不得公开婚姻登记档案的内容，不得损害婚姻登记当事人的合法权益；复印的婚姻登记档案需加盖婚姻登记档案保管部门的印章方为有效"。很显然，这条规定赋予了律师及其他诉讼代理人查阅与诉讼有关的个人隐私信息的权利。而这里的"查阅"是否就是公开？答案应该是肯定的。所谓隐私即当事人不愿或不便让其他人知道的、只限于其个人控制的个人数据、信息，律师及其他诉讼代理人自然属于其他人，而且其查阅个人隐私信息的理由与公共利益也并不能直接画等号，可见，《政府信息公开条例》对隐私信息的相关规定与《档案法》、《婚姻登记档案管理办法》是不一致的，是有冲突的。

事实上，这种行政法规与法律、部门规章之间的冲突在司法实践中已经出现。比如，在北京首起状告政府信息公开案[①]中，原告要求法院确认出具查档证明的北京市昌平区民政局的行政行为违法，法院尽管根据《行政诉讼法》和《政府信息公开条例》规定受理了该行政诉讼案，然而却依据上述《档案法》和《婚姻登记档案管理办法》关于特定人士基于特定目的查阅婚姻档案这种隐私信息的规定，认定家居公司律师调查王先生的婚姻状况与民事诉讼

---

① 110 法律咨询网：《北京首起状告政府信息公开案原告败诉》，2009 年 4 月 22 日（http：//www. 110. com/ziliao/article – 132207. html）。

中的证据有一定关联性，符合律师在诉讼过程中查阅与诉讼有关的婚姻登记档案的要求，从而驳回了原告的诉讼请求。但是，该案的审理如果一直适用《行政诉讼法》和《政府信息公开条例》的相关规定，那么判决结果可能迥异。可见，在查阅或公开婚姻登记档案这种隐私信息上，不同法律、行政法规和规章之间存在严重冲突。

三　弱势群体公共信息服务权益保障中私权与私权的冲突

从表面上看，在公共信息服务过程中，弱势权利公共信息服务权利的实现似乎与其他私主体之间没有什么关系，至少看起来没有什么矛盾或冲突。但实际上，在公共信息服务过程中，除了会直接涉及政府信息公开、公共图书馆等公共信息服务主体所提供的公共信息服务项目、内容等公共信息服务事宜之外，还直接或间接涉及其他私主体的私人信息（如生产经营者的商业秘密）或其他相关信息是否公开、公开内容与范围、公开方式等问题，从而会牵扯不同私主体之间的利益或需求。进一步讲，这些私主体由于自身的境况、利益、需求和能力不同，会在公共信息服务中产生相关权益的矛盾或冲突。这种冲突具体表现在以下两个方面。

（一）弱势群体公共信息服务权益保障中信息公开与信息保密的冲突

弱势群体公共信息服务权益保障中信息公开与信息保密的冲突，主要表现为生产经营者的商业秘密保护权与弱势群体等消费者的信息安全权、信息自由权之间的冲突，以及各种主体隐私权保护与弱势群体等主体的信息自由权之间的冲突问题。

首先，生产经营者的商业秘密保护权与弱势群体等消费者信息自由权之间的冲突。对于商业秘密，中国主要是通过《反不正当竞争法》等相关法律给予保护。按照该法第 10 条的规定，商业秘密"是指不为公众所知悉、能为权利人带来经济利益、具有实用性并经权利人采取保密措施的技术信息和经营信息"。而与之相对应的消费者的知情权、信息获取权等信息自由权，则是通过《消费者合法权益保护法》来给予保护。该法第 8 条规定："消费者享有知悉其购买、使用的商品或者接受的服务的真实情况的权利。消费者有权根据商品或者服务的不同情况，要求经营者提供商品的价格、产地、生产者、用途、性能、规格、等级、主要成分、生产日期、有效期限、检验合格证明、使用方法说明书、售后服务，或者服务的内容、规格、费用等有关情况。"从表面上看，《反不正当竞争法》通过对商业秘密进行界定达到对商业秘密的保护，而《消费者合法权益保护法》则从商业主体应公开的商业信息视角来体现对消费者信息自由权的保护，似乎不存在两种私权之间的冲突问题。然而，这两部法律的相关规定过于宏观、笼统，从而导致在实践中两种私权冲突的产生。近几年来出现的"苏丹红"、"三聚氰胺"、"塑化剂"等案例表明，生产经营者完全可能将这些物质成分作为《反不正当竞争法》所称的"技术信息"，按照"商业秘密"进行保护而不予公开，不让消费者知悉、了解。而《消费者合法权益保护法》中的"主要成分"又具有指向不明、模糊等问题，从而难以对此进行有效规制，其结果是包括弱势群体在内的消费者的知情权、信息获取权等信息自由权不能得到有效保护。可见，作为生产经营者私权的商业秘密保护权与作为弱势群体等主体私权的信息自由权在实践中依然存在冲突。

其次，各种主体隐私权保护与弱势群体等主体的信息自由权之间的冲突。中国《民法通则》没有规定隐私权，但是规定要保护公民、法人的民事权益，包括名誉权和人格尊严不受侵犯。该法第 5 条规定，公民、法人合法的民事权益受法律保护，任何组织和个人不得侵犯；第 101 条规定，公民、法人享有名誉权，公民的人格尊严受法律保护，禁止用侮辱、诽谤等方式损害公民、法人的名誉；第 120 条规定，公民的姓名权、肖像权、名誉权、荣誉权受到侵害的，有权要求停止侵害，恢复名誉，消除影响，赔礼道歉，并可以要求赔偿损失。《侵权责任法》则进一步列举了民事权益的范围，明确地将隐私权纳入民事权益之中。该法第 2 条规定，民事权益，包括生命权、健康权、姓名权、名誉权、荣誉权、肖像权、隐私权等。这样看来，中国《民事通则》和《侵权责任法》等民事法律都直接或间接地规定要保护隐私权。但问题在于，这些法律都没有对隐私权进行明确界定，从而容易导致人们在隐私权的界定、范围和构成条件等方面存在分歧，进而容易引发隐私权主体的隐私权保护与弱势群体等主体的信息获取权之间产生冲突。其典型表现是国家机关工作人员的隐私保护与弱势群体等主体的知情权、信息获取权等信息自由权之间的冲突。

《宪法》第34条规定年满18岁的公民享有选举权和被选举权；第41条规定公民享有对任何国家机关和国家机关工作人员进行监督、批评、建议、申诉、控告或者检举等权利。而这些权力的实现，以对国家机关及国家机关工作人员相关信息的充分占有为前提。国家机关工作人员作为公权力执行人的特殊身份，使许多看似属于其隐私的个人信息与弱势群体等社会公众的公共利益发生紧密联系，比如工作人员的简历（包括出生日期、学历状况、工作经历等）、行为背景、个人品德、廉政勤政状况等信息都是弱势群体等主体行使自己的选举、监督、批评、建议、申诉、控告或者检举等权利的基础，因此，这些信息是应该由弱势群体等公众知悉、获取的信息。但从国家机关工作人员个人视角来看，他们也是私主体，也与其他社会公众一样有自己的私人空间，也希望其生活不被打扰。而关键是，目前的相关法律法规又未对隐私权的范围进行明确界定，因此在国家机关工作人员的隐私保护与弱势群体等主体的信息自由权之间产生冲突在所难免。

（二）弱势群体公共信息服务权益保障中信息独占与信息共享的冲突

如前所述，弱势群体公共信息服务权益的客体，除以政府信息为主的公共信息资源之外，还包括不违反法律禁止性规定、不侵害他人合法权益的其他所有信息。很显然，这里的"其他所有信息"自然包括对版权人的权利进行合理限制而产生的、包括弱势群体在内的社会公众可以合理使用的信息。然而，综观中国与知识产权相关的法律法规，对权利人的权利限制所带来的对社会公众利益的保护并不能有效惠及弱势群体，导致弱势群体公共信息服务权益保障中权利人对信息的独占与弱势群体对信息的合理共享矛盾和冲突的产生。这种矛盾和冲突主要表现在以下几个方面。

首先，合理使用制度中信息独占与信息共享之间的冲突。合理使用是通过对版权人的权利进行适当限制从而达到保护社会公众利益的制度。《著作权法》第22条对合理使用进行了明确规定。根据该条款，包括弱势群体在内的社会公众在12种情形下可以合理使用，既可以不经著作权人许可，也不向其支付报酬而使用版权作品，比如，为个人学习、研究或者欣赏，使用他人已经发表的作品；为学校课堂教学或者科学研究，翻译或者少量复制已经发表的作品，供教学或者科研人员使用等。

然而，需要注意的是，这12种情形下的合理使用都必须基于一个前提，那就是使用者已经拥有可以使用的版权作品。而拥有版权作品的途径主要是购买和借阅。从购买版权作品看，购买需要有经济付出，而如本书前面的调查所示，弱势群体经济收入低下、经济地位弱势，比如，在所调查的弱势群体中，约62%的农民和农民工、76.01%的老年人、近90%的残疾人月收入低于1500元，可见，对于弱势群体而言，有限的经济收入主要用于维持日常生活开支，较难有节余用于购买图书等版权作品。从借阅版权作品看，能够提供无偿借阅版权作品的主要是公共图书馆等公益性信息服务机构，而如前面的调查所示，受多种因素的影响，公共图书馆向弱势群体提供的信息获取保障服务还很不尽如人意，并未成为弱势群体获取信息的主要渠道。比如，在本研究所调查的农民、农民工群体中，有78%（共1135人）从未去过图书馆，而在去过图书馆的22%中，以看书和借书为主要目的的分别仅占26.7%和21%。可见，弱势群体尚无获取版权作品的经济实力和有效途径，从而不具有满足其合理使用版权作品所需要的基本前提条件。这就意味着《著作权法》所制定的有效平衡版权人利益与社会公众利益的合理使用制度对弱势群体并没有多少实际意义。

其次，法定许可中信息独占与信息共享之间的冲突。法定许可是限制版权人的权利进而达到保护社会公众利益的又一项权利限制制度。《著作权法》第 23 条、第 32 条、第 39 条、第 42 条和第 43 条，《信息网络传播条例》第 8 条和第 9 条都对其有明确规定。与合理使用制度相比，它对权利人权利的限制范围和程度都要有限得多，不仅可适用的情形不多，而且还需要使用者为其使用行为向权利人支付报酬。也就是说，它对社会公众使用版权作品的唯一豁免就是不需要得到权利人的许可即可使用版权作品。从某种意义上说，这种制度主要是从经济收益上强调版权人对其作品的独占。对一般社会公众而言，使用许可上的豁免确实有助于其共享版权作品，但对经济收入低下的弱势群体而言，这种豁免就没有多少实际价值，甚至可以说是形同虚设。虽然《信息网络传播条例》第 9 条的规定相对于弱势群体而言似乎类似于合理使用，但由于对信息提供者较为苛刻的使用限制，此款也难以有效解决弱势群体的信息共享与获取问题。该条款规定，"为扶助贫困，通过信息网络向农村地区的公众免费提供中国公民、法人或者其他组织已经发表的种植养殖、防病治病、防灾减灾等与扶助贫困有关的作品和适应基本文化需求的作品，网络服务提供者应当在提供前公告拟提供的作品及其作者、拟支付报酬的标准。自公告之日起 30 日内，著作权人不同意提供的，网络服务提供者不得提供其作品；自公告之日起满 30 日，著作权人没有异议的，网络服务提供者可以提供其作品，并按照公告的标准向著作权人支付报酬。网络服务提供者提供著作权人的作品后，著作权人不同意提供的，网络服务提供者应当立即删除著作权人的作品，并按照公告的标准向著作权人支付提供作品期间的报酬"，可见，对于有意于免费向农村弱势群体提供信息服务的主体来说，这是一种过于严格的法定许可使用制度。它实际上并未在许可使用权上对权利人进行限制，只是限制该权利的行使时间为 30 日，因而可提供该类服务的可能性更是十分有限。由此可知，相对于弱势群体而言，法定许可使用制度并不能有效解决权利人对其信息的独占与弱势群体的信息共享之间的冲突问题。

第二节　弱势群体公共信息服务权益保障中的权利平衡

一　公权与私权冲突的平衡

针对势群体公共信息服务权益保障中，公权与私权之间在公权与私权的界定和实现等方面存在的冲突，可从以下几个方面来综合寻求其平衡。

（一）确保弱势群体整体利益的公共化

如前所述，虽然在理论上弱势群体属于公共利益的利益主体，但受其自身弱势状况的影响，其整体利益事实上常常被排除在公共利益之外。因此，要平衡弱势群体信息获取保障中存在的公权与私权的冲突问题，就必须将弱势群体的整体利益真正纳入公共利益范畴。具体来看，可采取以下措施。

首先，明确规定弱势群体的各种私权利。"我们一定要制定民法典……约束国家公权力的行使，限制公权力的滥用，使我们的政府真正实现依法行政。"[①] 梁慧星教授的这一论断充分说明通过私法来对私权利进行明确规定和保护的重要价值。而对于弱势群体所享有的公共信息服务权益的保障，如果一直建立在含糊的间接的法律法规规定基础上，就会让一些公权利主体。尤其是执法意识不强的主体，有意无意间找到不履行自己法定义务。进而侵犯弱势群体私权的借口。相反，如果明确规定了弱势群体所享有的各种私权利，明确规定了相关保障主体的保障义务和职责，那么就可以在"将公权力关进制度笼子"的同时，为私权力的保护构建牢固的制度篱笆。

其次，需要制定严格公正的公共利益认定标准和法律程序。公共利益是法定利益，需要由相应的主体依照法定标准和法律程序进行认定。公共利益又是所有社会公众的整体利益。这里的社会公众

---

① 梁慧星：《靠什么制约公权力的滥用》，《时代法学》2004 年第 3 期。

不仅包括现在的社会公众，而且包括未来的社会公众；不仅包括此处的社会公众，而且包括彼处的社会公众。因此对公共利益进行认定的法律程序应公开公正，并由社会各种利益集团、群体，尤其是话语权很弱的弱势群体共同参与。要坚决杜绝公权力机构或公权力的执行者个人把对公共利益的认定看成是属于本部门或执法者个人在权力行使中的自由裁量权的现象发生。

（二）实行政府信息公开推定原则

所谓政府信息公开推定原则，就是指所有政府信息原则上应向社会公众公开，但国家秘密、商业秘密、公民隐私等法律法规明令禁止公开、传播的信息除外。而要实行政府信息公开推定原则，可采取以下措施。

首先，改变《政府信息公开条例》的立法模式，实行概述式与列举式相结合的立法模式。也就是说，先从总体上明确政府信息的全面公开原则，然后再列举需要重点强调公开的信息范围与内容。

其次，通过清单形式对不公开的政府信息进行明确界定。如前所述，现行的《政府信息公开条例》已经明确规定了不公开的政府信息范围和内容，但这些规定仍然比较原则。因此，需要对国家秘密、商业秘密、公民隐私等法律法规明令禁止公开、传播的信息进行具体明确的规定或解释。因为如果这些例外规定不明确不具体，那么政府信息公开原则必将受到严重影响，甚至可能丧失其存在的土壤。

（三）确保弱势群体公共信息服务权益获得有效救济

所谓确保弱势群体公共信息服务权益获得有效救济，主要是指政府机关及其工作人员应对其在信息公开中的行政不作为或乱作为（比如政府机关及其工作人员利用公权侵犯弱势群体公共信息服务权益的行为）承担相应的法律责任。然而，需要指出的是，现行《政府信息公开条例》第33—35条虽然规定了举报、申请行政复议或提起行政诉讼等路径，但没有规定需要承担什么法律责任，或者虽然抽象地规定了责令改正、给予处分、依法追究刑事责任等责任方式，但却缺乏具体的有针对性的法律责任规定。这种状况难以或无法有效保障弱势群体的信息自由权，因此，有必要在《政府信息公开条例》等法律规范中明确规定公权主体信息公开方面的法律责任，包括其应承担的各种刑事责任、行政责任和民事责任。

二 弱势群体公共信息服务权益保障中公权与公权冲突的平衡

弱势群体公共信息服务权益保障中公权与公权的冲突表现为相关法律规范之间的冲突，其实质上是公权主体之间或者说其所代表的利益集团之间的利益冲突。因此，要平衡弱势群体公共信息服务权益保障中的公权与公权之间的冲突，就首先且始终需要从公权主体的根本利益平衡着手，然后通过法律规范将这种利益、权力及其相互关系表达和体现出来。

（一）进一步规制公权

这是平衡弱势群体公共信息服务权益保障中公权与公权之间关系的前提和基础。从体系构成上看，公权包括横向公权和纵向公权这两种公权。其中，横向公权主要指立法权、行政权和司法权等，而纵向公权主要指中央公权和地方公权。从法治角度考量，无论是横向公权与纵向公权之间，还是横向公权相互之间、纵向公权相互之间，都需要合理划分和规制其范围和边界，让其在合理范围内合理有效运行，同时能够相互合作、互相制约，共同保障和促进弱势群体公共信息服务权益，避免或减少腐败现象的发生。具体来说，从保障弱势群体公共信息服务权益实现角度看，一方面，要求保持横向公权之间相互平衡。也就是说，要求立法机关为弱势群体公共信息服务权益制定良法，将弱势群体公共信息服务权益保障制度化；要求行政机关依法公开政府信息；要求司法机关按照法律规范规定裁判相关弱势群体公共信息服务权益案件，切实保护弱势群体公共信息服务权益。另一方面，要求保持纵向的公权之间相互平衡。也就是说，要求各级地方政府要结合本地实际情况和特点，在地方立法中将弱势群体公共信息服务权益保障制度化，切实落实弱势群体公共信息服务保障工作，真正解决本地弱势群体公共信息服务权益保障问题。

（二）进一步完善法律规范体系

这是平衡弱势群体公共信息服务权益保障中公权与公权之间关系的基本要求。在对公权之间关系进行规范的基础上，需要进一步完善法律规范体系，进一步明确法律规范的地位和效力，以体现弱势群体公共信息服务权益保障中的公权与公权之间的平衡。具体到弱势群体公共信息服务权益保障上，需要解决法律规范之间的冲突现象。

首先，要确保宪法的最高地位和效力。宪法是人民权利宪章，最大限度集中了全国人民的共同意志、追求和信念，具有至高无上的地位。2014 年 11 月 1 日十二届全国人大常委会第十一次会议表决通过决定，将 12 月 4 日设立为国家宪法日。因此，必须确保其他各级立法的制定和实施都必须遵守宪法，必须首先将宪法作为根本准绳，不得违背宪法规定。此外，还应该倡导在司法实践中直接引用宪法于相关判决、裁定中，将宪法规定真正体现于司法实践的各个环节。

其次，正确认识和处理好法律之间的关系，确保法律之间的协调和平衡。由于具体法律的起草、制定或修改的具体主体不同，法律制定或修改的时间不同等因素的影响，一般法与特定法之间、后法与前法之间、同一部法律内部不同条款之间可能存在冲突。如前所述，中国制定实施在后的《立法法》与制定实施在前的《行政诉讼法》之间、《立法法》前后条款之间在规章的地位和效力规定上存在冲突，从而导致制定实施在前的特定法（《行政诉讼法》）与制定实施在后的一般法（《立法法》）之间存在冲突时应适用特定法还是适用一般法的问题。为解决目前《立法法》在此问题上的规定不明确或不完善的问题，除了及时修改《行政诉讼法》规定，明确将规章纳入行政法规体系外，还建议修改《立法法》，明确规定，制定实施在前的特定法与制定实施在后的一般法之间存在冲突时按照"更合理规则"处理，从而将规章纳入法律规范体系范围内，以有针对性地解决法律之间的冲突，确保后法与前法、特定法与一般法之间的协调平衡。

再次，及时修订行政法规、地方性法规、部门规章和地方性规章，确保其与宪法、法律之间的协调和平衡。应将此类修订作为立法的一种常态性工作来开展。比如，针对前述《档案法》、《婚姻登记档案管理办法》与《政府信息公开条例》之间在隐私信息公开方面存在的冲突，采取及时对《政府信息公开条例》进行修订的做法来协调和平衡三者之间的关系。在《政府信息公开条例》中明确规定"相关法律、行政法规明确规定应公开信息的，应按照相关法律、行政法规规定处理"，只有这样才能使包括弱势群体在内的社会公众在一定条件下可以知悉和获取使用"婚姻登记档案"这种隐私信息，从而真正彰显政府信息公开的精神和要求。

三 弱势群体公共信息服务权益保障中私权与私权冲突的平衡

综观弱势群体公共信息服务权益保障中私权与私权的冲突，可以看出无论是哪种类型的冲突，其根源都是由于私主体掌握的看似属于其个体拥有的个人或个体信息，实际上又涉及其他更多私主体的合法利益，或者说涉及了公共利益。因此，这些私权与私权冲突的平衡点，应归结为在对各种私权进行明确界定基础上的相关权利限制原则。

（一）对商业秘密进行适当限制，将涉及广大消费者人身财产安全的信息排除在商业秘密之外

站在商业秘密权利人的角度，按照经济利益最大化原则，所有与其经济利益沾边的信息都是不愿公开、不愿让其他主体知道的信息，而《反不正当竞争法》第10条对商业秘密的规定，又为其找到了不公开这些信息的正当途径。该条款规定，商业秘密"是指不为公众所知悉、能为权利人带来经济利益、具有实用性并经权利人采取保密措施的技术信息和经营信息"。对于这个定义，可能出现的质疑是：何为技术信息？何为经营信息？是否经权利人采取了保密措施的信息即可被视为技术信息或经营信息而加以保护？对这些问题显然没有任何统一的、法律层面上的答案。这就为某些经营者、商家不公开其不愿意公开的信息找到了可钻的空子。在曾经引

起广泛争议的中医院专家为自己的处方"加密"一案①中，由于担心患者可能将其处方泄露给同行知道，从而损害其经济利益，该专家在给患者的处方中，用代码来代替多味中药名，为此产生了患者指责该专家侵犯其知情权和信息获取权，而该专家辩称这是为保护其知识产权之医患冲突。一方面，医生对其处方采取保密措施，只是基于一种唯恐其秘方会被泄露出去的假设，但医生不能用一种假设的侵权来对抗患者已经拥有的合法权利。另一方面，虽然医生对其处方有保密的权利，但接受治疗的患者并不能被排除在该秘密之外，因为处方不仅关系到患者病痛能否得到医治，更为重要的是，它可能关系到患者的生命安全。实质上，处方并非一种制药方法而只是一种治疗方法，会因患者的病情、体质差异、健康状况等因素的不同而不同，并不具有可复制性。这个案例充分说明，必须对商业秘密权进行适当限制，将涉及广大消费者人身财产安全的信息明确排除在商业秘密之外，否则，相关权利人完全可能利用对商业秘密的不确定性规定这一弊端肆意扩大商业秘密的外延。需要说明的是，这里之所以只将对商业秘密的限制控制在只涉及消费者人身财产安全的范围，是为了保护商业秘密权利人的合法权益。一旦因消费者权益的过度保护而损害了商业秘密权利人的合法权益，使企业难以发展，社会的稳定和经济发展也将最终受到影响。

（二）明确界定隐私权，对政府机关工作人员的个人信息绝对控制权进行适当限制

如前所述，《民法通则》和《侵权责任法》分别通过间接或直接的方式规定要保护公民的隐私权，但无论哪一种规定，都未对隐私权进行明确界定。《民法通则》虽然列举了一系列公民的基本人权，但却未出现"隐私权"这个法律概念。《侵权责任法》虽明确提到隐私权，但却没有任何有关隐私权的内容界定。这种现象的弊端是显而易见的。因此首先厘清隐私权在法律层面的内容应是解决所有有关隐私保护与知情权和信息获取权等信息自由权冲突的前提

---

① 肖黎明：《"知情权"遭遇"知识产权"》，《法制日报》2002 年 4 月 24 日。

和基础。同时需要特别注意的是，在对隐私权内容进行明确界定的基础上，还必须基于保护社会公众合法权益的角度对隐私权进行适当限制，因为"行使个人的自然权利只有以保证社会的其他成员享有同样的权利为其界限"①。权利限制是解决私权与公共利益冲突的最为有效的方法之一，而具体到政府机关工作人员的隐私保护与包括弱势群体在内的社会公众的信息获取，虽然政府机关工作人员作为私主体同样享有如同其他私主体同等的隐私权，但由于其是公权力的实施者，其行为在很大程度上代表着公主体的行为，因此与其相关的许多数据、信息也必然与公权力密切相关，必然兼有隐私信息与公共信息的属性，而这种公共信息属性就决定了其必然属于对隐私权的权利限制范围，否则，将严重制约包括弱势群体在内的社会公众的信息自由权的实现，进而影响其实现选举权等人身权利。而对隐私权及其限制的明确规定，可采用以下两种途径：一是在《民法通则》（或未来制定的《民法典》）、《侵权责任法》等立法中进行明确规定，可以采取概括式规定与列举式规定相结合的形式；二是在相关立法没有明确规定前，可通过立法解释或司法解释的方式来明确隐私权及其限制。

（三）进一步完善版权限制制度，使对版权人的权利限制所带来的对社会公众利益的保护能有效惠及弱势群体

合理使用、法定许可等版权限制制度作为有效平衡版权人与社会公众利益的平衡器，对保护社会公众的合法利益起到了有效的作用。然而由于弱势群体本身的弱势地位和生存状况，这种版权限制制度所带来的对社会公众利益的保护并不能有效惠及弱势群体，导致弱势群体信息获取中权利人对信息的独占与弱势群体对信息的合理共享之间产生矛盾和冲突。要有效解决这个矛盾与冲突，除了首先从根本上明确弱势群体的信息自由权在公共利益中的重要性，实现弱势群体的合法利益公共化以外，还需从以下几方面进一步完善

---

① ［美］E. 博登海默：《法理学——法律哲学与法律方法》，邓正来译，中国政法大学出版社 1999 年版，第 298 页。

版权限制制度。

第一，进一步完善合理使用制度。基于弱势群体的弱势地位和生存条件，要切实保障弱势群体能够有效利用合理使用制度获取信息。可以在合理使用制度上增加一个援助性条款，即弱势群体在适用合理使用制度时遇到困难的，政府相关部门应给予必要的经济或技术帮助，比如进一步加大公共图书馆等公共信息服务机构对弱势群体的服务力度，按照信息低保原则为无力支付信息获取费用的弱势群体提供必要的信息推送服务、个性化信息服务，减免其上网费用等。

第二，进一步完善法定许可制度。法定许可使用作为一种付费基础上的非授权使用制度，付费是其不可撼动的条件。但考虑到弱势群体的经济状况，可以从改变付费主体上进行改进，即由政府为弱势群体支付使用费。这完全符合信息低保原则。事实上，可以说《信息网络传播条例》第9条即是这种改进的一个初步尝试，但尚有可进一步完善之处。对于该条款，可继续保留"为扶助贫困，通过信息网络向农村地区的公众免费提供中国公民、法人或者其他组织已经发表的种植养殖、防病治病、防灾减灾等与扶助贫困有关的作品和适应基本文化需求的作品，网络服务提供者应当在提供前公告拟提供的作品及其作者、拟支付报酬的标准"等规定。这样的规定实质上比合理使用制度更前进了一步。因为它不仅是完全针对农村弱势群体的个性化服务，而且是一种真正彻底的免费服务。而合理使用只是一种在事先已经拥有相关版权作品基础上的免费服务，超出了弱势群体的生存条件可以支付的范围。该条款主要需要改进之处在于应取消该条款的下述规定："自公告之日起30日内，著作权人不同意提供的，网络服务提供者不得提供其作品；自公告之日起满30日，著作权人没有异议的，网络服务提供者可以提供其作品，并按照公告的标准向著作权人支付报酬。网络服务提供者提供著作权人的作品后，著作权人不同意提供的，网络服务提供者应当立即删除著作权人的作品，并按照公告的标准向著作权人支付提供作品期间的报酬。"因为这样的规定对于服务提供者要求过于苛刻，使该条款在实践中容易成为一纸空文。同时，还应补充规定支付费用的主体为政府，因为公益性的服务本来就主要是由政府来买单。此外，应按照根据上述措施改进后的第 9 条的立法模式，针对不同弱势群体的信息需求与获取现状，在《著作权法》和《信息网络传播权保护条例》中增设服务于除农村弱势群体之外的其他弱势群体条款。这是确保弱势群体有效利用版权权利限制制度实现其信息获取权的基本要求，也是解决版权人权利独占与弱势群体信息共享矛盾的有效方式。

第七章 弱势群体公共信息服务权益保障的法律原则与立法模式选择

第一节 弱势群体公共信息服务权益保障的法律原则

一 弱势群体公共信息服务权益保障法律原则的意义、依据和体系构建

（一）确立弱势群体公共信息服务权益保障法律原则的意义

从法理上看，法律原则是对相关法律规范的抽象和提炼，因而它是相关法律规范的基础，是贯穿于相关法律规范的精神和灵魂，与具体法律规范相比，它具有普适性、指导性、抽象性等特点。因此，确立弱势群体公共信息服务权益保障法律原则具有重要意义。

首先，弱势群体公共信息服务权益保障法律原则是整个弱势群体公共信息服务权益保障法律制度的基础。弱势群体公共信息服务权益保障法律原则直接决定了弱势群体公共信息服务权益保障法律制度的基本性质、内容和价值取向，是弱势群体公共信息服务权益保障法律的精神和灵魂最集中的体现，因而构成了整个弱势群体公共信息服务权益保障法律制度的基础。离开了这个基础，弱势群体公共信息服务权益保障法律制度就可能失去其精神和灵魂，成为一盘散沙，从而失去其应有的保障弱势群体公共信息服务权益的功能。

其次，弱势群体公共信息服务权益保障法律原则能确保弱势群

体公共信息服务权益保障法律制度的协调统一。弱势群体公共信息服务权益保障制度由许多具体法律法规构成。而这些具体法律法规都是在弱势群体公共信息服务权益保障法律原则的指导下，按照弱势群体公共信息服务权益保障原则的精神制定、修改的，故弱势群体公共信息服务权益保障法律原则是弱势群体公共信息服务权益保障法律制度内部协调统一的保障。如果没有弱势群体公共信息服务权益保障法律原则，在立法上就可能导致弱势群体公共信息服务权益保障法律制度之间的冲突和重复，在司法实践中可能导致法律适用上的矛盾或前后不一致。

再次，弱势群体公共信息服务权益保障法律制度的解释和推理需要弱势群体公共信息服务权益保障法律原则的指导。如果说弱势群体公共信息服务权益保障法律制度的制定和修改必须在弱势群体公共信息服务权益保障法律原则的指导下进行，那么在司法实践中，对弱势群体公共信息服务权益保障法律制度的解释和推理同样离不开弱势群体公共信息服务权益保障法律原则的指导，这是法律原则裁判性功能的具体体现。[①] 离开了弱势群体公共信息服务权益保障法律原则，弱势群体公共信息服务权益保障法律制度的解释和推理就将失去可供遵循的准则。

最后，弱势群体公共信息服务权益保障法律原则能填补弱势群体公共信息服务权益保障法律制度的漏洞。人类社会是在不断发展变化的，同时人类对自然界、对社会的认知是有限的，因此没有哪一部法律可以一劳永逸地解决社会关系中的所有问题。也就是说，法律制度上的漏洞是不可避免的。而填补法律漏洞方式除立法以外，就是将法律原则运用于具体司法实践中，根据法律原则解决具体法律问题。而且相比较而言，利用法律原则作为法律制度漏洞的补充机制的方式更为实用。因为立法不是一蹴而就的事，因此在面临具体法律问题时，往往是远水不解近渴。而法律原则则是法官可

---

① 有学者认为，法律原则的裁判性功能是指法律原则取代法律规则作为涵摄案件事实的规范性标准应用于案件审判过程中。参见张亮《论法律原则》，《青岛科技大学学报（社会科学版）》2007 年第 2 期。

使用的具有法律效力的依据，具有补充法律漏洞的功能与效力，乃至发展出新的法律思想的"续造"功能。① 弱势群体公共信息服务权益保障法律制度也会不可避免地存在漏洞，而弱势群体公共信息服务权益保障法律原则则能填补这些漏洞，从而加强弱势群体公共信息服务权益保障法律制度的调控能力。

（二）确立弱势群体公共信息服务权益保障法律原则的依据

首先，以人为本。这里的以人为本，实质上就是以弱势群体为本，从弱势群体的实际情况出发，充分考虑弱势群体信息需求利益来确立弱势群体公共信息服务权益保障的法律原则。如前所述，受自然灾害、生理、历史、经济和信息等多种因素的影响，中国弱势群体具有数量庞大、成因复杂、经济贫困、社会地位低下、受教育程度普遍不高、文化水平较低、更容易受到外部刺激的伤害、竞争力较弱等特征，这就意味着弱势群体的信息知悉、获取和利用需求有其特殊性，意味着弱势群体公共信息服务权益保障需要有特殊的制度安排。从法律原则确立的视角看，这种特殊的制度安排不仅要求所确立的法律原则要体现一般人的信息获取需求利益，更需要从保障弱势群体的视角去体现和维护弱势群体公共信息服务权益。这是确立弱势群体公共信息服务权益保障法律原则的基本出发点和根本目标所在。

其次，以史为鉴。从法律制度演变历史看，人类社会法律制度的发展经历了古代奴隶制社会法律制度、封建制社会法律制度、近现代的资本主义社会法律制度和社会主义社会法律制度几个不同的历史阶段。在奴隶制社会中，作为统治阶级的奴隶主掌控着国家政权，法律制度是完全为其服务的，而作为被统治阶级的奴隶则被视为奴隶主的财产，根本未被作为人、作为法律主体来对待，作为弱

---

① 有学者认为，基于法官通过法律原则对实在法的漏洞或缺陷的弥补一般要在实在法框架之外，因而我们将其称为法律原则对实在法的"续造"。根据德国法学家拉伦茨的看法，这种续造有时不仅是在填补法律漏洞，毋宁说是在采纳乃至发展一些新的法律思想。转引自张亮《论法律原则》，《青岛科技大学学报（社会科学版）》2007年第2期。

势群体的奴隶根本不可能在法律上得到应有的地位、获得应有的保护，因而，保护奴隶主的根本利益、否定奴隶的人格才是当时的根本法律原则。在封建制社会中，虽然农民的社会地位有所提高，但仍然是社会的弱势群体，未得到应享有的法律地位和权利，因此，当时的法律原则依然是以保护地主阶级的根本利益为宗旨。自近代资产阶级革命以来，资本主义社会宣扬人权、自由、民主、平等、博爱，并将其作为法律原则，体现在其法律制度中，然而其实质是为了维护资产阶级的根本利益，对社会弱势群体的保护仍然难以真正有效。进入社会主义社会以后，尤其是中国改革开放以来，中国社会主义法律制度从保护人民根本利益出发，切实保障人权，确保自由、民主、平等原则的落实，并积极创造条件切实维护弱势群体的根本利益和要求。从这个意义上说，确立弱势群体公共信息服务权益保障法律原则需要体现法律制度演变的内在要求和必然趋势。

再次，他山之石。从横向角度看，受历史、文化、习惯、制度、经济社会发展状况等因素的影响，不同国家或地区的法律制度不同。然而，建立在市场经济和现代信息社会基础上的不同国家或地区的法律制度仍然有其共同点，仍然有相互交流、借鉴甚至移植的内容，特别是发达国家或地区的先进立法与司法经验、做法值得学习、借鉴。比如，进入信息社会以后，发达国家或地区除了从法律制度上规定自由、平等等宪法基本原则、基本要求外，还规定了残疾人无障碍知悉和获取信息制度、儿童网络信息分级保护制度等。这种发达国家或地区的先进经验或做法无疑应成为我们确立弱势群体公共信息服务权益保障法律原则的重要依据。

（三）弱势群体公共信息服务权益保障法律原则的体系构建

从系统论的观点出发，弱势群体公共信息服务权益保障法律原则应是有机的系统，而不是支离破碎的。从保障弱势群体公共信息服务权益、借鉴历史和他国经验的角度出发，中国弱势群体公共信息服务权益保障的法律原则除了体现前述弱势群体公共信息服务权益各子权益的基本要求外（见本书第四章的相关内容），还应有自己的特殊原则体系。这些特殊原则体系包括信息最大化公开原则、无障碍原则、信息低保原则和立体化保障原则。这些原则是辩证统一的关系，是相互区别又相互联系、相互作用、相互影响的整体。其中，信息最大化公开原则是前提性、基础性原则，无障碍原则、信息低保原则是根本性、关键性原则，而立体化保障原则是保障性、补充性原则。

二　弱势群体公共信息服务权益保障中的信息最大化公开原则

（一）信息最大化公开原则的含义

信息最大化公开原则是弱势群体公共信息服务权益实现和保障的基础性原则。它是指为了实现和保障弱势群体公共信息服务权益、切实改变或改善弱势群体的状况，包括国家机关、非政府组织、公益性信息服务机构等在内的义务主体，应依法及时、主动地将所掌握的相关公共信息进行最大限度的公开。

（二）信息最大化公开原则的确立依据

第一，从信息公开的根源看，如前所述，信息公开源自欧洲启蒙运动对人权理论的探索，是人民主权社会的必然要求。弱势群体平等地知悉、获取和利用政府信息、社会公共信息和其他公共信息，这是弱势群体参与、管理、监督国家事务、社会事务的需要、体现和必要条件。如果弱势群体不能或无法最大限度地知悉、获取与利用公共信息，就无法或难以有效地参与和监管公共事务。

第二，从社会主义市场经济的要求看，一个有效运行的市场要求参与者能够平等地竞争和发展，而信息的不对称对市场的运行是有害的。[①] 如前所述，弱势群体因为各种因素而处于不利于其生存与发展的弱势地位，处于信息贫困状况。而市场经济条件下的信息不对称状态将进一步加剧弱势群体的这种弱势地位和信息贫困状况，从而严重影响其生存和发展权利的实现。要改变弱势群体的这种信息贫困、信息不对称状态，就需要给予弱势群体最大限度地了解、获取和利用相关公共信息的权利和机会，否则，就无法或难以

---

① 胡昌平：《现代信息管理机制研究》，武汉大学出版社 2004 年版，第 207 页。

有效改变弱势群体的信息弱势状况。

第三，从弱势群体信息知悉、获取和利用的需求和能力看，改变或改善弱势群体弱势地位和境况的因素或条件之一，就是确保弱势群体全面及时地知悉、获取和利用相关公共信息。而鉴于弱势群体整体上受教育程度低、信息意识弱、话语权弱等弱势状况，寄希望于他们自身主动申请公开信息来获取公共信息的方式是不可行的，这将极大限制其对公共信息的知悉、获取和利用，难以确保其合法权益的实现与弱势地位的有效改变。而更为重要的是，这与公民所享有的基本人权的要求是相悖的。这就需要所有相关义务主体最大化地公开相关公共信息，为此，有必要确立信息最大化公开原则。

（三）信息最大化公开原则的要求

一是要避免弱势群体公共信息服务权益的义务主体在信息公开上的随意性，这是义务主体应承担的法律法规规定的义务。

二是这里的义务主体不限于行政机关，还包括立法机关、司法机关、非政府组织、公益性信息服务机构等掌握公共信息的主体。

三是信息最大化公开的客体是指法律不禁止公开的所有信息，特别是与弱势群体生存与发展息息相关的公共信息。

四是在公开的程序上，不仅是依权利主体的申请被动公开，更应是主动地公开。尽管公开有主动公开和请求公开两种情形，但从保障弱势群体合法权益的角度考虑，应强调义务主体主动公开相关信息，而不是弱势群体请求公开，因为在信息公开与否、公开多少、如何公开等方面，信息掌握方具有优势、主动地位。当然，在强调义务主体主动公开相关信息的同时，并不排除作为信息自由权权利主体的弱势群体有权请求公开，弱势群体仍然有权根据自己的意愿、需求而依法享有申请公开相关的信息。

五是由于信息具有时效性，弱势群体对信息知悉、获取和利用的及时与否往往和弱势群体的切身利益关系密切。因此，这种信息最大化公开还应有时间上的要求，那就是及时性。

三　弱势群体公共信息服务权益保障中的无障碍原则

（一）无障碍原则的含义

该原则是弱势群体公共信息服务权益实现和保障的根本性、关键性原则之一，是指弱势群体能够依法快捷方便地知悉、获取和利用其所需要的政府信息、社会公共信息和其他公共信息，而不存在任何有形或无形的障碍或困难。这里的有形障碍包括信息知悉、获取和利用中的物理环境障碍、使用设施、设备障碍等；无形障碍主要指与弱势群体公共信息服务权益实现相关的各种观念障碍、制度障碍、文化障碍等。

（二）无障碍原则的确立依据

从理论上说，该原则有其存在的人权、人民主权方面的依据。

第一，如前所述，按照人权理论，作为弱势群体优先保护权的社会权，就是通过赋予存在权利实现障碍的弱势群体以"类人权"，从而将"法律面前人人平等"这一基本人权由应有权利转变为实有权利。而在社会发展到信息时代的今天，对弱势群体的类人权之一，即信息自由权的保障，就必须基于信息无障碍的原则要求。因为如果弱势群体在信息的知悉、获取和利用方面如果存在这样或那样的障碍，那就有悖于"类人权"的价值取向，不符合对弱势群体人权保护的要求。

第二，按照人民主权理论，人民当家作主，人民才是国家的真正主人。而要当好家，就必须对国家的各种事务、各种情况有及时全面的了解，这就是人民享有信息自由权的原因之一。弱势群体作为人民的重要组成部分，也平等享有信息自由权。然而，弱势群体的弱势状况使其在实现其信息自由权中存在这样或那样的障碍，不消除这些障碍，弱势群体的信息自由权就只能永远保留在应有权利状态，成为一种形式上的权利，那么弱势群体就只能是形式上的国家主人，这不符合人民主权的要求。因此，对包括信息自由权在内的弱势群体公共信息服务权益的保障，就必须在无障碍的原则要求下进行。

（三）无障碍原则的要求

1. 不存在无形障碍

这里的无形障碍主要包括无保障观念上的障碍、无保障制度上的障碍、无文化上的障碍等。

第一，无保障观念上的障碍。这里的观念指对有关弱势群体公共信息服务权益实现与保障上的看法、认识等。无保障观念上的障碍就是指政府部门等保障主体应建立正确的弱势群体公共信息服务权益保障观念。具体而言，包括对弱势群体公共信息服务权益在弱势群体弱势地位改变、弱势状况的消除乃至社会和谐发展方面的意义和重要性要有积极的认识；对保障主体积极履行保障义务在弱势群体公共信息服务权益实现与保障中的重要性要有充分的了解；对保障所欲达到的目标，即改善甚至消除弱势群体的弱势状况要达成高度的共识；对采用各种科学、合理、有效的保障手段和方式以使弱势群体能在其公共信息服务权益的实现中没有任何障碍要有深刻的理解和把握，等等。

第二，无保障制度上的障碍。这里的保障制度主要是指保障弱势群体公共信息服务权益实现的法律制度。具体体现为各种具体的法律法规和部门规章等。如前所述，包括公共信息服务权益在内的弱势群体的人权是一种需要政府部门等义务主体积极作为的人权。所谓积极作为，就是要义务主体积极履行其保障弱势群体公共信息服务权益实现的义务。国家作为主要义务主体，其所承担的义务主要是立法、行政和司法作为。其中，立法行为是保护弱势群体权利的前提性手段。只有通过立法，才能将国家义务明确化、定型化，为国家具体性积极义务的履行确立规范前提。[①] 因此，如果国家消极立法或立法不足，就会造成弱势群体公共信息服务权益实现上的制度短缺，从而在保障制度上形成障碍。这种障碍将导致其他障碍的存在或者是无法根除，后果是很严重的。同时，行政行为是保护弱势群体权利的执行性手段，司法行为是保护弱势群体权利的保障

---

① 吴宁：《社会弱势群体权利保护的法理》，科学出版社 2008 年版，第 164 页。

性救济性手段。同样道理，即使立法上较完备地规定了弱势群体公共信息服务权益，但如果行政或司法上存在不行为，都会严重影响弱势群体公共信息服务权益的实现。从这个意义上说，制度上的无障碍才能从长远上、根本上确保弱势群体公共信息服务权益实现与保障上的无障碍。

第三，无文化上的障碍。文化氛围对于弱势群体公共信息服务权益的实现与保障很重要。因为良好的关心、爱护、促进、保障弱势群体生成与发展的文化氛围，有利于弱势群体合法权益的实现，进而有利于整个社会的可持续良性发展；而忽视、歧视、仇视弱势群体生存与发展的文化环境，肯定不利于弱势群体合法权益的实现，进而无法或难以有助于整个社会的长远发展。从这个意义上说，良好的文化环境是弱势群体公共信息服务权益实现与保障的重要外部环境。

2. 不存在有形障碍

这里的有形障碍主要包括经济上的障碍，物理环境、设施、设备上的障碍，工具手段上的障碍，载体上的障碍等。

第一，无经济上的障碍。这是指应确保弱势群体公共信息服务权益的实现没有任何源于弱势群体自身经济状况方面的共性障碍。这里之所以提出的是共性障碍，是因为不同弱势群体的弱势状况是有差异的，而经济上的弱势也会不同，有的强有的弱，这就导致其在公共信息的知悉、获取和利用中的经济障碍也会有所不同。同时这些经济上的障碍也会因弱势群体所使用的信息传播与获取渠道的不同而不同，比如，利用计算机网络获取信息的经济成本与通过印刷版报刊获取信息的经济成本完全可能不同。因此，要想全面彻底消除每个弱势群体在获取公共信息中的所有经济障碍是不太可能的，只能从整个弱势群体可能面对的共性经济障碍去寻找突破口。而解决这种共性障碍的最有效方法，就是政府部门、非政府机构、公共信息服务机构等主体在公开或提供公共信息服务时尽可能充分考虑到弱势群体的实际经济境况，采取各种有效措施以确保其不因经济收入低下而难以实现其对公共信息的知悉、获取和利用等公共信息服务权益。

第二，无物理环境、设施、设备、手段、工具等方面的障碍。残疾人、老年人等生理性弱势群体由于身体条件的限制，造成了其不能使用或不能有效使用普通人所使用的物理环境、设施、设备、手段、工具来知悉、获取和利用信息。而社会性弱势群体，如农民、农民工、无就业人员等，也因其所受教育程度低等原因而不能有效使用正常的信息获取工具或渠道（如电脑网络）来获取信息。因此，这方面的无障碍就是指要完全针对各种类型弱势群体的特殊身体、生理需求，乃至信息获取习惯来设计、提供其知悉、获取和利用信息的物理环境、设施、设备、手段和工具等。如不能消除这方面的障碍或困难，或者未充分考虑其信息获取习惯或实际做法，就难以确保其公共信息服务权益的实现。

四　弱势群体公共信息服务权益保障中的低保原则

（一）低保原则的含义

目前常说的低保是居民最低生活保障制度的简称，包括农村低保和城市低保两个部分，低保是指居民家庭人均收入低于当地居民最低生活保障标准时，有权从当地政府获得基本生活所需的物质帮助。这里的物质帮助一般体现为最低生活保障金资助。本书所称的弱势群体公共信息服务权益保障中的低保原则，又叫兜底原则、底线原则，是指当弱势群体符合低保条件时，除有权从当地政府获得最低生活保障金资助外，还有权及时免费地从当地政府或公共信息服务机构等主体得到与其最低生活保障直接相关的公共信息获取服务。对于弱势群体公共信息服务权益保障中的低保原则这个含义，有三个问题需要说明。

首先，对于信息低保的条件，是基于以下考虑：国家设置低保的目的是要确保那些失去生活来源或者靠自身条件难以维持生计的居民至少具备生存下去的条件。也就是说，凡符合国家低保条件的居民，实际上也是经济收入低下、生活特别困难的群体。他们连维持基本生活都很困难，更不可能具备任何经济能力去支付相应的信息获取成本。因此，让信息低保制度直接适用国家低保条件，既符合低保的原则和要求，又是对低保保障内容的一种补充与扩展。需要说明的是，符合国家低保条件的居民一般来说都应属于弱势群体，但弱势群体并不一定都符合信息低保条件。比如，有的残障人士、老人等其家庭经济收入已达到或高于当地居民最低生活保障标准，就不能获得这里所说的信息低保，但他们可享受弱势群体公共信息服务权益保障的其他保障服务（比如无障碍信息获取服务等）。

其次，要辩证地看待低保原则与无障碍原则的关系。从表面上看，二者似乎有矛盾或重复之处，因为二者都强调要解决弱势群体在知悉、获取和利用信息中的经济障碍问题，但实际上，二者是有区别的。主要表现在：一是针对的对象并不完全相同。无障碍原则针对的是整个弱势群体，而低保原则针对的是特定的弱势群体，针对的是有极度经济困难、生活在城市最低生活保障线以下的弱势群体。二是侧重点不同。如前所述，无障碍原则要解决的是所有弱势群体可能面对的共性经济障碍，具有一般性、普适性，而信息低保原则强调的是特定弱势群体的特定经济障碍，即知悉、获取和利用与其基本生存息息相关的那部分信息中可能面临的个性经济障碍，往往具有针对性和差异性。三是角度不同。无障碍原则注重从公共信息服务的供给者（保障主体）的有效作为角度考虑解决共性经济障碍问题，强调过程，而低保原则更强调从符合低保需求的那部分弱势群体的个性化信息需求（弱势群体）角度去考虑，更强调保障的结果。

再次，所谓与其最低生活保障直接相关的信息获取服务，是指政府等主体应承担免费、主动向符合信息低保条件的弱势群体提供有助于其维持基本生活的信息或信息产品的责任和义务。比如，向农民工、下岗工人和残疾人提供就业信息服务、法律援助等方面的信息服务；向残疾人提供各种康复政策、项目、计划等方面的信息服务；向各类弱势群体提供低保、医保法律法规、方针政策等方面的信息服务；向老年人，尤其是特困老年人提供子女赡养、五保户条件和待遇、养老院等方面的信息服务；向少年儿童，尤其是农民工子女、孤儿提供受教育、成长等方面的信息服务。

（二）低保原则的依据

弱势群体公共信息服务权益保障中的低保原则是弱势群体公共信息服务权益保障中的保障性、补充性原则。确立该原则的理由主要有如下几点。

首先，信息低保有助于国家低保目标的实现，是低保内容的补充与扩展。如前所述，居民最低生活保障制度的目标就是通过发放最低生活保障金的方式帮助那些失去生活来源或者靠自身条件难以维持生计的居民解决基本生计。然而，同等数目的一笔最低生活保障金在不同低保对象的手里因使用方式的不同而发挥的作用迥然不同。对于了解社会发展情况，尤其是对与自身利益密切相关的信息有充分把握的低保对象，最低生活保障金不仅能帮助其解决基本生计，还能在一定程度上帮助其提升自己的生存与发展能力。笔者曾经听贵州省某个贫困偏远山区的管理干部说过这样一件事：为扶贫，政府从外地购买了一些优质种羊发放给当地最贫困的两户农民，希望他们通过养羊致富。然而，结果是，信息闭塞、没有什么文化的一户人家很快就将羊宰杀，一部分用以慰藉很长时间没有沾过肉荤的肠胃，另一部分用来换了酒喝；而另一户人家由于在城里有一户远亲，多少知道一些市场需求情况，故将种羊饲养繁衍，最后脱了贫。当然，最低生活保障金并不一定能使低保受众脱贫致富，但如果对有助于改善自己生存状况、有助于改变自己的受教育水平的信息全然不知，那么必将丧失许多改变其生存与发展状况的机会，那么要想靠最低生活保障金来维持基本生计也不是件容易的事。毕竟最低生活保障金是有限的。

其次，信息低保有助于促进整个弱势群体公共信息服务权益保障制度的建立与实施。要确保弱势群体实现自己的公共信息服务权益，享有与非弱势群体平等的信息知悉、获取和利用的机会、待遇和条件，靠的是各类信息保障主体严格履行自己的保障责任和义务。然而，如前所述，目前的弱势群体公共信息服务权益保障状况并不令人乐观。相关法律法规对保障主体在弱势群体公共信息服务权益保障中的职责、义务及法律责任的规定还存在过于宏观、笼统、不明晰、不具有可操作性、欠缺等问题，政府及公共图书馆等保障主体的保障义务履行也还存在许多问题。究其原因，法律法规规定的不到位，保障主体主观上对这项工作认识的不足、不重视，保障环境的欠缺都是主要因素。但是，如果将信息低保纳入低保范畴，按照低保制度制定、实施的要求、方式与方法来制定、实施信息低保，那各种信息保障主体的保障意识必将极大提高，也必将积累丰富的保障手段、保障方式和方法。而更为重要的是，信息低保就是信息保障的重要组成部分，信息低保制度的建立与实施，实质上也是部分信息保障制度的建立与实施，对整个弱势群体信息保障制度的建立与实施是有极大推动作用的。

（三）低保原则的要求

首先，对于提供信息低保的保障主体，总体上说应包括各类弱势群体公共信息服务权益保障主体，但基本的责任和义务主体应是政府和公共信息服务机构。其中，政府承担信息低保中的主要责任与义务，公共信息服务机构则承担具体的公共信息服务权益服务义务。对于其他主体，政府可采用委托或购买服务（服务外包）的方式让其参与到信息低保服务中。

其次，对于享受信息低保的受众，只有符合居民最低生活保障制度（即低保）所规定的低保条件、享受低保待遇的弱势群体才能享受信息低保。

再次，信息低保的实现方式一般不是如同低保那样发放保障金，而是让其免费享受政府及相关主体主动提供的、与其维持基本生计有关的"送上门送到家送到手式"信息获取服务。同时，为了真正实现这个原则，其实现方式还包括解决受保障者为知悉、获取和利用信息中一些必要的经济成本。比如，向受保障者免费发放其从住地往返于公共图书馆等信息服务机构的交通卡、免费发放其使用公共图书馆信息资源的上网卡等。

最后，政府或相关保障主体提供的应是主动的信息知悉、获取和利用保障服务。那么，这里的难点是：何为主动信息知悉、获取和利用保障服务？它与目前已开展的信息服务（如政府信息公开服务、公共图书馆的信息服务）等有何区别？

  对于主动服务，它是一种与被动服务相对的服务方式。详细说来，被动服务的特征是坐等用户主动上门表达服务需求，服务者再针对用户需求提供服务。相比较而言，主动服务则是服务者主动发现和深入探究被服务者的需求，然后整合各种有用资源，通过各种恰当的方式方法主动为用户提供能满足其需求的个性化服务。具体到信息知悉、获取和利用保障服务中，就拿政府信息公开来说，公开行为本身可算是一种主动信息服务；从服务的针对性上看，如果将社会公众视为一个整体，那也算是主动信息服务，因为尽管社会公众中的每个个体的政府信息需求因人而异，千差万别，但从整体上看，所需求的所有信息政府已经主动公开。然而，如果只针对社会公众中的每个个体来看，则最多只是一种低级别的被动信息服务，比如，弱势群体整体上的信息需求与非弱势群体存在差异，不同类型的弱势群体之间的信息需求又存在差异，而弱势群体个体间的信息需求同样存在差异，但政府信息公开的方式方法、内容、范畴是针对所有社会公众的，对于个体而言，显然毫无针对性可言。当然，既然服务于整个社会公众，政府信息的公开方式就不可能针对哪一个、哪一类群体的需求特征来进行，但关键是，这种以社会大众的普遍需求特征为主要服务目标的普适性信息服务恰恰不利于像弱势群体这样的特殊群体知悉、获取和利用，更别说保障。这也是目前政府信息公开不符合信息低保原则要求的问题所在，是当前信息保障服务的缺失之处。如前所述，弱势群体经济收入低、受教育程度低、信息素养低，因此不可能苛求他们会主动上网或主动利用政府信息公开的其他渠道去知悉、获取和利用所需的政府信息，甚至可以说，对许多弱势群体而言，政府信息是些什么样的信息、有哪些适用于他们、如何获取，还都是个问号。又拿公共图书馆的服务来说，虽然倡导主动、个性化服务在图书馆界已是一个老话题，但在实践中真正、全面实现主动服务的图书馆并不多。而根据笔者的调查，针对弱势群体，哪怕是其中的某类群体的信息需求开展主动服务的图书馆更是微乎其微。这又是当前弱势群体信息保障服务的另一个缺失之处。

严格来说，这里的主动信息获取保障服务就是主动的、有针对性的信息推送服务。它需要服务保障主体主动去调查、分析各类弱势群体的信息需求，然后利用各种信息源收集相关信息，加工组织成相应的信息产品并主动提供、推送给弱势群体。此外，这种服务与其他信息服务的根本区别还在于它是相关主体必须履行的一种法律义务，在法律上属于强制性规定，而非任意性规定，如果不履行或者履行不到位，相关责任主体是要承担法律责任的。如前所述，相关法律存在的问题，尤其是对相关保障主体（如政府、图书馆等）不履行自己的义务所应承担的法律责任的缺失，导致对主体职责和义务的规定形同虚设，没有任何约束力。因此，在信息低保中，要有效杜绝这种现象的再次发生，必须作强制性规定，这不仅是实现信息低保的要求，也是与居民最低生活保障制度（低保）的要求相吻合的。

五　弱势群体公共信息服务权益保障中的立体化保障原则

（一）立体化保障原则的含义

立体化保障原则是弱势群体公共信息服务权益保障中的重要原则，是指从保障主体、保障范围和保障环节等方面提供立体化的保障，以确保弱势群体公共信息服务权益的有效实现。具体而言，包括保障主体社会化（全员保障）、保障范围全方位化（全方位保障）、保障过程全程化（全过程保障）。该原则是为弱势群体公共信息服务权益保障中的信息最大化公开原则、无障碍原则、低保原则服务的，而信息最大化公开原则、无障碍原则、低保原则也离不开立体化保障原则的保障作用。

（二）立体化保障原则的依据

1. 保障主体社会化的依据

首先，确立立体化原则符合政府干预与退出的特性要求。一方面，如同其他社会保障事务一样，弱势群体公共信息服务权益保障更多地属于一种公共物品或服务。对于提供公共物品或服务，政府责无旁贷。《宪法》第45条规定："中华人民共和国公民在年老、疾病或者丧失劳动能力的情况下，有从国家和社会获得物质帮助的权利。国家发展为公民享受这些权利所需要的社会保险、社会救济和医疗卫生事业。国家和社会帮助安排盲、聋、哑和其他有残疾的公民的劳动、生活和教育。"这条规定明确体现了政府在提供公共服务中的责任和义务。另一方面，"福利病"造成的政府公共财政赤字在许多国家的社保历史上早就出现过，而经济学家伯顿·韦斯布罗德提出的"政府失灵"理论，也充分说明想包揽一切的"全能政府"、"万能政府"在提供公共物品或服务中的弊端和局限性。因此，政府必须承担弱势群体公共信息服务权益保障的职责，同时，为弥补政府在提供公共物品或服务中的失灵，必须充分发挥市场的决定作用，必须走弱势群体公共信息服务权益保障的社会化、立体化道路。

其次，确立立体化原则符合社会保障社会化发展趋势。综观社会保障的发展历史，其经历了从近代工业社会互济互助的基金到第二次世界大战后各国初步建立的社会保障制度，再从20世纪60年代后的全民普遍保障制度和有选择保障制度到20世纪90年代逐渐兴起的多元社会保障制度（或社会化社会保障制度），严格来说，社会化社会保障制度是全民普遍保障制度和有选择保障制度博弈的结果。全民保障制度本质上是文明社会发展的要求，但是实践证明完全由政府买单的全民保障制度是没有生命力的。如果继续保持传统仅由政府负责的一元保障主体，那它必将让位于有选择保障制度，但这又与文明社会的发展要求不相吻合。解决问题的唯一出路就是走社会保障制度社会化道路，让政府、非政府组织、营利性组织乃至个人都参与分担社会保障责任。可见，社会保障社会化是社会保障的发展趋势，是社会保障不得不做的选择。弱势群体本来就是社会保障的主要受益主体之一，而且弱势群体公共信息服务权益保障严格来说也就属于社会保障、社会福利的范畴，因而弱势群体公共信息服务权益保障走社会化道路完全符合社会保障的发展趋势。

再次，确立立体化原则符合非政府组织的特性要求。所谓非政府组织（Non-government Organization，NGO）是指不包括宗教组织，不带有政治色彩，并且具有公益性质的组织，在中国主要包括小区组织、行业协会、社团、基金会、各种志愿者组织、非营利公司和公益性组织等。① 大规模兴起于 20 世纪 80 年代的非政府组织，一开始就是以鲜明的公共性特性立足于社会，成为拥有自己独立作用机制、与政府组织一起共同为社会提供公共物品或服务的主要公共服务组织。它的公共性主要体现在组织的目标是提供让社会公众共同受益的公共物品或服务；组织的资源来源于社会捐赠、会费、政府拨款等多种公共渠道；组织成员及活动都是基于自愿，属于社会公民自愿参与、自愿组织的活动。正是非政府组织这种与政府组织一样的公共性特性，决定了其社会功能就是如同政府使用社会公众缴纳的税费为社会公众谋福利一样，为社会公众提供公共物品或服务。因此，让非政府组织为弱势群体公共信息服务权益提供保障服务，本来就符合非政府组织的特性要求。

2. 保障范围全方位化、保障过程全程化的依据

实行保障范围全方位化、保障过程全程化符合信息本身的特性，也符合弱势群体在知悉、获取和利用信息的能力、时间、精力等方面的要求。

一方面，信息具有繁杂性、价值性、共享性、可传播性、不对称性、累积性、膨胀性等特性，无时不在，无处不有，推陈出新，日新月异。信息的共享性和可传播性为弱势群体的信息知悉、获取和利用保障提供了可能性，但是无时不在、无处不有的累积信息、膨胀信息、繁杂信息却又客观上造成了信息知悉、获取和利用的困

---

① Salamon LM, Sokolowski SW. *Global civil society*: *Dimensions of the nonprofit sector.* Baltimore, MD: Johns Hopkins Centre for Civil Society Studies. 转引自孙金阳、仇国平《从 NGO 参与四川抗震救灾分析中国能力》, Journal of US-China Public Administration, 2009（2）, p. 53。

难和障碍，导致人们知悉、获取和利用能力的有限性。

另一方面，对于弱势群体来说，由于自身经济社会条件、文化教育水平等方面限制，加之非弱势群体与弱势群体之间存在的信息不对称性，单靠弱势群体自身的能力、时间和精力去知悉、获取和利用信息是难以有效改善其经济社会条件和文化教育水平的。

上述因素程度不同地影响弱势群体全方位地、全过程地、持续地有效知悉、获取和利用公共信息及其服务。因此，要实现和保障弱势群体公共信息服务权益，除了依靠全社会力量进行全员保障外，还需要从保障范围上提供全方位保障，从保障过程上提供全过程保障。从这个意义上说，实行弱势群体公共信息服务权益保障立体化是很有必要的。

（三）立体化保障原则的要求

1. 保障主体社会化要求

所谓保障主体的社会化，是指弱势群体公共信息服务权益保障主体除了政府外，还应包括非营利性组织或非政府组织（如公共图书馆、档案馆、博物馆等公益性信息服务机构，以及妇联、残联等非政府组织）、营利性组织（如公司、企业）以及学校、家庭及个人等。其中，政府是弱势群体公共信息服务权益保障的当然主体，是保障弱势群体公共信息服务权益的组织者、管理者和实施者。公益性信息服务机构是弱势群体公共信息服务权益保障的基本主体，承担着向包括弱势群体在内的社会公众提供信息服务的主要职责。妇联、残联等非政府组织是弱势群体公共信息服务权益保障的重要主体，负有维护儿童、残障人士等弱势群体公共信息服务权益等合法权益的职责。企业等营利性组织是弱势群体公共信息服务权益保障的必要主体。因为除了营利外，它们还负有社会责任、道义责任，而向包括弱势群体在内的社会公众提供慈善、公益性产品或服务就是这种责任的具体表现。学校、家庭、个人等主体是弱势群体公共信息服务权益保障的补充主体，无论在帮助弱势群体直接获取和利用公共信息上，还是在帮助弱势群体了解和获取公共信息服务上，学校、家庭、个人都有其各自所具备的优势和条件，成为同样不可或缺的保障主体。

2. 保障范围全方位化要求

所谓保障范围全方位，是指在公共信息服务的各个方面都要确保弱势群体公共信息服务权益的实现，这就需要做到以下方面。

第一，服务理念要到位。服务理念是弱势群体公共信息服务权益保障过程中必然遇到并应优先解决的问题。它涉及的内容很多，但其中最重要的则是以人为本的理念。也就是说，保障主体在为弱势群体提供公共信息服务权益保障过程中，要坚持以人为本的理念，要了解、熟悉弱势群体公共信息需求的共性和个性，要创造条件为弱势群体提供主动积极的全过程的精细化保障服务。

第二，服务对象要到位。这是指要让所有的弱势群体都得到相应的公共信息服务权益保障，不能在服务对象上有错漏现象发生。需要注意的是，如前所述，弱势群体本身具有相对性，弱势群体在一定条件下可能转化为非弱势群体（如儿童成年、农民工致富了），非弱势群体也可能在一定条件下转化为弱势群体（如健康人因故致残、因故致贫、进入老龄阶段），为此，需要对弱势群体这种相对性予以高度重视，及时收集和掌握弱势群体信息，让所有真正需要关心、帮扶的弱势群体能得到及时有效的关爱和帮扶。

第三，服务内容要到位。如前所述，所有弱势群体都需要得到公共信息服务权益保障，但不同弱势群体需要的具体公共信息服务内容不同，同一弱势群体在不同时期、不同空间需要得到的具体公共信息服务内容也不完全一样，因此，要在一视同仁的前提下，根据不同弱势群体的具体公共信息需求提供差异化个性服务。而这就需要深入弱势群体中，深入服务的实践中，了解和找准弱势群体的真正需求，主动研判弱势群体的公共信息服务权益保障中存在的薄弱处、关键处、着力处，有针对性地解决弱势群体在公共信息服务保障中的真问题、实问题、小问题。

第四，服务方式方法要到位。如前所述，不仅弱势群体在公共信息服务内容上有特殊要求，而且在服务方式方法上也有特殊要求。这就要求保障主体在提供公共信息服务权益保障时，要在了解和熟悉弱势群体知悉、获取和利用公共信息的方式方法的基础上，通过弱势群体愿意的、熟悉的、力所能及的方式方法提供有针对性的公共信息服务，否则，就容易出现南辕北辙的后果。

第五，服务过程、效果要到位。要真正做好弱势群体公共信息服务权益保障，就需要将公共信息服务过程与效果有机结合起来，既要考虑服务过程，又要考虑服务效果。单纯强调哪一方面都不利于保障服务能实实在在地解决弱势群体的公共信息服务权益的实现问题。

3. 保障过程全程化要求

所谓保障过程全程化，是指在公共信息服务的整个过程（或每个环节）中，都要确保弱势群体公共信息服务权益的实现。弱势群体公共信息服务权益保障涉及的环节很多，主要包括服务规划与设计、服务实施、服务监督监控等环节。

首先，服务规划与设计要到位。规划与设计是弱势群体公共信息服务权益保障的首要环节。保障主体要提供优质有效的公共信息服务，就需要首先做好服务的规划与设计工作，比如，应明确保障对象及其信息需求、明确通过什么途径了解和熟悉这些需求、明确通过什么方式方法满足这些需求、明确如何更新和升级公共信息服务、明确如何处理公共信息服务中的冲突或问题、明确如何跟踪监督公共信息服务等。

其次，服务实施要到位。服务实施是弱势群体公共信息服务权益保障的核心环节，是弱势群体公共信息服务权益保障的具体落实。在做好服务规划与设计后，就需要保障主体按照规划与设计着手实施。这种实施，既要全面实施，又要有重点、有针对性实施；既要严格执行，又要灵活处理；既要有分工负责，又要有部门协同。

再次，服务监督监控要到位。对公共信息服务权益保障的监督监控，是最后一个环节，但这个环节并不是在最后才发生作用。事实上，真正有效的监督监控应该从一开始就要进行。换句话说，这里的监督监控是全程监督监控，是无缝监督监控，包括对公共信息服务规划与设计的监督监控，也包括对公共信息服务实施的监督监控，还包括对公共信息服务遇到问题或冲突的处理的监督监控等。

第二节　弱势群体公共信息服务权益保障的立法模式

一　弱势群体公共信息服务权益保障立法模式的界定

模式，在《现代汉语词典》中的解释是"指某种事物的标准形式或可使人照着做的标准样式"①。对于立法模式，目前学界尚未形成被公认的解释或界定。鉴于弱势群体公共信息服务权益保障涉及权利多种，主体类型多样，客体范围较广，本书认为，弱势群体公共信息服务权益保障立法模式是指国家针对弱势群体公共信息服务权益保障中所涉及的主体、客体、权利、义务与责任等，制定、修改、废止相关法律规范的标准形式、标准样式。

二　国内外弱势群体公共信息服务权益保障立法模式②比较

（一）相同点比较

从弱势群体公共信息服务权益保障国内外立法模式看，笔者调查分析发现，无论国内还是国外，有关弱势群体公共信息服务权益保障立法都属于多层、多头和分散型立法模式。

这里的多层立法模式是指有关弱势群体公共信息服务权益保障的立法是通过多层面的立法体制机制完成的，包括中央政府的立法体制机制、不同层级地方政府的立法体制机制。比如，美国的联邦

---

① 《现代汉语词典》，商务印书馆2002年版，第84页。

② 学者们对立法模式的类型也有很多不同的划分标准。如江国华在其《立法模式及其类型化研究》一文中，将立法模式进行如下划分：根据立法权的配置体制的不同，分为集权型立法模式与分权型立法模式；根据立法程序可参与性将立法模式划分为民主型与官僚型；以立法内容及立法目的是否以为人民服务为标准将立法模式分为管制型与服务型；以立法与社会需求的契合程度为标准将立法模式划分为追赶型与回应型立法，等等。因此，每一种法律规范都有其特定的立法模式，甚至同样的法律规范在不同国家、不同地区、不同年代都有着不同的立法模式。

立法与州立法，中国从中央到地方制定的宪法、法律、行政法规、地方性法规、规章。

这里的多头立法模式是指有关弱势群体公共信息服务权益保障的立法是通过不同立法主体完成的，立法主体呈多元化特点，且不同政府部门、不同级别政府部门（包括立法机关、有立法权限的其他主体）都成为相关立法主体。中国这种多层立法、多头立法模式在本书第二章有关弱势群体信息服务权益保障法律法规支持体系部分已经有充分论述。

这里的分散型立法模式是指国内外都没有一部专门针对弱势群体公共信息服务权益保障的完整法律，也没有任何一部法律规定了所有的公共信息服务权益及其内容，相关法律规定零散分布于不同级别法律法规中。比如，以弱势群体公共信息服务权益保障法律关系的构成要素为划分标准，弱势群体公共信息服务权益保障的这种分散型立法模式体现在以下几个方面：第一，以主体为导向的立法模式，该模式是指专门针对某一类型弱势群体的权益保护而立法，如《未成年人保护法》等。第二，以客体为导向的立法模式，该模式是指针对公共信息及服务而进行的专门立法，如《政府信息公开条例》等。第三，以内容为导向的立法模式，该模式是指专门针对某一种权利的保护而立法，这种权利是每一个弱势群体或每一个人都享有的，如美国的《信息自由法》，中国的《信息网络传播权保护条例》、《就业促进法》等。这三类模式也是现在国内外所共有的模式，因此从大体上看，国内外关于弱势群体公共信息服务权益保障方面的立法模式大体相似，都属于分散型立法模式。

（二）不同点比较

虽然国内外有关弱势群体公共信息服务权益保障方面的立法模式呈现出分散立法的特征，但由于国情、体制、立法渊源、国民状况的不同，每个国家的具体立法模式又有所不同。

为全面准确把握国内外弱势群体公共信息服务权益保障的分散型立法模式，我们拟采用一种简单的"数型"分析方法。其原理如下。

若是把五种类型弱势群体权利中的每种主体和四种权益（信息

平等权、信息安全权、信息自由权和信息特殊保护权）中的每种权利各看成一个原子，当一种主体和一项权利的一项相关内容在一条法律法规中出现时可以看成是一个点。这里的相关内容包括对义务主体的明确规定、对权利主体所享有的权利的明确规定、对义务主体所承担法律义务的明确规定、对义务主体未履行法律义务时所应承担法律责任的明确规定等。比如，《残疾人保障法》规定"残疾人在政治、经济、文化、社会和家庭生活等方面享有同其他公民平等的权利"，该条规定涉及残疾人这一权利主体，同时该条规定实际上就是对残疾人所应享有的平等权的规定，这种平等权自然包括信息平等权，故即可将些情形视为一个点。如果在一部法律规范中这种立法"点"达到一定数量（如既有对权利的规定，又有对义务及其相关法律责任的规定），则即可将这些"点"连成线。这就意味着，相关立法"点"越多，立法"线"就越多、越长，也就表明此方面的相关立法越多、越丰富、越全面。还需要说明的是，由于针对整个社会公众的公共信息服务权益保护方面的立法同样覆盖了弱势群体，所以我们认为，即使相关法律规定中没有明确提到弱势群体，但只要其规定中涉及的是公共信息服务权益中的任意一项权利的相关内容，也可视为一个立法"点"，而一定数量的"点"也可连成一条线。不过，这可以通过采用不同的颜色进行标识，以与上述专门针对弱势群体的立法状况区分开来。

按照上述"数型"比较方法，国内外弱势群体公共信息服务权益保障立法模式大致可以分成三种类型。

1. 点线面结合、线面分布突出的分散立法模式

美国是世界上最早进行知情权的理论研究和立法讨论的国家，然而，在弱势群体公共信息服务权益保障方面，美国至今未制定一部专门的系统的联邦立法，相关规范也只是散见于众多联邦法案中，从这个意义上说美国有关弱势群体公共信息服务权益保障的立法模式也是属于分散型立法模式。然而，必须指出的是，与其他国家的分散型立法模式不同，美国在具体法律"点"的数量、系统性

和明确度上都有其特色。下面，就以美国信息无障碍相关法律法规①为例来进行论述。

美国针对残疾人的信息无障碍相关法律法规可划分为三种类型，即信息无障碍基本法、信息无障碍专门法及信息无障碍相关法。可以看出，这三种类型实际上也属于多层、多头立法模式。然而，这种多层、多头立法之间却是一种相互协调、相互补充的关系，形成了由"点"到"线"、由线及"面"的立法模式。

首先，从信息无障碍基本法看，《美国残疾人法案》（ADA）是保障残疾人如同正常人一样平等享有各种权利（包括无障碍获取信息的权利）的基本法案，其通过对残疾人平等享有公共服务，能平等、无障碍地使用公共设施和场所，以及平等、无障碍使用通信服务进行明确规定，为残疾人无障碍知悉、获取和利用信息奠定了基础。而最值得提及的是，该法案不仅确立了残疾人的信息平等权，而且通过明确义务主体并对其法律职责和义务进行明确规定，使残疾人的信息平等权成为一种可以实现的实有权利。比如，该法要求州政府和当地政府的媒介、全国铁路客运公司和其他通勤当局等均不能拒绝为残疾人提供服务，公共交通系统比如公交巴士等要能让残疾人无障碍地使用。为保证公共服务的有效进行，ADA 采纳了两种无障碍建筑标准：一种是联邦无障碍标准（UFAS），另一种是美国残疾人法案无障碍指南（ADAAG）。在公共场所的无障碍建设方面，该法第 3 章首先禁止把"公共场所"作为"私有实体"经营场所而歧视残疾人，要求公共场所新修建筑物或任何改造都不能给残疾人造成任何障碍，规定公共场所无障碍设施改造的原则是：首先要保障残疾人能够进入公共场所；其次在提供公共物品和服务的场所应配备辅助使用的资源；最后是消除其余的障碍，比如把电话放在较低位置等。在无障碍通信服务方面，该法明确要求公司提供的电信服

① 章品、赵媛：《美国信息无障碍法律法规研究》，《情报理论与实践》2010 年第 5 期。

务应为听力有缺陷的残疾人提供文字电话（TTYs）或类似的听障专用电信设备等。

其次，从信息无障碍专门法看，美国信息无障碍专门法主要包括《美国康复法案》、《美国 508 无障碍法案》、《2002 电子政务法》、《通信法》、《信息自由法》、《国会图书馆法》和《图书馆服务和技术法案》等。这些法案从政府信息公开、通信无障碍、公共图书馆的无障碍服务等不同侧面有力保障了残疾人公共信息服务权益的实现。如同上述基本法一样，这些专门法的立法特点也是全面、具体、明确且具有可操作性。其中，《美国康复法案》、《美国 508 无障碍法案》为实现其消除残疾人使用信息技术的障碍、促进残疾人平等获取信息的立法目的，首次提出了具体的网站无障碍建设 16 条标准，对网站所提供的信息类型、标识和导航等的开发、建设与维护从方便残疾人使用的角度进行明确规定，同时鼓励能够实现这一目的的技术得到充分发展，这对信息无障碍立法具有开创性意义。《2002 电子政务法》的立法目的是保证包括残疾人在内的所有公民能够找到并使用他（她）们所需要的政府信息和服务。该法案规定政府部门通过互联网发布政府信息及其服务时，要充分考虑使用互联网有障碍的群体，尽可能保证这些群体获得政府信息和服务。此外，该条款进一步明确联邦部门及机构都需依照《康复法案》、《美国 508 无障碍法案》的具体规定，使残疾人能无障碍获取政府信息和服务。① 《通信法》的立法目的是对有线设备及其新技术使用进行规范，以确保用户以最低的成本在各类活动及交流中迅速地开发和推广应用新技术，其涉及信息无障碍的内容是定义了听力和言语残疾人可使用的通信设备（TDD）和远程通信中继服务（TRS）。《信息自由法》的立法目的是促进联邦政府信息公开，确保包括残疾人在内的公众对政府信息的获取。该法明确规定 9 种可以不予公开信息的例外情况，除此之外的一切信息都必须公开；明确规定政府机构

---

① USAID. 2009 年 9 月 10 日（http：//www. usaid. gov/policy/egov/egov_ 2002. pdf）。

以任何格式，包括电子格式保存的信息都属于该法的适用范围；详细规定处理申请的时限和费用收取标准；明确规定若政府拒绝提供信息，需负举证责任。若政府不能证明其不应提供信息的理由，则承担败诉后果，从而必须及时提供信息给申请人。《国会图书馆法》第8条是专门针对残疾人的特殊服务规定。该条款提出，为盲人和其他残疾人所准备的书籍、有声读物、乐谱、指导读物以及其他专门设施实行专项拨款购买，建立专门地区、以满足残疾人的阅读需要。《图书馆服务和技术法案》则从微观角度提出了帮助残疾人利用图书馆的具体要求和做法，包括针对残疾人的服务模式等，同时还对残疾人享受服务的优先权进行明确规定。①

再次，从信息无障碍相关法看，无障碍物理环境是残疾人使用公共服务和公共场所等的基本条件，没有这些条件，将不利于甚至严重影响残疾人的无障碍获取信息。这方面的法律规范主要有《建筑无障碍条例》、《平等住房法案》和《航空运输无障碍法案》等。这些法案主要上针对无障碍物理环境的建设从法律进行规定。比如《航空运输无障碍法案》的立法目的是在航空运输方面禁止歧视残疾人，如不能拒绝残疾人乘坐航空交通工具，不能限制航班搭载残疾人数量；还要保证设备的可用性，并对不同规模的客机有不同的无障碍规定，比如登机轮椅以及储藏轮椅的空间等。而《建筑无障碍条例》的立法目的是解除环境对残疾人使用公共资源和公共服务的障碍，确立了 ABA（建筑无障碍）标准。

总体来说，美国有关弱势群体公共信息服务权益保障的法律对保障主体、保障义务、保障过程、保障手段、法律责任等都有十分明确的规定，其相关法律"点"在立法深度和广度上可以连"点"为"线"、由"线"及"面"，从而属于"点线面结合、线面分布突出的分散立法模式"。

2. 点线结合、线条分布较多的分散立法模式

从其他国家有关弱势群体公共信息服务权益保障的立法模式现

———————————

① 谢琳：《美国图书馆法概况及对我国的启示》，《图书馆建设》2007 年第 1 期。

状看，其分散型立法模式又有其特点。以俄罗斯为例，1995 年通过生效，并于 2006 年 7 月进行修订的俄联邦《信息、信息化和信息保护法》是俄罗斯信息立法的代表性成果。该法确立了信息立法的基本原则，规定对经济发展的信息保障、国际信息交流、信息资源管理、部门和地区信息化，以及信息安全等都属于俄联邦信息领域的基本法内容范畴。该法的宗旨是保护所有信息主体的合法权益。因此，在该法中，信息主体的地位得到确立，国家在组织信息资源和信息化领域中所承担的义务，自然人和法人在公开及有限制存取信息方面的权利和义务等都得到明确规定。和其他国家相比，俄罗斯在弱势群体公共信息服务权益保障的立法状况中的特点是"在信息安全领域有数量较多的立法，从中央到地方政府，约制定有 200 部涉及信息安全的法律法规，国家级的有 10 部左右"①。又如，俄罗斯 2004 年颁布的《俄罗斯联邦图书馆事业法》就对包括弱势群体在内的公民所享有的图书馆服务权利进行明确规定。该法第 8 条明确规定视障群体享有的图书馆专门服务权利（如在图书馆获取专门信息载体的信息的权利），规定因年老和残疾而无力到馆的用户享有邮递或非常规服务的权利，规定少年儿童享有在公共图书馆、专门少儿图书馆以及教育机关图书馆获得有针对性服务的权利。

此外，英国、德国、法国、日本等国家也在不同程度上规定了弱势群体的公共信息服务权益保障问题，对其主体、权利内容、法律义务、法律责任等进行明确规定。比如，德国 1949 年《宪法》第 5 条规定"人人有以语言、文字及图画自由表示及传播其意见之权利，并有自一般公开之来源接受知识而不受阻碍之权利"②。这项条款不仅将信息获取权作为公民的一项基本权利确定下来，而且对信息获取权的含义进行了法律阐述。又如，德国 1997 年《多媒

---

① 林曦：《俄罗斯政府门户网站建设现状及经验》，《全球科技经济瞭望》2009 年第 3 期。

② 周淑云：《信息获取权的国内外立法现状分析》，《新世纪图书馆》2009 年第 4 期。

体法》中有保护未成人远离不良信息等规定，涉及未成年人信息安全权的相关内容。

上述国家的法律要么在相关的法律"点"的数量方面较多，要么是十分具体地规定所属权利，整体上属于一种"点线结合、线条分布较多的分散立法模式"。

3. 线条稀少、点状分布明显的分散立法模式

如表7—1列举的法律法规示例所示，中国弱势群体公共信息服务权益保障的立法模式具有如下特点。

第一，各种相关法律规范中几乎没有哪一部法律法规覆盖弱势群体公共信息服务权益中的所有权利的保护问题。即使是针对特定弱势群体（如老年人、残疾人等）权益保护的立法，也仅是对公共信息服务权益中的部分立法有所涉及。如《老年人权益保障法》中涉及老年人的信息安全权、信息自由权和信息特殊保护权的保护问题，《未成年人保护法》中涉及对未成年人的信息安全权和信息自由权的保护问题。

第二，相关法律规定中似乎都有对义务主体的规定，然而许多法律规范由于对义务主体的规定过于宏观、抽象（如表7—1中的"国家"、"各级政府"、"相关部门"），故实际上等于没有义务主体。

第三，对权利内容的规定也不全面系统，许多法律规范都只涉及权利内容中的一部分。如《残疾人保障法》对信息自由权的规定，仅涉及盲文读物、图书馆盲文图书室的建设问题，这与全面保障残疾人无障碍信息知情权、获取权和利用权的实现还有很大的距离。

第四，相关立法几乎未曾涉及对权利人未履行法律义务应承担法律责任的规定。[①]

----

① 这四方面的问题详见本书第二章中有关法律法规支持体系建设与保障现状的相关内容。

表 7—1 中国弱势群体公共信息服务权益保障立法示例表（部分数据）

法律名称	保护对象	相关法律条文举例	对应权利
《老年人权益保障法》	老年人	老年人有从国家和社会获得物质帮助的权利，有享受社会服务和社会优待的权利	信息特殊保护权
		各级人民政府和有关部门应当按照国家无障碍设施工程建设标准，优先推进与老年人日常生活密切相关的公共服务设施的改造	信息安全权
		博物馆、美术馆、科技馆、纪念馆、公共图书馆、文化馆、影剧院、体育场馆、公园、旅游景点等场所，应当对老年人免费或者优惠开放	信息自由权
《残疾人保障法》	残疾人	残疾人在政治、经济、文化、社会和家庭生活等方面享有同其他公民平等的权利	信息平等权
		组织和扶持盲文读物、盲人有声读物及其他残疾人读物的编写和出版，根据盲人的实际需要，在公共图书馆设立盲文读物、盲人有声读物图书室	信息自由权
		国家鼓励和支持提供电信、广播电视服务的单位对盲人、听力残疾人、言语残疾人给予优惠	信息特殊保护权
《未成年人保护法》	未成年人	各级人民政府应当建立和改善适合未成年人文化生活需要的活动场所和设施，鼓励社会力量兴办适合未成年人的活动场所，并加强管理	信息自由权
		社区中的公益性互联网上网服务设施，应当对未成年人免费或者优惠开放，为未成年人提供安全、健康的上网服务。禁止任何组织、个人制作或者向未成年人出售、出租或者以其他方式传播淫秽、暴力、凶杀、恐怖、赌博等毒害未成年人的图书、报刊、音像制品、电子出版物以及网络信息等	信息安全权

续表

法律名称	保护对象	相关法律条文举例	对应权利
《政府信息公开条例》	所有公民	行政机关应当及时、准确地公开政府信息。行政机关发现影响或者可能影响社会稳定、扰乱社会管理秩序的虚假或者不完整信息的，应当在其职责范围内发布准确的政府信息予以澄清	信息安全权
《无障碍环境建设条例》	残疾人等社会成员	公共服务机构和公共场所应当创造条件为残疾人提供语音和文字提示、手语、盲文等信息交流服务，并对工作人员进行无障碍服务技能培训	信息自由权

很显然，按照上述"数型"立法模式的分析方法，上述四个方面的情况以及本书第二章对法律法规支持体系建设与保障现状的论述就充分说明，在中国弱势群体公共信息服务权益的立法中，虽已有一定数量的原子和一定数量的"点"，然而"点"与"点"之间的连线不多，或者说，"点"与"点"之间可以连成线的并不多，且联系不紧密。即同时涉及某一群体和某一权利的相关法律规定并不全面，而且有许多都不明确，仅有可以用来保障某权利的意思，可操作性不强。说明这些法律"点"不仅准确度和明确度不高，而且这些法律"点"只是零散地分布在各个不同保障主体或者保障领域的法律条文之中。所以，可以看出中国的弱势群体公共信息服务权益保障立法属于"线条稀少、点状分布明显的分散立法模式"。

三 集中立法——弱势群体公共信息服务权益保障的立法模式选择

从上述国内外弱势群体公共信息服务权益保障的立法模式看，无论是"点线面结合、线面分布突出的分散立法模式"，"点线结合、线条分布较多的分散立法模式"，还是"线条稀少、点状分布明显的分散立法模式"，其共同点都是分散立法。而在没有一部集中型的统一法作为基本法的前提下，分散型立法模式在保障权益方面能够起到的作用是有限的，尤其对于弱势群体公共信息服务保障来讲，分散型立法模式并不能从根本上解决弱势群体公共信息服务权益保障问题，目前中国在此方面的保障现状就可见一斑。①因此，必须思考、选择新的立法模式，而集中型立法则是最恰当的选择。

如前所述，分散型立法模式的特点一般表现为多层立法和多头立法。多层立法是指针对同一立法需求，不同行政级别的政府部门在自己的职责范围内进行的立法，这是一种纵向上的立法模式。多头立法是指针对同一立法需求，不同类型政府部门从自己的职责范围视角进行的相应立法，属于横向范围的。就纵向来看，根据中国《立法法》的相关规定，全国人民代表大会作为最高国家权力机关，享有制定和修改刑事、民事、国家机构的和其他的基本法律的立法权；国务院享有为执行法律的规定需要而制定行政法规以及针对《宪法》第89条规定的国务院行政管理职权的事项进行立法的立法权；地方政府享有为执行法律、行政法规的规定，需要根据本行政区域的实际情况作具体规定的立法权；国务院各部、委员会、中国人民银行、审计署和具有行政管理职能的直属机构，可以根据法律和国务院的行政法规、决定、命令，在本部门的权限范围内制定规章。很显然，这种多层、纵向的立法模式事实上是为了使法律规范成为系统的法律体系，且更加贴近社会实际状况，具有可操作性，能得到真正的落实的一种立法模式。从横向上看，不同政府部门由于其职责范围的差异性，为了执行宪法、法律规定的事项而进行相应立法，这本身也是为了有效保护相应主体合法权益的需要，也是构建全面的法律保障体系的要求。然而，无论是纵向上的多层立法还是横向上的多头立法，要实现对相关权利的有效保护，其前提是要以有针对相关权利的一部专门性立法为基础。比如，针对残疾人的权利保护，首先在《宪法》中有相关规定，然后在宪法相关

---

① 参见本书第二章"弱势群体的信息服务权益保障现状"的相关部分。

规定的基础上，有《残疾人保障法》这样一部专门法，而后各省人大都针对该专门法制定了各省的实施办法，如《四川省〈残疾人保护法〉实施办法》、《山西省实施〈残疾人保障法〉办法》等。这样，在纵向上就建立了残疾人权益保护的法律保障体系。

可是，目前中国在弱势群体公共信息服务权益的保障上并没有一部专门法，相关规定仅仅是散见于不同级别、不同类型的相关法律法规中。而更为严重的是，这种呈"点"状分布的立法还存在下列问题：①虽然涉及弱势群体公共信息服务权益的立法数量不少，但实际上直接相关的、有实际效力的却并不多。例如，《政府信息公开条例》虽说通过规定政府信息的公开来间接保护公民的知情权，但在条文中并没有明确提出知情权，更没有明确提出弱势群体的知情权保护问题。事实上，各级政府部门在公开政府信息如果不充分考虑弱势群体的特殊情况，就不可能将其所享有的知情权从应有权利转变为实有权利，从而使其不能真正实现其知情权。②即使是那些与弱势群体的公共信息服务权益直接相关的法律规定，也普遍存在宏观、笼统、不全面、可操作性不强等问题。就拿《四川省老年人合法权益保护条例》来说，该条例规定"发展老年人文化、教育体育事业"、"文化、娱乐、公园、体育场所应为老年人开展文体活动提供方便和优惠服务"，但具体由谁来履行、怎样发展、如何提供方便和优惠服务，则缺乏相应的规定，从而易导致保障义务无人履行等现象的发生。又如，《民政部关于促进农民工融入城市社区的意见》提出"构建以社区为载体的农民工服务管理平台、做好农民工社区就业服务工作、保障农民工参与社区自治的权利"等，但因缺乏执行细则而难以落实。③这种"线条稀少、点状分布明显的分散立法模式"可能产生的后果之一，就是在需要法律保障的时候，可能会出现因"无法可依"、"立法内容重复"或"立法内容矛盾冲突"而难以得到充分及时有效保障的情况。例如，对弱势群体的信息安全权保护问题，在相关立法中仅涉及针对少年儿童的网络环境的绿色清洁问题，而对农民工、下岗职工、残疾人、老年人等其他弱势群体的信息安全权问题则是现有立法的空白。再如，禁止传播淫秽、色情、赌博、暴力、凶杀、恐怖等不安全信息几乎成为不同级别、不同种类相关法律、法规和规章的主要立法内容，而有些地方性立法对这方面内容的规定，可以说基本上是对《刑法》的完全复制，这说明相关立法并未从各个立法主体应有职责去深度思考和设计应有的立法内容和协同作用，从而造成立法资源浪费。

要改变目前上述立法中存在的这样或那样的问题，就需要对相关法律法规、规章进行全面修订。如果说在短时间甚至几年内期待一部法律规范得到修订还有点现实的话，期待在短时间甚至几年内将所有的相关法律规范为了弱势群体的公共信息服务权益保障问题而进行全面修订却是不现实的。可见，目前的这种立法模式并不能从根本上解决中国弱势群体的公共信息服务权益问题。

此外，从弱势群体公共信息服务权益保障原则的内容和要求来看，也必须选择集中型立法模式。如前所述，弱势群体公共信息服务权益保障原则包括信息最大化公开原则、无障碍原则、信息低保原则和立体化保障原则，这些法律原则的内容和要求涉及多种义务主体、多种法律法规和规章。比如，无障碍原则要求在弱势群体知悉、获取、利用公共信息时必须做到既无来源于经济条件、各种物理环境、设施上的有形障碍，又无保障观念、保障制度等方面的无形障碍。这一原则的要求涉及与政府、公共信息服务机构（如公共图书馆、档案馆、博物馆等），乃至公司、企业等主体的社会活动相关的各种法律法规。具体而言，这种无障碍要求必须体现在《政府信息公开条例》、《残疾人保障法》、《未成年人保护法》、《老年人权益保障法》、《公共图书馆法》、《档案法》、《就业促进法》以及司法部《关于进一步推进法律援助工作的意见》、《国家公共服务体系"十二五"规划》、《国务院关于做好促进就业工作的通知》等法律、法规、规章及规范性文件中。又如，信息低保原则虽然适用群体是符合国家低保条件的弱势群体，即在整个弱势群体中相对更"弱势"的群体，但其给予的保障是信息及其服务，这些都是现在的《社会保障法》所不曾涉及的。又如立体化原则所要求的保障主体社会化（全员保障）、保障范围全方位化（全方位保障）、保障过程全程化（全过程保障），其所涉及主体及社会活动就更为复杂，涉及的法律法规、规章也更多。所有这些都说明，要想通过修订现有法律法规、行政规章的方式来实现弱势群体公共信息服务权益保障原则的要求是不现实的。

综上所述，弱势群体公共信息服务权益保障的立法模式，应基于国内外现有立法模式但又不能完全局限于现有立法模式，需要从分散立法模式走向集中型立法模式，也就是说，需要制定一个完整统一的、专门的弱势群体公共信息服务权益保障法。这个专门法应该保障包括残疾人、老年人、未成年人、农民、农民工、无就业人员在内的所有弱势群体的公共信息服务权益，针对这些主体的信息平等权、信息安全权、信息自由权和信息特殊保护权，从权利内容、相关义务主体及其所应承担的保障义务、法律责任等方面进行明确规定。毫无疑问，相对于对庞大的，涉及多种法律、法规、规章及规范性文件的法律规范体系进行全面修订，这种集中统一的专门性立法无疑在成本效率方面都是首选之模式，只有这样，中国各类弱势群体的公共信息服务权益才能得到充分、及时、有效的保障。

四　弱势群体公共信息服务权益保障法的主要内容设计

笔者认为，《弱势群体公共信息服务权益保障法》的主要内容应覆盖立法目的、法律原则、对弱势群体的界定、弱势群体应当享有的具体权益、权益保障的义务主体及其法律职责和义务、权益保障的具体措施、法律责任等。

（1）立法目的。在此部分应明确阐明制定此《弱势群体公共信息服务权益保障法》所欲达到的目的即为维护包括老年人、残疾人、未成年人、无就业人员、农民及农民工在内的群体的公共信息服务权益，体现社会公平，促进弱势群体公共信息服务的发展，根据宪法和实际情况制定本法。

（2）立法原则。该保障法应确立弱势群体公共信息服务权益保障的法律原则，以具体体现该立法的基本精神、灵魂。这些原则包括信息最大化公开原则、无障碍原则、信息低保原则、立体化保障原则等。具体而言，可在该保障法的总则中明确以下内容：一是为了实现和保障弱势群体公共信息服务权益，切实改变或改善弱势群体的状况，包括国家机关、非政府组织、公益性信息服务机构等在内的义务主体，应依法及时、主动地将所掌握的相关公共信息进行最大限度的公开。二是应确保弱势群体能够依法快捷方便地知悉、获取和利用其所需要的政府信息、社会公共信息和其他公共信息，而不存在任何有形或无形的障碍或困难。三是当弱势群体符合低保条件时，除有权从当地政府获得最低生活保障金资助外，还有权及时免费地从当地政府或公共信息服务机构等主体得到与其最低生活保障直接相关的公共信息获取服务。四是应从保障主体、保障范围和保障环节等方面提供立体化的保障，以确保弱势群体公共信息服务权益的有效实现。

（3）对弱势群体明确界定。弱势群体是公共信息服务权益享有主体，但弱势群体是什么样的群体、具有什么特征、具体包括哪些类型，所有这些都必须在该保障法中得到明确。弱势群体是该公共信息服务权益保障法的权利主体，如果对此的规定模糊不清，或者过于抽象笼统，就会给司法实践造成困境，使该法失去存在的价值。毕竟，没有权利主体哪来的权利和义务？因此，建议在该保障法的总则中，首先对弱势群体及其类型进行明确规定，比如，可规定"本法所称老年人是指六十周岁以上的公民。未成年人是指未满十八周岁的公民"等。而在阐述各类型弱势群体时，可将符合此保障法权利主体的特征进行明确阐述。

（4）公共信息服务权益的构成及其内容。在该保障法中，首先必须将公共信息服务权益所包括的四项子权益进行明确规定。这四项权益是信息平等权、信息安全权、信息自由权和信息特殊保护权。对于各项权益，应首先对其进行明确界定，然后对其具体内容进行适当规定。①信息平等权，是指弱势群体依法平等享有的知悉、获取、利用公共信息资源及其服务的权利。它要求弱势群体与非弱势群体之间、各类弱势群体之间在公共信息及其服务的知悉、获取和利用上享有平等的地位、待遇、均等的机会等。②信息安全权，是指弱势群体所享有的公共信息安全权，是指弱势群体依法安全地、无障碍地知悉、获取和利用安全的、非欺诈性的、真实可靠的，不会对其人身、财产和相关合法权益造成侵犯、损害和威胁的公共信息及其服务的权利。③信息自由权，是指弱势群体依法自由地、无障碍地知悉、获取、利用公共信息及其服务的权利。从信息自由权实现的三个环节看，信息自由权又是由无障碍知情权、无障碍信息获取权和无障碍信息利用权三项子权利构成。④信息特殊保护权，是指为了促进和保护弱势群体的生存与发展，弱势群体依法享有的在知悉、获取、利用公共信息及其服务等方面获得特殊照顾、特殊救济、特殊保护的权利，具体体现为无障碍信息援助权和无障碍信息救济保护权等权利。

（5）义务主体及其职责。此部分应明确规定弱势群体公共信息服务权益的义务主体体系构成，在此基础上分别规定其应承担的法律职责。具体来说，要明确规定：①政府是弱势群体公共信息服务权益保障的最主要保障主体，在弱势群体公共信息服务权益保障中承担着最主要的职责，扮演着相关法律法规的制定者，保障实施的组织者、监管者，最终责任的承担者、付费者，政府信息的生产者、提供者与维护者等多重角色。②公共图书馆、档案馆、博物馆等公共信息服务机构是弱势群体公共信息服务权益保障的基本主体，在弱势群体公共信息服务权益保障中承担着重要的法律义务，是弱势群体公共信息服务权益保障的服务窗口，扮演着信息提供者、维护者的角色，又是对弱势群体用户进行信息素养教育的主要责任主体。③妇联、残联等非政府组织是弱势群体公共信息服务权益保障的重要主体，在弱势群体公共信息服务权益保障中承担着保护相应弱势群体的合法权益等法律义务。④企业等营利性组织是弱势群体公共信息服务权益保障的必要主体，承担着与其经营范围相关的相应的社会责任。⑤学校、家庭和个人等是弱势群体公共信息服务权益保障的补充主体，承担着诸如少年儿童上网引导和监管等相应的职责和义务。

（6）法律保障措施。为确保弱势群体公共信息服务权益的实现，需要明确规定相应的法律保障措施。这些措施主要包括鼓励性措施、限制性措施和禁止性措施。其中，鼓励性措施包括许可、指引、帮扶等方面的措施。限制性措施指在保障主体资格和范围、保障条件、标准和程序等方面进行限制的措施。禁止性措施就是在弱势群体公共信息服务权益保障中，法律上明确规定不允许实施的行为或措施。

（7）法律责任。要明确规定弱势群体公共信息服务保障义务主体没有履行相应的保障职责或义务而应承担的法律责任，以及弱势群体公共信息服务权益受到侵害时可以获得的法律补救方式、措施、程序。这里需要特别指出的是，这种法律责任应包括刑事责任、行政责任、民事责任。这三种责任不可偏废，应平衡有效地规定。尤其要注意不能因为有了刑事责任、行政责任的规定，就忽略了应对弱势群体承担的民事责任，甚至可以说对于弱势群体来说，民事责任显得尤其重要。

（8）其他规定。包括立法的生效时间、解释等内容。

第八章 弱势群体公共信息服务权益保障的主体及法律义务

在信息资源已成为一种重要生产资源的今天，确保弱势群体的公共信息服务权益得到全面有效的保障以消除其信息贫困已是刻不容缓之事。然而，如前面的调查分析所示，目前对弱势群体的公共信息服务权益保障还存在许多问题，尤为严重的是对相关保障主体还缺乏明确界定、对各主体应承担的法律义务和职责缺乏明确规定。作为需要得到国家和社会特别关爱的群体，弱势群体公共信息服务权益等基本人权的实现，在很大程度上取决于相关保障主体，尤其是政府主体的积极作为，因此，明确界定弱势群体公共信息服务保障主体及其体系构成、探寻各主体应承担的相关法律义务和职责无疑具有重要的价值和意义。

第一节 弱势群体公共信息服务权益保障的主体构成

一 确立弱势群体公共信息服务权益保障主体的依据

从理论上说，弱势群体公共信息服务权益保障主体的确立取决于以下几个因素。

第一，弱势群体公共信息服务权益保障的立体化原则。弱势群体公共信息服务权益保障法律原则决定了弱势群体公共信息服务权益保障法律制度的基本性质、内容和价值取向，构成了整个弱势群体公共信息服务权益保障法律制度的基础。因此，弱势群体公共信息服务权益保障主体的确立，应在弱势群体公共信息服务权益保障法律原则的指导下进行。而按照弱势群体公共信息服务权益保障的立体化原则的要求，保障主体必须走社会化道路，具体而言，就是要求政府、非政府组织、非营利组织、营利性组织、个人等主体都应担当保障中的不同主体角色。这是由各主体的社会职责和特点决定的。

第二，弱势群体的弱势地位。弱势群体的弱势地位决定了其在社会中属于需要得到特殊关爱和特别照顾的人群，而这种关爱和照顾应体现在其生存与发展的各个方面。就其所享有的公共信息服务权益的实现而言，仅仅靠他们自己是完全不行的，更多的是要依靠社会中可能依靠的所有力量为其提供保障，这也是弱势群体享有的"类人权"① 所要求和决定的。因此，确立弱势群体的公共信息服务权益保障主体，应着眼于整个社会来全面考虑。

第三，弱势群体的信息需求及保障主体的性质和社会责任。弱势群体的信息需求因不同的弱势群体而有所不同，这些不同信息需求的满足依靠的是相关保障主体社会责任的承担与履行。而不同的社会主体在社会上应承担的责任与其自身的性质与功能密切相关，哪些主体应承担弱势群体公共信息服务权益保障中的哪些职责，应在结合不同主体的性质和社会功能基础上综合考虑弱势群体的信息需求状况来决定，只有这样，确立的弱势群体公共信息服务权益保障主体才更有现实意义。

二　弱势群体公共信息服务权益保障主体的构成

由于弱势群体类型复杂，相关弱势群体公共信息服务权益保障主体也显现出复杂多样的特点。在这些主体中，每一个主体都承担着其特定的责任和义务，共同组成完整的弱势群体公共信息服务权益保障主体体系。依据弱势群体信息获取现状和弱势群体公共信息

---

① 见本书第四章第一节"弱势群体公共信息服务权益的理论与实践依据"的相关内容。

服务权益保障现状，以及弱势群体公共信息服务权益保障的立体化原则要求，中国弱势群体公共信息服务权益保障主体由政府、公益性信息服务机构、非政府组织、营利性机构、学校、家庭及个人等共同构成，具体构成方式如图8—1所示。

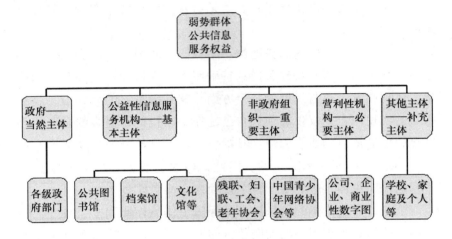

图8—1 弱势群体公共信息服务权益保障主体构成

第一，政府是弱势群体公共信息服务权益保障的当然主体，这是由政府的性质和特点决定的。政府是公共物品和服务的主要提供者，政府除了负有向弱势群体依法公开政府信息的职责外，还有向弱势群体提供社会保障、社会福利等职责。因而，弱势群体公共信息服务权益能否获得保障、在多大范围和程度上获得保障在相当程度上取决于政府履行公共信息服务职责的状况。

第二，公益性信息服务机构是弱势群体公共信息服务权益保障的基本主体，这是由公共图书馆、档案馆、博物馆等机构的公益性属性及其社会职能所决定的。公益性属性及其社会职能决定了它们必须以满足包括弱势群体在内的社会公众的基本文化信息需求为己任，决定了它们在弱势群体公共信息服务权益保障中不可缺失的角色定位。

第三，妇联、残联等非政府组织是弱势群体公共信息服务权益保障的重要主体。所谓非政府组织（Non-government Organization，

346

NGO）是指不包括宗教组织，不带有政治色彩，并且具有公益性质的组织。具体表现为拥有自己的组织机制和管理机制的组织性、不代表官方立场而是来自民间诉求的非政府性（nongovernmental）、不以获取利润为目标的非营利性（nonprofit-distribution）、在政治及财政上独立于政府的自治性（self-governing），以及参与成员完全出于自愿的志愿性五个特性。NGO 是一种社会自治的机构，目标在于建设社会制度，补充社会服务的不足并约束政府行为，在中国主要包括小区组织、行业协会、社团、基金会、各种志愿者组织、非营利公司和公益性组织等。①

经济学家伯顿·韦斯布罗德提出的"政府失灵"理论、法律经济学家亨利·汉斯曼比韦斯布罗的"契约失灵"理论，及非政府组织所具有的"非分配约束"理论，从功能需求和制度需求层面解释了非政府组织在提供社会保障中存在的必要性。② 事实上，妇联、残联等非政府组织就一直将维护儿童、残障人士等弱势群体的合法权益作为其重要职责之一。从这个意义上说，妇联、残联等理应成为弱势群体公共信息服务权益保障的重要主体。

第四，企业等营利性组织是弱势群体公共信息服务权益保障的必要主体。从企业、公司等营利性组织的性质上看，其最大目标是营利，因而在保证营利的前提下，企业、公司等营利性组织也可以为弱势群体提供改善其经济社会地位、提高其文化教育水平的信息。与此同时，企业、公司等营利性组织除了具有营利性外，还负有社会责任和道义责任，而向包括弱势群体在内的社会公众提供慈善、公益性产品或服务就是这种责任的具体表现。因而，公司、企业等营利性组织也是弱势群体公共信息服务权益保障的必要主体。

第五，学校、家庭和个人等是弱势群体公共信息服务权益保障

---

① Salamon LM, Sokolowski SW. *Global civil society*: *Dimensions of the nonprofit sector*. Baltimore, MD: Johns Hopkins Centre for Civil Society Studies, 1999.

② 赵晓芳：《非政府组织参与社会保障社会化：理论依据与现实困境理论界》，《理论界》2010 年第 4 期。

的补充主体。学校是学生接受知识的殿堂，开启学生的视野，让学生了解、获取和利用有益于其身心健康成长和发展的各种信息本来就是学校教育应有之义务，而这种义务的有效履行对少年儿童这类信息判断能力较弱的群体更为重要。家庭的社会功能使其在少年儿童、老年人的公共信息服务权益保障上负有不可推卸的责任。就个人主体来看，在弱势群体公共信息服务权益保障上，除了弱势群体成员的自助保障之外，还包括弱势群体成员之间的互助保障及一般社会公众向弱势群体提供的他助保障。在经济社会发展水平不断提高、助人为乐道德水准不断提升、非政府组织不断发展等因素的综合作用下，个人在确保弱势群体公共信息服务上将发挥更加重要的作用，成为弱势群体公共信息服务的补充保障主体。

第二节　相关保障主体在弱势群体公共信息服务权益保障中的法律义务及其依据

一　政府主体的法律义务及其依据

弱势群体公共信息服务权益保障是一项社会公共服务，而政府是公共服务的主要提供者。因此，政府在弱势群体公共信息服务权益保障中承担着最主要的职责，是最主要的保障主体，担当着相关法律的制定者，保障实施的组织者、监管者，最终责任的承担者、付费者，政府信息的生产者、提供者与维护者等多重角色（见表8—1）。

表8—1　　　　　　　　　政府主体的法律义务构成

法律义务类型	主要内容
法律义务之一：制定有关弱势群体公共信息服务权益保障的相关法律、法规、规章等法律规范	1. 颁布弱势群体公共信息服务权益保障直接相关的法律、法规、规章等法律规范。如弱势群体公共信息服务权益保障法、公共图书馆法等 2. 修订、完善现有相关法律法规，明确相关保障主体及其职责、义务和法律责任等法律条款

续表

法律义务类型	主要内容
法律义务之二：承担弱势群体公共信息服务权益保障的最终责任和经费投入义务	1. 承担弱势群体公共信息服务权益保障的最终责任 2. 承担弱势群体公共信息服务权益保障的经费投入职责。明确所投经费的范围、数额、比例和用途，并确保投入经费的实际实施
法律义务之三：组织和监管各项弱势群体公共信息服务权益保障工作的实施	1. 实施各种保障规则和建设标准（如信息无障碍建设标准），以约束相关独立运营的弱势群体公共信息服务权益保障服务机构，确保弱势群体公共信息服务权益保障中的效率与公平 2. 指定特定监管机构按照相关监管内容、监管程序和监管标准，对弱势群体公共信息服务权益保障进行全程跟踪监管
法律义务之四：公开政府信息，确保包括弱势群体在内的社会公众知晓政府信息	1. 切实实施《政府信息公开条例》及各省的政府信息公开条例实施办法等 2. 针对弱势群体的具体情况和信息需求状况，为弱势群体获取政府信息提供有针对性的、切实可行的保障措施，如采用无障碍方式公开政府信息、将各种政府公报（如《四川省人民政府公报》、《成都市人民政府公报》等）以便民手册的方式主动推送给弱势群体

（一）法律义务一——制定弱势群体公共信息服务权益保障的相关法律法规

政府通过制定相关的政策法规，一方面能为弱势群体公共信息服务权益保障这一公共服务确立具有针对性、可行性的建设目标，另一方面对包括其自身在内的相关主体的权利、义务及法律责任进行明确规定，从而明确了弱势群体公共信息服务权益保障法律关系中的主体、客体及内容。这是使弱势群体公共信息服务权益保障能够得以顺利进行的依据。

1. 具体内容及要求

第一，制定与弱势群体公共信息服务权益保障直接相关的法律、法规、规章等法律规范。中国现有的法律法规中，与弱势群体公共信息服务权益保障直接相关的法律法规寥寥无几，而缺少直接的法律法规更是限制中国弱势群体公共信息服务权益保障的直接因素。因此，制定与弱势群体公共信息服务权益保障直接相关的法律规范尤为必要。具体而言，应进行三个方面的立法：一是制定一部专门的弱势群体公共信息服务权益保障法[①]；二是为实施该保障法制定具有普遍约束力的相关行政法规；三是制定用于实施保障法和行政法规的地方性法规、规章等。

第二，修订现有相关法律、法规、规章等法律规范。通过前面的调查可知，目前相关法律法规存在的问题主要表现在对保障主体及其职责、义务规定不明确等方面。首先，对保障主体规定不明确的问题，包括对相关保障主体的范围和资格规定不明确和保障职责涉及的具体保障主体规定不明确。比如"国家"、"政府"、"公共机构"等字眼充斥于许多法律法规中，在修订时，应对保障主体范围进行具体化，包括具体指明保障主体的级别（如省级以上、地级以上等）、机构范围、类别甚至名称。在此方面，《政府信息公开条例》和部分地方性法规就做得很好。比如，《四川省贯彻〈中华人民共和国政府信息公开条例〉实施办法》第 4 条就规定："省人民政府办公厅是全省政府信息公开工作的主管部门，负责推进、指导、协调、监督全省的政府信息公开工作；省监察厅协同负责对政府信息公开工作进行行政监察；省人民政府法制办公室负责指导与政府信息公开有关的行政复议工作；省保密局协同负责对政府信息公开保密审查工作进行监督和指导。"此条规定就明确、具体地规定了负责实施政府信息公开工作的具体政府部门（包括类别、名称）及其职责，从而使四川省政府信息公开落实到了具体的责任主体。其次，就保障主体职责和义务不明确的问题来看，现有相关法律法规存在保障主体职责和义务的规定不够明确和部分职责缺失的情况。如"提供便利"、"鼓励和支持"、"扶持"、"组织"、"积极

---

① 详见本书第七章第二节"弱势群体公共信息服务权益保障的立法模式"。

发展"等无法作为具体的实施手段，在修订相关法律法规时，应对所有相关保障主体的具体职责做出具体描述。针对部分职责缺失的情况，采用颁布实施细则或者补充规定等方式，将相关保障主体所承担的职责、义务，采用列举方式，以强制性规定的性质，全面、详细地列出。例如，《政府信息公开》条例中并未涉及针对弱势群体的相关规定，可以进行修正补充，增加"在政府信息公开网站建立时，应充分考虑残障人士、老年人以及低文化水平者等不同类型弱势群体的信息获取障碍，开设盲人通道、老年人通道、语音咨询、绿色通道等板块或服务"之类的条款。

2. 依据

弱势群体公共信息服务权益的有效保障，首先依靠的是完善、系统的法律制度。这就意味着，必须制定与此相关的法律规范，而该立法义务的承担者，无疑只有政府。具体而言，政府承担上述法律义务的依据在于以下几点。

第一，制定弱势群体公共信息服务权益保障的相关法律规范是确保弱势群体公共信息服务权益保障能够顺利有效实施的前提。一方面，如前所述，从人权保护视角看，弱势群体的公共信息服务权益主要属于需要政府和社会积极作为的社会权。然而，如前调查可知，目前中国在此方面的相关立法欠缺，弱势群体的公共信息服务权益尚处于隐含于宪法中的隐含权状态。退一步说，即使是宪法中有明确规定，目前也欠缺与之相配套的具体立法，因而也只是一种权利主体没有保障请求权（即请求义务方履行义务）的客观权利，这不利于弱势群体公共信息服务权益的保障与实现。因此，必须让弱势群体享有相应的主观权利，① 而这就依赖于立法，具体而言，就是制定弱势群体公共信息服务权益保障的相关法律法规，或者直接制定弱势群体公共信息服务权益保障法。另一方面，从保障实践角度看，无规矩不成方圆，弱势群体公共信息服务权益保障需要很

---

① "主观权利是指法律规范赋予主体的权能，即为了实现个人权益，要求他人为或不为一定的行为、容忍或不作为的权利。"引自龚向和《受教育权论》，中国人民公共大学出版社2004年版，第127页。

多部门和机构的配合，会产生复杂的公共信息服务权益保障法律关系。只有制定了相关的法律法规，才能正确引导、规范相关保障主体的保障行为，从而确保公共信息服务权益保障的有效实施。

第二，制定弱势群体公共信息服务权益保障的相关法律法规是政府特有的法定职权。《宪法》、《立法法》规定，"全国人民代表大会制定和修改刑事、民事、国家机构的和其他的基本法律"；"国务院可以制定行政法规，省、自治区、直辖市人大及其常委会可以制定和批准地方性法规，民族自治地方人民代表大会可以制定自治条例和单行条例，国务院各部门和有关地方政府可以制定规章"。除上述机构外，没有任何机构有权制定法律规章。因此，政府是当仁不让的法律制定者。

第三，制定弱势群体公共信息服务权益保障的相关法律法规是政府社会职能的体现。政府的社会职能之一表现为"国家行政机关必须为社会提供各种服务和搞好社会保障，搞好诸如环境保护、医疗卫生、城市规划、旅游娱乐以及建立健全养老保险和失业保险制度，逐步完善社会保障体系等"[①]。弱势群体公共信息服务权益保障就是一套社会化服务体系，因此需要政府制定相关的法律法规。

（二）法律义务二——承担弱势群体公共信息服务权益保障的最终责任和经费投入义务

1. 具体内容及要求

第一，承担弱势群体公共信息服务权益保障的最终责任。这里的最终责任包括四个方面：一是政府因消极立法、立法不当或立法不足而应承担的责任。不论哪种情形，都属于"立法怠惰"，构成政府立法义务之违反。二是政府因未履行或未恰当履行其应承担的、直接针对弱势群体的公共信息服务义务（即未履行或未恰当履行政府信息公开义务，尤其是在政府信息公开中未充分考虑不同类型弱势群体的公共信息需求、获取习惯及障碍等）而应承担的责

---

① 徐颂陶：《国家公务员培训教程 行政管理概论》，中国人事出版社 2004 年版，第 9—10 页。

任。三是政府因未履行或未恰当履行其所承担的有效组织、监督和管理相关机构、部门（如公益性信息服务机构、社会团体、企事业单位）等开展弱势群体公共信息服务权益保障工作而应承担的责任。四是政府因其本身的不作为而导致其他保障机构、部门等不能恰当履行各自所承担的弱势群体公共信息服务权益保障义务而应承担的责任，比如，未及时向相关保障机构（如公共图书馆、档案馆、博物馆等）投入恰当的保障经费，未按照法律法规的要求组织制定、审查各种保障标准（如无障碍物理环境建设标准、无障碍软件设施建设标准等）和规范（弱势群体公共信息服务规范），等等。对此，需要建立政府的明确的责任制，规定责任范围和方式，明确具体责任承担者。关于这一点可以借鉴中国台湾地区[①]的做法，在相关法律法规中将弱势群体公共信息服务权益保障事业的发展列入政府工作报告，这样可以监督政府的执行情况，从而解决政府法律责任缺失的难题，也可以促使全社会关注弱势群体公共信息服务权益保障事业。

第二，承担弱势群体公共信息服务权益保障的经费投入。针对政府的该项义务，法律要明确规定政府的财政投入责任，在各级政府的财政预算中列入弱势群体公共信息服务权益保障的支出项目（如经费来源、用途、范围、数额等）。比如，《残疾人事业宣传文化工作"十一五"实施方案（配套实施方案之十二）》就对中央和地方所拨付的经费用途进行了明确规定："中央经费：用于残疾人事业宣传文化领域方针、政策的制定及重大活动的宣传报道；组织开展全国性的文化艺术活动；中央媒体开办、开设残疾人专题节目、栏目；盲文教材和图书出版及盲文印刷设备的购置；省、地两级公共图书馆设立盲文及盲人有声读物图书室，'文化进社区'、'文化进乡镇'活动给予资助"，"地方经费：各级残联要将宣传文化工作纳入地方残疾人事业发展的整体规划，统筹安排经费。"这

---

① 中国台湾地区"身心障碍者保护法"第73条规定：各级政府每年应向其民意机关报告本法之执行情形。

样的规定对保证残疾人公共信息服务权益具有重要的意义。

2. 依据

第一，权利、义务与责任的辩证关系要求政府承担最终责任和经费投入。从法律上讲，权利、义务与责任是辩证统一的关系。其中，权利与义务是对应的，没有无义务的权利，也没有无权利的义务。同时，义务与责任也是紧密相连的，法律义务的不履行或不当履行会产生相应的法律责任，法律责任的承担是法律义务履行不到位的必然后果。如果相关义务主体只享有权利而不履行相应的法律义务、不承担相应的具体法律责任，即义务主体不作为，那么相应的权利主体所享有的权利就无法获得法律上的保障，就难以真正有效地实现其法律上的权利。在弱势群体公共信息服务权益保障中，作为义务主体的政府，既享有相应的监管职权，又有相应的监管职责，还应承担相应的因监管不作为或作为不当而产生的法律责任。"因为如果放任国家权力的不作为状态，并且使其回避法院的事后审查，这不仅主观上容忍了宪法上公权的侵害，放任了权利在国民生活和自由之中的恣意行为，而且在客观上，也会使宪法规范的保障走向崩溃。"① 从这个意义上说，弱势群体公共信息服务权益的有效保障首先需要对义务主体法律责任进行具体明确规定。

第二，弱势群体公共信息服务权益保障的公共服务属性要求政府承担最终责任和经费投入。弱势群体公共信息服务权益保障是能使弱势群体直接受益，能满足弱势群体对信息获取、交流、使用的直接需求的服务。它不仅应满足弱势群体基本的无障碍信息交流需求，同时还需遵循公正原则，即让所有弱势群体都能享有公正服务。因此，其生产与供给自然不能简单地从市场的角度去要效益，而应立足于公共服务的公共性和公益性，这就只能要求政府承担最终责任和经费投入。②

---

① 汪习根：《法治社会的基本人权——发展权法律制度研究》，中国人民公安大学出版社 2002 年版，第 298 页。

② 赵媛：《信息无障碍建设中的政府角色研究》，《图书馆论坛》2009 年第 6 期。

第三，政府的经济职能要求政府承担最终责任和经费投入。政府的经济职能表现之一为"我国政府也承担着提供公共产品和公共服务的职能"，"另外，我国政府还要承担起社会救济的职能，对孤寡老人、残疾人士等实施救济，这是社会主义制度的必然要求"。① 如前所述，弱势群体的公共信息服务权益保障在本质上就属于公共产品和服务范畴，因此为弱势群体公共信息服务权益保障承担最终责任和经费投入自然成为政府履行其经济职能的体现。

（三）法律义务三——组织和监管各项弱势群体公共信息服务权益保障工作的开展与实施

1. 具体内容及要求

第一，组织弱势群体公共信息服务权益保障工作的开展与实施。具体而言，一是要求相关行政管理机构（如公共服务行政管理部门、公共文化服务行政管理部门等）按照相关法律法规、规章的要求制定本部门、本行业相应的保障工作规划及实施方案，明确保障目标、任务和措施。二是要求各具体保障主体，尤其是主要的信息服务主体（如公共图书馆、档案馆、博物馆、科技馆、文化馆等）按照各自承担的保障义务及上级行政主管部门制定的政策、措施、方案等制定其具体的保障目标、任务、措施，以及与之相配套的各种建设和服务规则、标准和规范（如残疾人无障碍信息服务标准、农民工信息服务规范等），组织开展、实施弱势群体公共信息服务保障工作，并确保该项工作能在相关法律制度的引导和规范下有序进行、良性发展，实现弱势群体公共信息服务权益保障的效率与公平。三是按照相关法律法规和政策的要求，及时向相关保障主体（主要是需要国家财政支撑、支持的公益性信息服务主体）拨付开展保障工作所需经费，以及其他有利于具体保障部门开展保障工作的各种行政上的支持工作。

第二，对弱势群体公共信息服务权益保障工作进行全方位、全

---

① 王军：《中国行政管理概论》，中国城市出版社 2003 年版，第 39—40 页。

过程跟踪监管。具体来说，一是健全弱势群体公共信息服务权益保障工作的监管机构，明确相应的监管内容、监管标准、监管程序和监管责任，这是监管工作的基础和重要体现。二是开展全方位监管，即对不同保障主体的保障工作进行全方位监管。这既包括上级政府监管部门依法对下级政府监管部门的公共信息服务权益保障工作的监管，又包括政府监管部门依法对公共信息服务机构、非政府组织等所开展的公共信息服务权益保障工作的监管，行业协会依法对相关行业公共信息服务权益保障工作的监督，社会力量对公共信息服务权益保障工作的监督，还包括各保障主体内部的监管。三是开展全过程跟踪监管，即对各保障主体的公共信息服务权益保障工作进行全程监管。具体包括对弱势群体公共信息服务权益保障工作的规划与设计、组织与实施、督促与检查等方面的监管等。

2. 依据

第一，这是由弱势群体公共信息权益保障工作的特殊性决定的。弱势群体公共信息服务权益保障工作涉及多种机构、多项内容和大量服务对象。如此庞大、复杂的保障工作，必须要有特定的主体进行组织、协调、监督和管理，否则是不可能达到保障目标并实现保障目的的。而这个特定主体只能是政府。

第二，这是政府的社会职能所要求的。政府的社会职能之一就是社会保障职能。弱势群体公共信息服务权益保障是社会保障的一种，因此政府有职责、有义务组织弱势群体的公共信息服务权益保障。此外，作为弱势群体公共信息服务权益保障责任的最终承担者，政府也必须对弱势群体公共信息服务权益保障活动进行监管。《政府信息公开条例》明确规定，"政府信息公开工作主管部门和监察机关负责对行政机关政府信息公开的实施情况进行监督检查"。

（四）法律义务四——公开政府信息、确保包括弱势群体在内的社会公众知晓政府信息

1. 具体内容及要求

第一，切实按照《政府信息公开条例》、《网站设计无障碍技

术要求》等法律规范要求提供政府信息的公开与服务工作。如前所述，这些法律规范自颁布实施以来，各级政府都在实施政府信息公开工作，但实际的效果并不理想。面向弱势群体的政府信息公开和服务的整体水平还不高，还有很大的提升空间。在本课题组调查的所有省级、省会城市级政府网站及所抽查的地市级和区县级政府网站中，仅50%合格。因此，除了加强法规宣传普及外，还需要针对弱势群体信息需求的实际情况，进一步加大这些法律规范的实施力度。比如，以政府网站建设为例，应按照上述法律规范要求，加大与弱势群体息息相关的各类专项信息的公开力度；应严格按照《网站设计无障碍技术要求》的各项要求来加强网站的无障碍建设；应大力推广针对弱势群体的绿色通道建设与服务等。

第二，针对弱势群体的具体情况和信息需求状况，为弱势群体知悉、获取和利用政府信息提供有针对性的、切实可行的保障措施。比如，政府网站应从信息公开方式上采用无障碍方式公开政府信息；将《政府信息公开条例》等以便民手册的方式主动推送给弱势群体；使图书馆、档案馆等场所的政府信息公开查询设施真正运转起来；在社区、街道、公园等公共场所设置和有效运转此类设施等。

2. 依据

第一，这是弱势群体公共信息服务权益保障的要求。作为公共信息的政府信息是弱势群体公共信息服务权益保障的重要组成部分，是行政机关在履行职责过程中制作或者获取的，以一定形式记录、保存的信息，也是与社会公共利益、社会公共事务、社会公众等因素相关的信息，具有社会公益性强、涉及面宽、影响广等特点。而尤其重要的是，政府信息与弱势群体的生存发展息息相关。因此，要保障弱势群体的公共信息服务权益，必须要求其制作、公开和维护主体——政府及时公开这些信息，并确保弱势群体对这些信息的知悉、获取和利用，否则，弱势群体公共信息服务权益保障就没有任何价值和意义。

　　第二，符合相关法律法规规定。依法行政是现代法治的重要组成部分，由政府公开政府信息既是依法行政的重要要求和体现，又是政府的法定职责所在。可以说，政府信息只能也必须由政府来负责公开，其他机构无权也无法履行该项职责。按照中国《政府信息公开条例》的规定，"国务院办公厅是全国政府信息公开工作的主管部门，负责推进、指导、协调、监督全国的政府信息公开工作。县级以上地方人民政府办公厅（室）或者县级以上地方人民政府确定的其他政府信息公开工作主管部门负责推进、指导、协调、监督本行政区域的政府信息公开工作。行政机关应当及时、准确地公开政府信息。行政机关发现影响或者可能影响社会稳定、扰乱社会管理秩序的虚假或者不完整信息的，应当在其职责范围内发布准确的政府信息予以澄清"。从这个意义上说，政府作为政府信息的生产者、提供者与维护者，应按照法律规范的要求公开政府信息，这是有法可依的。

二　公益性信息服务机构的法律义务及其依据

　　公益性信息服务机构包括公共图书馆、档案馆、博物馆、文化馆、科技馆等，作为服务于社会大众信息需求的主要部门，其在弱势群体公共信息服务权益保障中承担着重要的法律义务，是弱势群体公共信息服务权益保障的服务窗口。它们既扮演着信息提供者、维护者的角色，又是对弱势群体用户进行信息素养教育的主要责任主体。

　　（一）法律义务的具体内容及要求

　　鉴于公共图书馆是信息资源中心和信息服务中心，较之其他机构拥有更丰富的信息资源，在保障弱势群体信息获取上承担着更重要的法律义务，加之篇幅所限，故本书仅以其作为研究案例。综合分析，公共图书馆在弱势群体公共信息服务权益保障中的法律义务如表8—2所示。

表 8—2 公共图书馆的主要法律义务构成

机构类型	法律义务类型	主要内容或示例
公共图书馆	法律义务之一：调研弱势群体的基本状况，了解其信息需求与获取现状	针对不同类型的弱势群体，各图书馆应分别建立自己服务范围内的弱势群体档案，以完善对弱势群体的服务
	法律义务之二：制定完善的弱势群体公共信息服务权益保障规划和实施细则，并上报上级主管部门，申请相应的保障经费	规划、方案应涉及保障目的、内容与范围、实施阶段、实施步骤、保障方法与手段、对保障的监管、保障经费预算等
	法律义务之三：完善有关弱势群体公共信息服务权益保障的信息资源建设	针对不同类型弱势群体的特点及信息需求，加强并不断完善相应的信息资源建设
	法律义务之四：创建无障碍环境	1. 创建无障碍物理环境，包括各种无障碍通道、设施等，为弱势群体提供安全、便捷的信息获取环境 2. 创建无障碍的信息环境，使弱势群体（尤其是残障人士）能无障碍获取、使用、交流与共享信息
	法律义务之五：制定并落实对弱势群体的免费开放服务和特色服务	1. 制定并落实对弱势群体的免费开放服务，如公共空间设施场地的免费开放服务，以及与其职能相适应的基本公共文化服务项目免费开放服务 2. 制定并落实对弱势群体的特色服务，如针对盲人开展的"读"书服务等
	法律义务之六：承担弱势群体信息素养教育	例如定期或不定期地举办各种有利于提高弱势群体信息素养的培训班、开展各种专题讲座等活动
	法律义务之七：积极主动与其他机构联系，构建弱势群体公共信息服务权益保障体系	应与文化、教育、法律、经济、医疗、新闻媒介等部门共同构筑公共信息服务权益保障体系；构建以社区为单位的图书馆保障体系

1. 法律义务之一 ——调研省内弱势群体的基本状况，了解其信息需求与获取现状，保障弱势群体公共信息服务权益保障有效进行

按照该职责和义务的要求，公共图书馆应与当地劳动部门、民政部门取得联系，和省内的档案馆一起合作，共同建立弱势群体用户档案，以便于及时获取当地弱势群体的具体情况，掌握他们的信息需求特点、内容、获取障碍、对图书馆服务的利用情况和满意度等。在此基础上，制定服务规划、明确服务内容和服务方式，为制定弱势群体公共信息服务权益保障规划和措施奠定基础。

2. 法律义务之二 ——制定完善的弱势群体公共信息服务权益保障规划和实施细则，并上报上级主管部门，申请相应的保障经费

按照该职责的要求，可制定弱势群体公共信息服务权益保障的中长期规划，明确规定保障目的、内容与范围、实施阶段、实施步骤、保障方法与手段、对保障的监管、保障经费预算等。

公共图书馆属于国家财政全额资助机构，每年都会有定额的财政拨款，但需要图书馆的财政预算申报。因此，应按照规定将保障规划及经费预算及时上报上级主管部门，以申请相应保障经费。比如，按照《财政部关于加强美术馆、公共图书馆、文化馆（站）免费开放经费保障工作的通知》的要求，"中西部地区根据本地区公共图书馆、文化馆（站）个数，以及中央财政补助标准和负担比例，提出 2011 年中央专项资金申请；东部地区应将本地区 2011 年公共图书馆、文化馆（站）免费开放经费落实方案报财政部，由中央财政视情况安排奖励经费"。

3. 法律义务之三 ——完善有关弱势群体公共信息服务权益保障的信息资源建设

按照该职责的要求，公共图书馆应加强符合不同弱势群体信息需求的信息资源建设。要使弱势群体摆脱弱势状况，在公共信息服务权益保障上就必须强调针对性和实用性。比如，针对农民工和下岗工人应增加电脑操作、养殖培育、家政培训等实用的书刊，并建立专门的阅览室集中放置，以方便他们阅读；针对盲人，应增加盲

文书和视听资料等；针对老年人，应增加大字书和老年人关心的养生、健康等类型的书刊；针对少年儿童，应增加对少年儿童成长有利的趣味性书籍等。此外，对于电子资源的购买，应同传统文献资源一样考虑各弱势群体的信息需求，自行编制相关资料或开发专门特色数据库，以提高弱势群体公共信息服务权益保障的质量和水平。

4. 法律义务之四——创建无障碍环境

按照该法律义务的要求，创建无障碍环境，应从两个方面着手：一是创建无障碍物理环境，包括各种图书馆建筑设施的无障碍，如无障碍通道、无障碍设施等，为弱势群体提供安全、便捷的公共信息服务权益保障环境。二是创建弱势群体（尤其是残障人士）无障碍知悉、获取、使用公共信息的条件。比如，为盲人提供无障碍的上网装置，为老年人提供放大镜、老花镜，为少年儿童提供画笔、画板等。在一些相对贫困的地区，还应在乡村、社区图书馆内加强网络基础设备建设，为上网困难的弱势群体提供通过网络获取信息的机会。

5. 法律义务之五——制定并落实对弱势群体的免费服务和特色服务

第一，制定并落实对弱势群体的免费服务。这种免费服务包括两个方面。

一是公共图书馆应按照《文化部、财政部关于推进全国美术馆公共图书馆文化馆（站）免费开放工作的意见》的要求，向弱势群体提供免费开放服务。这种免费开放服务既包括一般阅览室、少年儿童阅览室、多媒体阅览室（电子阅览室）、报告厅（培训室、综合活动室）、自修室等公共空间设施场地的免费开放服务，又包括文献资源借阅、检索与咨询、公益性讲座和展览、基层辅导、流动服务等基本文化服务项目的免费提供，还包括为保障基本职能实现的一些辅助性服务如办证、验证及存包等全部免费。

二是公共图书馆应按照前述信息低保原则要求，免费、主动向符合信息低保条件的弱势群体提供有助于其维持基本生活的信息或信息产品。这种信息低保服务与前述免费开放服务都是免费信息服务，但二者存在区别。其主要区别在于：①服务内容不同。免费开放服务属于图书馆的基础文化服务，而这种低保服务更多地属于一种更深层次的与弱势群体基本生存息息相关的有针对性的信息服务。②服务方式与空间不同。免费开放服务更多地强调的是图书馆的阵地服务，而这种信息低保服务强调的是馆外服务，是一种主动的、为书找人式的信息推送服务。③服务对象不同。免费开放服务的服务对象是包括弱势群体在内的所有社会公众，而这种信息低保服务的服务对象只有符合社会最低生活保障的弱势群体。

第二，制定并落实对弱势群体的特色服务。这是根据弱势群体的公共信息需求、获取的实际情况，向弱势群体提供主动的、有针对性的专题信息服务。为此，需要主动去调查、分析各类弱势群体的信息需求，然后利用各种信息源收集相关信息，加工组织成相应的信息产品并主动提供、推送给弱势群体。

比如，在针对少年儿童的特色服务方面，国际图联《青少年图书馆服务指南》①（修订版）［"Guidelines for Library Services For Young Adults"（revised）］在其第二部分专门向公共图书馆提出了如下建议。

所推荐的服务项目：

免费上网服务；

针对读者完成学习任务（如家庭作业）和个人发展提供的参考咨询服务；

参观图书馆服务，目的是让读者日后能充分利用图书馆，并满足于图书馆所提供的服务；

开展信息素养培训，提高读者查找印刷版和电子版信息的技能；

为团体和个人提供阅读建议服务；

① *Guidelines for Library Services For Young Adults*（*Revised*），2014 年 9 月（http：//www. ifla. org/files/assets/ libraries-for-children-and-ya/ publications/ya-guidelines2-en. pdf）。

鼓励读者利用各种形式的馆藏资源；

开展信息检索帮助服务和其他资源辅助服务；

协助读者获取馆外信息资源（如其他图书馆馆藏信息资源等）；

提升社区图书馆对青少年的信息服务；

与社区内其他信息服务机构合作；

为残疾人青少年、少年父母、在监狱服刑或有其他原因不能到图书馆的青少年提供信息服务。

所推荐的活动项目：

图书讨论会，故事会，图书推广活动；

建立讨论组和俱乐部；

针对青少年感兴趣的话题开展活动；

邀请作家、运动员等社会名流来馆开展活动；

音乐、艺术和戏剧类表演活动；

与社区机构或团体合作开展活动；

举办青少年作品展；

技能培训或创造性表达专题讨论会；

阅读辩论；

图书推广。

又如，对一些不便出行的老年人或残疾人，图书馆可提供送书上门服务；针对急于就业的下岗工人和农民工，编制《就业信息报》等并免费、及时发放到他们手中；针对视力障碍的盲人，提供"读"书服务等。

这里，还需要将此特色服务与上述信息低保服务的关系做一个说明。总的来看，这两种服务既有区别又有联系。从联系上看，二者在服务方式上是完全一致的，都强调主动服务、推送服务；从区别上看，二者的不同主要体现在服务内容、服务费用和服务对象上。一是服务内容不同。低保服务提供的主要是与服务对象基本生存密切相关的信息服务，而这里的特色服务内容包括但并不仅仅局限于低保服务的服务内容，与弱势群体生存、发展、生活品质的提高相关的各种信息都可能成为服务内容。二是服务费用不同。信息低保服务是完全的免费服务，甚至包含对弱势群体的反向补贴，比如，向弱势群体提供从其住地往返于公共图书馆的车费补贴等。而这里的特色服务既可能包含一些完全免费的服务，又可能包含需要弱势群体支付最低成本的服务。至于哪些服务完全免费、哪些服务需要收取成本费，可以下面这个事例来说明之。比如，代某个弱势群体用户查寻、复印，并向其邮寄其所需要的特定信息资料，如果属于信息低保服务，那用户在此过程中没有任何经济成本，不需要付任何费用；如果不是信息低保服务，则用户得支付复印费和邮资费。当然，信息查寻面对所有用户都是免费的。三是服务对象不同。这里的特色服务是面对所有弱势群体，而信息低保服务只针对符合低保的那部分弱势群体，因此，可以说特色服务包括信息低保服务，信息低保服务属于特色服务中的一种服务类型。

此外，还需要说明的是，这里的特色服务与前述的免费开放服务既有联系又有区别。从联系上说，二者都可能以所有弱势群体为服务对象；从区别上看，二者也存在一些不同。这种不同主要表现为：一是服务对象不完全相同。免费服务面向所有的用户，包括弱势群体但不限于弱势群体，而特色服务则只面对弱势群体，不针对弱势群体以外的其他用户。二是服务内容不同。免费开放服务是图书馆面对弱势群体在内的所有用户展开的基本服务，而特色服务则是图书馆面对弱势群体的特定需求而开展的有针对性的专题服务。三是服务费用不同。免费开放服务不收取任何费用，而特色服务则应视实际情况而定。

6. 法律义务之六 ——承担弱势群体信息素养教育

公共图书馆应与高校、研究所等科研机构合作，针对不同类型的弱势群体，通过定期举办讲座、培训班等形式提高弱势群体的整体信息素养水平。比如，针对弱势群体普遍存在不懂电脑操作、缺少信息检索技能等公共信息获取障碍，可以开设针对弱势群体的信息检索培训课程，以提高弱势群体的计算机操作水平、信息识别能力和信息检索能力。又如，针对下岗工人的就业信息需求，为其定期举办就业信息讲座、培训班，提高其主动寻找就业信息的意识和能力，以便其在需要时可以主动积极地通过各种手段找到所需的就业信息。

7. 法律义务之七——积极主动与其他机构联系，构建弱势群体公共信息服务权益保障体系

第一，公共图书馆应与文化教育、法律、经济、医疗、新闻媒介等部门共同构筑公共信息服务权益保障体系。比如，与政府普法办、律师事务所等共同成立"普法教育基地"、"法律文献中心"，以加强弱势群体法律公共信息服务权益保障的意识和能力。又如，图书馆可与文化馆、档案馆等一起成立读者俱乐部，开展丰富多彩的文化、科普、娱乐活动，满足弱势群体的精神需求，为弱势群体交流知识、扩大人际交往提供机会。

第二，构建以社区为单位的图书馆保障体系。比如，除了国家图书馆，各省、自治区、直辖市的公共图书馆还应建立以省图书馆为领头图书馆，各市、区、县图书馆为中心图书馆，各乡、村、社区图书馆（室）为主要联系图书馆的弱势群体图书馆保障体系。特别是，公共图书馆可以设立社区图书馆，也可利用社区内的学校、企业等机构中已有的图书室、阅览室、文娱活动室作为图书馆服务的节点，或者设立流动图书馆，构建以社区为单位的图书馆保障体系，为弱势群体提供最贴切的针对性强的公共信息服务权益保障服务。

（二）依据

1. 这是公共图书馆的性质与功能所决定的

首先，公共图书馆是公益性信息服务机构。公益性决定了公共图书馆整个价值体系的基本特征和基本方向，是图书馆永恒的价值取向和价值准则。[①] 这就意味着公共图书馆有职责向包括弱势群体在内的社会公众免费提供基本公共信息服务，以及按照低保原则要求向弱势群体提供免费的专题信息服务。

---

① 高晓帆：《基于公益性的图书馆核心价值定位》，《情报资料工作》2007 年第 6 期。

其次，"公共图书馆应体现以'以人为本'的理念。服务是图书馆的基本宗旨，以人为本是服务的核心内涵"①。"以人为本"的核心价值决定了公共图书馆应开展特色服务。以读者的需求为导向，优化服务策略，创建方便快捷的、以读者为中心的主动服务模式，满足多元化、个性化的读者需求是图书馆以人为本价值的体现。而弱势群体作为需要特别给予关心、帮助的特殊群体，针对其特殊性为其提供特色服务正是图书馆"以人为本"理念的最好体现。

再次，"图书馆是一种特殊的教育机构，是为全体公民提供终身教育和学习的基地"②。公共图书馆承担着对包括弱势群众在内的社会公众提供终身教育的职责和义务，而教育、提高弱势群体的信息素养，正是公共图书馆教育职能所要求的，是公共图书馆教育职能的体现。

2. 这是弱势群体的特殊性所要求的

弱势群体的弱势状况决定了其是在各方面都最容易受到忽视的群体。因此，其公共信息服务权益能否得到有效保障，在很大程度上取决于相关保障主体对其所承担相应义务的恰当履行。而这又首先取决于对义务主体法律义务的规定是否全面、明晰、具体，且具有可操作性。

首先，从图书馆的义务之一（让图书馆承担调研弱势群体的基本状况，了解其信息需求与获取现状的义务）来看。一般来说，开展用户信息需求调研是图书馆服务的基本要求，是开展主动服务、个性化服务的前提条件。然而，由于对这项服务一直缺乏明确的衡量指标，所以这种需求调研服务的开展状况在实践中往往取决于服务人员的主观态度，属于一种号召性的而非必然性的工作任务。而没有话语权、最容易受到忽视的弱势群体，在此方面就更容易受到图书馆的忽略。因此，必须将对弱势群体基本情况及信息需求的调研作为一项明确的法律义务确定下来，才有助于其公共信息服务权

① 黄宗忠：《论图书馆核心价值（上）》，《图书馆论坛》2007 年第 6 期。
② 朱庆华、朱熙波、易青生：《图书馆核心价值定位探析》，《图书馆界》2010 年第 4 期。

益得到有效保障。此外，从弱势群体的特殊性上看，不同类别的弱势群体有其自身的信息需求和信息获取特点，比如，就业信息、医疗信息、技能培训信息、社保信息是成年弱势群体关心的信息，而少年儿童更希望得到与学习相关的信息；在对物理环境的需求方面，老年人需要放大镜，残疾人需要无障碍通道、设施，少年儿童需要相对独立的阅读空间等。因此，要对弱势群体的公共信息权益进行有效保障，就需要了解弱势群体的分布状况和信息需求状况，这是使保障切实可行的基础。

其次，从图书馆的法律义务之二（制定完善的弱势群体公共信息服务权益保障规划和实施细则并上报上级主管部门，申请相应的保障经费）来看。《公共图书馆宣言》明确指出："建立公共图书馆是地方政府和国家的责任，公共图书馆必须受到专门立法的支持，并由国家和地方政府财政拨款资助。"如同世界各国一样，中国公共图书馆的经费来源也是国家财政拨款。然而，对图书馆的拨款数额在财政收入中的应占比例，至今没有任何法律规定对其进行明确，从而导致这种财政拨款存在随意性，受到国家及地方财政状况、相关行政管理部门对图书馆重视程度等因素的影响。可以说，这是导致不同地区、不同级别图书馆存在"贫富不均"现象的主要原因。而各公共图书馆对所得财政拨款的使用，虽然理论上都应是用于图书馆的建设、维护与发展，然而，其中能有多少专门用于服务于弱势群体这种最容易受到忽视的特殊群体，这同样存在不确定性，这很大程度上取决于图书馆工作人员对弱势群体服务重要性的认识程度。尤其是对那些经费比较短缺的公共图书馆，对弱势群体的特殊服务极有可能永远都排不上议事日程。如何解决这种问题呢？还是只有在法律制度上下功夫，明确让公共图书馆在此方面承担相应的法律义务，可能才是最为行之有效的办法。

事实上，公共图书馆承担上述其他法律义务（如进行无障碍环境建设和相关信息资源建设、开展免费服务和特色服务等）的原因，在一定程度上也都与弱势群体的弱势状况有关。换句话说，弱势群体的弱势状况决定了必须明确让公共图书馆承担上述法律义务，否则，弱势群体的公共信息服务权益将很难得到有效保障。

3. 这是相关国家或地区对公共图书馆立法的共同特点

对图书馆服务于弱势群体这一法律义务的规定，已较为普遍地存在于相关国家或地区的相关立法中。

美国《博物馆与图书馆服务法》（2003）第 206 条规定，面向不同地域、文化、社会经济背景，残疾人、文化水平较低或信息技能较低的人，提供图书馆服务；向利用图书馆有困难、未覆盖的城市或乡村人群，包括面向在贫困线以下的家庭的儿童，提供图书情报服务。

俄罗斯 2004 年颁布的《俄罗斯联邦图书馆事业法》第 8 条规定：①盲人和弱视者拥有享受图书馆服务的权利，国立图书馆和其他公共图书馆有义务向其提供所需要的专门信息载体的文献。②对于因年老、残疾而无力到图书馆获取信息的用户，享受预算资金和联邦规划资金提供经费的公共图书馆有义务通过邮递或非常规服务向他们提供文献信息。③公共图书馆、专门的国立儿童或青少年图书馆及相关教育机构图书馆有义务向少年儿童提供信息服务。

丹麦《公共图书馆法》（2000）第 15 条规定，丹麦盲人国家图书馆是服务于盲人、视觉残疾者、诵读困难者及其他用户的信息服务中心。由于残疾，这些用户在阅读印刷文本中存在困难或障碍，丹麦盲人国家图书馆应向上述读者提供全国范围内以及国际范围内的借阅服务。

韩国《图书馆法》（2006）第 43 条规定："根据《消除信息差距法律》第 10 条规定，图书馆应设置、运营消除知识信息差距的设施、资料及系统；不论公民的身体、地区、经济、社会条件如何，为了实现公平地获取信息的权利，图书馆在服务时采取相应的措施；图书馆提供消除知识信息差距设施和服务时，应考虑残疾人的实际情况。"

从上述相关国家或地区的立法规定看，尽管各国对图书馆服务于弱势群体方面的法律义务的具体规定不尽相同，然而都强调要平等地服务于弱势群体，同时要充分考虑弱势群体的特殊情况，给予弱势群体特殊必要待遇，也即向弱势群体开展有针对性的特殊服务。因此，可以说明确公共图书馆服务于弱势群体的法律义务是国际社会的普遍做法。

三　非政府组织的法律义务及其依据

（一）法律义务的具体内容及要求

如前所述，本书所指的非政府组织主要包括残联、妇联、工会、老年协会、中国青少年网络协会等，其在弱势群体公共信息服务权益保障中具有重要地位，承担相应的法律义务（详见表8—3）。

表8—3　　　　　　　　非政府组织的主要法律义务构成

主体类型	机构名称	具体法律义务
	残联	1. 负责联系残疾人和社会，保障残疾人在公共信息服务中的合法权益； 2. 配合政府协调和推动残疾人公共信息服务权益保障政策的制定和实施； 3. 与科研机构合作协同研究残疾人公共信息服务权益保障中的种种问题及解决技术、方法等
	妇联	1. 保障儿童在公共信息服务中的合法权益； 2. 与其他主体合作开展针对儿童公共信息服务权益保障工作
	工会	1. 保障农民工、下岗工人公共信息服务中的合法权益； 2. 与其他主体合作开展农民工、下岗工人公共信息服务权益保障工作
	老年协会	1. 保障老年人在公共信息服务中的合法权益； 2. 与其他主体合作开展老年人公共信息服务权益保障工作
	中国青少年网络协会	1. 在青少年中宣传、推广和普及网络技术和知识，开展各类计算机网络培训； 2. 针对互联网对青少年的影响以及青少年对互联网发展的作用积极开展调查和研究，帮助青少年正确理解和使用互联网，推荐有利于青少年健康成长的网络产品，努力营造有利于青少年健康成长的网络环境

1. 残联所承担法律义务的具体内容及要求

作为专门为残疾人服务的非政府组织，残联在弱势群体公共信息服务权益保障中承担以下法律义务。

第一，负责联系残疾人和社会，保障残疾人在公共信息服务中的合法权益。残联是残疾人的代表者，是残疾人合法权益的维护者，它在联系社会、宣传社会、动员社会，使更多的社会资源用于残疾人事业方面，同时在联系残疾人，为残疾人办事，为残疾人服务，团结残疾人的代表人物等方面，都有其他机构部门所无法取代的功能与作用。

第二，配合政府协调和推动残疾人公共信息服务权益保障政策的制定和实施。残联虽然属于非政府组织，但其属于事业单位的性质决定了其配合政府实施工作的职责和义务。残联掌握有大量的残疾人信息档案，拥有最新最全面的残疾人当下生存和发展现状方面的数据信息，可以及时向政府反映残疾人公共信息服务权益保障的合理诉求，可以通过提供建议性参考方案等方式积极推动政府制定、实施残疾人公共信息服务权益保障方面的政策，从而有利于促进残疾人公共信息服务权益保障的发展。

第三，与科研机构合作协同研究残疾人公共信息服务权益保障中的种种问题及解决技术、方法等。残疾人公共信息服务权益保障牵涉面广、问题复杂，需要进行深入细致的研究，而残联有自己特定的经费支持和人员结构，因此在研究和解决残疾人公共信息服务权益保障问题方面具有其他机构不可取代的优势。为了保障残疾人的公共信息服务权益，残联可与科研机构合作，协同研究解决残疾人公共信息服务权益保障问题的技术、方案等。例如，2009 年 1 月 12 日科技部与中国残联在浙江杭州共同举行了"中国残疾人信息无障碍建设联合行动计划"启动暨中国残疾人信息和无障碍技术研究中心揭牌签约仪式。该项目涉及全国 30 多家科研单位和高校，项目执行期为 3 年，总投资 1.5 个亿。该项目将在以下六个方面进行支撑平台、关键技术和示范应用方向的课题研究："残疾人信息无障碍核心服务支撑平台、无障碍服务关键技术及信息资源支撑、无障碍数字化交互关键技术及产品、无障碍综合业务应用服务示范、残疾人重大赛事与活动信息无障碍技术服务示范，以及残疾人信息无障碍社区服务示范等。"①

2. 妇联、工会、老年协会等所承担法律义务的具体内容及要求

如前所述，正如残联在残疾人公共信息服务权益保障方面有着无法取代的作用、承担相应的法律义务一样，妇联、中国青少年网络协会在保障少年儿童的公共信息服务权益方面，工会在保障农民工、下岗工人公共信息服务权益方面，老年协会在保障老年人的公共信息服务权益方面都有着重要的作用、承担特定的法律义务。除此之外，总体上它们还共同承担以下两个主要法律义务。

第一，保障弱势群体在公共信息服务中的合法权益。妇联、中国青少年网络协会是儿童的维权部门，工会是工人的维权部门，老年协会是老年人合法权益的维护者，因此在开展公共信息服务权益保障中，妇联、工会、老年协会等都可作为相对应的弱势群体的维权部门，发挥其应有的作用。比如，中国青少年网络协会青少年绿色游戏专业委员会就制定了"中国青少年网络协会游戏绿色度评选标准"（V5.0版）②，该标准在测评网络绿色信息产品、营造网络绿色环境、保护少年儿童的信息自由权方面发挥了作用。该青网协还分别于2005年、2007年、2009年、2011年就青少年的网瘾问题展开全面调查，发布了相应的《中国青少年网瘾报告》，对政府及社会、家庭预防、解决网瘾问题提供了有力的支持。这里需要说明的是，强调不同维权部门有针对性地维护特定弱势群体的合法权益，并不意味着这些特定弱势群体的合法权益只能由这些特定维权部门去维护。事实上，同一弱势群体

---

① 中国残疾人联合会，2011年11月16日（http：//www.cdpf.org.cn/）。
② 《中国青少年网络协会游戏绿色度评选标准 V5.0 版》，2014年9月15日（http：//wenku.baidu.com/view/a1cb052bbd64783e09122b6e.html）。

（如女性老年职工）的合法权益可以分别向妇联、工会、老年协会等提出诉求，从而最大限度地保护这些特定弱势群体的公共信息服务权益。

第二，与其他主体合作开展弱势群体公共信息服务权益保障工作。如前所述，妇联、工会、老年协会在保障工作中有着其特定的优势，发挥着重要的作用。与此同时，还需要注意的是，不能只依赖这几部门，还需要按照弱势群体公共信息服务权益保障立体化原则的要求，需要全社会配合协同，需要妇联、工会、老年协会相互之间的合作，需要妇联、工会、老年协会与其他部门合作，以有效实现和保障弱势群体公共信息服务权益。例如，工会可以和图书馆合作，开设就业培训和技能培训等；妇联、老年协会、图书馆等可以相互合作，开展少年儿童身心健康教育、老年人保健知识讲座等。

（二）依据

首先，非政府组织承担上述法律义务，有其公共政策理论方面的依据。公共政策学家莱斯特·M.萨拉蒙提出的第三方管理和福利多元主义认为，非政府组织应该作为最初提供公共服务的制度安排。政府与非政府组织在提供公共物品服务时，是一种合作与互补的关系。这既有利于政府保持较小的规模，也有利于社会保障等公共物品服务质量的提高。① 作为公共服务的重要组成部分，非政府组织在弱势群体公共信息服务权益保障中也应该发挥重要作用，承担重要义务。

其次，非政府组织承担上述法律义务，是非政府组织的性质和独特优势所决定的。从非政府组织的性质看，上述非政府组织是相应弱势群体的统一服务组织，其成立的宗旨就是要代表并维护相应弱势群体的合法权益，为相应弱势群体服务，因此，在弱势群体公共信息服务权益保障中应该承担相应的职责和义务。就

---

① 赵晓芳：《非政府组织参与社会保障社会化：理论依据与现实困境》，《理论界》2010年第4期。

拿残联来说，其具有代表、服务、管理三种职能：代表残疾人共同利益，维护残疾人合法权益；团结教育残疾人，为残疾人服务；履行法律赋予的职责，承担政府委托的任务，管理和发展残疾人事业。再拿中国青少年网络协会来说，该协会在其章程中就明确：协会是"从事互联网工作、青少年工作或其他相关工作的组织和优秀个人自愿联合结成的全国性社会团体，是非营利性社会组织"，其宗旨是"推进网络文明建设、促进网络产业发展、培养优秀网络人才、服务青少年健康成长"①。其他非政府组织，如妇联是妇女儿童的维权部门和服务部门，工会是工人的维权部门和服务部门，老年协会则在老年人的合法权益保障中担当着重要角色。因此，维护相应弱势群体在公共信息服务权益保障中的合法权益、为其提供公共信息服务权益保障服务就成为这些非政府组织义不容辞的职责和义务。

从非政府组织的独特优势看，如前所述，非政府组织在弱势群体公共信息服务权益保障服务中有着其他机构不能比拟的优势所在。一是非政府组织作为第三部门、第三方，是政府与私人主体之间的桥梁、缓冲地带，具有沟通传导信息的传感器作用、协调相关利益方利益的平衡器作用、化解矛盾纠纷的减震器作用。比如，中国青少年网络协会的上级主管单位为共青团中央，共青团组织在联系政府、联系社会上有极强的桥梁和纽带作用和优势，这非常有利于该青网协开展工作，履行职责和义务。二是非政府组织经常与弱势群体进行直接或间接交往，比较熟悉弱势群体的实际情况，容易获得弱势群体的较高信任感，便于有效开展弱势群体公共信息服务权益保障工作。比如，残联就是残疾人接触最多的组织，因此它们对残疾人的了解程度是最高的。三是非政府组织专门为弱势群体服务，形成和发展了一套适合于弱势群体公共信息服务权益保障工作的经验和工作方法。比如，青网协每两年一次的中国青少年网瘾调

---

① 《中国青少年网络协会简介及章程》，2014 年 9 月 17 日（http：//news. xinhuanet. com/games/2010 - 10/13/c_ 12653753_ 2. htm）。

查及其产生的调查报告，青网协成立的"青少年绿色网络建设传播联盟"、发布的"绿色网络文化产品评价标准"等工作及成果，在营造绿色网络环境、保护少年儿童的公共信息服务权益方面，确实起到了很大的作用。四是非政府组织往往有自己特定的机构、人员、场所、经费保障，具有有效开展弱势群体公共信息服务权益保障工作的坚实基础，所以，在弱势群体公共信息服务权益保障工作中，此类机构会起到很重要的作用。

四　营利性机构的法律义务及其依据

（一）法律义务的具体内容及要求

营利性机构包括公司、企业、商业性数字图书馆等。它们在弱势群体公共信息服务权益保障中承担重要的法律义务，具体内容见表8—4。

1. 一般公司企业所承担法律义务的具体内容及要求

第一，负责弱势群体公共信息服务权益保障设施的开发、生产和供应。弱势群体能否无障碍地知悉、获取和利用公共信息及其服务，在很大程度上取决于相关企业所开发、生产的信息知悉、获取和利用的设施、设备和产品。尤其对残疾人来说，企业所开发的产品是否考虑他们的特殊生理需求，是否是无障碍的，这是极为关键的。因此，相关公司、企业应严格按照2012年国务院颁布实施的《无障碍环境建设条例》、2008年工信部颁布实施的《网站设计无障碍技术要求》等行政法规及部委规章的要求，进行无障碍技术和产品的开发、应用和推广。比如，《无障碍环境建设条例》就规定，电信终端设备制造者应当提供能够与无障碍信息交流服务相衔接的技术、产品。再如，《网站设计无障碍技术要求》要求网页设计必须符合四个标准："网页内容的可感知要求、接口组件的可操作要求、内容和控制的可理解要求、内容对现有和未来可能出现的技术的支持能力要求。"

表 8—4 营利性机构的主要法律义务构成

主体类型	机构名称	具体法律
营利性机构	公司、企业	1. 负责弱势群体公共信息服务权益保障设施的开发、生产和供应； 2. 组织实施企业内部弱势群体公共信息服务权益的保障工作； 3. 营造安全绿色的网络信息服务的保障环境
	商业性数字图书馆	1. 开发、建立针对弱势群体信息需求的数字信息资源； 2. 对弱势群体提供优惠性信息服务； 3. 积极开展服务于弱势群体的公益性信息服务活动

第二，组织实施企业内部弱势群体公共信息服务权益的保障工作。该项工作是弱势群体公共信息服务权益保障工作的重要组成部分，也是公司、企业承担的重要法律义务。为此，公司、企业应适时调研其内部弱势群体的信息需求情况，剖析存在的问题及其原因，及时采取适当措施，确保弱势群体可以方便快捷地知悉、获取和利用与改善其弱势地位相关的、可以公开的公司企业信息。

第三，营造安全、绿色的网络信息环境。公司、企业也是少年儿童公共信息服务权益的保障者。在当今信息时代，为少年儿童营造一个绿色、环保、安全的网络信息环境更是相关公司、企业义不容辞的社会责任和法律义务。2006 年启动的"中国电信绿色网络遍神州工程"，就是以提升网络质量、保证网络畅通、净化网络空间、大力推进在电信骨干网上对有害网站采取根本性拦截的"绿色上网"业务发展为目标，"并针对不同的用户需求，开通上网时间控制、父子账号、教育宽带、聊天工具限制、游戏拦截等个性化服务"①。在 2011 年中国青少年网络协会发布的绿色校园网解决方案中，绿色校园网系统就是以深圳中科新业公司"网络哨兵产品为核心，实现了校园网教育资源使用情况统计和分析、不良网络信息监

① 《"中国电信绿色网络遍神州工程"在京启动》，2014 年 9 月 15 日（http：//culture. people. com. cn/GB/22219/ 4143165. html）。

控和过滤，青少年网络行为习惯和趋势分析等功能"①。

2. 商业性数字图书馆所承担法律义务的具体内容及要求

商业性数字图书馆既具有公共图书馆的信息服务功能，又有企业的营利性质，因此在弱势群体公共信息服务权益保障中应承担特有的法律义务。

第一，开发、建立针对弱势群体信息需求的数字信息资源。数字图书馆有着传统图书馆所无法比拟的方便、快捷、资源量大等优势。既然是面向大众的信息服务，就应该考虑到不同群体的信息需求。建立针对弱势群体信息需求的数字资源，不仅可以为图书馆增加用户，又可以提高企业的社会荣誉感，增加企业知名度。因此，应针对不同类别的弱势群体建立数字资源，如针对少年儿童的儿童数据库、针对下岗工人的就业与培训专题数据库等。

第二，对弱势群体提供优惠性信息服务。商业性数字图书馆是以营利为目的的企业，同时也是社会中的企业，需要为社会贡献自己的企业价值，落实其应具有的社会责任。而作为提供信息服务的企业，其社会责任之一就是向弱势群体提供优惠性信息服务，如在提供信息服务时减免服务费用。因为帮助弱势群体是包括企业在内的全社会的责任。要知道，企业依靠社会而生存，没有和谐发展的社会，就不会有充满生机的企业。

第三，积极开展服务于弱势群体的公益性信息服务活动。商业性数字图书馆除了基于营利目的而开展相应的经营管理活动外，还应出于公益目的开展针对弱势群体的系列公益性信息服务活动。比如，建立服务于弱势群体的公益性数据库；面向弱势群体开展公益性信息教育培训活动；向弱势群体免费发送或推送公益性信息；等等。商业性数字图书馆营利性与公益性有机结合、协同发展，既体现了商业性数字图书馆的经营宗旨，又体现了弱势群体公共信息服务权益保障的基本要求。

---

① 《中国青少年网络协会发布的绿色校园网解决方案》，2014 年 9 月 15 日（ht-tp：//news. xinhuanet. com/politics/2011 - 02/17/ c_ 121093613. htm）。

（二）依据

首先，这是落实以企业为代表的营利性机构社会责任的要求。企业依靠社会，从而必须服务于社会。社会为企业提供生存与发展的环境，而企业必须对社会承担相应的责任。企业如果没有承担好对社会的责任，那将影响社会的和谐有序发展；而没有和谐发展的社会，就不会有充满生机的企业，这充分显示出企业落实其社会责任的重要性。

企业的社会责任之一就是为社会生产出好的信息产品、为社会创造财富，改善人民的生活水平。弱势群体作为社会的一个特殊群体，保障其生活水平达到普通人的水平，是保持社会稳定、构建和谐社会、为企业营造一个良好的生存与发展环境的重要因素。因此，如何生产出适合于不同弱势群体需求的信息产品，企业在其中有着不可推卸的责任。

其次，这是企业内部确保弱势群体公共信息服务权益保障工作实施的要求。残疾人、下岗工人、农民等都有可能在公司企业工作，公司企业内部的信息既是这些弱势群体需要的重要信息，又是其工作生活中最为重要的信息来源渠道，因而公司企业有义务确保其知悉、获取和利用相应信息，这是相关弱势群体作为公司企业员工所具备的信息自由权的要求。同时，公司、企业要有效运行与经营管理，要长期生存与发展，也需要做好其内部职工包括弱势群体在内的公共信息服务权益保障工作，否则就会影响企业的和谐协调发展。从这个意义上说，做好企业内部弱势群体公共信息服务权益保障工作，既有利于实现和保障弱势群体的合法权益，又有利于公司、企业本身权益的长远发展。

五　其他保障主体的法律义务及其依据

（一）法律义务的具体内容及要求

这里的其他保障主体是指学校、家庭和个人等主体，其在弱势群体公共信息服务权益保障中承担重要的法律义务（见表8—5）。

表 8—5 其他保障主体的主要法律义务构成

主体类型	机构名称	具体法律
其他主体	学校	1. 推动和普及少年儿童公共信息服务权益保障工作的开展； 2. 正确引导少年儿童的上网行为，为少年儿童营造绿色信息环境； 3. 承担少年儿童信息素养教育工作
	家庭	1. 积极参与弱势群体的公共信息服务权益保障活动； 2. 承担对少年儿童上网的引导和监管工作
	个人	1. 对弱势群体自身而言，要有提高自身信息素养的意识和行动； 2. 对其他公民而言，要积极参与弱势群体公共信息服务权益保障行动

1. 学校所承担法律义务的具体内容及要求

鉴于弱势群体在高等学校中的数量和规模相对较小，所以本书主要研究中小学在弱势群体公共信息服务权益保障中的法律义务。

学校作为少年儿童接受教育的主要阵地，在弱势群体公共信息服务权益保障中具有其他主体不可替代的责任和法律义务。

第一，推动和普及少年儿童公共信息服务权益保障工作的开展。一是有条件的学校应建设自己的学校图书馆，为少年儿童提供有益于其学习和身心健康的信息资源。二是学校应该向少年儿童传输通过图书馆能够知悉、获取知识的意识，突出图书馆的重要性，并关注公共图书馆的动态，与当地的少儿图书馆或公共图书馆联合，举行各种读书活动，引导儿童树立正确的信息知悉、获取和利用观并恰当地阅读。

第二，学校要正确引导儿童科学、正确上网，培养良好的网络意识及网络行为，解决儿童在上网过程中的心理障碍，增强其适应社会的能力。例如给学校的电脑开通电信绿色上网功能，安装反恐软件和防火墙等；积极传授学生安全上网知识和技能；挑选少年儿童网络管理员，引领并规范其他孩子的网络活动；向家长发出"跟孩子一起参加网络活动"的号召，提高家长的重视度和监督引导力度等。

第三，应承担少年儿童信息素养教育工作。学校作为对少儿综合素质影响最大的场所，应该义不容辞地肩负起培养少儿信息素养的职责，应该重视儿童信息知悉、获取和利用问题，将课堂教学与满足少儿的信息知悉、获取和利用结合起来，以寓教于乐的方式在教课过程中向孩子们传授获取信息、甄别信息真伪和有效利用信息的技能和方法，不断提高孩子们的信息素养；应在调查少儿信息需求的基础上，针对具有普遍性、重要性的信息需求设置相应的解答课程，或在校内图书馆中举办针对性的讲座，购置相应的书刊资料等，来具体满足少儿的信息需求。

2. 家庭所承担法律义务的具体内容及要求

家庭在残疾人和少年儿童公共信息服务权益保障中的作用尤其重要，因此本书主要从残疾人和少年儿童的角度来研究家庭的法律义务。

第一，积极参与弱势群体的公共信息服务权益保障活动。从残疾人方面看，家庭是残疾人最重要、最主要的生活环境，家庭其他成员是残疾人最为信任的人群，因此，在残疾人公共信息服务权益保障中，法律上应明确规定家庭其他成员所应承担的义务。比如，家庭其他成员应支持残疾人的信息知悉、获取和利用行为，并给予鼓励；在残疾人必需的信息知悉、获取和利用消费上，应给予经济支持，应经常帮助残疾人去当地的公共图书馆知悉、获取和利用信息；在残疾人有再教育和培训的意愿时，应给予肯定和支持；而在平时的日常生活中，应善待残疾人，不能虐待和使用暴力。从少年儿童方面看，家长作为孩子第一监护人，应该时刻关注孩子的信息需求，提高孩子知悉、获取和利用信息的意识和能力。而要做到这一点，家长应首先提高自身的综合素质、提高自己的文化修养和信息素养；农村地区的家长则尽可能通过政府的教育渠道，如通过农村广播电视网络等渠道加强自己的信息意识和能力。只有自身水平提高了，才能尽量解决孩子们在学习及生活中遇到的困难，帮助他们知悉、获取和利用所需信息。此外，家长应该注意孩子们信息知悉、获取和利用意识和能力的培养，应该多带孩子去附近的图书馆或书店，参加图书馆举办的各项亲子活动、读书活动等，学会利用图书馆的资源，为孩子提供理想的学习环境。

第二，承担对少年儿童上网的引导和监管工作。少年儿童由于生理心理等发育都不成熟，在接触纷繁复杂的网络信息时更是需要家长的引导、监督和帮助，否则很容易接触到不安全不健康的信息。所以，家长应在努力提高和增强自身信息素养的前提下，全面了解孩子的上网行为，并对其进行正确引导。同时，对孩子的上网行为和活动进行监管，对他们网上知悉、获取和利用的信息进行过滤，帮助他们树立"绿色上网"理念，引导他们正确使用网络资源。

3. 个人所承担法律义务的具体内容及要求

个人在弱势群体公共信息服务权益保障中的法律义务，不仅包括弱势群体自身的责任，也包括社会上其他个人的责任。

首先，对弱势群体自身而言，要有提高自身信息素养的意识和行动。一是弱势群体要有提升其信息素养的意识。比如，弱势群体可以采取多种措施提升自己的文化水平，有意识地培养自己对信息及其服务的观察力、感受力和判断力。二是弱势群体要主动提升自己的知悉、获取和利用信息的能力。比如，可以主动参加图书馆等主体开展的信息素养培训活动，从自身出发，改善自己对信息知悉、获取、利用的效果。

其次，对其他公民而言，要积极参与弱势群体公共信息服务权益保障行动。要有效实现和保障弱势群体公共信息服务权益，除了提升自身信息素养的意识和行动外，弱势群体还需要积极加入志愿者服务队伍，加强与相关慈善机构、志愿者团体的合作，共同更好地为整个弱势群体提供公共信息服务权益保障方面的服务与帮助。比如，可以帮助其他弱势群体提高信息素养，可以为其他弱势群体捐赠其所需的图书报刊，可以引导少年儿童的上网行为等。事实上，每个社会个体都可以通过自助、助人、他助去做自己力所能及的善事，都可以贡献自己的力量，共同服务于弱势群体公共信息服务权益保障工作。

（二）依据

1. 学校承担上述相关法律义务的依据

第一，学校是以教书育人为根本职责的机构，其宗旨是全面提高学生的素质、使每个学生的身心都得到健康的发展，因此承担相应的少年儿童公共信息服务权益保障职责是其义不容辞的责任和义务。①少年儿童公共信息服务权益保障工作，是满足少年儿童信息需求，保障其信息知悉、获取和利用的工作，是提高少年儿童信息素养的工作，这是学校教育"育人"宗旨所要求的。②学校以为社会培养人才为己任，学校培养出来的人才要符合社会发展的需求，因此，使少年儿童具备信息社会所要求的基本信息素养，是当今信息社会赋予学校的新的教育使命。

第二，对少年儿童的公共信息服务权益保障来说，学校有着其他机构所不能替代的优势。①学校是少年儿童成长、接受教育的最主要场所，这是其他机构不具备的条件。②少年儿童对学校的信任感和依赖感远远高于除家庭以外的其他机构，甚至在某些时刻，相较父母而言，学生更重视学校老师的意见和建议。因此，由学校开展公共信息服务权益保障工作，比其他机构能取得更好的保障效果。③学校里有各专业领域的专业教育人才，在引导学生的网络信息行为、提高学生信息素养方面有专业优势。

2. 家庭承担上述相关法律义务的依据

第一，家庭是残疾人和少年儿童主要的、直接的经济来源，因此需要承担相应的职责和义务。对于残疾人和少年儿童来说，虽然国家会尽力确保其完全免费或低成本地知悉、获取和利用公共信息及其服务，但这方面并非实行一刀切政策，故其自身有一定的经济基础支撑是很必要的，比如最基本的生活问题是不包括在公共信息服务中的。因此，弱势群体公共信息服务权益的实现离不开家庭所提供的经济资助。也就是说，家庭在此方面是应承担相应法律义务的。

第二，家庭是弱势群体最常接触和最为信任的保障主体，有着特定的优势。对残疾人来说，由于生理的缺陷，大多数残疾人内心都比较敏感，和他人交往较为困难。但与其家人在一起就不存在这样的问题，因此家庭对残疾人的公共信息服务权益保障有十分重要的作用。对少年儿童来说，家长作为孩子的第一监护人，本来就具有对自己孩子的成长与发展进行全方位管理、教育与引导的责任。而在纷繁复杂的网络信息时代，在孩子知悉、获取和利用信息时，更是需要家长的引导和帮助，否则他们很容易接触到不健康的信息。所以，家长应承担起对少年儿童网络信息行为进行引导和监管的职责，对他们网上知悉、获取和利用的信息进行过滤，帮助他们树立"绿色上网"的理念，并引导他们正确使用网络资源的责任。

3. 个人承担上述相关法律义务的依据

首先，"打铁还得自身硬"。从弱势群体自身来看，他助离不开自助，他助始于自助并依赖自助。无论外部的公共信息服务权益保障事业如何开展，真正起决定性作用的还是弱势群体自己。只有首先突破自身的观念，提升自己知悉、获取和利用公共信息服务的意识和能力，弱势群体才能有效地知悉、获取和利用公共信息服务。如果弱势群体自身封闭排斥，再完善的公共信息服务权益保障制度也无法有效保证弱势群体的公共信息服务权益。因此，弱势群体首先需要有提高自身信息素养的意识和行动。

其次，自助也离不开他助。当今社会成员间如果相互孤立、相互排斥、相互对抗，那么就难以实现社会的持续协调发展。如果社会成员之间相互关心、相互帮助、相互支持、相互合作，就可以更有效地实现社会的持续发展。对于弱势群体公共信息服务权益保障工作来说，这种相互帮助、相互支持、相互合作的机制显得尤其重要、迫切。虽然弱势群体要改变、改善自身的弱势状况，首先需要从改变自己开始，但是光靠弱势群体自身的力量是极为有限的。如前所述，由于自然因素、社会因素、历史因素等多种因素的综合作用，弱势群体在经济、教育、就业等方面处于弱势地位，因此除了自助外，还需要他助。这种他助可以表现为志愿者服务、社会慈善机构等帮助支持机制。事实上，在中国，社会慈善机构、志愿者团体、志愿者个人一直在为弱势群体提供相应的公益性服务，已有一定的普及度，并积累了相当多的经验和良好的背景知识，因而让弱势群体自身参加到志愿者队伍、让志愿者们参与到弱势群体公共信息服务权益保障工作中来，对弱势群体的权益保障大有裨益，是应得到社会大力倡导的。

第九章　弱势群体公共信息服务权益保障的法律措施与法律责任

　　要保障弱势群体的公共信息服务权益，不仅需要明确弱势群体公共信息服务权益的构成、内容与要求，厘清保障中的各种权利冲突并发掘出有效的平衡机制，制定有效的保障原则，选择合适的立法模式，明确相关保障主体及其法律义务，而且需要采取相应的法律措施，从法律上提供保障的具体方式、方法、途径，还需要明确相关主体不履行法定义务所应承担的法律责任。

第一节　弱势群体公共信息服务权益保障的法律措施

　　这里的法律措施是指为了实现和保障弱势群体公共信息服务权益所需要的，从法律上采取的一切途径、方式、方法和手段。具体而言，就是指在前述保障原则的指导下，根据前述立法模式及立法内容的要求所采取的所有解决和平衡权利冲突，促使义务主体有效履行其法律职责和义务，确保弱势群体的各项公共信息服务权益得以实现的途径、方式、方法和手段。没有法律措施，弱势群体公共信息服务权益保障就容易沦为一纸空文。因此，可以说法律措施与保障原则、解决权利冲突的平衡机制、立法模式、保障主体的法律义务等共同构成弱势群体公共信息服务权益保障的有机整体。

　　从类型上看，弱势群体公共信息服务权益保障的法律措施可以分为鼓励性措施、限制性措施和禁止性措施三种类型。三者相互区别又相互联系，共同构成弱势群体公共信息服务权益保障法律措施的整体。其中，鼓励性措施强调从正面进行积极引导，重在开发和激励，充分释放"正能量"，是主体性法律措施；禁止性措施则强调从负面进行阻拦，体现"底线"、"红线"、"高压线"、"边线"等要求；限制性措施则介于鼓励性措施和禁止性措施之间，既不是全面否定又不是全面肯定，而是有条件地进行限制或规范。因此，禁止性措施和限制性措施也是不可或缺的、重要的法律措施。为了确保弱势群体公共信息服务权益保障的实现，首先要发挥鼓励性措施的主体性作用，同时也要发挥限制性措施和禁止性措施的重要作用，真正做到"多措并举"，共同服务于弱势群体公共信息服务权益保障工作。

一 弱势群体公共信息服务权益保障的鼓励性法律措施

（一）弱势群体公共信息服务权益保障鼓励性法律措施的含义及必要性

所谓弱势群体公共信息服务权益保障的鼓励性法律措施，是指为保障弱势群体公共信息服务权益而在法律允许的范围内采取的引导性、扶持性、帮助性和激励性措施。

在弱势群体公共信息服务权益保障中，鼓励性法律措施具有重要意义，是有效保障弱势群体公共信息服务权益的主要措施。

一方面，鼓励性法律措施有利于激发非公益性保障主体的保障积极性和主动性。由于被保障主体的经济与政治地位、受教育状况等方方面面都处于社会底层，这使其在信息知悉、获取和利用中缺乏相应能力，需要得到社会的特殊关照与帮助，需要对其实施信息低保等特殊保障政策。因而，对弱势群体公共信息服务权益的保障更多的是以谋求社会效益而非经济效益为目的的，这就使其不可能成为以追求经济利益为主的保障主体（如公司、企业）主动进行投资运作的对象。故需要通过鼓励性法律措施来激发这些保障主体的保障积极性和主动性，使其愿意主动担当起在弱势群体公共信息服务权益保障中的义务和责任。

另一方面，鼓励性法律措施有利于激发公益性保障主体的保障积极性和主动性。虽然公益性服务机构对弱势群体公共信息服务权益保障有责无旁贷的义务和责任，但由于弱势群体并非社会主流，其在各方面的弱势状态又使其没有话语权，也不具备充分表达自己诉求的习惯与能力，因而对其在信息知悉、获取和利用方面的保障往往不能得到公益性服务机构（如公共图书馆、档案馆、博物馆等）的关注和重视，甚至被忽略，或者成为在与非弱势群体利益较量中的牺牲者。因此，在通过一些强制性法律措施使公益性服务主体必须为弱势群体的信息知悉、获取和利用提供保障服务的同时，更需要通过鼓励性法律措施来激发这些公益性服务主体为弱势群体服务的意识与责任感，使其能将弱势群体的信息知悉、获取和利用保障服务主动纳入公益性服务的范畴。毕竟，在鼓励性措施下实施主动行为的效果必然优于强制性措施下被动行为的效果。

（二）弱势群体公共信息服务权益保障中鼓励性法律措施的具体内容

弱势群体公共信息服务权益保障中鼓励性法律措施的具体内容可划分为三个层次。

第一层次：许可类措施。这类措施是鼓励性法律措施中鼓励程度最低但最常用、最基本的形式，重在对弱势群体公共信息服务权益保障不设置任何人为障碍。这类措施的制定与实施，应遵循一个基本原则，即对于非政府主体而言，应采取"法律未明文禁止即为许可"的原则。比如，任何非政府主体都可以向弱势群体提供免费信息获取服务、赠送无障碍信息获取设备、赠送版权作品的使用权等。这些都是法律不禁止的保障行为。这个原则是主权在民思想的体现，是现代法治社会的普遍要求。

第二层次：指引类措施。这类措施是鼓励性法律措施中鼓励程度较高的形式，重在引导保障主体按照国家和社会希望的方式，对弱势群体公共信息服务权益保障进行投资、服务等活动，主要通过制定并发布引导性办法、指引目录等明示规定的方式来实现。比如，制定并公布弱势群体公共信息服务权益保障产业引导办法，明确规定弱势群体公共信息服务权益保障产业的准入范围、条件、程序；制定并公布弱势群体公共信息服务权益保障产业指引目录，并定期或不定期进行更新。

第三层次：帮扶类措施。这类措施是鼓励性法律措施中鼓励程度最高的形式，不仅引导保障主体按照国家和社会希望的、对弱势群体公共信息服务权益保障进行投资、服务等活动，而且还通过经费扶持、财政支付、税收优惠、技术帮助等手段进行帮扶。比如，对公共图书馆设置弱势群体公共信息服务权益保障服务的专项资金，对企业类保障主体的无障碍信息获取产品的研发、销售给予税收优惠，对其他社会团体（如残联、妇联等）的弱势群体公共信息服务权益保障活动提供专项资金资助，给予弱势群体信息获取和利用培训提供财政性补贴等。

总的来看，鼓励性法律措施应充分应用到对弱势群体的信息安全权、信息自由权和信息特殊保护权的保障上。就以信息安全权的保障为例，安全的、真实的、有用的信息对弱势群体的生存和发展意义重大。然而，在当今大数据时代，每个人都是自媒体，信息的发布和获取都有着前所未有的自由度和容易度，很难有效进行监管，仅仅依靠法律的强制性规定和措施较难全面确保信息安全。因此，在对不良和违法信息进行禁止性规定的同时，采取恰当的鼓励性措施从另一个侧面鼓励真实、绿色信息的传播，乃至鼓励全社会共同参与到禁止不良信息的传播中就有重要意义，比如，中国互联网违法与不良信息举报中心就是采用各种有奖举报等措施鼓励全社会积极参与到网络信息的监管中来。再就信息自由权而言，按照弱势群体公共信息服务权益保障的无障碍原则的要求，弱势群体应在知悉、获取和利用信息的过程中没有来自观念、制度等的无形障碍和来自信息获取设施、设备等的有形障碍。要实现这一原则要求，也必须有相应的鼓励性措施。就以其中的无障碍信息获取设施、设备的开发和生产为例，企业的生产经营是以市场需求为导向，因此除了在设备开发机构的资质和开发条件、标准等方面可采用限制性措施，以确保所生产的无障碍通信设备的质量达标外，更多的却只能通过设置税收优惠等鼓励性措施来鼓励有条件、有技术的企业生产这种经济效益不高的产品。因此，可通过立法的形式，在《弱势群体公共信息服务权保障法》及其实施细则或配套的规范性文件中明确规定各种可能采取的鼓励性措施。

二 弱势群体公共信息服务权益保障的限制性法律措施

（一）弱势群体公共信息服务权益保障限制性法律措施的含义及必要性

所谓限制性措施，是指在弱势群体公共信息服务权益保障中，从法律制度上对保障主体资格和范围、保障条件、保障职责、保障标准、保障程序等方面进行限制。

在弱势群体公共信息服务权益保障中，限制性法律措施具有重要意义，是实现弱势群体公共信息服务权益保障规范化的主要途径，因此它是有效保障弱势群体公共信息服务权益的重要措施。

首先，从信息本身看，信息的纷繁复杂、信息污染的日趋严重需要通过对保障主体的资格和范围、保障条件、标准等进行规范或限制，从而达到为弱势群体提供安全信息的目的。这也是弱势群体公共信息服务权益保障的安全原则所要求的。

其次，从保障主体看，保障主体的立体化原则要求对弱势群体公共信息服务权益保障实行全民参与，虽然这是弥补政府在提供公共物品或服务中失灵的有效措施，是社会保障社会化发展趋势的要求，但也难免会出现保障主体鱼目混珠、良莠不齐的现象。因为弱势群体公共信息服务权益保障是一个涉及多个领域、多种环节、多个步骤、多种技能的系统工程。不同的保障领域、保障环节（如对信息的收集、整理、组织、公开、推送等），其所需的知识与技能是不同的。比如，对政府信息公开就必然要求公开主体具有对政府信息的识别、组织、审查等知识技能，而并非所有的保障主体都具备这些知识和技能。因此，在保持保障主体走社会化道路不变的前提下，对其资格和范围进行一定的限制是十分必要的，否则，将严重影响弱势群体公共信息服务权益保障质量和水平。

最后，从弱势群体本身的状况看，弱势群体普遍具有受教育程度低、信息素养不高等特点。正如前述调查所示，他们不仅信息意识弱，而且严重缺乏信息知悉、获取和利用的知识与能力。这就要求应以统一的标准、规范的程序为其提供信息知悉、获取和利用等方面的保障服务。如果信息的加工、整理、传播与利用形式繁杂、程序繁多，那自然不利于弱势群体的信息知悉、获取和利用。因此，通过采取限制性法律措施来对保障主体的资格和范围、保障条件、标准和程序等进行限制，就可以达到规范弱势群体公共信息服务权益保障活动的目的，从而有利于提高弱势群体信息知悉、获取和利用的质量和水平，确保弱势群体知悉、获取和利用的信息本身以及过程安全可靠。

（二）弱势群体公共信息服务权益保障限制性法律措施的具体内容

1. 对保障主体资格和范围的限制性措施

该类措施是实现弱势群体公共信息服务权益保障内容和要求的需要。它主要是对某些需要具备特定知识和技能才能从事保障工作的保障主体资格和范围进行限定。

第一，对政府信息公开主体的资格和范围的限制。如上所述，政府信息的有效公开要求公开主体具备对政府信息进行识别、组织、审查、传播等方面的知识和技能，因此不对其主体资格和范围进行限制，必然影响政府信息公开的质量，影响弱势群体对政府信息的知悉、获取和利用，甚至可能泄露国家机密和商业秘密、侵犯个人隐私。《政府信息公开条例》第4条规定，各级人民政府指定机构（统称政府信息公开工作机构）负责本行政机关政府信息公开的日常工作。从实际情况看，以四川省为例，四川省政府信息公开办公室（省政务公开工作领导小组办公室、省机关行政效能建设办公室）负责推进、指导、协调、监督四川全省政府信息公开工作，负责四川省政府、省政府办公厅的信息公开工作，因而属于《四川省贯彻〈中华人民共和国政府信息公开条例〉实施办法（试行）》第5条规定的四川省人民政府指定的"政府信息公开工作机构"。值得注意的是，这些行政法规和地方性规章没有明确规定这种指定的政府信息公开机构应具备的具体资格、资质，因而需要进一步明确限定其主体资格、资质，以便为弱势群体的信息知悉、获取和利用提供更有效的保障。

第二，对弱势群体信息素养培养主体的资格和范围的限制。信息素养由信息意识、信息能力、信息道德和信息法三个方面组成。其中，信息能力包括知悉、获取信息的能力和对所知悉或获取信息进行评价、利用的能力。对这种能力的培养需要具有信息资源管理专业知识与技能的专业人员来进行。比如，公共图书馆、残联等机构或组织，在面向弱势群体开展信息能力培训活动时，就应由该类机构中具备相关专业知识和技能，甚至取得了培训资质的人员来承担。而培养弱势群体对信息道德与信息法的理解与掌握，同样需要具备这方面知识的主体来承担，如要求弱势群体信息素养培养主体应是依照法定条件和程序取得培养资格的信息培训组织，要求这种信息培训组织有良好的培训弱势群体信息素养的业绩或记录。

第三，对信息产品、信息通信产品、信息服务产品等的开发、生产与维护主体的资格和范围的限制。这是有效避免或减少出现低质、伪劣信息产品、信息通信产品和信息服务产品所要求的。这种限制可以多方面的。比如，要求为弱势群体开发、生产与维护信息产品、信息通信产品与信息服务产品的主体应是取得合法经营资格的法人、非法人组织或个人；要求这些主体具有良好的为弱势群体提供信息知悉、获取和利用服务的业绩或记录等。

2. 对保障条件的限制性措施

这里的保障条件，主要指保障主体在开展弱势群体公共信息服务权益保障中在保障硬件方面应具备的条件。这些硬件主要包括信息资源的建设和保有量（如政府信息、公共信息、在版权保护期内信息的建设情况、各自所占比例等）；收集、加工、整理、公开和提供信息服务所应具备的硬件设施的类型和数量（如无障碍上网的硬件设备，方便残疾人获取、使用信息的其他无障碍设施的类型、数量）等。比如，根据实际情况，可以通过在《弱势群体公共信息服务权益保障法》及其实施细则或配套的规范性文件中，对政府主体、公共信息服务主体（如公共图书馆）等各类保障主体在提供弱势群体信息服务中，在信息资源及相关保障设施上所应具备的条件进行明确限制，比如，对各级公共图书馆盲人阅览室设置条件的限制性规定（如对盲文图书、有声读物必须达到的数量及质量要求上的限制性规定等）。事实上，这种限制要达到的目的即是完善保障条件、提高保障水平。

3. 对保障主体的保障职责进行限制

如前所述，在已有针对弱势群体的立法中，针对保障主体的法律职责和义务，有大量的模糊性或隐含性条款。比如，类似"采取措施"、"提供便利"等极为抽象的、简单的宣示性规定，以及大量隐含性条款。如此立法的实际后果往往可能是相关规定形同虚设，等于纸上谈兵。因此，有必要通过限制性法律措施来改变这一现象，提高立法的科学性。具体而言，就是在立法中将相关保障主体的保障职责条款明确化、具体化，同时规定相应的法律责任，从而改变这种立法模糊、有法不依、有法难依的局面。

4. 对保障标准的限制性措施

合理的保障标准的制定和有效实施是确保弱势群体公共信息服务权益保障质量的关键性因素。保障标准上的限制性措施主要解决在弱势群体公共信息服务权益保障中必须在哪些方面设置保障标准的问题。可通过在《弱势群体公共信息服务权益保障法》的实施细则或者配套的规范性文件中进行规定的形式，规定必须在以下几个方面制定并实施弱势群体公共信息服务权益保障标准。

第一，弱势群体公共信息服务权益保障的质量标准。该标准主要依据弱势群体公共信息服务权益保障的无障碍原则，以保障弱势群体及时、方便、快捷地知悉、获取和利用合法、真实、准确、完整和及时的信息为主体内容。比如，可在《弱势群体公共信息服务权益保障法》的配套规范性文件中将质量标准细化（见表9—1）。

表9—1　　　　弱势群体公共信息服务权益保障的质量标准

标准类目	标准内容	注释
信息质量标准	信息应具有合法性、真实性、准确性、完整性、非欺诈性、不带病毒等特征	信息发布主体、提供主体应合法、真实、可靠
	信息应是能对弱势群体解决其基本生计有帮助作用的、直接相关的信息	应以弱势群体的信息需求为基本衡量依据
信息获取过程质量标准	弱势群体能在信息发布后的第一时间内或在有效期间内获取到信息	有效期间指信息对弱势群体具有实用价值的时间范围
	将相关信息产品以各种有效方式、途径主动推送、提供给弱势群体	衡量标准上不应局限于弱势群体获取信息的既有渠道，而应主动挖掘、拓展有利于弱势群体及时、有效获取信息的新途径
	信息设备、信息获取渠道应是无障碍的、具有过滤装置的、具有分级保护机制的	

第二，弱势群体公共信息服务权益保障的效率标准。该标准主要遵照弱势群体公共信息服务权益保障的立体化保障原则和无障碍原则的要求，实现以最少的制度资源消耗达到最大化的弱势群体信息需求满足效果为目的。比如，可在《弱势群体公共信息服务权益保障法》的配套规范性文件中将一些标准的具体内容细化（见表9—2）。

表9—2　　　　　**弱势群体公共信息服务权益保障的效益标准**

一级标准类目	二级标准类目	标准内容
服务效益标准	信息服务效果指标	以最少的资源消耗达到最大化的弱势群体信息权益保障效果
	信息服务及时性指标	弱势群体及时获得公共信息服务
	信息内容、类型、方法匹配度指标	所保障信息内容、类型和方法满足弱势群体信息需求
社会效益标准	被保障主体覆盖面指标	公共信息服务权益保障实际覆盖所有弱势群体
	弱势群体弱势地位的改善程度指标	弱势群体的生存状况较过去有所改善

第三，弱势群体公共信息服务权益保障的最低保障标准。该标准以弱势群体公共信息服务权益中的低保原则为依据，分别就保障主体、保障受众、保障方式等方面所应达到的合理标准进行明确规定。可在《弱势群体公共信息服务权益保障法》的配套规范性文件中将些标准的具体内容细化（见表9—3）。

表9—3　　　　　**弱势群体公共信息服务权益保障的低保标准**

标准类目	标准内容	注释	适用人群
零成本	零经济成本	弱势群体免费获取所需信息；为获取信息而利用交通工具或利用信息网络等其他附带的经济投入也包括在此列	符合居民最低生活保障制度（低保）所规定的低保条件的弱势群体
	零时间成本	弱势群体获取的是保障主体通过主动推送服务提供的直接相关的信息或信息产品，故没有查寻信息的时间花费	

5. 对保障程序的限制性措施

程序正当性与效率是现代法制的普遍要求和反映。对弱势群体

393

公共信息服务权益保障程序的限制性措施就是要实现保障程序的正当性与效率。这里的保障程序正当性是指对弱势群体公共信息服务权益保障程序应有明确的政策法律规定，应体现公正性、公开性、公平性、完整性和合理性。也就是说，保障程序应规范、合理，与弱势群体的现实生存与发展状况相吻合，并符合信息资源的开发与利用规律。弱势群体公共信息服务权益保障程序的效率内容包括：以最少的环节与步骤、最快的速度、最有效的方式、最低的文件要求（如规定能享受信息低保的弱势群体只需出示或显示符合法律规定的相关证明文件即可）、最大的方便与自由（指在地理位置和时间上都给弱势群体知悉、获取和利用信息提供最大方便和自由）等来保障弱势群体的信息知悉、获取和利用。

总的来说，限制性法律措施应充分应用到对弱势群体的信息安全权、信息自由权和信息特殊保护权的保障上。在对这些权益的保障中，无一不涉及保障主体的资质、保障条件、保障职责、保障标准和保障程序的限制问题。信息安全权的实现，需要有安全的信息及其安全的信息获取、利用过程。信息自由权的实现，要求政府信息必须以无障碍的方式最大化地公开，要求所提供的信息的真实合法，要求信息服务的高度可获取性，要求弱势群体知悉、获取和利用信息上的低成本甚至零成本。信息特殊保护权的实现，要求要提供主动的、事前的而且同样是无障碍的信息服务，要求弱势群体在其相关公共信息权益（如信息平等权、信息安全权和信息自由权等）受到损害或侵犯时，能够无障碍地获得救济保护。而这些都要依靠采取相应的限制性法律措施，从提供信息服务的人员资质、提供信息的条件、保障主体的保障职责、所提供的信息、信息服务应达到的质量标准以及保障程序等方面进行控制，才能实现这些要求。

三 弱势群体公共信息服务权益保障的禁止性法律措施

（一）弱势群体公共信息服务权益保障禁止性法律措施的含义及必要性

所谓禁止性措施，是指在弱势群体公共信息服务权益保障中，法律上明确规定不允许实施的行为或措施。

在弱势群体公共信息服务权益保障中，如同鼓励性、限制性法律措施一样，禁止性法律措施也有其重要意义，是确保弱势群体公共信息服务权益保障事业良性发展的重要措施。

首先，禁止性措施有利于保障弱势群体公共信息服务权益。禁止性措施是对不利于弱势群体信息知悉、获取和利用行为的禁止，是通过清除弱势群体信息知悉、获取和利用保障事业道路上的负面因素或障碍来保障弱势群体的公共信息服务权益。这是信息安全权的要求和法律秩序要求所决定的。从信息安全权要求上看，随着网络的发展与普及，信息安全隐患不断增加，各种有害信息在网上网下呈漫延之势，因此信息安全已成为当今社会的焦点问题之一。要达到信息安全权的要求，则必须通过各种禁止性法律措施，禁止所有为弱势群体提供不安全信息的行为。从法律秩序要求上看，确保安全和秩序是法律价值和功能的基本要求和体现。要确保弱势群体依法知悉、获取和利用安全可靠的信息，除了法律上明确规定鼓励性、限制性措施外，还需要明确规定禁止性措施，以便为弱势群体信息知悉、获取和利用划定明确的范围和边界。

其次，禁止性措施是对鼓励性、限制性措施的补充。在弱势群体公共信息服务权益保障的法律措施中，虽然鼓励性、限制性措施是主体性措施或重要措施，但这里的鼓励并非没有界限的、绝对意义上的鼓励，这里的限制也是有条件有秩序的限制。也就是说，允许、鼓励各种主体所实施的保障行为和措施，并非可以任意为之的，而是要遵循特定的规则，其中最重要的规则就是不能涉猎某些法律明确规定不可在保障活动中为之的行为与领域（如不能向弱势群体提供法律禁止传播的信息）。事实上，明确规定不能为之的禁止性行为与领域，是有效实施鼓励性或限制性措施所要求的。没有禁止性措施作补充，鼓励性或限制性措施就难以真正发挥应有的作用。

（二）弱势群体公共信息服务权益保障禁止性法律措施的具体内容

弱势群体公共信息服务权益保障禁止性法律措施针对不同的保

障主体而有所不同，具体内容如下。

1. 划定弱势群体公共信息服务权益保障的范围和边界

如前所述，对于非政府主体而言，按照主权在民思想和现代法治要求，应采取"法律未明文禁止即为许可"的原则（非禁止即许可的原则）。也就是说，非政府主体不得违背法律的明文禁止性规定，不得为法律禁止的行为，否则就是构成违法甚至犯罪行为。同时，对于政府主体而言，按照主权在民思想和现代法治要求，应采取"法律未明文许可则不得为之"的原则（非许可即禁止的原则）。按照这个原则，各级行政机关要坚持法定职责必须为、法无授权不可为，只能按照法律明文规定行动，不得超越法律明文规定行事，不得法外设定权力，没有法律法规依据不得作出减损公民、法人和其他组织合法权益或者增加其义务的决定，否则就是违法。比如，各级政府主体应按照法律规定进行政府信息公开行为，但未经法律明文允许不得公开涉及国家机密、商业秘密及个人隐私的信息等。同时，还要推行政府权力清单制度，通过设置"负面清单"等办法，明确禁止政府主体的信息不当行为。

2. 不得在弱势群体公共信息服务权益保障上设置不必要的门槛

比如，不得在弱势群体公共信息服务权益保障产业引导办法中随意提高弱势群体公共信息服务权益保障产业的准入条件、增加不必要的准入程序。又如，不得针对公益性信息服务机构（如公共图书馆、档案馆等）在弱势群体公共信息服务权益保障服务专项保障资金的申请、审批和拨付，以及为弱势群体信息获取和利用培训提供的财政性补贴等方面设置过高的条件、增加不必要的附加条款；不得随意取消针对企业等营利性主体研发、生产无障碍信息获取和利用产品所获得的税收优惠等。再如，不得将用于弱势群体公共信息服务权益保障的专项资金挪作他用，禁止以开发弱势群体所需的各种产品、设施为借口骗取税收优惠，禁止将用于弱势群体信息获取和利用培训的财政性补贴用于其他方面，等等。

总之，有必要将禁止性法律措施充分有效地应川于弱势群体公共信息服务权益保障上。无论是对弱势群体的信息安全权、信息自由权的保障，还是对弱势群体的信息平等权、信息特殊保护权的保障，都需要通过禁止性法律措施这个底线、红线、高压线来实现。对于弱势群体信息安全权来说，没有必要的禁止性法律措施，就不可能有信息的安全，也不可能有信息知悉、获取和利用过程的安全。同样道理，没有相应的禁止性法律措施，也不可能有弱势群体信息知悉、获取和利用上的自由与平等，更谈不上对弱势群体的信息知悉、获取和利用进行特殊保护。

四　弱势群体公共信息服务权益保障法律措施的实践化——以农民、农民工信息意识提升为例

如何让弱势群体公共信息服务权益保障的法律措施实践化，即成为现实中的实践行为，这是需要进一步解决的法律问题。

弱势群体公共信息服务权益保障法律措施的实施，必须与特定的保障弱势群体公共信息服务权益的具体方案结合在一起。也就是说，上述鼓励性、限制性和禁止性的法律措施，是针对弱势群体的特定保障方案，通过制定各种相应的鼓励性、限制性和禁止性的法律法规、规章等措施，使相应的保障方案通过法律的支持、支撑和保障而得以实现。下面以农民、农民工信息意识的提升为例，探讨在弱势群体公共信息服务权益保障中，法律措施实践化的方案。

（一）制定农民、农民工信息意识的提升方案

信息意识是相关主体信息素养的最基本、最主要的构成要素[①]，决定着相关主体获取信息、利用信息的主观能动性，影响着信息保障主体所提供的保障服务效果及水平。本书第二章已经明确指出，如同其他类型弱势群体一样，农民、农民工整体上只具备基本的信息意识，因此，要想改变农民、农民工的弱势地位，就必须提升其信息意识。然而，对信息意识的提升不可能一蹴而就，须采用标本兼治的法律措施。据此，笔者提出四大提升对策，即项目牵引推动

---

① American Library Association. Information literacy competency standards for higher education，2014 年 7 月 4 日（http：//www. ala. org/acrl/standards/informationliteracycompetency）。

战略、公共信息服务平台战略、信息素养培养战略、托底战略。其中，前三项属于治标之策，其达到的效果就是在特定时期内，使该群体能对其周围发生的变化（信息），尤其是对与其所从事的务农活动或打工行业有关的事务、信息有一定的感受力和判断力，从而增强其主动寻找信息（机会）的意识，并大体知道到哪里寻找、如何去寻找。最后一项从教育着手，故属于治本之策，其达到的效果就是通过提升农民、农民工子女的文化素质水平，进而从根本上解决农民、农民工信息意识的提升问题。

1. 项目牵引推动战略

此战略的提出是基于以下三点：一是信息意识与经济收入水平的正向相关和相互影响性；二是农民、农民工最注重眼见为实的实惠（经济收益）特点；三是信息活动对信息意识的反作用力。原则上说，信息意识决定信息需求，进而形成信息动机，产生信息活动。也就是说，信息意识是信息活动的先导。而项目牵引推动战略则是指通过实施各种助农、惠农工程（或项目），让农民、农民工在项目实施过程中（信息活动过程中）感受信息的重要性，接受信息环境的熏陶，进而倒逼其信息意识的提升。比如，送科技到田间地头就是一种很好的通过相关农事活动倒逼农民信息意识提升的途径。河南周口沈丘县自 2009 年以来，就开展各种助农、惠农项目，组织县植保、土肥、农科、农机等相关科技人员送科技服务到田间地头。2011 年，共培训科技人员 1800 人次，印发科技资料 1.5 万份，使老寨、新寨、李大庄 3 个行政村的 3000 亩高产方小麦良种繁育示范项目区亩产达 556 公斤，比开发前增长 100 多公斤。① 通过这种项目的实施，农民逐渐认识到主动与农业科技工作者联系、请教的重要性，在种田过程中遇到问题时知道到哪里寻求帮助，科学种田意识得到培养。这种主动请教意识实质上就一种信息意识，是一种现代农民需要具备的识别、洞察和获取科技信息，解决自身

① 周口市沈丘县：《农业综合开发工程助农增收》，2014 年 7 月 9 日（http：//www.zkxww.com/html/201207/03/162319457.htm）。

问题的信息意识。此外，福建种业创新与产业化惠农工程①、新疆沙雅县养羊助农致富工程②、内蒙古锡盟农产品产地初加工惠农工程③等，都通过指导、带动农民参与相关的农事活动，让农民在致富活动中感受信息的重要性，从而培养、提升农民的信息意识。总之，实施项目牵引推动战略，不仅能帮助农民、农民工摆脱贫困，而且能提升农民、农民工的信息意识，进而使其进入良性循环状态，同时也符合该群体的务实特征而具有极强的可操作性。

2. 公共信息服务平台战略

所谓公共信息服务平台战略是指通过搭建为农民、农民工服务的公共信息服务平台，为他们打通各种信息获取通道并提供主动信息推送服务，让他们在对有用信息的利用过程中（信息活动中）感受信息的重要性，促进、倒逼其信息意识的提升。这在培养农民、农民工的信息认知和洞察力，培养其主动获取和利用信息的意识方面，堪称有用之策。具体而言，可从软硬件两方面入手。

第一，在硬件上，由前面分析可知，各种现代通信工具的拥有情况对拥有者的信息意识有显著影响。故在硬件上可从两方面入手：一是将工信部的"通信村村通工程"深化为"通信入户到人"工程，实现农村通信"全域覆盖、全员覆盖、全天覆盖"。同时，实行政府补贴的通信惠农工程，让电脑、手机下乡，让农民、农民工买得起电脑、手机，用得好网络。二是加强农业信息网站建设。据农业部统计，截至 2011 年 6 月，中国的农业网站数量已经突破 2.2 万家。然而，据调查，多数网站都集中在北京和东部地区，西部 12 个省、区、市地域内农业网站仅占比 14%，且存在信息陈旧、

---

① 江宝章：《福建种业创新与产业化工程助农增收年增效 10 亿元》，2014 年 7 月 11 日（http://finance.people.com.cn/GB/16732291.html）。

② 李琳：《新疆沙雅县养羊助农致富工程助农快捷增收》，2014 年 7 月 11 日（http://www.ntv.cn/a/20140408/25898.shtml）。

③ 锡林郭勒盟农牧业信息中心：《内蒙古锡盟：农产品产地初加工惠农工程项目助农增收》，2014 年 7 月 12 日（http://www.xinnong.com/news/20130913/1116514.html）。

升级改版不及时、利用率低等问题①，需要在全面完善的基础上大力发展。可以说，硬件方面的建设是为农民、农民工的主动信息获取和利用奠定物质基础。

第二，在软件上，按照政府调控、市场决定的要求，搭建信息资源配置新机制，设立面向农民、农民工信息需求的政府引导、资助和监督的公共信息服务平台，提供专门服务于"三农"的信息需求调研、信息收集、加工、提供、利用、反馈"一条龙式服务"。比如，通过相关公共信息服务部门向农民开展定期信息服务、信息追踪及推送服务，适时将有用信息传送到农民手中，让农民在对有用信息的利用过程中感受信息的重要性，促进其信息意识的提升。县、乡、镇图书馆可针对所在地的农业发展特色主动提供相关农业信息推送服务。以农产品销售为例，近几年来农产品"难卖"问题已成为农民致富道路上的一个瓶颈，陕西苹果、甘肃土豆、广西香蕉等的滞销问题都曾在全社会引发广泛关注。这些农产品滞销的原因之一就是农民过度依赖销售商上门收购，缺乏自我营销意识，更缺乏销售信息。如果相关公共信息服务部门能针对地方农业特色，适时向其发送相关市场需求信息、销售渠道信息，农产品"存得住、运得出、卖得掉、赚得到"的一整套信息，那么农民就不会遭遇销售商不上门收购所导致的血本无归寒流。而通过农副产品销售摸索实践，其对信息价值的认知和洞察力会得到提高，其主动获取和利用信息的意识也会增强，而后者的提升又会加速其发展和致富之路，形成良性循环。又如，在实践中相关部门的一些做法也值得推广借鉴。较为典型的有北京市科委农村发展中心承担的"北京郊区信息化工程 III"重大项目等。该项目在由政府部门积极创造条件，利用市场机制引导企业进入郊区信息化服务领域方面所做的探索，以及最终形成的"富农信息配送服务"、"助农远程教育服

---

① 刘向东：《中国农业信息网站建设现状分析与发展策略》，《科技资讯》2011 年第 17 期。

务"、"便农电子支付服务"和"乐农数字文化服务"四个应用系统①，不仅能让农民受益于信息化建设，还能使其信息意识在受益过程中得到极大提升。

3. 信息素养培养战略

虽然笔者调查的地区中，有反映农民、农民工对技能培训不感兴趣的情况，但这并不意味着这种技能培训战略存在什么问题。要想在短期内提高农民、农民工的生存与发展能力，这是必然的选择。而对有农民、农民工不热烈响应的问题，应在培训内容、培训方式中去找原因。

自 2004 年以来，国家着手建立以技工学校为骨干、职业培训机构为补充的职业培训体系，开始针对农民、针对拟向非农产业和城镇转移的农村富余劳动力，实施多种专项培训项目。② 作为一种治标之策，这些项目的实施，在提高农民、农民工劳动素质和职业技能水平，帮助农民、农民工创业、转移就业方面成效显著。据笔者调查，从"阳光工程"（针对农村劳动力转移培训），到"雨露计划"（帮助贫困地区青壮年农民解决在就业、创业中遇到的实际困难，最终实现发展生产、增加收入，促进贫困地区经济的发展），再到"星火计划"（以将科技火种撒向中国广大农村，指导农民依靠科技振兴农业，并引导乡镇企业健康发展，促进农村劳动者整体素质的提高，推动农业和农村经济持续、快速、健康发展为宗旨），其具体内容都以实用技术、实用技能的培训为主体。掌握一技之长，懂得一定的农业科技知识，对农民、农民工而言，确实是非常关键的。

然而，必须看到，这些培训内容有一个缺失之处，就是忽略或不重视对农民、农民工信息素养的培养。有一技之长还需知道哪里

---

① 北京市科学技术委员会：《"北京郊区信息化工程 III"项目信息助农成效显著》，2014 年 7 月 13 日（http://www.bioon.com/bioindustry/agriculture/386594.shtml）。

② 国务院新闻办公室：《中国的人力资源状况》，2014 年 9 月 10 日（http://www.mohrss.gov.cn/SYrlzyhshbzb/dongtaixinwen/difangyaowen/201009/t20100916 _ 94269.htm）。

有用武之地，具备特定的实用技能还需了解如何去使用发挥，而这些都与信息素养有关。每年各地方政府花费大量资源组织的劳务输出，据笔者调查，其在农民、农民工群体中的受欢迎程度远不如他们通过亲朋好友所获取的用工信息。原因之一就是相较个体需求而言，这些劳务输出的针对性并不强。与其花大力去做这种完全包办、成效不高的工作，倒不如实施信息素养培养战略，在各种职业技能培训中增加对他们的信息意识、信息获取技能的教育培训，完成这"最后半公里"的培训内容，实现完全的、真正意义上的"授人以渔"。

具体的培训内容可考虑以下三个方面：一是培养对信息重要性的认识。可通过典型案例，说明及时、有效的信息获取和利用对农民、农民工的自我发展、维权、自主创业、就业的重要价值和意义。这其中也包括对政府所组织实施的上述技能培训项目信息重要性的认识。二是对相关信息、信息源的介绍。通过案例形式，介绍与农民、农民工的基本生存与发展相关的各种信息及其分布状况，以及获取渠道。比如，对于农产品的销售问题，可通过将网上各种农产品购销网站、平台（如农业部农产品促销平台、中国惠农网、中国农产品信息网）信息的整合和介绍，让农民知道到哪里去销售自己的农产品，求购自己需要的农产品。三是计算机网络和信息检索基本知识与技能培训。让农民、农民工懂得基本的电脑、网络操作知识和技能。具备基本的信息检索技能，这是现代意义的新型农民应具备的基本信息素养。

4. 托底战略

如前所述，影响农民、农民工信息意识的最根本因素在于其所受教育程度。笔者对教育部和国家统计局公布的相关数据分析后得知，截至2012年，在城乡结合区、镇乡结合区和乡村的高中（普高）在读人数为5928877人，占全国高中（普高）在读人数的24.03%；农民、农民工子女小升初、初升高升学率分别为68%和19%，而全国小升初、初升高升学率分别为98.3%和88.4%；农村普通高中718所，仅占全国普遍高中总数的5.315%。这些数据表明：农村普通高中总量极少（不足6%），初升高比例不足1/5，农民、农民工子女在读高中人数占比也不足1/4，由此充分说明了中国农民、农民工基本文化素质不高的原因。

因此，要想从根本上解决其信息意识问题，还得从教育着手，这才是治本之策。而目前农民、农民工子女接受教育最大的问题就是高中阶段入学率还很低（占学龄人口的12.9%），从小学一直读到高中的比例不足1/7。因此，这里所称的托底战略，就是指通过在全国范围内尽快推行针对学龄期人群的免费普通高中（或职业高中）义务教育，从战略角度解决该部分人群文化知识水平普遍提升问题，进而从根本上解决农民、农民工信息意识的提升问题。之所以将提升对象限定在学龄期人群，主要是从农民、农民工的具体情况考虑。超过学龄期的农民、农民工，其面临的主要是生计问题，是自身及其家庭生活质量的改善问题，故其最需要的就是学习各种能直接应用到其具体生活、就业中的，在短时期内就能掌握的职业技能，这也就是国家近十年来面向他们实施各种职业技能培训项目的原因。因此，对于农民、农民工整体文化素质的提高，除了前述的信息素养培养战略等措施外，还应将重点放在对他们的子女的教育上。凡事只有从娃娃抓起，才能从根本上解决问题。

（二）制定针对上述提升方案的法律措施

要实施上述农民、农民工信息意识提升战略，从法律措施上讲，就可以通过在《弱势群体公共信息服务权益保障法》的实施细则或与之相配套的各种规范性文件中，设置各种鼓励性、限制性和禁止性法律措施来实现。比如，在鼓励性法律措施上，可以通过立法，规定各级政府在财政预算上拨付特定数额或比例的财政资金专门用于助农、惠农工程项目，用于公共信息服务平台的建设，用于公共图书馆开展的弱势群体信息素养的培养项目；可以从税收制度上对愿意从事各助农、惠农工程的相关研发、投资、生产、经营单位进行税收优惠甚至税收减免；可以简化各种助农、惠农工程的政府服务流程，减免其政府服务费用；等等。在限制性法律措施上，可以通过立法，要求相关助农、惠农工程的承担者、实施者必须具备相应的资质和条件；

要求信息素养的培养者必须具备相应的培训资质；可以通过立法要求相关助农、惠农工程的承担者、实施者必须严格遵循和落实相应的标准，按相应的程序来实施工程项目；要求公共信息服务提供主体在服务于弱势群体的软硬件建设上，必须按相应的标准来进行；还可通过立法要求各公共信息服务主体向弱势群体提供的无障碍服务必须满足各种服务质量标准，向弱势群体提供无障碍的、零成本的、及时便捷的服务；等等。在禁止性法律措施上，可以通过立法要求相关政府主体不得随意取消针对企业等营利性主体研发、投资各种助农、惠农工程所获得的税收优惠；可以通过立法要求各种相关保障主体不得将用于助农、惠农工程，用于公共信息服务平台建设，用于弱势群体公共信息服务，用于弱势群体信息素养培养等信息意识提升项目的专项资金挪作他用；等等。

总体来看，上述农民、农民工信息意识提升战略并非孤立的，而是相互联系、相互影响、相互促进的，且其实施需要通过法治的手段来实现。因而，应首先将这些战略融入前述的专门立法或其实施细则及其配套的规范性文件中，并切实协同实施这四大战略。只有这样，农民、农民工信息意识的提升才能成为现实并取得最佳效果。

第二节 弱势群体公共信息服务权益保障的法律责任

弱势群体公共信息服务权益保障中的法律责任包括民事责任、刑事责任和行政责任。民事责任是指违反民事法律规定所应承担的责任，刑事责任是指违反刑事法律规定所应承担的责任，行政责任是指违反行政法律规定所应承担的责任。其中，民事法律责任主要包括合同责任和侵权责任，合同责任是指在缔结合同过程中产生的责任以及因违反合同约定所应承担的责任；侵权责任则是指因侵犯他人合法权益所应承担的责任。

限于篇幅，本章仅从侵权责任视角探讨弱势群体公共信息服务权益保障中的法律责任。为此，需要从弱势群体公共信息服务权益保障中侵权的特殊性与类型、侵权责任的归责原则及构成要件、侵权责任的形式等方面进行研究。

一 弱势群体公共信息服务权益保障中侵权的特殊性与类型

（一）弱势群体公共信息服务权益保障中侵权的含义及特殊性

弱势群体公共信息服务权益保障中的侵权是指弱势群体公共信息服务权益保障中存在或出现的行为人（主要是指各类保障主体）侵犯弱势群体等相关主体的合法权益，并应依法承担民事责任的行为。与其他侵权行为相比，其在主体、客体、主观、客观等方面具有以下特殊性。

第一，主体上的特殊性。弱势群体公共信息服务权益保障中，侵权主体往往是负有保障义务的主体，一般为政府部门或公共信息服务主体；而被侵权主体往往是经济社会地位处于弱势状态的残疾人、老年人、少年儿童、农民、农民工、无就业人员等群体。

第二，客体上的特殊性。弱势群体公共信息服务权益保障中的侵权客体是特定的权利，往往表现为弱势群体的信息服务权益，也涉及相关利益主体的合法权益（比如第三人的隐私权、商业秘密权）。

第三，客观上的特殊性。弱势群体信息知悉、获取和利用中的侵权行为既有积极（或作为）的侵权行为，又有消极（或不作为）的侵权行为。无论哪一种，都表现为弱势群体公共信息服务权益保障中的义务主体未依法履行或正确履行其应承担的职责或义务，从而对弱势群体造成了损害（或损失）。

第四，主观上的特殊性。弱势群体公共信息服务权益保障中，弱势群体公共信息服务权益受到侵犯可能是保障主体本身的过错（包括故意和过失）造成的，也可能是保障主体以外的其他主体的过错造成，还可能是不可抗力因素造成，但多是作为保障主体的行为人的过错造成的。

（二）弱势群体公共信息服务权益保障中侵权的类型

按照不同的标准，可将弱势群体公共信息服务权益保障中的侵权行为划分为不同的类型。

1. 根据侵权人进行侵权的行为状态，可分为作为的侵权行为与不作为的侵权行为

在弱势群体公共信息服务权益保障中，作为的侵权行为指相关保障主体违反对弱势群体负有的不作为义务，以过错的作为加害于弱势群体。比如，相关保障主体违反不对弱势群体提供不安全信息规定，向弱势群体传播、提供不利于弱势群体生存与发展的不真实、虚假、欺诈性信息，提供侵犯他人知识产权、隐私权等权益的信息，以及法律法规明令禁止使用、传播的信息等。不作为的侵权行为指保障主体（如政府主体）不履行或不适当履行其所负有的弱势群体公共信息服务权益保障义务，从而导致弱势群体不能有效实现其信息权益。比如，政府主体违背政府信息公开条例或其他相关法律法规的规定，未及时公开应公开的政府信息或者未及时维护和更新已公开的政府信息；政府主体未按照相关法律规范的规定，及时拨付用于弱势群体公共信息服务权益保障的相关经费；公共信息服务主体（如公共图书馆等）违背法定义务，未向弱势群体提供有针对性、能确保其公共信息服务权益能得以实现的各种服务等。

2. 根据侵权方式，可分为信息公开中的侵权行为与信息服务中的侵权行为

信息公开中的侵权包括未公开、未及时公开、未按法律法规规定的方式公开政府信息、公共信息等弱势群体应该知晓的信息的行为；未编制、公布和及时更新有利于包括弱势群体在内的社会公众了解、获取政府信息的政府信息公开指南和政府信息公开目录的行为；信息公开中泄露了国家机密、商业秘密或个人隐私的行为等。信息服务中的侵权行为包括行政机关依申请提供政府信息时，收取除检索、复制、邮寄等成本费用外的其他费用的行为；行政机关通过其他组织、个人以有偿服务方式提供政府信息的行为；公共图书馆、档案馆等公共信息服务机构未按照法律法规规定公平、及时、便捷、无障碍地提供政府信息及其他弱势群体应该获取或可以获取的信息的查阅、获取及主动推送服务的行为，未制定并落实对弱势

群体的免费开放服务和特色服务的行为等。

3. 根据侵权构成要件，可分为弱势群体公共信息服务权益保障中的一般侵权行为与特殊侵权行为

侵权行为人是否具有过错是区分这两种侵权行为的标准。弱势群体公共信息服务权益保障中的一般侵权行为，指行为人因过错而实施的侵权行为。如相关保障主体未按照相关法律规范的明确规定公开或正确公开应公开的政府信息等。弱势群体公共信息服务权益保障中的特殊侵权行为，指当事人无过错实施的侵权行为。如相关保障主体所提供的用于获取、传递和利用信息的产品存在质量问题而给弱势群体消费者造成损害等。

4. 根据侵权行为与侵权后果之间的相关性，还可分为直接的侵权行为与间接的侵权行为

直接的侵权行为指相关义务主体的行为给弱势群体的公共信息服务权益造成直接损害的行为。如向弱势群体提供不真实、具有欺诈性的不安全信息的行为，向弱势群体提供公共信息时收取不该收取的费用的行为，不当限制弱势群体对公共信息及公共信息服务场所（如公共图书馆）的使用的行为等。间接的侵权行为指由于行为人的行为或不作为间接导致弱势群体的公共信息服务权益受到损害的行为。例如，公共图书馆未及时开展（或完善）弱势群体所需信息资源建设、未进行无障碍物理环境和无障碍信息获取设施建设、未开展弱势群体信息素养培养的相关活动，政府主体未及时足额拨付用于保障弱势群体公共信息服务权益的相关经费的行为，等等。这些行为虽然不会直接造成弱势群体公共信息服务权益的损害，但会因为这些行为而使与弱势群体的公共信息服务权益保障直接相关的服务不能开展或不能有效开展，从而损害弱势群体的公共信息服务权益。

二　弱势群体公共信息服务权益保障中侵权责任的归责原则及构成要件

（一）弱势群体公共信息服务权益保障中侵权责任的归责原则

侵权行为的归责原则是行为人的行为致人损害时，据以确定行

为人侵权责任的标准和依据，是司法机关判定侵权构成、处理侵权纠纷的基本准则。由于弱势群体公共信息服务权益保障中侵权行为涉及多方主体，而各种主体在保障弱势群体公共信息服务权益中的职责和义务又各不相同，因此其承担责任的归责原则也应有所不同。

1. 政府主体的侵权归责原则

政府在弱势群体公共信息服务权益保障中扮演着多重角色，它既是相关法律规则的制定者，也是最主要的保障责任承担者和买单者，还是弱势群体公共信息服务权益保障活动的组织者、监管者，以及政府信息的生产者、提供者与维护者。其中，政府在履行生产、公开与提供政府信息的职责中，往往容易出现直接侵犯弱势群体信息权益的行为，而对其他职责的履行则一般不会直接侵犯弱势群体的信息权益，因此这里所探讨的侵权归责原则主要针对政府主体在信息公开中可能出现的侵权行为展开。

本书认为，政府主体在弱势群体公共信息服务权益保障中应实行过错推定责任原则。

首先，从理论上说，政府信息公开采取法律明文规定的原则，即政府必须也只能按照法律明文规定的范围、方式和程序公开政府信息。换句话说，对于法律规范明文规定的政府信息公开职责，政府主体是知道的或应知道的。在此情形下，政府主体没有（或没有正确地）按照法律规定公开政府信息的行为本身就是违反法律规范的义务性规定的，自然表明政府主体存在过错（或推定其有过错），而无论政府主体内部的具体责任部门或责任人是否实际存在过错。从这个意义上说，政府主体在政府信息公开中的侵权责任应实行过错推定责任原则，即无论政府主体（含其内部责任部门或责任人）是否实际存在过错，只要其没有（或没有正确地）按照法律规范的明文规定向弱势群体公开政府信息而导致弱势群体信息权益受损，应推定其存在过错，从而应承担相应的侵权责任。

其次，在实践上看，相关立法实践也说明对政府主体应适用过错推定责任原则。《政府信息公开条例》第35条规定了6种行政机关违反该条例应被追究责任情形：①不依法履行政府信息公开义务的；②不及时更新公开的政府信息内容、政府信息公开指南和政府信息公开目录的；③违反规定收取费用的；④通过其他组织、个人以有偿服务方式提供政府信息的；⑤公开不应当公开的政府信息的；⑥违反本条例规定的其他行为。《四川省政府信息公开过错责任追究办法》第7条将《政府信息公开条例》第35条规定进行了合并与扩充，即将上述第③和第④两种情形合并为一种，其余保留，同时还增加了四种情形，即不按照政府信息公开相关规定进行保密审查的；公开的政府信息内容不真实或弄虚作假的；无正当理由不受理、拖延办理申请公开政府信息的；拒绝、阻挠、干扰政府信息公开工作监督检查的。所有这些规定都明确说明政府主体只要存在上述情形之一，即被视为有过错，因而要承担相应的法律责任。

2. 公共信息服务主体（公益性信息服务主体）的侵权归责原则

这里的公共信息服务主体，主要指公共图书馆、档案馆、博物馆等公益性信息服务机构。对于这类主体在弱势群体公共信息服务权益保障中的侵权行为，本书认为应视不同情况适用不同的归则原则。

第一种情况，对于该类主体未履行或未正确履行法律规范明文规定的弱势群体公共信息服务权益保障职责的，应适用过错推定责任原则。其理由在于：①公益性信息服务机构的基本社会职责或社会功能之一就是为包括弱势群体在内的社会公众提供无偿信息服务。这无论从其产生与发展的历史上还是从社会对其的需求上都有充分体现。随着社会的不断发展，该类机构的这种服务职责与功能也在不断加强。也就是说，无偿为包括弱势群体在内的社会公众提供信息服务，不断满足包括弱势群体在内的社会公众日益增长的文化信息需求，既是公益性信息服务机构存在的目的，也是其发展所追求的目标。因此，从理论上说，公益性信息服务机构对其必须履行的这一基本社会职责与功能是知道的，也是应该知道的。这就意味着，如果公益性信息服务机构没有履行（或恰当履行）这一社会职责或功能，从而给弱势群体及其他社会公众的公共信息服务权益权造成侵害的，即可推定其主观上存在过错，因而应承担相应的法律责任。②如果对公益性信息服务机构在弱势群体公共信息服务权益保障中的侵权行为适用过错责任原则，那么按照谁主张、谁举证的举证规则要求，弱势群体必须为公益性信息服务机构未履行或未正确履行其所承担的保障职责而举证，这势必增加弱势群体公共信息服务权益的保障成本。同时，这在实践中也基本不具备可操作性。因为弱势群体的信息意识、信息能力、文化水平等本来就很低，因而他们基本上不具备举证能力，让其举证实质上是不现实的。导致的结果是使公益性信息服务机构很少会为其不履行应履行的保障职责而承担任何法律责任，这不符合充分保障弱势群体的公共信息服务权益精神。相反，如果适用过错推定责任原则，那么只要公益性信息服务机构不能充分证明其无过错，就必须承担相应的法律责任。这不仅有利于充分保障弱势群体的公共信息服务权益，也有利于极大地促进公益性信息服务主体为弱势群体信息服务意识的增强和服务质量的提高。

第二种情况，在法律规范没有明文规定其应向弱势群体提供信息服务保障职责的前提下（即超出了该类主体所承担的弱势群体信息权益保障服务范围），如同为一般社会公众服务一样，该类主体基于其本身的信息服务职能或信息服务合同约定，向弱势群体提供信息服务产品（如专题咨询服务报告、查新咨询服务等）从而造成弱势群体损害的，应适用无过错责任原则。其理由在于，这种由公益性信息服务主体为弱势群体提供的信息服务产品，具有一般产品的共同属性。而对因产品质量造成消费者损害适用无过错责任原则是各国的普遍做法，因此，对这里所言的信息服务产品质量问题造成的对弱势群体的损害应同样适用无过错责任原则。

3. 非政府组织的侵权归责原则

如前所述，本书所指的非政府组织主要包括残联、妇联、工会、老年协会、中国青少年网络协会等。对于这类主体在弱势群体公共信息服务权益保障中的侵权行为，本书认为应适用过错推定责任原则。

上述非政府组织是相应弱势群体的统一服务组织，各组织成立的宗旨就是要代表并维护相关弱势群体的合法权益，为相关弱势群体服务。就拿中国残联来说，其宗旨是"弘扬人道主义思想，发展残疾人事业，促进残疾人平等、充分参与社会生活，共享社会物质文化成果"。其职能是"代表残疾人共同利益，维护残疾人合法权益；团结教育残疾人，为残疾人服务；履行法律赋予的职责，承担政府委托的任务，管理和发展残疾人事业"。[①] 再拿中国青少年网络协会来说，该协会在其章程中明确规定，协会是"从事互联网工作、青少年工作或其他相关工作的组织和优秀个人自愿联合结成的全国性社会团体，是非营利性社会组织"，其宗旨是"推进网络文明建设、促进网络产业发展、培养优秀网络人才、服务青少年健康成长"。[②] 可见，维护相关弱势群体在公共信息服务权益保障中的合法权益，为其提供公共信息服务权益保障服务就是这些非政府组织义不容辞的职责和义务。因此，作为自身成立的宗旨及社会职责，其必然是知道的，也是应该知道的。如果不履行或不恰当履行这一职责，则说明其在主观上就存在故意或过失。换句话说，即可推定其主观上存在过错，理应承担相应的法律责任。

4. 营利性机构的侵权归责原则

对于营利性机构（如公司、企业等）在弱势群体公共信息服务权益保障中的侵权行为，本书认为应根据不同的情况，适用不同的责任原则。

首先，对于因公司企业生产的信息产品存在质量问题而对弱势群体消费者造成损害的，应适用无过错责任原则。弱势群体对信息的知悉、获取和利用都离不开对相关信息公开、传播和利用设备设

---

① 《中国残联的主要职能》，2014 年 12 月 10 日（http：//www. cdpf. org. cn/clgk/content/2011 -04/13/content_ 30318407. htm）。

② 《中国青少年网络协会简介及章程》2014 年 9 月 17 日（http：//news. xinhuanet. com/games/2010 -10/13/c_ 12653753_ 2. htm）。

施的使用。如果这些设备设施存在质量问题，必然对弱势群体的财产和人生造成损害。而对因产品质量造成消费者损害适用无过错责任原则是各国的普遍做法，因此，在此方面适用无过错责任原则，是中国侵权责任法的规定，也与世界各国的做法相接轨。

其次，对于除产品质量以外的其他侵权行为，应适用过错推定责任原则。营利是营利性机构存在的根本目的，故以市场需求为导向进行经营管理是营利性机构的主要特征。虽然公司企业都有相应的社会责任，但这并不能取代其营利性这一根本目的和特征。同时，是否承担弱势群体公共信息服务保障义务，这主要取决于相关公司企业自身对其社会责任的认知程度。国家只能通过采取鼓励性法律措施的手段让其自愿承担这一社会责任。从这一角度看，对于公司企业等营利性主体在承担这一保障义务的过程中存在的除产品质量外的其他侵权行为，不能适用无过错责任原则，否则将会削弱公司企业承担履行其在此方面社会责任的积极性。那么，能否对其适用过错责任原则呢？如果适用过错责任原则，则会出现弱势群体的公共服务权益不能得到有效保障的局面。因为弱势群体在各方面的弱势状况严重制约了其举证说明自身合法权益受到侵害的能力。因此期待其提供相应的证据来说明其权益受到侵害是完全不现实的。从这个意义上说，不宜对其除产品质量以外的其他侵权行为适用过错责任原则。那么，对于营利性机构除产品质量以外的其他侵权行为，既不能适用无过错责任原则，又不能适用过错责任原则，那么该适用什么原则？本书认为，应适用过错推定责任原则。因为这可以兼顾营利性机构所具有的主要是营利性，同时又具有社会责任性的性质，这样既可以避免其不承担责任，又可以避免其承担过重的责任。

（二）弱势群体公共信息服务权益保障中侵权责任的构成要件

弱势群体公共信息服务权益保障中侵权责任的构成要件因侵权行为的不同而不同。对于一般侵权行为，以侵权行为、损害事实、因果关系和过错共同组成责任构成要件。对于特殊侵权行为，以侵权行为、损害事实和因果关系作为责任构成要件。

1. 侵权行为

中国《民法通则》第 106 条第 2、3 款规定："公民、法人由于过错侵害国家的、集体的财产，侵害他人财产、人身的，应当承担民事责任。""没有过错，但法律规定应当承担民事责任的，应当承担民并责任。"《侵权责任法》第 6 条、第 7 条规定："行为人因过错侵害他人民事权益，应当承担侵权责任。根据法律规定推定行为人有过错，行为人不能证明自己没有过错的，应当承担侵权责任。""行为人损害他人民事权益，不论行为人有无过错，法律规定应当承担侵权责任的，依照其规定。"因此，侵权行为就是指行为人由于过错侵害他人的财产和人身，依法应承担民事责任的行为，以及依法律特别规定应当承担民事责任的其他损害行为。而本书所指的侵权行为就是指上述弱势群体公共信息服务权益保障中的一般侵权行为和特殊侵权行为。

2. 损害事实

根据侵权法的一般原理，损害事实是侵权责任存在的基础和前提，无损害即无侵权。也就是说，如果不存在损害事实，也就不存在侵权责任。那么，什么是弱势群体公共信息服务权益保障中的损害事实呢？

损害作为一种事实状态，是指因一定的行为或事件使某人受侵权法保护的权利和利益受到某种不利的影响，它包括财产损失、人身伤害和死亡、精神损害。而在弱势群体公共信息服务权益保障中，这种损害事实的体现则显得比较特殊。因为弱势群体公共信息服务权益保障中的损害主要表现为侵害弱势群体的信息权益，其直接后果就是使弱势群体不能公平便利地知悉、获取和利用其有权知道、有权获取、有权利用的信息，这是对弱势群体既得利益的损害。而这些信息的不知、不能获取与其财产、人身及精神又有何联系呢？在当今大数据时代，信息已成为一种重要的战略资源，其重要性不言而喻。对于弱势群体而言，信息对其融入社会，充分行使自己的合法权益，改善自己的生存与发展状况具有重要作用。而生存与发展状况的改善，从某种意义上说，就是弱势群体个人财产的增长，能力的增强，社会地位的提高。因此，充分知悉、获取和利用信息，就意味着弱势群体能够获得更多的生存与发展的机会，而这种生存与发展机会即是弱势群体在知悉、获取和利用信息后的一种可得利益。因此，在弱势群体公共信息服务权益保障中的损害事实，就是对弱势群体不能公平、便利地知悉、获取和利用其有权知道、有权获取、有权利用的信息这种既得利益的损害，以及因其不能知悉、获取和利用信息而丧失应有的生存与发展机会的可得利益的损害。

3. 因果关系

这里的因果关系是指行为人的侵权行为与损害事实之间的因果联系。因果关系是归责的基础和前提。这是由责任自负规则以及确定责任范围所要求的。责任自负规则要求任何人对自己的行为所造成的损害后果承担责任，其他人不负责任。这就要求确定损害结果发生的真正原因。在不能依过错程度决定责任范围，或依过错程度决定责任范围有失公平时，则应依因果关系程度决定责任范围。

对弱势群体公共信息服务权益保障中存在的侵权行为，该如何确定因果关系呢？对因果关系的确定，目前有"必然因果关系说"与"相当因果关系说"。前者是指行为人的行为与损害结果之间存在内在的、必然的联系时，才是法律意义上的因果联系。后者指行为人的行为与损害结果之间不要求有直接因果关系，只要该行为构成损害结果的适当条件，行为人就应当对其承担责任。笔者认为，对于弱势群体公共信息服务权益保障侵权中因果关系的确定，是个相当复杂而特殊的问题，应综合考虑各种相关因素。较为恰当的选择是"有限制的相当因果关系说"，即只要信息保障主体没有（或没有正确）履行其信息保障职责（或义务）构成弱势信息服务权益受损的原因，无论是部分原因还是全部原因，都应由信息保障主承担相应的侵权责任。

一方面，根据责任自负规则要求，行为人应对自己行为所造成的损害后果承担责任，而不论该行为是造成损害的全部原因还是部分原因。既然信息保障主体没有（或没有正确）履行自己的信息服务保障职责或义务，那么就应对因此造成的损失或损害承担责任。否则，就会导致一些有明显过错的侵权人逍遥法外，从而不利于弱势群体公共信息服务权益的保障与实现。

另一方面，由于弱势群体在经济、社会上处于弱势地位，其信息服务权益的实现，除了需要依靠自身的因素或条件外，还需要（甚至主要）依赖政府、公共信息服务机构等主体的信息保障。在许多情况下，如果没有政府、公共信息服务机构等各种主体有效地提供信息服务保障，那么就难以甚至不可能实现弱势群体的公共信息服务权益。从这个意义上说，本着保护弱者原则的要求，对弱势群体实行倾斜保护政策，就有必要加重政府、公共信息服务机构等各种保障主体的信息保障责任，让没有（或没有正确）履行信息保障职责或义务的政府、公共信息服务机构、非政府组织、营利性机构等保障主体承担侵权责任。

4. 过错

过错是指行为人通过违背法律和道德的行为表现出来的主观状态，是行为人的主观意志和违法行为的统一。它是法律和道德对行为人行为的否定评价，具有非法性和非道德性。① 故意和过失是过错的两种基本表现形式。故意是指行为人已经预见到其行为所会产生的结果，仍然希望、放任，甚至有意促成该结果的发生。过失是指行为人对自己行为的结果，应当预见或者能够预见而没有预见到，或虽然预见到了但却存其不会发生的侥幸心理。

在弱势群体公共信息服务权益保障中，对各类保障主体（或义务主体）过错的认定问题并不复杂。因为作为弱势群体公共信息服务权益保障的主要主体，政府主体、公共信息服务机构、非政府组织、营利性机构等都不属于个体性的自然人主体，它们都有自己的宗旨、管理、运行和发展规划、制度等其严格按照宗旨和相关规定履行自身所承担的法律义务本来就是其存在的基本目标和任务。这

---

① 赵媛：《网络侵权的法律问题》，《情报学报》2002 年第 2 期。

就说明它们对自身的社会职责、法律义务是完全应该明了的。因而，如果它们未履行自己的法律义务，那么可以说其主观上的过错（含故意或过失）就是显而易见的。比如，对于政府主体，只要其未按《政府信息公开条例》等相关法律规范的要求公开或未正确公开政府信息，即可认定其主观上存在过错。具体存在过错的情形，《政府信息公开条例》第35条进行了详细列举。① 又如，对于公共信息服务主体，只要其未履行或未正确履行法律规范明文规定的，其应向弱势群体承担的信息服务保障职责或义务（比如公共图书馆未针对残疾人开展无障碍信息获取服务；未针对享受信息低保的弱势群体提供主动的、有针对性的信息推送服务；公共图书馆所提供的信息产品存在信息不准确、不真实、不全面等质量问题），就可认定其主观上存在侵权的故意或过失。

三 弱势群体公共信息服务权益保障中的侵权责任形式

（一）有关侵权责任形式的立法现状分析

1. 现有相关立法存在的问题

关于弱势群体公共信息服务权益保障中侵权责任形式，综观现有相关法律规范存在如下问题。

（1）针对政府主体、公共信息服务主体、营利性服务主体等非个体性侵权主体，其侵权责任形式以行政责任为主、刑事责任为辅，少有民事责任形式。首先，就政府主体看，在《残疾人保障法》、《未成年人保护法》、《老年人权益保障法》、《行政诉讼法》、《互联网上网服务营业场所管理条例》、《政府信息公开条例》等法律规范中，都在一定程度和范围上涉及政府主体在公共信息服务权

---

① 《政府信息公开条例》第35条规定："行政机关违反本条例的规定，有下列情形之一的，由监察机关、上一级行政机关责令改正；情节严重的，对行政机关直接负责的主管人员和其他直接责任人员依法给予处分；构成犯罪的，依法追究刑事责任：（一）不依法履行政府信息公开义务的；（二）不及时更新公开的政府信息内容、政府信息公开指南和政府信息公开目录的；（三）违反规定收取费用的；（四）通过其他组织、个人以有偿服务方式提供政府信息的；（五）公开不应当公开的政府信息的；（六）违反本条例规定的其他行为。"

益保障中的侵权责任形式问题。然而，综观这些法律规范，专门针对政府主体的侵权责任形式主要是行政责任。比如，《老年人权益保障法》第73条规定："不履行保护老年人合法权益职责的部门或者组织，其上级主管部门应当给予批评教育，责令改正。"《未成年人保护法》第60条规定："国家机关及其工作人员不依法履行保护未成年人合法权益的责任，或者侵害未成年人合法权益，或者对提出申诉、控告、检举的人进行打击报复的，由其所在单位或者上级机关责令改正，对直接负责的主管人员和其他直接责任人员依法给予行政处分。"《政府信息公开条例》第35条规定，行政机关违反本条例的规定的，由监察机关、上一级行政机关责令改正；情节严重的，对行政机关直接负责的主管人员和其他直接责任人员依法给予处分。其次，就公共信息服务主体看，其侵权责任形式仍主要是行政责任。比如，《北京市图书馆条例》第42条规定："违反本条例有下列行为之一的，由文化行政主管部门责令限期改正；情节严重的，由文化行政主管部门或者图书馆上级主管部门对负有直接责任的主管人员和其他直接责任人员给予行政处分：（一）未按规定向读者开放或者任意限定借阅范围的；（二）未按规定进行公示的；（三）擅自向读者收取费用的；（四）其他不履行图书馆服务要求或者损害读者权益的。"此外，《湖北省公共图书馆条例》、《四川省公共图书馆条例》、《深圳经济特区公共图书馆条例》等省、市公共图书馆条例中，有关侵权责任形式的规定同样都是行政责任，且内容与《北京市图书馆条例》内容雷同。再次，就营利性服务机构看，其侵权责任形式同样是以行政责任为主。比如，《就业促进法》第65条规定："违反本法规定，职业中介机构提供虚假就业信息，为无合法证照的用人单位提供职业中介服务，伪造、涂改、转让职业中介许可证的，由劳动行政部门或者其他主管部门责令改正；有违法所得的，没收违法所得，并处一万元以上五万元以下的罚款；情节严重的，吊销职业中介许可证。"最后，部分法律规范还涉及刑事责任的规定，一般都以"构成犯罪的，依法追究刑事责任"的形式出现。

（2）针对特定类型弱势群体（即未成年人、残疾人）的合法权益的侵权行为，其责任形式涉及民事责任。比如，在《未成年人保护法》和《残疾人保障法》中都有类似的规定："违反本法规定，侵害未成年人的合法权益，其他法律、法规已规定行政处罚的，从其规定；造成人身财产损失或者其他损害的，依法承担民事责任。""侵害残疾人的合法权益，其他法律、法规规定行政处罚的，从其规定；造成财产损失或者其他损害的，依法承担民事责任。"这些规定针对的是所有的侵权行为主体，而并未限定于哪类侵权行为主体。同时，这类规定也没有明确针对弱势群体的哪一种合法权益。因而就应包括其所有的合法权益，故应该可以适用于弱势群体公共信息服务权益保障中的侵权行为。

（3）针对信息安全权方面的侵权责任形式，以刑事责任、行政处罚为主，民事责任为辅。比如，《全国人民代表大会常务委员会关于加强网络信息保护的决定》第 11 条规定："对有违反本决定行为的，依法给予警告、罚款、没收违法所得、吊销许可证或者取消备案、关闭网站、禁止有关责任人员从事网络服务业务等处罚，记入社会信用档案并予以公布；构成违反治安管理行为的，依法给予治安管理处罚。构成犯罪的，依法追究刑事责任。"再如，在《全国人民代表大会常务委员会关于维护互联网安全的决定》中总共有7 条相关规定，其中前 5 条就明确规定责任形式是刑事责任，仅有第 6 条是行政处罚和民事责任。

2. 弊端分析

（1）民事责任形式的欠缺，使弱势群体因其公共信息服务权益受侵害而遭受的人身与财产方面的损害或损失不能得到实际补偿。如前所述，行政责任和刑事责任是弱势群体公共信息服务权益受到侵害时，尤其是受到政府、公共信息服务机构等非个体侵权主体侵害时，侵权主体承担的责任形式。那么，在民事责任欠缺的情况下，弱势群体所遭受的人身与财产损害或损失能得到有效补偿或弥补吗？答案是否定的。下面我们就以一个真实的案例来剖析这一问题。

2009 年 9 月 1 日，河北省石家庄市民王翠棉诉石家庄市工商行政管理局信息公开违法一案开庭审理。该案是自《政府信息公开条例》颁布后出现的首例公民个人以政府不公开相关信息为诉讼理由而将政府告上法庭的案件。在该案中，原告方的主要诉讼请求是要求判令被告向原告公开石家庄市金宝贸易有限责任公司（下称"金宝公司"）的工商登记档案。原告方为何要起诉被告呢？作为原告方的王翠棉诉称：金宝公司 1994 年成立。其父亲王破盘生前是金宝公司的董事长，是公司的主要创始人，持有公司 80% 股份。1995 年 10 月，中外合资企业河北金华停车综合服务中心（下称"金华中心"）成立，金宝公司占 75% 的股份，外商占 25% 股份。作为大股东的代表，王破盘担任了金华中心的董事长直至去世。2008 年 8 月 8 日，王破盘因心脏病突发猝死。8 月 17 日原告方发现金华中心的营业执照早在 8 月 14 日就已在工商部门作了变更，董事长也已易人，并且锁在其父亲办公室柜子里的公司所有档案也不见了。现金宝公司其他股东却否认王破盘拥有公司股份，原告方已向法院提起了股权确认之诉。为证明王破盘在金宝公司的股权，原告方于 2008 年 10 月 15 日向被告方提出查询金宝公司档案材料申请遭到拒绝。11 月 3 日，被告方授权该局下属企业注册分局在一份"股权说明"中称，"金宝公司"的企业档案"尚未找到"。2009 年 6 月 29 日，另一继承人王中信依据《政府信息公开条例》再次提出申请仍然未果。对此，作为被告方的石家庄市工商局辩称，由于金宝公司没有参加 2001 年度企业年检，该公司已于 2002 年 12 月 12 日被依法吊销营业执照，只是至今未办理注销登记手续。对于被吊销营业执照的企业档案，工商局负责企业登记的企业注册分局通常以死档处理，系统中没有其有关信息。同时，2008 年该局企业注册分局迁址，后清理发现包括金宝公司在内的类似企业档案部分丢失，已无法公开。①

---

① 李曙明：《申请查寻公司登记档案被拒　市民将工商告上法庭》，中国法院网，2009 年 9 月（http：//old. chinacount. org/html/article/200909/09/373115. shtml）。

从该案报道的情况看，尽管报道中没有显示出原告方是否提出民事侵权赔偿要求，然而事实上该案至少已经存在（或涉及）侵权的民事赔偿责任问题。比如，除涉及政府信息公开范围外，还涉及应公开的政府信息是否构成相关权利主体权利诉求的关键乃至唯一证据，作为保障主体的政府部门未履行（或未适当履行）政府信息公开义务与权利主体的权利受损事实之间是否构成因果关系，政府部门在未履行（或未适当履行）其政府信息公开义务时是否承担以及如何承担赔偿责任、侵权及赔偿的举证责任承担等问题。其中，最重要的是，政府部门在未履行（或未适当履行）其政府信息公开义务时是否应承担侵权赔偿责任以及如何承担侵权赔偿责任。

作为保障主体的政府部门在政府信息公开中处于绝对优势地位，而社会公众在政府信息公开中处于信息不对称的绝对弱势地位。如果政府主体在信息公开中的侵权责任不含民事赔偿形式，虽然具体的责任人会受到相应的行政处罚，但这种处罚实质上对权利人合法权益所受到的损害有时并没有多大的挽回、救济或补偿意义。在上述案例中，如果真如被告石家庄市工商局所称的那样已将原告所要求公开的相关信息丢失，那么不论具体责任机构或责任人因其不能公开相关信息而受什么样的行政处分对原告的可得利益的损害都是难以弥补的。同样地，公共信息服务机构（如公共图书馆）作为最主要的公共信息服务主体，其更是各种信息的收藏中心、集聚中心和服务中心。如果对其未有效履行其公共信息服务职责和义务对弱势群体所造成的损害仅仅以行政责任形式进行处罚，那对弱势群体已经受到的损害补救可能是没有价值和意义的。比如，就业信息和针对残疾人开展的康复计划信息等都具有很强的时效性。延迟获取这些信息与不获取这些信息实质上是一回事，其导致的结果就是使相关弱势群体丧失就业机会或康复机会。因此，仅仅让公共图书馆承担"责令限期改正"或受处分这些行政责任对弱势群体实际受到的损失并没有多大的救济意义。可以说，这种公权与私权的冲突并未得到有效平衡。

弱势群体作为社会中需要得到关注的特殊群体，他们没有竞争力，缺乏话语权。权利受损时甚至不具备为自己权利申诉的意识和能力。因此，如果其公共信息服务权益受到损害而又不能得到相应的实实在在的法律救济，那对其造成的损害甚至可能是影响其基本的生存状况。有学者认为："政府行政机关往往掌握着大量关系社会公共安全、国计民生的重要信息，同时有一部分信息还有可能会影响公民、法人的切身利益，如果政府不能够积极履行职责公开信息给社会、公民造成经济损失或是其他损失，作为责任方政府行政机关不能够以责令公开这种事后补救方式就一概而论逃避责任，而应该承担一定的财产惩罚或是补偿责任。"①

（2）侵权责任形式不统一容易导致不同类型弱势群体公共信息服务保障的不公平现象发生。从上述分析可看出，首先，针对侵犯残疾人和未成年人合法权益的侵权行为，侵权主体的责任形式包括行政责任、民事责任和刑事责任三种形式。而针对老年人的侵权行为，侵权主体的责任形式只有行政和刑事两种形式。这就意味着，由于相关保障主体未履行（或未恰当履行）其信息服务保障义务而对老年人造成的人身或财产损失，老年人并不能获取相应的民事赔偿。其次，现有法律规范在针对无就业人员、农民、农民工等其他弱势群体公共信息服务权益保障中的侵权责任及责任形式却没有任何专门系统的规定。很显然，这种侵权责任及责任形式的不统一和不全面，有悖于弱势群体信息服务保障的公平原则，容易导致不同类型弱势群体公共信息服务保障的不公平现象发生。

（二）侵权责任的立法建议

为了实现弱势群体公共信息服务权益保障的目的，结合上述问题与弊端的分析，本书认为在弱势群体公共信息服务权益保障中，侵权主体的侵权责任形式应全面覆盖行政责任、民事责任和刑事责任三种方式，要体现对弱势群体充分的特殊的保护，要让侵权者承担相应的侵权成本。具体来说，主要包括以下几个方面。

---

①　刘玥辉：《政府信息公开背景下的政府责任追究制度研究》，硕士论文，兰州大学，2010 年。

一是要体现对所有弱势群体的充分保护，不能因被侵权主体类型（即弱势群体类型）的不同而在法律责任形式上存在歧视。即无论侵犯哪种弱势群体的信息服务权益，都应体现法律的统一性和平等性要求。规定由侵权者（或违法犯罪者）因其行为的社会危害性、情节轻重等因素而承担相应的民事责任、行政责任、刑事责任等责任形式，而不能明确规定只承担其中的部分责任形式甚至一种责任形式。当然，侵权主体在具体侵权行为中是否都要承担这三种责任形式，则视具体个案而定。但从法律规定上看，则应明确规定只要侵权者（或违法犯罪者）侵犯弱势群体上述服务权益的，要根据其社会危害性、情节轻重等因素承担相应的民事责任、行政责任或刑事责任。

二是要充分体现权利、义务、责任相一致原则，体现侵权成本承担要求，不因保障主体类型的不同而在法律责任形式上存在歧视。侵权者不仅因为其侵权行为而应承担法律责任，而且应一视同仁地承担所有的法律责任。不能因为某些保障主体属于政府主体或者公益性保障主体就减少其应承担的法律责任（尤其是民事责任），也不能因为某些保障主体属于非公益性主体就随意增加其法律责任，更不能因为保障主体身份的不同而通过侵权行为获取非法利益，必须真正让侵权者（或违法犯罪者）承担相应的侵权成本（或违法犯罪成本）。为此，需要改变目前因保障主体身份不同而在侵犯弱势群体信息服务权益上的侵权责任形式歧视现象，让所有侵犯弱势群体公共信息服务权益者承担平等的法律责任形式，并对于一切违反相关法律义务的行为规定相应的法律责任。否则，没有相应的法律责任，何谈承担责任的形式？没有平等的法律责任承担，何来真正意义上的法律面前人人平等呢？就更谈不上法治国家、法治政府、法治社会一体建设了。

三是应充分考虑弱势群体信息服务权益保障的要求，切实体现对弱势群体信息服务权益的特殊保护。就拿公共图书馆来说，作为最主要的弱势群体公共信息服务权益保障主体之一，弱势群体的公共信息服务权益能否得到有效保障，与公共图书馆是否有效履行其肩负的保障职责和义务有着根本联系。比如，享受信息低保的弱势群体的信息知悉、获取和利用，公共图书馆的保障性服务在其中起着决定性作用。如果公共图书馆不履行（或不恰当履行）其保障职责，其导致的结果甚至可能会影响到这部分弱势群体的基本生存状况，而仅仅让公共图书馆为此承担相应的行政责任是难以有效弥补弱势群体遭受的损失的。让其同时承担相应的民事赔偿责任则是应有的选择，这也是《侵权责任法》所要求的。《侵权责任法》第2条规定："侵害民事权益，应当依照本法承担侵权责任。"既然是民事权益，承担的当然是民事责任，而责任方式或内容以停止侵害、赔偿损失为主。为此，有必要在《政府信息公开条例》、《公共图书馆条例》等实体法中明确规定在政府信息公开中，在公共图书馆的信息服务中的侵权赔偿责任。比如，可以明确规定政府部门未履行（或未适当履行）其政府信息公开义务导致相关权利人受到损失的，应承担相应的民事赔偿责任。当然，在实际操作中如何确定赔偿范围或赔偿数额是一个难点，还有待做进一步深入系统的探究，但原则上应赔偿受害人既得利益和可得利益所受到的损害。还需要说明的是，由于弱势群体的经济与社会弱势状况，这种民事赔偿责任要具有预先执行性、及时执行性，否则就可能进一步损害弱势群体信息服务权益。

附录 1　老年人、残疾人、农民工和无就业人员的性别、年龄、常住地、婚姻等基本情况表

群体		残疾人		老年人		农民工		无就业人员	
		统计指标	值	统计指标	值	统计指标	值	统计指标	值
性别比例		男	53.70	男	61.80	男	60.30	男	56.30
		女	46.30	女	38.20	女	39.70	女	43.70
年龄分布百分比		26 岁及以下	19.42%	63 岁及以下	34.10%	26 岁及以下	24.10%	28 岁及以下	27.10%
		38 岁及以下	62.83%	67 岁及以下	53.50%	38 岁及以下	51.10%	29—40 岁	24.90%
		45 岁及以下	86.09%	72 岁及以下	76.00%	45 岁及以下	74.90%	41—49 岁	23.10%
		70 岁及以下	100%	98 岁及以下	100.00%	70 岁及以下	100%	50 岁及以上	24.90%

..

续表

群体		残疾人	老年人	农民工	无就业人员
性别与平均年龄	男性	36.51	67.9	37.82	39.38
	女性	35.01	69	35.59	38.93
常住地比例	省会城市	12.90%	6.50%	10.10%	27.10%
	市县区级等省会以下城市	67.70%	24.70%	27.40%	24.90%
	乡镇	10.30%	18.80%	30.30%	23.10%
	村组	9.10%	48.20%	32.10%	24.90%
婚姻比例	已婚	70.50%	97.10%	77.40%	78.30%
	未婚	29.50%	2.90%	22.60%	21.70%
性别与婚姻状况对应比例	男性已婚	68.44%	—	80.60%	73.00%
	男性未婚	31.56%	—	19.40%	27.00%
	女性已婚	72.91%	—	73.90%	85.60%
	女性未婚	27.09%	—	26.10%	14.40%
婚姻与平均年龄	已婚残疾人 / 已婚农民，农民工 / 已婚无就业人员	36.47	—	40.48	41.32
	未婚残疾人 / 未婚农民，农民工 / 未婚无就业人员	30.34	—	23.43	31.48

注：由于老年人的已婚和未婚比例相差悬殊（97.10：2.90），有些指标数据的绝对值十分小，比如男性未婚、女性未婚和未婚残疾人平均年龄。因此，对于老年人的性别与婚姻比例，及老年人的婚姻与平均年龄，此表未作详细列示。

425

附录 2 老年人、残疾人、农民工和无就业人员的受教育程度、平均年龄、职业和主要收入来源表

弱势群体		农民工	无就业人员	残疾人	老年人
受教育程度	小学	百分比（%）	百分比（%）	百分比（%）	百分比（%）
		26.30	14.20	17.70	54.10
	初中	48.30	37.20	47.50	24.10
	高中及以上	25.40	48.60	34.80	21.80
受教育程度与平均年龄	受教育程度	平均年龄	平均年龄	平均年龄	平均年龄
	小学	42.16	36.36	41.24	68.7
	初中	37.1	32.85	38.55	68.4
	高中及以上	33.47	24.01	36.71	66.2

弱势群体		农民工 百分比（%）	无就业人员	残疾人 百分比（%）	老年人 百分比（%）
所从事职业	政府部门务工	2.80	—	0.70	5.90
	事业单位务工	4.20	—	5.30	7.40
	企业务工	17.90	—	62.40	8.60
	社会团体部门务工	2.40	—	1.10	4.40
	个体经营	10.80	—	4.20	6.10
	其他零工	33.10	—	11.10	5.60
	务农	23.70	—	6.30	49.00
	待业	5.10	—	8.90	13.00
主要收入来源		百分比（%）	—	百分比（%）	百分比（%）
	务农	26.80	—	0.60	44.90
	政府救济	2.80	—	3.60	13.60
	打零工	35.10	—	14.10	10.40
	自谋职业/创业	16.80	—	6.50	7.00
	有稳定工作及工资收入	17.10	—	64.70	22.00
	其他	1.40	—	3.00	0.30

注：（1）对于老年人"所从事职业"表示其过去所从事的职业。

（2）无就业人员由于没有就业，故"所从事的职业"无法统计。

（3）无就业人员由于没有就业，故"主要收入来源"无法统计。

427

附录3 老年人、残疾人、农民工和无就业人员的本人月均收入、家庭月均收入和主要通信设备拥有情况表

弱势群体		农民、农民工	无就业人员	残疾人	老年人
本人月均收入	500 元以下	12.68%	—	13.70%	29.19%
	500（含）—1000 元	21.81%	—	63.50%	29.19%
	1000（含）—1500 元	28.12%	—	13.40%	17.63%
	1500（含）—2500 元	18.86%	—	7.00%	12.14%
	2500（含）—3000 元	11.70%	—	0.70%	2.31%
	3000 元以上	6.83%	—	1.70%	9.54%
家庭月均收入	500 元以下	14.15%	10.47%	11.00%	25.72%
	500（含）—1000 元	26.52%	22.74%	37.20%	25.43%
	1000（含）—1500 元	23.88%	29.96%	29.50%	21.39%
	1500（含）—2500 元	15.74%	14.44%	14.40%	11.85%
	2500（含）—3000 元	11.04%	13.36%	6.50%	6.36%
	3000 元以上	8.66%	9.03%	1.40%	9.25%

续表

弱势群体		农民、农民工	无就业人员	残疾人	老年人
主要通信设备拥有情况	收音机	10.20%	24.50%	14.39%	31.20%
	固定电话	30.60%	57.00%	53.48%	48.30%
	电脑	32.30%	47.70%	51.32%	81.80%
	电视	63.50%	76.90%	69.09%	13.60%
	手机	83.50%	87.40%	83.21%	52.30%

注：无就业人员由于没有就业，故"本人月均收入"无法统计。

附录4 老年人、残疾人、农民工和无就业人员的信息意识总体情况分析表

弱势群体 信息意识维度	农民工			无就业人员			残疾人			老年人		
	信息获取习惯	信息认知敏感度	利用信息主动性	信息获取习惯	信息认知敏感度	利用信息主动性	信息获取习惯	信息认知敏感度	利用信息主动性	信息获取习惯	信息认知敏感度	利用信息主动性
非常同意	13.30%	7.50%	12.20%	17.30%	9.40%	15.50%	16.50%	7.20%	12.40%	12.20%	10.10%	10.70%
同意	30.90%	30.10%	28.80%	40.40%	33.90%	30.00%	35.10%	34.80%	31.60%	18.60%	11.60%	17.70%
基本同意	25.90%	31.40%	30.90%	25.60%	37.20%	31.00%	35.50%	36.70%	39.80%	24.10%	21.40%	24.10%
基本不同意	14.00%	15.40%	14.00%	10.50%	10.80%	16.60%	5.70%	15.80%	10.50%	22.00%	22.90%	15.10%
不同意	11.10%	12.40%	9.50%	4.70%	7.60%	5.40%	6.20%	5.00%	4.10%	15.40%	29.00%	22.00%
非常不同意	4.80%	3.20%	4.60%	1.40%	1.10%	1.40%	0.90%	0.50%	1.60%	7.80%	4.90%	10.40%
选择数值1—3之和	70.10%	69.00%	71.90%	83.30%	80.50%	76.50%	87.10%	78.70%	83.80%	54.90%	43.10%	52.50%

续表

弱势群体 信息意识维度 三维度	农民工			无就业人员			残疾人			老年人		
	信息获取习惯	信息认知敏感度	利用信息主动性	信息获取习惯	信息认知敏感度	利用信息主动性	信息获取习惯	信息认知敏感度	利用信息主动性	信息获取习惯	信息认知敏感度	利用信息主动性
选择数值1—3 三维度平均值	70.33%	80.10%	83.20%	50.17%								
均值	2.93	3.05	2.94	2.49	2.77	2.71	2.55	2.78	2.68	3.33	3.64	3.51
标准差	1.36	1.24	1.31	1.13	1.08	1.16	1.17	1.00	1.06	1.45	1.37	1.52
三维度总体均值	2.97	2.66	2.67	3.49								

注：(1) "三维度总体均值"指"信息获取习惯"、"信息认知敏感度"和"利用信息主动性"的平均值。

(2) "选择数值1—3之和"指选择选项"非常同意"、"同意"和"基本同意"的百分比之和。"选择数值1—3 三维度平均值"指每类弱势群体"选择数值1—3之和"再除以3。

附录 5　老年人、残疾人、农民工和无就业人员工对20种信息需求强弱排序表

需求程度（1—10个等级）		权重	第1等级 5	第2等级 4.5	第3等级 4	第4等级 3.5	第5等级 3	第6等级 2.5	第7等级 2	第8等级 1.5	第9等级 1	第10等级 0.5	得分
农民工	养老保险信息		66.50%	2.00%	1.30%	0.90%	1.40%	0.90%	0.50%	2.90%	0.30%	1.00%	3.625
	医疗保险信息		12.80%	53.80%	0.90%	0.80%	0.70%	0.90%	0.70%	0.60%	1.10%	0.70%	3.206
	失业救助信息		7.30%	15.40%	30.40%	0.70%	0.90%	0.80%	0.60%	0.90%	0.80%	0.90%	2.375
	工伤保险信息		1.10%	6.10%	22.10%	22.50%	0.80%	1.10%	0.90%	0.90%	0.70%	0.60%	2.094
	灾害救助信息		1.20%	2.60%	7.90%	18.20%	9.30%	5.90%	0.60%	1.20%	1.50%	0.40%	1.604
	农村特困户生活救助信息		1.30%	2.20%	5.40%	12.70%	17.90%	5.40%	4.20%	0.60%	0.50%	0.60%	1.598
	城乡医疗救助信息		0.60%	0.60%	6.40%	5.20%	9.80%	15.30%	12.40%	4.20%	2.20%	3.80%	1.524

432

续表

需求程度（1—10个等级）	第1等级	第2等级	第3等级	第4等级	第5等级	第6等级	第7等级	第8等级	第9等级	第10等级	得分
生育保险信息	1.40%	3.40%	11.20%	11.60%	9.20%	0.80%	1.00%	0.50%	0.60%	0.70%	1.410
居民最低生活保障信息	0.30%	5.40%	3.30%	5.50%	11.90%	11.70%	5.00%	2.50%	4.30%	1.00%	1.418
职业技能培训信息	1.60%	0.60%	1.30%	4.10%	7.50%	10.70%	11.30%	6.00%	2.40%	1.70%	1.144
农村"五保"供养政策	0.30%	2.00%	2.80%	5.40%	11.10%	9.80%	4.00%	4.20%	0.50%	0.80%	1.136
子女相关的教育信息	0.40%	0.10%	1.10%	1.40%	6.20%	4.90%	14.60%	16.20%	10.00%	3.50%	1.090
招聘用工信息	0.80%	1.80%	0.90%	1.10%	5.70%	10.00%	12.00%	9.70%	3.10%	1.90%	1.029
与自身权益相关的法律法规信息	0.50%	0.40%	0.80%	1.70%	2.60%	5.80%	9.80%	15.80%	14.10%	7.10%	0.967
自己相关的教育信息	0.40%	0.20%	1.30%	4.80%	1.70%	10.50%	10.10%	7.30%	4.20%	1.70%	0.913
维权信息	0.10%	0.40%	1.20%	1.20%	1.00%	2.90%	7.10%	11.80%	11.20%	7.70%	0.680
国家扶贫政策致富信息	0.10%	0.50%	0.60%	0.30%	0.70%	0.90%	2.50%	7.90%	19.40%	10.00%	0.518
科技兴农致富信息	2.20%	0.50%	0.20%	0.80%	0.40%	0.70%	0.70%	1.20%	4.70%	31.50%	0.426
文化娱乐信息	0.30%	0.50%	0.60%	0.50%	0.40%	0.60%	1.60%	4.50%	8.70%	8.40%	0.324
康复信息	0.80%	1.10%	0.30%	0.60%	0.80%	0.40%	0.40%	1.10%	9.70%	16.00%	0.356
合计	100.00%	99.60%	100.00%	100.00%	100.00%	100.00%	100.00%	100.00%	100.00%	100.00%	—

农民农民工

续表

需求程度（1—10 个等级）		第 1 等级	第 2 等级	第 3 等级	第 4 等级	第 5 等级	第 6 等级	第 7 等级	第 8 等级	第 9 等级	第 10 等级	得分
无就业人员	养老保险信息	59.10%	3.20%	0.40%	0.40%	0.40%	0.40%	0.40%	0.00%	0.90%	0.00%	3.168
	医疗保险信息	14.70%	51.20%	1.60%	0.00%	0.40%	0.00%	0.80%	1.30%	0.00%	0.00%	3.151
	失业救助信息	15.90%	12.70%	32.90%	0.40%	0.40%	0.40%	0.40%	0.00%	0.40%	0.00%	2.731
	居民最低生活保障信息	0.00%	6.70%	9.90%	7.10%	15.90%	10.00%	4.60%	4.20%	2.60%	1.50%	1.862
	工伤保险信息	0.40%	9.10%	12.70%	25.00%	0.00%	0.00%	0.40%	0.00%	0.40%	0.00%	1.825
	城乡医疗救助信息	0.00%	0.00%	8.30%	9.90%	8.40%	14.40%	8.80%	6.70%	5.20%	3.00%	1.634
	灾害救助信息	1.20%	4.00%	8.30%	13.10%	10.80%	8.00%	0.00%	1.70%	0.90%	0.50%	1.592
	生育保险信息	0.80%	4.80%	9.10%	7.50%	11.60%	0.00%	0.00%	1.70%	0.00%	1.00%	1.261
	农村特困户生活救助信息	0.80%	2.00%	5.60%	8.70%	9.60%	7.60%	3.80%	0.00%	0.40%	0.00%	1.217
	子女相关的教育信息	2.00%	0.40%	0.40%	2.40%	7.60%	4.00%	18.30%	7.90%	9.00%	2.00%	1.131
	与自身权益相关法律法规信息	0.00%	0.80%	0.80%	2.00%	2.00%	10.80%	10.00%	23.00%	6.40%	8.10%	1.118
	招聘用工信息	0.80%	0.00%	2.00%	0.00%	11.20%	9.20%	12.90%	4.20%	5.20%	3.50%	1.077
	农村"五保"供养政策	0.00%	2.60%	4.00%	6.30%	8.80%	4.40%	6.30%	3.70%	0.00%	0.00%	1.064

续表

需求程度（1~10个等级）		第1等级	第2等级	第3等级	第4等级	第5等级	第6等级	第7等级	第8等级	第9等级	第10等级	得分
无就业人员	职业技能培训信息	0.00%	0.00%	0.00%	10.70%	6.40%	8.80%	7.90%	2.90%	3.40%	4.00%	1.042
	自己相关的教育信息	0.40%	0.40%	1.20%	3.20%	2.30%	14.40%	7.90%	7.50%	3.00%	4.50%	0.948
	维权信息	0.00%	1.60%	0.80%	0.40%	2.20%	4.40%	11.30%	12.60%	11.20%	3.50%	0.845
	文化娱乐信息	2.40%	0.50%	1.20%	1.30%	0.40%	2.00%	2.90%	10.90%	9.00%	13.10%	0.662
	国家扶贫政策信息	0.00%	0.00%	0.00%	1.20%	0.40%	0.40%	2.90%	9.20%	21.90%	4.50%	0.502
	康复信息	1.10%	0.00%	0.80%	0.00%	0.80%	0.80%	0.00%	1.20%	16.70%	14.10%	0.393
	科技兴农致富信息	0.40%	0.00%	0.00%	0.40%	0.40%	0.00%	0.40%	1.30%	3.40%	38.70%	0.300
	合计	100.00%	100.00%	100.00%	100.00%	100.00%	100.00%	100.00%	100.00%	100.00%	100.00%	—
残疾人	养老保险信息	66.94%	0.55%	0.28%	0.28%	0.00%	0.00%	0.00%	0.30%	0.00%	0.32%	3.399
	医疗保险信息	6.61%	64.09%	0.83%	0.28%	0.28%	0.00%	0.00%	0.00%	0.30%	0.00%	3.269
	失业救助信息	4.96%	6.91%	52.21%	0.28%	0.28%	0.00%	0.00%	0.00%	0.00%	0.32%	2.667
	工伤保险信息	6.06%	5.25%	8.84%	42.22%	0.00%	0.29%	0.00%	0.00%	0.00%	0.32%	2.379
	灾害救助信息	1.10%	5.25%	6.35%	8.61%	9.58%	7.83%	0.00%	0.60%	0.30%	0.64%	1.345
	农村特困户生活救助信息	3.31%	1.66%	8.01%	6.39%	14.65%	6.67%	5.56%	0.00%	1.81%	2.23%	1.530
	城乡医疗救助信息	0.28%	2.21%	0.55%	6.67%	7.32%	20.29%	15.20%	4.18%	2.72%	0.32%	1.491
	生育保险信息	1.38%	2.76%	5.52%	10.56%	25.07%	0.00%	0.00%	0.30%	0.00%	0.00%	1.540

续表

需求程度（1—10个等级）		第 1 等级	第 2 等级	第 3 等级	第 4 等级	第 5 等级	第 6 等级	第 7 等级	第 8 等级	第 9 等级	第 10 等级	得分
残疾人	居民最低生活保障信息	1.93%	0.83%	5.25%	5.56%	15.77%	15.94%	8.77%	5.07%	4.83%	0.96%	1.715
	职业技能培训信息	1.10%	0.83%	3.59%	0.83%	5.92%	12.46%	12.87%	12.84%	2.42%	0.96%	1.233
	农村"五保"供养政策	0.55%	3.59%	1.66%	7.22%	6.76%	8.99%	3.51%	3.28%	0.91%	1.59%	1.072
	子女相关的教育信息	0.00%	0.00%	0.28%	1.39%	1.69%	4.06%	6.14%	11.64%	10.57%	4.78%	0.639
	招聘用工信息	0.00%	1.10%	0.55%	2.78%	2.25%	9.57%	13.16%	10.75%	7.85%	1.91%	0.988
	与自身权益相关法律法规信息	0.28%	0.83%	0.55%	1.39%	4.51%	6.38%	11.70%	12.24%	12.99%	10.51%	1.016
	自己相关的教育信息	0.00%	0.00%	1.10%	1.39%	2.82%	2.32%	7.60%	7.76%	8.47%	2.87%	0.603
	维权信息	0.00%	0.00%	1.10%	2.76%	0.85%	2.90%	7.31%	8.06%	12.39%	10.49%	0.683
	国家扶贫政策信息	0.00%	0.83%	2.23%	0.83%	0.00%	0.85%	1.75%	15.82%	11.48%	10.19%	0.615
	科技兴农致富信息	3.57%	0.00%	0.00%	0.00%	0.56%	0.29%	0.29%	3.28%	3.02%	17.52%	0.376
	文化娱乐信息	0.28%	0.00%	1.10%	0.00%	1.13%	0.58%	2.63%	1.19%	8.16%	7.32%	0.295
	康复信息	1.65%	3.31%	0.00%	0.56%	0.56%	0.58%	3.51%	2.69%	11.78%	26.75%	0.645
	合计	100.00%	100.00%	100.00%	100.00%	100.00%	100.00%	100.00%	100.00%	100.00%	100.00%	—

续表

需求程度（1—10 个等级）	第 1 等级	第 2 等级	第 3 等级	第 4 等级	第 5 等级	第 6 等级	第 7 等级	第 8 等级	第 9 等级	第 10 等级	得分
养老保险信息	77.00%	3.60%	0.40%	0.80%	0.40%	0.40%	0.00%	0.00%	0.00%	0.50%	4.081
医疗保险信息	6.70%	54.40%	3.80%	1.20%	0.00%	0.00%	0.40%	0.00%	0.40%	0.00%	2.989
农村特困户生活救助信息	0.70%	5.30%	13.70%	18.50%	10.90%	4.50%	2.10%	0.40%	0.40%	0.00%	1.961
灾害救助信息	3.20%	1.10%	18.60%	15.00%	10.20%	4.00%	1.30%	0.90%	0.90%	1.10%	1.939
城乡医疗救助信息	0.00%	0.70%	1.90%	11.20%	17.60%	23.10%	11.30%	5.10%	0.40%	1.10%	1.917
城市居民最低生活保障信息	0.70%	0.70%	6.80%	11.90%	16.80%	10.90%	8.80%	1.30%	2.60%	0.00%	1.753
失业保险信息	5.00%	14.20%	20.50%	0.00%	0.00%	0.40%	0.80%	0.40%	0.00%	0.00%	1.741
工伤保险信息	0.70%	6.00%	17.90%	14.10%	0.40%	0.40%	0.00%	0.00%	0.40%	0.00%	1.544
农村"五保"供养政策信息	0.00%	0.70%	6.80%	11.50%	14.40%	12.10%	2.90%	1.70%	0.40%	0.00%	1.531
其他法律法规信息	0.00%	0.70%	0.00%	3.10%	4.30%	13.90%	21.40%	8.90%	8.80%	3.70%	1.280
康复信息	3.90%	7.50%	1.10%	1.20%	0.80%	0.80%	0.40%	2.10%	26.80%	30.00%	1.120
维权信息	0.00%	0.00%	0.50%	0.40%	2.70%	4.90%	18.80%	14.50%	8.80%	5.20%	0.942
扶贫政策信息	0.00%	0.00%	1.10%	0.00%	1.20%	2.00%	7.90%	23.00%	15.80%	4.10%	0.890
与子女相关的教育信息	1.10%	0.00%	1.10%	0.80%	4.30%	9.30%	6.30%	9.40%	4.40%	1.10%	0.805

老年人

续表

需求程度（1—10个等级）		第1等级	第2等级	第3等级	第4等级	第5等级	第6等级	第7等级	第8等级	第9等级	第10等级	得分
老年人	生育保险信息	0.00%	4.30%	4.60%	6.40%	5.10%	0.40%	0.00%	0.00%	0.00%	0.00%	0.772
	文化娱乐信息	0.00%	0.40%	0.40%	0.80%	0.40%	1.60%	1.70%	19.10%	14.50%	4.60%	0.603
	与自己相关的教育信息	0.00%	0.00%	0.00%	1.20%	3.10%	6.50%	4.60%	6.40%	2.60%	6.30%	0.543
	科技兴农致富信息	0.60%	0.00%	0.00%	0.00%	1.20%	0.40%	0.40%	1.30%	8.80%	42.30%	0.410
	职业技能培训信息	0.00%	0.40%	0.40%	1.50%	3.10%	2.00%	4.60%	3.80%	0.90%	0.00%	0.388
	招聘用工信息	0.40%	0.00%	0.40%	0.40%	3.10%	2.40%	6.30%	1.70%	3.10%	0.00%	0.386
	合计	100.00%	100.00%	100.00%	100.00%	100.00%	100.00%	100.00%	100.00%	100.00%	100.00%	—

后　记

　　经过两年的辛勤耕耘，我们终于如期完成了这项科研任务，交上了这份答卷。

　　回首这两年来走过的岁月，真是百感交集。我们没有周末，没有休闲时光，真正体会到了学术研究的清苦。在研究过程中，我们有热烈的讨论，也有激烈的争论；有成功的喜悦，也有哪怕是一个小问题不能得到解决所带来的痛苦。而令我们终生难忘的，是我们的课题调研过程。为了对弱势群体的信息意识、信息需求及信息获取现状有较为客观、全面的了解，我们下基层，到农村，去社区，到工地，去学校，调用我们的所有社会资源走村串巷。而受访者自身文化素养的局限，给问卷调查带来极大障碍。很多时候，受访者并不能独立完成问卷的填写，需要调查人员对调查内容进行逐一解读。因此，问卷调查实际上是在访谈的基础上才能完成。有时奔跑一天，可能就只完成了一二十份问卷的调查。而在此过程中，与受访弱势群体的亲历接触更让我们震撼，真正体会到了什么叫弱势，而这更坚定了我们帮助他们的决心。总之，在这份答卷中，有我们的欢乐，也有我们的痛苦，但最终我们体会到了什么是严谨治学、勇于开拓、勇于创新的学术研究精神，这无疑会使我们课题组的每个成员都终身受益。

　　本书得以顺利完成，需要表达的感谢很多。首先，需要感谢国家社科基金所给予的资助和支持。其次，要感谢项目组成员所在单位的各位领导、老师、同事所给予的理解、关心和支持；感谢项目组全体成员及其亲属的理解、奉献、付出和支持。再次，要特别感谢我们的学生们，他（她）们是张欢、杨柳、郭艳君、端文慧、管博等。谢谢他们在相关研究文献收集整理、问卷设计、现场调研与访谈、数据的整理与分析及文字校对等方面的参与支持。最后，还要感谢本研究所引用或借鉴文献的作者们，谢谢他们的前期研究成果及付出的心血。

还需要说明的是，在研究过程中，我们深深地感到社会弱势群体公共信息服务权益保障问题是一个长期的系统的复杂问题，需要不断探索。尽管本书力图系统深入地进行研究，并获得了一些新的重要结论或建议。然而由于社会弱势群体数量庞大、构成复杂，经济社会快速发展变化，加之进行研究的精力、时间等方面的限制。因此，对于社会弱势群体公共信息服务权益保障问题的探索还在路上，还将继续。

"路漫漫其修远兮，吾将上下而求索。"

赵　媛

2015 年 6 月 30 日